JN085551

災害復興法学 III

An Encouragement of Disaster Recovery and
Revitalization Law III

岡本 正
Tadashi Okamoto

慶應義塾大学出版会

この国の未来を担うあなたへ

未曾有の感染症、地震、台風、豪雨に立ち向かう叡智を

百年後の未来に繋ぐために

プロローグ

災害復興法学—Disaster Recovery and Revitalization Law—の誕生

──自宅は流され、家族を失い、仕事を失い、買ったばかりの住宅のローンが残っている。いま、いったい何がおきているのでしょうか。これから何がおきるのでしょうか。どうしたらよいのでしょうか。

2011年3月11日午後2時46分、東日本大震災が発生し、福島第一原子力発電所事故が起こる。被災地や避難先は想像を絶する苦悩の声で溢れていた。何万人にも及ぶ被災者の声を一つも無駄にしてはならない。その声は届く、ともに歩んでいこう。東日本大震災直後から法律がもつ力を信じて被災者の声を聴き、集め、そして新たな政策を提言し続ける法律家たちの存在を初めて目の当たりにした。私はそのような活動と復興政策の軌跡こそ記録し伝承しなければならないと考えた。そのためには法学や公共政策学として信頼に値する学術プラットフォームが必要だ。新しい学問としての災害復興法学が誕生するまでの物語は『災害復興法学』や法学博士論文の『災害復興法学の体系』に記したとおりである。

リーガル・ニーズの分析とリーガル・レジリエンス

2014年の『災害復興法学』では、東日本大震災・福島第一原子力発電所事故の被災者に対する4万件を超える弁護士無料法律相談事例の分析結果を中心に、伊豆大島土砂災害（2013年10月16日）での多士業連携による相談事例の分析結果を取り上げた。2018年の『災害復興法学Ⅱ』では、東日本大震災の事例を共同研究で作り出したリーガル・ニーズ・マップとともに深掘りした分析をし、2012年5月と2013年9月に発生した関東竜巻被害、広島市土砂災害（2014年8月）、熊本地震（2016年4月）、強風による糸魚川市大規模火災（2016年12月）、平成29年7月九州北部豪雨等を取り上げリーガル・ニーズを分析し、復興政策の軌跡と課題を記録した。西日本豪雨（2018年7月）が発生したのは『災害復興法学Ⅱ』発刊直後のことだった。本書では、西日本豪雨、令和元年東日本台風及び一連の豪雨災害、令和2年7月豪雨といった大規模な風水害を中心に、弁護士が実施した無料法律相談事例と復興政策の軌跡を記録していく。加えて2020年からまん延した新型コロナウイルス感染症に関する弁護士無料法律相談事例等を分析して、コロナ禍のリーガル・ニーズを明らかにすることを目指す。

災害復興法学の原点は、そこに確かに存在する困難を抱える「一人ひとりの声」であることを改めて噛み締めたい。あらゆる課題が噴出したはずの東日本大震災であったが、その後に発生した多くの災害でも新たな課題や復興政策の隙間ともいうべき制度の穴が次々と見つかった。未曾有の感染症災害もまた未知の課題を私たちに突き付けた。しかし、一時は大きくニュースで取り上げられた災害も、いつしか話題にならなくなり、記憶からも失われる。だからこそ、その時の教訓を、次に利用できる社会のしくみ、すなわち法律にしておくことで私たちは教訓を忘れることなく未来へ伝承しなければならないのだ。法律は常に変わり続けていくからこそ強靭性――リーガル・レジリエンス――を獲得できるのである。

被災したあなたを助けるお金とくらしの話――災害復興法学のもう一つのミッション

　災害後の絶望のなかにどうしたら希望を見出せるだろうか。弁護士たちは、法律を根拠にもつ生活再建に役立つ支援情報を丁寧に伝えることこそが希望になると信じ、相談活動と復興支援の寄り添いを継続してきた。しかし、災害がおきてからの情報支援には限界がある。災害前から生活再建に役立つ支援を知っておく「防災教育」の展開も重要だと考えた。東日本大震災から約1年間の4万件を超える被災者の声、熊本地震から1年間の1万2,000件、西日本豪雨から1年3か月の3,000件以上の声などから、被災するとはどういうことか、どんな制度や支援をまずは知識の備えとすべきかが明確になってきた。こうして、命を繋ぎ生活を再建するための知識を、防災教育として平時から実践するための研修プログラムであり、かつ備蓄する本である『被災したあなたを助けるお金とくらしの話』が誕生した。災害復興法学という学術的基盤を背景にしながらこの防災教育の浸透を目指すことが災害復興法学に与えられた新たな使命となったのである。

新型コロナウイルス感染症と災害復興法学

　2020年初頭から新型コロナウイルス感染症が世界中にまん延した。感染症による疾病もさることながら、感染拡大防止政策が、大規模な自然災害や過去の金融危機を超える「被害」を引き起こすことになった。災害復興支援に関わる弁護士たちは「新型コロナウイルス感染症は災害である」ことをいち早く宣言し、感染症対策が齎した経済活動の停止によって仕事を失い、収入を失い、報酬を失い、住まいを失い、ローンや事業資金の支払に窮し、学びの機会などが失われた「人間」に着目した支援を行った。最大の支援活動は、生活に役立つ支援情報やその根拠となる法律知識を啓発する無料法律相談活動だったのである。それは東日本大震災、熊本地震、西日本豪雨、令和元年東日本台風等で繰り返し実施してきた支援活動そのものだった。弁護士らは、そこから得られたリーガル・ニーズをもとに、災害法制を応用した感染症対策を

示しながら立法提言を繰り返した。感染症対策は災害対策を進化させ、災害復興政策は感染症対策によって暮らしに大きな影響を受けた国民を救う知恵になった。そして残された課題はより一層鮮明なものとなって、新たな立法政策の必要性を突き付けているのである。

災害復興法学Ⅲが遺したいもの——感染症×風水害×防災教育×事業継続

　第1部は、新型コロナウイルス感染症を災害復興法学の側面から記録し「新型コロナウイルス感染症は災害である」ことを論ずる。「新型コロナウイルス感染症は災害か」「新型コロナウイルス感染症とリーガル・ニーズ」「感染症対策にも被災ローン減免制度を」「新型コロナ関係給付金を差押えから保護せよ」「オンラインで契約紛争解決」「正しい情報と正しい判断で職員・顧客を守る」「新型コロナウイルス感染症に立ち向かう知識の備え」の全7章にて、感染症対策とはすなわち災害対策であることを描く。感染症そのものへの対策、感染症対策が齎す問題への対策、感染症下での自然災害対応などをみていくと、過去の教訓から学び改善を繰り返してきた「法律に基づく政策の実践」が重要であることが明らかになってくる。未知の危機に立ち向かう術もまた過去の叡智の集合体である法政策だったのである。

　第2部は、西日本豪雨や令和元年東日本台風等を中心に、『災害復興法学』や『災害復興法学Ⅱ』で列挙した数々の復興政策の軌跡の進展、今でも残る課題、新たに出現した課題などについて紹介する。「西日本豪雨とリーガル・ニーズ」「令和元年台風被害とリーガル・ニーズ」「義援金差押え禁止法恒久化」「終らない半壊の涙・境界線の明暗」「避難所TKBと感染症対策」「続・続・個人情報は個人を救うためにある」「救えた命、失われゆく声」「首都直下地震発生、東京から脱出せよ」の全8章により、災害がおきる度に新しい課題が発見されること、また時間の経過とともに法制度が進化を遂げる一方で、逆に綻びも目立ち始めていることを記録する。

　第3部は、災害復興法学研究の集大成の一つ「被災したあなたを助けるお金とくらしの話研修プログラム」の展開や災害復興法学の学際的連携実績を紹介する。第1章の「知識の常備薬をポケットに」では、社会教育や国民的教養としての新しい防災教育の必要性について総論となる提言を行う。第2章から第6章は、福祉業界やDWATへの期待を込めた「知識を伝えるのはあなた」、メディアとの協働と被災者支援報道の提言である「その時メディアは何を伝えるか」、医療看護分野との更なる連携実績として「災害看護の力の源泉」、事業継続マネジメントと人材育成ノウハウへの応用としてBLCPの重要性を伝える「会社は人でできている」、災害復興政策でこそ公務員に法律的思考力と災害復興法学のリテラシーが問われることを述べる「災害法務の専門人材を創れ」の5分野について話題を提供する。最終第7章では、総括として「災害復興法学が目指す生活復興基本法」の概要を示すことにした。感染

症においても自然災害においても、そこから「人間の復興」を目指すための法制度の在り方は共通しているはずであり、まさにオールハザード・アプローチが成り立つはずなのである。

関東大震災から百年が経過

　私が幼い頃亡くなった曾祖母は、朝昼晩終始一貫して誰よりも早い時間に食事をとる決まりがあった。私の生家は江戸時代の嘉永年間から現在まで鎌倉市雪ノ下で酒屋・米屋の小売業を営んでいる。1923 年（大正 12 年）9 月 1 日の関東大震災では曾祖母は若女将であった。鎌倉の町は沿岸部が津波で壊滅。津波の被害を免れた地域でも多数の住家や商店が倒壊・焼失した。生家・山田屋本店の倉庫も壊滅、母屋は津波や倒壊被害を免れたようであるが、曾祖母は 3 代目当主ともども、震災当日は番頭をはじめ従業員らの生活支援を最優先とし、米屋であるにもかかわらず何一つ口にせず立ち回り憔悴したという。リーダーが「腹が減っては戦は出来ぬ」という当時得た教訓を、曾祖母は 93 歳で亡くなるまで貫いたのだった。2023 年 9 月 1 日で関東大震災からちょうど百年が経過した。そもそも本書はその遥か前に出版できていなければならなかったが、大幅に遅れたことは一重に筆の遅い浅学の自分にあることをお詫びしておきたい。

2023 年 9 月 1 日

岡　本　　正

目　次

第2部　異常気象と災害復興法学
── DISASTERS ──

第1部　新型コロナウイルス感染症と災害復興法学
—— COVID-19

　人類は、これまで、疾病、とりわけ感染症により、多大の苦難を経験してきた。ペスト、痘そう、コレラ等の感染症の流行は、時には文明を存亡の危機に追いやり、感染症を根絶することは、正に人類の悲願と言えるものである。

　医学医療の進歩や衛生水準の著しい向上により、多くの感染症が克服されてきたが、新たな感染症の出現や既知の感染症の再興により、また、国際交流の進展等に伴い、感染症は、新たな形で、今なお人類に脅威を与えている。

　一方、我が国においては、過去にハンセン病、後天性免疫不全症候群等の感染症の患者等に対するいわれのない差別や偏見が存在したという事実を重く受け止め、これを教訓として今後に生かすことが必要である。

　このような感染症をめぐる状況の変化や感染症の患者等が置かれてきた状況を踏まえ、感染症の患者等の人権を尊重しつつ、これらの者に対する良質かつ適切な医療の提供を確保し、感染症に迅速かつ適確に対応することが求められている。

　ここに、このような視点に立って、これまでの感染症の予防に関する施策を抜本的に見直し、感染症の予防及び感染症の患者に対する医療に関する総合的な施策の推進を図るため、この法律を制定する。
—— 感染症の予防及び感染症の患者に対する医療に関する法律　前文

　この法律は、国民の大部分が現在その免疫を獲得していないこと等から、新型インフルエンザ等が全国的かつ急速にまん延し、かつ、これにかかった場合の病状の程度が重篤となるおそれがあり、また、国民生活及び国民経済に重大な影響を及ぼすおそれがあることに鑑み、新型インフルエンザ等対策の実施に関する計画、新型インフルエンザ等の発生時における措置、新型インフルエンザ等まん延防止等重点措置、新型インフルエンザ等緊急事態措置その他新型インフルエンザ等に関する事項について特別の措置を定めることにより、感染症の予防及び感染症の患者に対する医療に関する法律（平成10年法律第114号。以下「感染症法」という。）その他新型インフルエンザ等の発生の予防及びまん延の防止に関する法律と相まって、新型インフルエンザ等に対する対策の強化を図り、もって新型インフルエンザ等の発生時において国民の生命及び健康を保護し、並びに国民生活及び国民経済に及ぼす影響が最小となるようにすることを目的とする。
—— 新型インフルエンザ等対策特別措置法　第1条

第1章　新型コロナウイルス感染症は災害か

災害対策の知恵を感染症に活かせ

○委員（国会議員）　……災害救助法というのは、自然災害のときが典型例ですけれども、地震とか大雨とか、まずは体育館の避難所ができる、そうした皆さんを仮設住宅などに住んでいただく、避難所には食料や生活必需品が届けられる、こうしたことを決めているスキームです。これは、政令で定める程度の災害についてこの救助の対象になります。政令には、多数の者が生命又は身体に危害を受け、又は受けるおそれが生じた場合で、内閣府令で定める基準、……多数の者が生命身体に危害を受けている状況であるのは、このコロナは間違いありません。……災害対策基本法という基本法があります。この基本法に災害とはどう定義されているか。異常な自然現象又は大規模な火事若しくは爆発その他政令で定める。ちなみに、政令で定める中には、放射性物質の大量の放出であるとか、こういったものが含まれています。つまり、人為的なものと自然災害と両方が災害の対象なんです。このコロナをどう位置づけるか、難しいですが、ウイルスは自然に発生しているものですが、そのことによって社会的に大きな大きな、人の命が失われたり、住む場所を失ったりという状況が出ています。災害対策基本法の災害に、この新型コロナウイルス感染症の拡大、そして、それに伴う、それの拡大を防ぐための社会経済活動の停滞、低迷、これを災害の定義に、政令で決められるんです。政令で決めれば災害救助法が使えるんです。災害救助法を使えば、今、仕事を失い、生活の拠点を失っている人たちに住まいも食料も生活必需品も供給することができるんです。今、感染はしていないけれども住む場所がないのでホテルの個室にいてください、まさに一種の避難所ですよ。そうした状況にある人に食料を供給する、災害のときに当然やってきたことだし、やれることなんですよ。更に言いましょう。例えば、学用品の供与とあるんです。これもいろいろな綱領、法律なんか変えなくたって、今のこの事態においては、教科書とかノートじゃなくて、何とか学校で遠隔の、授業にかわるものをやりたい、でも、そのための通信のものをお金がなくて買えない、手に入れられない、そういう人たちに学用品の供与の項目で提供できるんじゃないですか。私は、この災害救助法の救助、これを適用して、二重になる、三重になる、受取のところでは調整してもらわなきゃいけないけれども、あっていいじゃないですか。今こそこれをやりませんか。もう一つだけ言っておきましょう。もう一つ、災害対策基本法。実は、災害対策基本法の災害に適用すると、もう一つできることがあります。災害

対策基本法には、屋内退避の指示や立入禁止命令、退去命令ができます。特に、この立入禁止や退去の命令に違反すると十万円以下の罰金や拘留がかかります。今すぐ必要な状況だと私も思いません。任意の御協力で感染を食いとめる、今はそのことを目指すべきだと思いますが、新たな法整備をしなくても立入禁止をこれでかけることができます。どうです、総理、これの援用を検討しませんか。……

○新型コロナウイルス感染症対策担当大臣　　……法制局と早速相談をいたしたんですけれども、やはり、この災害対策基本法あるいは災害救助法の災害と読むのは難しいという法制局の判断もいただいたところでありまして、他方、御指摘の救助法でさまざまなことをできることになっておりますが、これにつきましては、今回用意しております地方創生臨時交付金、これで各都道府県知事がそれぞれの地域の事情に応じてこういった事業は全て対応できることとなっておりますし、さらに、事前の着手も認めておりますので、きちんと、相談の上、必要なことを臨機応変にできるようになっております。あわせて、御指摘のあった立入禁止等の措置、私も今幾つかの都道府県知事から、休業要請にどうしても応じない幾つかの施設の相談を受けております。特措法に基づいて、45条2項以降の指示、公表を行いたいということを、この手続を踏んでやっていくことの通知もいたしました。残念ながら、この法律はそれ以上の強い措置はないんですけれども、御指摘のように、国民みんなでそれぞれが負担を分かち合いながら、それぞれ不便を感じながらも連帯して取り組んでいるときに、まさに集客をして感染リスクを高めていること、これはあってはならないことだと思いますので、こういう状況が続けば、罰則を含むそういった措置も検討せざるを得ないというふうに考えているところでございます。

○委員（国会議員）　　私は、その法制局の判断は、厳格な解釈をすればそうだと思いますが、こういう緊急時に本当に厳格な解釈がいいのか、柔軟な解釈の余地があるのではないか。この内閣、いろいろな法律、柔軟に解釈してきているじゃないですか。こういうときこそすべきじゃないですか。いや、いいです。百歩譲って、新型インフルエンザ特措法のときのように、この二つの法律の災害に、今回の新型コロナウイルスに関連することを、みなすという一条をつけ加える法律改正ならいつでも協力できますよ。……総理、いかがですか。

（第201回国会衆議院予算委員会第20号・令和2年4月28日より主要部分を抜粋）

1　新型コロナウイルス感染症のまん延

　2023年5月8日の時点で、日本では累計33,803,572人が新型コロナウイルスに感染し、74,694人が亡くなった。2020年2月27日の内閣総理大臣による全国の学校等の一斉休講要請発言を一つの転換点として、全国民が感染症の猛

威を実感せざるを得なくなる。新型インフルエンザ等対策特別措置法32条1項の規定に基づく緊急事態宣言は、第1回目が2020年4月7日〜同年5月25日、第2回目が2021年1月8日〜同年3月21日、第3回目は2021年4月25日〜同年6月20日、第4回目は2021年7月12日〜9月30日と断続的に長期間に及んだ。その後の変異株の登場とまん延の加速による感染者数急増は恐怖を煽るに十分であった。外食産業・大規模集客施設・旅行関係業等を中心とした事業者の経済活動の大幅な制限、人流抑制、教育機会の喪失、困窮者支援、自然災害時の感染症対策など、想像を絶する困難が我々に襲い掛かった。感染症に起因する解雇者又は失業者は、約3年間で累計144,531人にまで及んだ（厚生労働省「新型コロナウイルス感染症に起因する雇用への影響に関する情報について」（2023年3月31日現在集計分）。感染症それ自体に加え感染症対策による影響は前代未聞の被害を国民に及ぼしたのである。

新型コロナウイルス感染症の世界的まん延が3年目になると、感染者数は拡大する一方で、重症化リスクの小さい新しいタイプのウイルス株への変異が急速におこり、世界各国では、移動制限や営業自粛措置を解除する方向に舵を切るようになった。日本では「オミクロン株」の登場以降徐々にその節目を迎えていったように思われる。2023年1月27日の新型コロナウイルス感染症対策本部決定「新型コロナウイルス感染症の感染症法上の位置づけの変更等に関する対応方針について」では、これまで感染症法の「2類相当」（重症化リスクや感染力が高く自治体などが入院勧告や就労制限等ができる等の分類）にあたりかつ「新型インフルエンザ等感染症」であった新型コロナウイルス感染症を、それらに該当しないものとする方針を決定した。感染症まん延から3年以上が経過した2023年4月28日には、ついに「「新型コロナウイルス感染症対策本部の設置について」の廃止」が閣議決定され、感染症法44条の2第3項に基づき、新型コロナウイルス感染症は2023年5月7日をもって「新型インフルエンザ等感染症」ではなくなり、季節性インフルエンザと同等の5類感染症になった。2023年5月8日には新型コロナウイルス感染症対策本部も廃止となる。全国の感染者数把握と毎日の公表もこの日までとなった。しかし、これまでの緊急事態宣言やまん延防止等重点措置により、多くの事業者が閉業し、雇用が失われ、借入金返済困難に陥る者は増加し続けている。コロナ関係のリーガル・ニーズは2023年5月で終わったわけではない。

2　法律家有志の6連続緊急提言──新型コロナウイルス感染症は「災害」

　感染症の拡大防止対策としての経済活動の極端な制限は、非正規雇用・アルバイト勤務者を中心に失業や労働機会減少を齎した。中小零細企業や個人事業主を中心にオフィスの賃料支払が困難になった。旅行・イベント・各種興行・結婚式等のキャンセル料支払に関する紛争が多発した。世帯が一層困窮し日々の生活が逼迫する者が現れる。家庭内暴力（DV）や児童虐待の報告が増え、子ども食堂も一時期中断し、行き場を失う立場の弱い人たちが数多く現れた。新型コロナウイルス感染を責め立てる誹謗中傷や排除行動が頻繁に報告された。国民一人ひとりの基本的人権が脅かされる事態が次から次へと発生したのである。──個人の尊厳が脅かされていることを無視することはできない──。東日本大震災を契機として発足した「一人ひとりが大事にされる災害復興法をつくる会」は6連続の緊急提言を行う。

　2020年4月16日の「COVID-19：災害対策基本法等で住民の生命と生活を守る緊急提言　第一弾」では、①新型コロナウイルス感染症の拡大という事象を災害対策基本法が定義する「災害」と捉えて同法を適用し、感染拡大防止のための市民の自宅待機指示を「屋内での退避等の安全確保措置」（災害対策基本法60条3項）として実現すること、②感染拡大警戒地域や感染確認地域を災害対策基本法の「警戒区域」と設定し医療従事者ほか関係者以外の方の立入制限による人流抑制を実現すること（災害対策基本法63条1項。制限違反の場合の罰金等規程が同法116条2項にある）、③激甚災害に対処するための特別の財政援助等に関する法律に基づく「激甚災害時における雇用保険法による求職者給付の支給の特例」を活用して、事業者が雇用者を解雇せず、休業中であっても、雇用者が雇用保険の基本手当を受給できるようにすること、④被災者生活再建支援法や災害弔慰金の支給等に関する法律による被災者への現金給付支援や緊急貸付支援などを利用すること、などが提言された。「新型コロナウイルス感染症は災害である」と宣言した最初の提言となった。

　2020年4月27日の「COVID-19：災害対策基本法等で住民の生命と生活を守る緊急提言　第二弾」では、①新型コロナウイルス対策支援のための特別定額給付金（1人一律10万円の給付金）の支給は申請主義によらず、申請を待つことなく直ちに一律支給するべきであること、②特別定額給付金については、家庭内暴力（DV）や虐待事例などの背景を踏まえて、世帯単位や世帯主への支給ではなく、個人単位で支給すべきこと、③特別定額給付金は基準日（2020年4

月 27 日）に住民基本台帳に記録されている者であるため、日本に居住する外国人も対象になることから、言語の問題で給付情報に気付けない可能性がある外国人へ情報が行き渡るように留意すること、④特別定額給付金を差押禁止とすべきこと、⑤特別定額給付金については生活保護制度における収入認定をすべきではないこと、⑥特別定額給付金を受領した方々が本当に経済的支援を必要としている方々へ寄付をしやすい仕組みとして寄付金の受け皿や税金の特別控除枠を設けること、などが提言された。

2020 年 5 月 1 日には緊急提言 3 から緊急提言 5 までを発信した。「COVID-19：支援金・助成金等に対する差押え禁止の特例法の制定を求める提言（緊急提言 3）」では、①雇用調整助成金について差押禁止とする特例法を制定すべきこと、②持続化給付金（新型コロナウイルス感染症の影響で売上が減少した事業者に対して法人最大 200 万円、個人事業主最大 100 万円を給付する支援）について差押禁止とする特例法を制定すべきこと、③国が新型コロナウイルス対策支援のために新たに創設する給付金や、都道府県等の地方自治体がこれまでに創設し又は今後創設する給付金等についても、差押えを禁止する特例法を制定すべきこと、が提言された。

「COVID-19：一人ひとりの基本的人権の保障を求める提言（緊急提言 4）」では、①新型コロナウイルス感染症の感染者や医療従事者らへの不当な偏見・差別・プライバシー侵害を直ちに止めること、②全国各地の裁判所が、緊急事態宣言を理由に、民事・刑事・家事事件の審理期日を原則として取り消したことに対して、速やかに司法機能を回復し、裁判を受ける権利の保障を正常化させるべきこと、③子どもの学習する権利（憲法 13 条、26 条、子どもの権利条約 6 条、29 条 1 項）を保障すべきこと、④災害法制の応用により私権制限も含む数々の有効な法制度は既に存在していることから、新型コロナウイルス感染症対策を理由とした憲法上の緊急事態条項は不要であること、などが提言された。

「COVID-19：災害法制を参考にした緊急対策を求める提言（緊急提言 5）」では、①新型インフルエンザ等対策特別措置法に基づく対応は、政府が政策方針を決め、その実行を知事が行う仕組みとなっているが、生活者目線に立った細やかな対応は市町村長において行うのが好ましいため、市町村長に権限を付与した上での新型コロナウイルス感染予防対策と生活者支援を行うべきであること、②新型コロナウイルス感染症を「災害」とするかどうかにかかわらず、災害救助法を参考に、在宅避難者に対する食料、飲料品、生活必需品を供与する、住宅困窮者に、避難所として宿泊施設を提供する、生業に必要な金銭や用具の貸

与・給与を行う、学用品供与として生活困窮世帯にネット環境を整備する等を国が財政措置すべきであること、③自然災害債務整理ガイドラインの適用や株式会社東日本大震災事業者再生支援機構の仕組みを利用するなどの手法で、新型コロナウイルス感染症の影響で既存債務の弁済に困窮している方々に既存債務の減免を行う被災ローン減免制度を構築すべきこと、④生活困窮支援制度、住宅セーフティネット制度、みなし仮設住宅制度の改善した上での運用等により、借主の家賃の減免・貸主への家賃補助を行うべきこと、⑤災害弔慰金法を参考に、「コロナ関連死」を防ぐべく事例収集や孤立発生の防止を含む対策を行うべきこと、⑥災害ケースマネジメントにより、官民連携で支援を要する社会的弱者に対してアウトリーチを行って個別ケアをすべきこと、などが提言された。

2020年5月28日の「COVID-19：住宅ローンについて 一定期間の無条件での返済猶予を認めることを求める提言（緊急提言6）」では、「住宅ローンを抱えている方々からの返済猶予の要請に対し、最低1年間、無審査・無条件で、住宅ローンの返済を猶予した上、猶予中の利子負担を免除するなど、住宅ローンを抱えている方々が安心して生活できるような対策を講じること」との具体的な提言がなされた。

3 新型コロナウイルス感染症は「災害」か

法律上の「災害」とは「暴風、竜巻、豪雨、豪雪、洪水、崖崩れ、土石流、高潮、地震、津波、噴火、地滑りその他の異常な自然現象又は大規模な火事若しくは爆発その他その及ぼす被害の程度においてこれらに類する政令で定める原因により生ずる被害をいう」（災害対策基本法2条1号）。政令で定める原因とは「放射性物質の大量の放出、多数の者の遭難を伴う船舶の沈没その他の大規模な事故」（災害対策基本法施行令1条）である。日常用語の災害（広辞苑第7版では「異常な自然現象や人為的原因（活動）によって、人間の社会生活や人命に受ける被害」）と比べて限定されているように見えるが、「その他……」とあるようにバスケット条項を備えており、何をもって災害とするかは、社会状況を踏まえて解釈したり、政令改正等で柔軟に対応したりすることができるようになっている。

これに対し被災者生活再建支援法は、適用対象を「自然災害」に限定しており、自然災害とは、「暴風、豪雨、豪雪、洪水、高潮、地震、津波、噴火その他の異常な自然現象により生ずる被害をいう」（法2条1号）と定義している。

また、災害弔慰金の支給等に関する法律では「この法律において「災害」とは、暴風、豪雨、豪雪、洪水、高潮、地震、津波その他の異常な自然現象により被害が生ずることをいう」（法2条）と定義しており、災害対策基本法よりもかなり限定している。

　では、感染症が「災害」に該当するという解釈は可能であろうか。感染症の予防及び感染症の患者に対する医療に関する法律（感染症法）では、「「感染症」とは、一類感染症、二類感染症、三類感染症、四類感染症、五類感染症、新型インフルエンザ等感染症、指定感染症及び新感染症をいう」（法6条1項）との定めがあり、その後に類型ごとの病名などが詳細に限定列挙されている。2020年の法改正前の新型インフルエンザ等対策特別措置法では「新型インフルエンザ等」とは、「感染症法第6条第7項に規定する新型インフルエンザ等感染症及び同条第9項に規定する新感染症（全国的かつ急速なまん延のおそれのあるものに限る。）をいう」（旧法2条1号）と定義されていた。このように法律上の感染症等の定義が厳格であるのは、法令が定める感染症に該当すれば、感染者の隔離措置や広範囲の経済活動抑制など国民の基本的人権を大幅に制限することを法律が認めていることに由来する。第1部冒頭に抜粋した感染症法の前文が、ハンセン病や後天性免疫不全症候群等の患者や家族等に対するいわれのない差別や偏見の歴史があったことを重く受け止め、感染症対策における人権の尊重を最優先に謳っていることを我々は反芻しなければならないのである。そう考えると、感染症の発症によって人間が被った健康被害それ自体を、そのまま災害対策基本法による「災害」の範疇に包括して捉えることはやや難しい印象を受ける。

　一方で、感染症自体ではなく、感染症予防対策や感染症拡大防止対策の副作用として発生する経済被害や個人の財産被害はどうであろうか。「今までの契約や約束事が履行できず損害賠償やキャンセル料支払等の金銭トラブルが起きている」「新型コロナウイルス感染症のために仕事が減少し収入が激減し、今まで支払えていた住宅ローンが支払えなくなった」「自宅や事業所として使っていたオフィスの賃料が払えなくなりこのままでは生活や事業が立ち行かなくなる」「新型コロナウイルス感染症のために会社の業績が悪化したことが理由で解雇されてしまった」。これらは、いずれも感染症の直接被害ではないが、感染症対策によって反作用的に発生した生活や社会の財産的被害である。これらを感染症のまん延による「災害」だと表現することは間違いではないはずだ。しかも、これらの国民の悩み声は、東日本大震災、熊本地震、西日本豪雨、令

和元年東日本台風、令和 2 年 7 月豪雨ほか自然災害の被災地で幾度となく聞こえてきた被災者の声とも一致しているのである。そうすると、災害対策基本法 2 条 1 号の「その他の異常な自然現象」のなかに、感染症対策等による国民の財産被害の発生を読み込む柔軟な解釈も十分取り得る話である。そうでなくても、災害とは「その他その及ぼす被害の程度においてこれらに類する政令で定める原因により生ずる被害」も含むとされているのであるから、政府判断によって政令である災害対策基本法施行令 1 条の文言の追加的修正を行い、感染症対策等による国民の財産被害の発生を「災害」と定義する余地もあったように思われる。

4　新型インフルエンザ等対策特別措置法と災害法制

(1)　新型インフルエンザ等対策特別措置法は災害法制を応用している

　新型インフルエンザ等対策特別措置法は、2009 年発生の新型インフルエンザ（A/H1N1）の経験を踏まえ、2012 年 4 月 27 日に成立した。最大の特徴は「新型インフルエンザ等緊急事態」（新型インフルエンザ等が国内で発生し、その全国的かつ急速なまん延により国民生活及び国民経済に甚大な影響を及ぼし、又はそのおそれがあるものとして政令で定める要件に該当する事態）が発生した時に、「新型インフルエンザ等緊急事態宣言」（法 32 条 1 項）を発出し、都道府県等の緊急事態措置による私権制限を可能としている点にある。具体的には、①外出自粛要請、興行場、催物等の制限等の要請・指示（潜伏期間、治癒するまでの期間等を考慮）（45 条）、②住民に対する予防接種の実施（国による必要な財政負担）（46 条）、③医療提供体制の確保（臨時の医療施設等）（47 条・49 条）、④緊急物資の運送の要請・指示（54 条）、⑤政令で定める特定物資の売渡しの要請・収用（55 条）、⑥埋葬・火葬の特例（56 条）、⑦行政上の申請期限の延長等（新型インフルエンザ等の患者等の権利利益の保全等）（57 条）、⑧金銭債務の支払猶予等（58 条）、⑨生活関連物資等の価格の安定（国民生活安定緊急措置法等の的確な運用）（59 条）、⑩政府関係金融機関等による融資（60 条）など多岐にわたる（条文は法改正前）。なお、新型コロナウイルス感染症まん延後の法改正によって定義の整理やまん延防止等重点措置の創設等が行われたものの、緊急事態時の強制権限を定める上記内容に大きな変化はない。

　ところが政府は、新型コロナウイルス感染症については、2020 年改正前の新型インフルエンザ等対策特別措置法に定める「新感染症」に該当しないという消極的な態度を貫き法律上の措置を発動しなかった。これに対しては、2012

年の新型インフルエンザ等対策特別措置法制定時の担当大臣であった野党国会議員からも新型コロナウイルス感染症は法改正がなくても「新感染症」として特措法の対象にできたはずで厚生労働省は解釈運用を誤っている旨指摘があった（第 201 回国会内閣委員会第 3 号・令和 2 年 3 月 11 日）。また、感染症医学の権威である尾身茂先生からも感染症学の立場からは新型コロナウイルス感染症は「新しい感染症」だと明言されていた（第 201 回国会参議院内閣委員会第 4 号・令和 2 年 3 月 13 日）。本来なら、新型インフルエンザ等対策特別措置法を既存のまま早期に発動したうえで可能な限りの初動対策を行い、その間に更なる措置が可能となる法的整備を行うこともできたはずである。もし早期に特措法を適用していれば、法律に基づいて感染症拡大防止のために国民の行動や事業者の経済活動への各種要請ができ、かつ、国民が負担する行政機関に対する各種義務の緩和や債務支払猶予措置等といった手厚い支援を、とりあえずの応急措置として国が宣言することが可能だったのである。政府は結局のところ、2020 年 3 月 13 日、「新型インフルエンザ等対策特別措置法の一部を改正する法律」を成立させ、同法の対象に新型コロナウイルス感染症を追加するという措置対応を実施することで法適用をする方針とした。2023 年 4 月になって漸く改正法に基づく第 1 回目の緊急事態宣言が発出されるに至ったのである。

　新型インフルエンザ等対策特別措置法による緊急事態宣言に関する条項には、強制的に私権制限を認める勇ましい条項が目立つ。実はこれらの条項は、災害対策基本法や災害救助法の条文を参考に作られている。災害対策基本法は、①災害緊急事態に際して国会召集に時間がかかるような場合には、生活必需物資の配給制限等、国民生活安定のための物資価格統制、金銭債務の支払猶予措置、に関する罰則付きの緊急政令を制定することができる（災害対策基本法 109 条）、②災害緊急事態の布告があつたときは、内閣総理大臣は、国民に対し、国民生活と関連性の高い物資をみだりに購入しないこと等の協力要請ができる（同法 108 条の 3）などを規定している。また、災害救助法は、①指定行政機関の長は、救助に必要な物資の生産等を業とする者に対して、その取り扱う物資の保管を命じ、又は救助に必要な物資を収用することができる（災害救助法 5 条）、②指定行政機関の長は、物資の保管を命じ、又は物資を収用するため、必要があるときは、指定行政機関の長及び指定地方行政機関の長は、当該職員に物資を保管させる場所又は物資の所在する場所に立入検査をさせることができる（同法 6 条）、③都道府県知事は、医療、土木建築工事関係者、輸送関係者を救助に関する業務に従事させる従事命令をすることができる（同法 7 条）、④都道府県知

事等は、救助を要する者及びその近隣の者を救助に関する業務に協力させる協力命令をすることができる（同法8条）、⑤都道府県知事等は、救助を行うため特に必要があると認めるとき等は、病院、診療所、旅館その他政令で定める施設を管理し、土地、家屋若しくは物資を使用し、物資の生産等を業とする者に対して、その取り扱う物資の保管を命じ、又は物資を収用することができる（同法9条）、⑥都道府県知事等は、施設を管理し、土地、家屋若しくは物資を使用し、物資の保管を命じ、又は物資を収用するため必要があるときは、職員に施設、土地、家屋、物資の所在する場所又は物資を保管させる場所に立ち入り検査をさせることができる（同法10条）⑦内閣総理大臣、都道府県知事、市町村長等は、現に応急的な救助を行う必要があるときは、その業務に関し緊急を要する通信のため電気通信設備を優先使用し、有線電気通信設備や無線設備を使用することができる（同法11条）などを規定している。

　日本では、国民保護や社会秩序の維持といった観点から、行政機関による強力な人権制約を認める条項を災害法制に内包済みなのである。最初から新型コロナウイルス感染症又は感染症対策による経済的被害を「災害」であるとして災害法制の条文を使う余地は本当になかったのであろうか。なお、政府は一貫して新型コロナウイル感染症は災害対策基本法や災害救助法が規定する「災害」には該当しないという見解だったことは、冒頭の国会質疑のとおりである。

⑵　特定非常災害特別措置法と新型インフルエンザ等対策特別措置法

　新型インフルエンザ等対策特別措置法57条は、「特定非常災害の被害者の権利利益の保全等を図るための特別措置に関する法律第2条から第5条まで及び第7条の規定は、新型インフルエンザ等緊急事態（新型インフルエンザ等が全国的かつ急速にまん延し、国民生活及び国民経済に甚大な影響を及ぼしている場合に限る。）について準用する」と定めている。「特定非常災害」とは、「著しく異常かつ激甚な非常災害であって、当該非常災害の被害者の行政上の権利利益の保全等を図り、又は当該非常災害により債務超過となった法人の存立、当該非常災害により相続の承認若しくは放棄をすべきか否かの判断を的確に行うことが困難となった者の保護、当該非常災害に起因する民事に関する紛争の迅速かつ円滑な解決若しくは当該非常災害に係る応急仮設住宅の入居者の居住の安定に資するための措置を講ずることが特に必要と認められるもの」（特定非常災害特別措置法2条1項）をいい、阪神・淡路淡路大震災の教訓をもとに成立し、遡及適用されたのが第1号事例である。その後は新潟県中越地震（2004年）、東日本大震災（2011

年）、熊本地震（2016年）、西日本豪雨（2018年）、令和元年東日本台風（2019年）、令和2年7月豪雨（2020年）が特定非常災害に指定されている。新型インフルエンザ等緊急事態では、特定非常災害特別措置法が定めるメニューのうち、①行政上の権利利益に係る満了日の延長（特定非常災害特別措置法3条）（例えば運転免許証（道交法92条の2の更新期限の延長等数多くの手続が該当））、②期限内に履行されなかった義務に係る免責（同法4条）（例えば薬局の休廃止等の届出義務（医薬品医療機器等法10条）など数多くの手続が該当）、③債務超過を理由とする法人の破産手続開始の決定の特例（同法5条）（法人の債権者破産の申立制限による債務者事業者の保護を図るもの）、④民事調停法による調停の申立ての手数料の無料化の特例措置（同法7条）、の4つの措置を発動することができる。

　これらは、過去の特定非常災害では例外なく政令で行われてきた特別措置である（岡本2018a、岡本2020b）。災害対応を行ってきた各省庁も十分にノウハウが蓄積されていたはずであるが、新型コロナウイルス感染症対策においてはこれらの条項はなぜか発動には至っていない。確かに、各所管省庁や行政機関は事実上の運用として独自に各種の申請期限を延長する措置を講じてはいた。しかし、未曾有の感染症と収束見込みが長時間不確実であることはわかっていたのであるから、特定非常災害と同様の措置を正面から発動、公示して、法律上の保護が存在することを国民へのメッセージとして伝えるべきだったように思われる。

⑶　金銭債務の支払猶予措置と新型インフルエンザ等対策特別措置法

　新型インフルエンザ等対策特別措置法58条1項は、「内閣は、新型インフルエンザ等緊急事態において、新型インフルエンザ等の急速かつ広範囲なまん延により経済活動が著しく停滞し、かつ、国の経済の秩序を維持し及び公共の福祉を確保するため緊急の必要がある場合において、国会が閉会中又は衆議院が解散中であり、かつ、臨時会の召集を決定し、又は参議院の緊急集会を求めてその措置を待ついとまがないときは、金銭債務の支払（賃金その他の労働関係に基づく金銭債務の支払及びその支払のためにする銀行その他の金融機関の預金等の支払を除く。）の延期及び権利の保存期間の延長について必要な措置を講ずるため、政令を制定することができる」と定めている。新型コロナウイルス対策が国民の家計や事業者の活動を直撃するなどして、様々な事業ローンや個人の住宅ローンなどが一挙に債務不履行となり債権者が強制的な回収手段に移ることになれば、経済は大混乱となることは想像に難くないだろう。そのような事態を回避

すべく「緊急政令」を作ることができるとしている。なお、災害対策基本法109条にも同趣旨の定めがある。

　緊急政令の制定は、国会が機能しない場合など相当限定されているため、2020年以降の新型コロナウイルス感染症対策で、金銭債務の支払猶予の緊急政令を制定すべきだったとまでは提言はできない。ここで強調したいのは、感染症対策による大規模な経済活動抑制の反作用として国民や事業者が困窮した場合には、大規模災害時と同じように、法的措置として「金銭債務の支払猶予」を行うことにより、まずは一律に債務支払を巡る窮地から国民を救済し、混乱を収めることが政府の選択すべき施策として非常に有効であるという教訓が既に立法化されているという点にある（第1部第6章、第3部第7章）。

　2020年3月6日、金融担当大臣名義にて「新型コロナウイルス感染症の影響拡大を踏まえた事業者の資金繰り支援について（要請）」が全ての金融機関に対して発信された。「既往債務について、事業者の状況を丁寧にフォローアップしつつ、元本・金利を含めた返済猶予等の条件変更について、迅速かつ柔軟に対応すること」という内容を含んでおり、新型インフルエンザ等緊急事態における金銭債務の支払猶予措置を意識した対応だったと思われる。2020年4月7日には金融庁から「「新型コロナウイルス感染症緊急経済対策」を踏まえた資金繰り支援について（要請）」が発出され、「引き続き、新規融資の積極的な実施や既往債務の条件変更の迅速かつ柔軟な対応を行うこと。その際、貸出し後の事業者の返済能力の変化を適時適切に捉えた、据え置き期間や貸出期間等の条件変更の柔軟な対応を徹底すること」「住宅ローンや個人向けローンについて、これまでの要請を踏まえ、さらに個人顧客のニーズを十分に踏まえた条件変更等について、迅速かつ柔軟な対応すること。また、個人向けローン等の保証業務を行っている場合においても、こうした趣旨等を踏まえた対応に努めること」が要請された。その後も断続的に同種の要請文書が発出されている。

　これに対し、災害救助法が適用される災害では、金融庁、財務省（管轄の各地方財務局）、日本銀行（所管の支店）等の名義により、「災害等に対する金融上の措置について」と題する書面が発出・公表される扱いになっている。「災害等の状況、応急資金の需要等を勘案して、融資相談所の開設、融資審査に際して提出書類を必要最小限にする等の手続きの簡便化、融資の迅速化、既存融資にかかる返済猶予等の貸付条件の変更等、災害等の影響を受けている顧客の便宜を考慮した適時的確な措置を講ずること」や「「自然災害による被災者の債務整理に関するガイドライン」の手続き、利用による効果等の説明を含め、同

ガイドラインの利用に係る相談に適切に応ずること」といった、災害の影響により困難に陥った債務者を救済するための要請が明記されている。これらは、法律上の強制力がない「要請」にすぎないが、国から積極的な要請が全金融機関になされているという事実それ自体が、債務者を安心させ、また実質的な返済条件変更や交渉の余地を与えることになるという効果がある点では重要な実務運用だと評価できる。一方で、債務整理等を行えば信用情報登録（ブラックリスト登録）されることになる。債務者の完全なる経済再生の余地を考えるのであれば、上記のペナルティが存在しない形で、緊急の立法措置を講じ、破産法の特例措置として債務者を救済していくことが、自然災害でも、感染症対策でも望まれる。新型インフルエンザ等緊急事態に基づく金銭債務の支払猶予を認める緊急政令の条文が存在していること自体を一つの教訓として捉え、かかる措置を参考にしながら、災害救助法適用時の金融上の措置の運用実績を昇華する形で、例えば「新型コロナウイルス感染症金銭債務支払猶予特例法」の制定なども、2020 年の初期段階から積極的に議論する必要性があったように思われる。

5　新型コロナウイルス感染症「対策禍」

　感染症対策を行えば必然的に基本的人権の誓約を伴う。例えば外出自粛や隔離要請は移動の自由や営業の自由（憲法 22 条）を直接的に制限する。東京大学の金井利之教授は「COVID-19 という厄災禍に対する行政の対応が、いかなる二次的な厄災を招いているかという視点」を「コロナ対策禍」と表現した。批判的意図というよりは「対策禍」は避けることができない前提で政策を立案すべきとの提言が強く込められている。かつて塩崎賢明教授は、阪神・淡路大震災の復興過程に関わった経験から「復興は数年から 10 年以上の長い過程である。その間に、力尽きて命を落としたり、家庭が崩壊したり、町や村が衰退したりすることがある」「震災で一命をとりとめたにもかかわらず、復興途上で亡くなったり、健康を害して、苦しんだりする人々が大勢いる。その被害は個人の責任だけに帰することはできないと思えた」とし、これを「復興災害」と呼んだ。一方で「コロナ対策禍」は、そこに行政の意思決定が介在していたとしても、それ自体が公衆衛生上の科学的医学的な根拠に基づくのであれば、政策の失敗等によるものではなく、不可避的におこる「感染症災害」の一現象だという整理をすることが可能である。

国連防災機関（UNDRR）では「災害」（Disaster）について、以下のように定義している。この定義を前提とすれば、感染症まん延もその対策による不可避的な経済損害等も人間社会の機能の深刻な混乱であり「災害」そのものであるように思う。

災害の国際的定義

A serious disruption of the functioning of a community or a society at any scale due to hazardous events interacting with conditions of exposure, vulnerability and capacity, leading to one or more of the following: human, material, economic and environmental losses and impacts. （UNDRR ウェブサイト「Terminology」の「Disaster」項目冒頭より抜粋）

被災し得る人や資産、脆弱性と対応能力の条件に応じて、人的、物的、経済的もしくは環境的な面のどれか一つまたはそれ以上に対する損失と影響をもたらす、あらゆる規模の地域共同体または社会の機能の深刻な混乱（日本自然災害学会編（2022）『自然災害科学・防災の百科事典』（丸善出版）3頁より抜粋）

　現在の法体系では、災害とは災害対策基本法が定義するものに限定され、感染症災害や疫災は感染症法と新型インフルエンザ等対策特別措置法が別途対応する建前である。だからといって感染症等が世界共通認識としての「災害」ではないと理解することは誤りであり、日本でも災害法制の多くを感染症対策法制で準用していることを重く受け止めるべきである。最低でも新型感染症に対しては、災害法制を参考につくられた「新型インフルエンザ等対策特別措置法」の規定を最大限活用することが求められる。また、そこに記述がないものは、原則に立ち返って災害法制を柔軟解釈して適用するか、少なくとも同等の措置がすぐに取れるよう、災害法制準用規定を増加させるべきである。最終的には、災害と感染症を統合した、オールハザードの危機対策法案を整備することを視野に入れなければならない。特に「感染症対策禍」については事業者や個人の生活が脅かされる点が自然災害による被災者のリーガル・ニーズと一致しているのであるから、尚更オールハザード・アプローチが相応しい（第3部第7章）。災害とは社会の脆弱性を生むものであり、また社会の混乱を引き起こすものである。事象や原因によって法体系や行政システムを構築する手法を見直し、国民一人ひとりがどのような被害や権利制限を受けるか、社会の脆弱性をどのように予防又は回復し、一人ひとりの生活再建を目指すか、という視点に立てば、復興期や生活再建期こそ自然とオールハザード・アプローチの法体系が構築されていくはずである。

第2章　新型コロナウイルス感染症と リーガル・ニーズ

動き出す法律家たち

『新型コロナウイルス感染症　その対応、差別・誹謗中傷になっていませんか』
(2020 年 7 月、群馬弁護士会館に掲げられた大きな懸垂幕より)

　……今日、新型コロナウイルス感染症が拡大する中、感染者らを社会的に排除しようとする状況が発生している。例えば、感染者・医療関係者等に対する SNS 上での誹謗中傷、感染者が確認された学校・施設等に対する非難、医療関係者等の子どもの通園・通学拒否、感染者の自宅への投石、県外ナンバー車・長距離運転業者の排斥、感染者のプライバシー侵害及びこれらを誘発する言動など、様々な偏見差別が生じている。
(2020 年 7 月 29 日、日弁連「新型コロナウイルス下で差別のない社会を築くための会長声明」より)

　……政府の要請等及び感染拡大への懸念の強まりを受けて、社会的な影響が各所に生じ、それに伴って各種の法的対応が必要な事例が報告され始めている。例えば、イベントの中止や旅行のキャンセル等を巡る法的対応、品薄が続いているマスクの不適切な販売方法及び悪質な転売のトラブル等が報じられている。また、政府の要請を受けて休校となった小・中・高校生等の教育を受ける権利に対する配慮、これらの子の保護者が事実上就業できないことによる労務問題、中小企業・小規模事業者における資金繰りへの影響、下請事業者への取引上のしわ寄せ等の問題が報じられている。
(2020 年 3 月 6 日、日弁連「新型コロナウイルスの感染拡大に当たっての会長談話」より)

　……外出自粛や経済状態の悪化の中で、ドメスティック・バイオレンス（DV）や家庭内における虐待の増加・悪化が懸念され、本年 4 月 5 日にはアントニオ・グテーレス国連事務総長が DV 増加に対する警告の声明を発表した。報道等によれば、各国でも、DV や児童虐待の増加・悪化が現実化しており、フランスではパリ市内のシェルター増設を決め、また担当大臣が声明を出し被害者支援に取り組む姿勢を明らかにし、オーストラリアでは DV 対策資金として 1 億 5,000 万豪ドルを投入する旨公表されるなど、対策が打ち出されている。我が国においても、阪神・淡路大震災や

東日本大震災という災害時において DV や家庭内における虐待の増加・悪化があり、深刻な問題となったことが内閣府男女共同参画局等の調査からうかがえ、緊急事態宣言発令期間中においても同様の問題が懸念されている。政府は、同宣言発令期間中の DV の相談と保護業務に力を入れ対策を打ち出しているところではあるが、避難先の増設、被害者支援等の実現のための財源の確保、外出自粛要請下でも必要な一時保護の躊躇なき実現と避難先の確保、被害実態の積極的な把握、避難先での感染防止の徹底、避難後の生活支援など対応すべき課題はなお多い。
(2020 年 4 月 7 日、日弁連「新型コロナウイルス感染拡大に伴う家庭内被害―DV・虐待―の増加・悪化防止に関する会長声明」より)

　……新型コロナウイルスの感染拡大とそれに伴う政府の緊急事態宣言の影響により、急激に収入が減少し、住居の賃料を支払うことが困難となっている賃借人が増加している。賃料の滞納が続いた場合には、債務不履行を理由として賃貸借契約を解除され、明渡しを求められるおそれもある。……緊急事態宣言及びこれに基づく外出自粛要請や事業者に対する休業協力要請等により、飲食店をはじめとするテナントにおいても賃料の支払が困難な状況が生じている。とりわけ日々の売上げにより賃料等の経費をまかなっている中小事業者にとっては大変深刻な事態となっており、既に経営を断念したテナントも現れ始めている。政府は、税制優遇措置を講じて賃貸人に対し賃料の減免等を促しているが、かかる対応はあくまでも賃貸人の自主的な判断に委ねるものであり、その実効性には限界がある。
(2020 年 5 月 1 日、日弁連「緊急事態宣言の影響による賃料滞納に基づく賃貸借契約解除を制限する等の特別措置法の制定を求める緊急会長声明」より)

　……営業や外出の自粛が要請されることによって、仕事と収入の減少又は喪失に見舞われ、生活困窮に陥って家賃の支払に困難を来す人々が増え始めている。仮に緊急事態宣言が終結しても、営業や外出の自粛が引き続き求められるであろうことからすれば、今後、時間の経過とともに、こうした人々が爆発的に増えることも予想される。
(2020 年 5 月 7 日、日弁連「新型コロナウイルス感染拡大によって家賃の支払に困難を来す人々を支援するため、住居確保給付金の支給要件緩和と積極的活用を求める会長声明」より)

　……「給与ファクタリング」等と称して、業として、個人（労働者）が使用者に対して有する賃金債権を買い取った上で金銭を交付し、当該個人を通じて当該債権に係る資金の回収を行う者が急増している。新型コロナウイルス感染症の影響から生活が困窮し、給与ファクタリング業者に手を出してしまうケースが増加している。給与ファクタリング業者は、自らの行っている業務は「債権の売買」であり、「金銭の貸付け」には当たらないから、貸金業法や出資の受入れ、預り金及び金利等の取

締りに関する法律の適用を受けないなどと主張し、あたかも合法な資金融通サービスであるかのようにホームページ等で宣伝・広告をし、広く顧客を募っている。
(2020年5月22日、日弁連「いわゆる「給与ファクタリング」と称するヤミ金融の徹底的な取締りを求める会長声明」より)

……リーマンショックをはるかに上回ると言われる経済活動の停滞の中で、事業継続が困難となる事業者が続出し、それに伴って失業者が急増するなど今後の雇用環境の悪化が現実化しつつある。新型コロナウイルス感染症の収束が見通せない中で、事業自体が失われたり、労働者が解雇されるなどして雇用契約関係から離脱してしまうと、その回復には多大な時間と労力を要することになる。
(2020年5月7日、日弁連「新型コロナウイルス感染症による緊急措置として、労働者が失業したものとみなして失業給付を受給できる措置を講じるとともに、雇用調整助成金の迅速な支給拡大を求める会長声明」より)

1　新型コロナウイルス感染症のリーガル・ニーズを視覚化せよ

　新型感染症のまん延によって「被災する」とはどういうことかを、想像力を豊かにして考えることが重要になる。建物や道路の損壊、公共インフラの破壊という目に見える被害だけをイメージしていると、新型コロナウイルス感染症による「被災」には目が向かない。被災を捉えるには、まずは人の生活、すなわち当たり前の日常生活の繋がりをイメージすることから始める。その日常生活の破壊こそが被災になる（災害復興法学Ⅱ第1部第2章）。新型コロナウイルス感染症の影響で悩む個人や事業者の声は、まさに自然災害で生活が脅かされてしまった被災者の声そのものだと気が付く。

　弁護士たちは無料法律相談窓口を設け人々の声に耳を傾ける。ところが、新型コロナウイルス感染症まん延直後期は、有効な感染防止対策に対する知見が未だ乏しかった。このため面談方式による無料法律相談はできず、相談者と弁護士との接点はあくまで電話対応となった。弁護士からすれば多くの相談が受け身の体制であったことが特徴的で、これまでの大規模災害のように避難所や仮設住宅戸別訪問等によるアウトリーチ型の法律相談とは大きく異なった。言い換えれば、有効な情報を得られるかもしれない無料法律相談窓口にアクセスできないまま情報から零れ落ちてしまう人々もいた可能性がある。

　『災害復興法学』及び『災害復興法学Ⅱ』でも繰り返し述べてきたように、

目に見えない個人や事業者の悩み声をエピソードとして取り上げるだけでは、社会全体にその情報を伝える力に欠ける。多くの声を分析して数値的に表現できる形で「リーガル・ニーズ」を視覚化してこそ、情報が伝播力と伝承力を持つことを、日弁連「東日本大震災無料法律相談情報分析結果」等の報告書は教えてくれる（災害復興法学第1部第2章）。新型コロナウイルス感染症における弁護士無料法律相についても、事例を集約・分析し、リーガル・ニーズを視覚化して公表する動きが、過去の災害に倣い日弁連や各弁護士会で実践された。視覚化されたリーガル・ニーズはメディアの取材源となり、同時に政策提言の根拠たる立法事実を確かなものとしてくれるのである。

2　感染症まん延発生直後のリーガル・ニーズ

▼まん延直後期から第1回緊急事態宣言時の政府対応
○2020年2月29日　　総理大臣による全国の小中高校等教育機関への一斉休講要請（同月27日にはその旨の見解表明）。
○2020年4月7日　【第1回緊急事態宣言発出】東京、神奈川、埼玉、千葉、大阪、兵庫、福岡、京都の7都府県を対象とした新型インフルエンザ等対策特別措置法に基づく緊急事態宣言。外出自粛、施設休業、テレワーク大幅推進等の要請。
○2020年4月16日　　緊急事態宣言の全国拡大。【第1回緊急事態宣言拡大】当初7都府県に、北海道、茨城、石川、岐阜、愛知、京都の6道府県を加えた13都道府県を「特定警戒都道府県」と呼称。外出自粛、施設休業、テレワーク大幅推進等の要請。
○2020年5月14日〜5月25日　　第1回緊急事態宣言の順次解除。

⑴　第二東京弁護士会による相談分析結果（2020年3月〜4月）

　図表1−1は、第二東京弁護士会が2020年3月10日から同年4月3日までに実施した無料電話相談58件のうち、非事業者（個人）54件の相談分析結果である（第二東京弁護士会「新型コロナウイルス感染症無料法律相談第1次データ集計及び分析結果」2020年4月17日）。第1回緊急事態宣言直前期のリーガル・ニーズを早期に公表し視覚化した貴重なデータである。相談傾向をみると、「消費者問題」（54.8%）と「労働問題」（19.4%）が突出して高い割合を示している。「消費者問題」では、旅行、施設集客型の各種イベント、継続的サービス等がキャンセルや供給停止になったことによる、個人利用者側からの相談が多かった。特に「スペース利用型の契約」（ホテルイベントやライブハウス等）のキャンセルが多いことも感染症の拡大防止に伴う特徴といえる。また、「労働問題」では、休業手当の受け取りや解雇への不安に関する相談が多くを占めた。

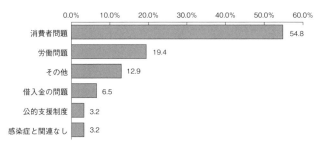

図表 I-I　非事業者のリーガル・ニーズの傾向（2020 年の緊急事態宣言直前期）（n = 54）

図表 I-2　主な相談類型と相談内容（2020 年の緊急事態前言直前期）

類型	相談内容
消費者問題： 消費者問題に分類した相談のうち「契約キャンセル」に関する相談が 96.9% を占める。	契約キャンセルに関する相談は、そのほとんどが、キャンセル料を支払う義務の存否、又は既に支払った代金の返還（払戻し）を受けることの可否、つまりキャンセル等に伴う契約当事者間の金銭的処理について相談するものである。件数は少ないが、キャンセル等を受けた消費者が、これに伴い第三者との関係で発生する自身の損害を相手方当事者に負担させることの可否を相談するものもある。また、契約当事者に起因するものでない事情によりキャンセル等に至ったケースにおいて、当該キャンセル等に伴う金銭的処理について相談するものもある。
労働問題： 55.6% が使用者から休業又は労働時間の短縮を指示されたケースにおける休業手当に関する相談。	休業手当に関する相談 と併せて解雇への不安を述べる相談もある。そのほか、解雇に関する相談や、使用者の売上が減少しているとして賃金の不払いが生じないかについて不安を述べる相談もある。

　図表 1 - 2 に、報告書に現れた具体的な相談事項をまとめた。新型コロナウイルス感染症のファーストインパクトの瞬間、どのようなリーガル・ニーズがあふれ出たのかが臨場感を持って伝わってくる。相談者の年代は 20 代から 90 代までまんべんなく分布しており、あらゆる年代がリーガル・ニーズを抱えていたことがわかった。

(2)　大阪弁護士会による無料法律相談分析（2020 年 3 月〜5 月）

　大阪弁護士会は、2020 年 3 月 11 日より、新型コロナウイルスに関して事業者・労働者等向けに弁護士による無料電話相談を開始し、集計と分析の結果を毎月更新してきた。2023 年 2 月 28 日までの相談実績は累計 3,513 件である（第 1 部第 2 章 6）。ここからまずは、2020 年 3 月 11 日から 5 月 31 日までに実施した 629 件の電話相談事例を抽出して、第 1 回緊急事態宣言終了時までのリーガル・ニーズの傾向を探る。図表 1 - 3 は、労働者など個人 382 件、図表 1 - 4 は、個人事業主を含む事業者 247 件の分析結果である（大阪弁護士会が公表している「新

型コロナウイルスに関する事業者・労働者等向け電話相談」の各月集計データをもとに筆者にてデータを作成。百分率の分母は実際に電話がかかってきた相談件数であり、分子は相談類型に分類された数である。複数分類があり得るため各相談類型の割合の合計が100%を超える場合がある）。

労働者など個人の相談では、「休業補償」（29.6％）と「解雇・雇用契約」（14.7％）に関する相談割合が突出して多くなっている。突然の全国の教育機関等への一斉休校要請（2020年2月27日総理大臣会見）の影響で、保護者らの経済活動にも大きな影響があり、行政の支援を求める声が多くなったものと考えられる。とくに「休業補償」に関しては、厚生労働省による「雇用調整助成金」の給付や

図表 I-3　労働者のリーガル・ニーズの傾向（主に第1回緊急事態宣言期）(n＝382)

図表 I-4　事業者のリーガル・ニーズの傾向（主に第1回緊急事態宣言期）(n＝247)

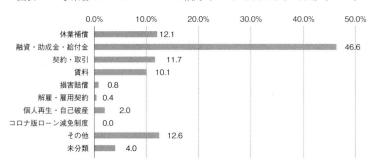

その要件に関する情報提供が不可欠となる。当時はまだ施策が十分ではなく、事業主側にも正しい知識がないケースが多い。労働者に対しては、解雇、雇止め、アルバイト打ち切り等の苦境に立たされるなか、すこしでも支援情報を伝えることで、不安を除去していくことが求められていたのである。

　事業者からの相談では、「融資・助成金・給付金」（46.6％）に関する相談が圧倒的に多く、次いで「休業補償」（12.1％）、「契約・取引」（11.7％）、「賃料」（10.1％）が高い相談割合となっている。新型コロナウイルス感染症まん延及びその対策により数多くの事業者がその収入を失ったり大幅に減少させたりする事態に陥った。政府は緊急経済対策の一つとして、売上が一定以上減少した中小法人や個人事業主への持続化給付金（中堅以下の法人200万円、個人事業者100万円を上限とする給付金）の支給を決定し（2020年4月7日閣議決定）、同年4月30日に、その根拠となる令和2年度第1次補正予算を成立させた。2020年5月1日から申請が始まり膨大な数の事業者から申請が順次なされ、最初の1か月でも優に100万件を超える申請数となっていた。このような背景で、弁護士への相談も初期段階から持続化給付金の支給等を中心とした相談が集中したのである。特に持続化給付金制度がスタートした当時は、いわゆるフリーランスの個人事業者が対象外になっていたり、創業時期が新しい事業者が申請できなかったりと対象者が相当絞られていたこともあり、支給要件の該当性なども大きな争点になっていた時期であった。

　「休業補償」は、労働者を休ませざるを得ないなかで、給与の支給や減額を巡る相談が主な内容である。労働者側の相談と連動しているものと考えられる。

　「契約・取引」の相談は、いわゆる B to B の契約の履行困難や支払に起因する課題である。緊急事態宣言以降、なかば強制的に多くの営業活動が停止したことで、事業者のキャッシュフロー不足からの支払不能が惹起されたことは想像に難くない。

　「賃料」に関する課題も深刻である。多くの事業者がオフィスや事業所の賃料支払に困窮する事態が起きた。賃料不払いによる賃貸借契約解除の是非、実際の退去に関わる紛争、賃料減額や支払猶予などの交渉など、あらゆる問題が賃貸借契約に起因して発生したのである。2020年5月22日、法務省は「新型コロナウイルス感染症の影響を受けた賃貸借契約の当事者の皆様へ～賃貸借契約についての基本的なルール～」と題する異例の発信を行った（第1部第5章）。民法や借地借家法に基づく貸借契約の一般的な解釈の説明をもとに、賃貸借契約の即時終了を招かないようにしようとする意図があった。法務省が民法の基

本的法解釈を示して周知することは異例の事態であり、貸借契約解除・明渡しを巡る紛争が苛烈を極めていたことの証左といえよう。

3　感染症による第1波のリーガル・ニーズの総括

(1)　弁護士の感染症無料電話相談と全国のリーガル・ニーズ（2020 年前半）

　2020 年 4 月 20 日から同年 7 月 22 日までの間に、全国 52 の弁護士会が実施した統一ダイヤルによる新型コロナウイルス感染症に関する弁護士無料電話法律相談の事例は、2020 年 11 月に日弁連「新型コロナウイルス法律相談全国統一ダイヤル報告書」にまとめられた。第 1 波（2020 年 1 月頃〜同年 6 月頃）の影響によるリーガル・ニーズを総括するものといえる。相談事例は内容に応じて 3 類型までに分類され、その分類総数は 1,859 件となり、このうち「非事業者」1,540 件、「事業者」319 件になった。なお、日弁連や各弁護士会では、「ひまわりほっとダイヤル」という中小企業・個人事業主向けの無料相談窓口を設置しており、そこには、2020 年 4 月から同年 7 月の間に実に 4,905 件もの相談が寄せられていることも付言しておく。図表 1 − 5 は、新型コロナウイルス感染症の第 1 波前後の非事業者のリーガル・ニーズの傾向である。「労働問題」(30.1%) が最も多く、「消費者問題」(21.1%) と「公的支援制度」(10.7%) も相当多い。「借入金問題」(6.7%) や「賃料問題」(3.9%) など、契約や支払の困難に起因する相談も目立つ内容となっている。

図表 1-5　非事業者のリーガル・ニーズの傾向（2020 年 4 月〜7 月全国）(n = 1,540)

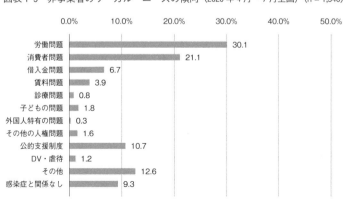

(2)　労働問題

　分類後の相談総数の 30.1％ を占めた「労働問題」の内訳は、「休業手当」
（35.6％）、「解雇」（21.8％）、「賃金不払」（12.1％）、「安全配慮」（5.4％）、「その他」
（25.2％）となった。2020 年 4 月からの第 1 期緊急事態宣言により、多くの労働
者が雇用主から自宅待機や労働時間短縮の指示を受け、連動して特に非正規雇
用者の賃金減少や不払が顕著になったことを色濃く反映したものといえる。正
規雇用であっても人員削減や賃金カットに歯止めがかからなかった様子も見て
取れる。「安全配慮」は、雇用主が労働者に追う「安全配慮義務」（ある法律関係
に基づいて特別な社会的接触の関係に入った当事者間において、相手方の生命及び健康等を
危険から保護するよう配慮すべき信義則上の義務。災害復興法学Ⅱ第 2 部第 7 章）に関す
る論点である。日弁連報告書からは直ちに明らかではないが、雇用主が労働者
に対して、新型コロナウイルス感染症への感染リスクを低減させるべき義務に
関わる内容であると推察できる。医療従事者、公共インフラ、生活必需品供給
を担うエッセンシャルワーカー（社会機能維持者）に対しては、とくに感染対策
や誹謗中傷リスクから職員を保護し、ケアを手厚くすることが使用者の安全配
慮義務として求められていたのである。

(3)　消費者問題

　分類後の相談総数の 21.1％ を占めた「消費者問題」の内訳は、「キャンセル料」
（59.7％）、「返金」（24.0％）、「悪質商法」（3.1％）、「その他」（13.2％）となった。
新型コロナウイルス感染症のまん延による旅行、イベント、結婚式等のキャン
セルが相次ぎ、キャンセル料の支払義務を巡る相談が多くなった。また、新型
コロナウイルス感染症の影響で生活困窮などの窮状に陥った消費者をさらに食
い物にするような便乗商法による被害事例も多く報告されている。日弁連消費
者問題対策委員会は、有志らの発議から日弁連災害復興支援委員会ほか関連委
員会とも連携して、2020 年 6 月時点で「新型コロナウイルス消費者問題 Q＆A」
を作成し迅速に公表した。以下の Q＆A の大項目（2021 年 11 月改訂版）をみても、
初期段階から多くの消費者問題が発生していたことががわかる。

消費者問題 Q&A の大項目
スポーツジム・塾との契約等について／結婚式のキャンセルについて／イベントのキャンセ
ル関連について／旅行のキャンセルについて／交通関係（航空券、鉄道定期券等）のキャン
セルについて／宿泊（ホテル等）のキャンセルについて／債務（借金）の支払について／い
わゆる「給与（給料）ファクタリング」について／いわゆる「事業者ファクタリング」につ
いて／住宅関連について／悪質商法や特殊詐欺への対策について

給与（給料）ファクタリングとは、給与支給日前に給与を受け取る権利を業者に譲り渡して金銭を得て、給与支給日を迎えた際に受け取った給与を当該業者に支払う取引である。事業者ファクタリングとは、企業が取引先に対し有する売掛債権をファクタリング業者が買い取り、買い取った債権の管理・回収を自ら行う金融業務である。一見すると資金繰りが困難な個人や事業者に対する救済のように思えるが、これらは貸金業法上の貸金業に該当し、無登録業者が行うことは、まさに「ヤミ金融」である。しかも「手数料」と称して給料や売掛金から天引きしてしまうため、年利に換算すると数百〜千数百％になるような法外な利息に相当し、利息上限を定める出資法にも違反する。金融庁も「給与の買取りをうたった違法なヤミ金融にご注意ください！」という特設ページを公式ウェブサイトに作成している。これまでも違法ファクタリング業者被害は典型的な消費者被害事例の一つであったが、新型コロナウイルス感染症の影響により被害がより顕著になった。冒頭の「給与ファクタリングの取締強化を求める会長声明」（2020年5月22日）をはじめ、「事業者向けにファクタリングを装って違法な貸付けを行う業者の取締りの強化を求める会長声明」（2020年6月17日）などは、被害が深刻になっている現状を反映して日弁連が警鐘を鳴らしたものである。

⑷　巨大地震のリーガル・ニーズとの比較

　図表1-6は、熊本地震（2016年4月）発生から約1年の被災者のリーガル・ニーズの傾向をまとめたものである（災害復興法学Ⅱ第3部第2章）。これを図表1-5（新型コロナウイルス第1波のリーガル・ニーズ）と比較してみる。共通して目立つ相談は、「賃料問題」（熊本地震における「5不動産賃貸借（借家）」）、「借入金問題」（熊本地震における「9住宅・車等のローン・リース」及び「10その他の借入金返済」）、「公的支援制度」（熊本地震における「12公的支援・行政認定等」）等である。

　大都市人口密集地帯の場合は、市街地のすべてが壊滅的な被害を受けるということは想定し難く、建物全半壊の何百倍もの「一部損壊」被害が発生する。これらの被災者が抱えるのが建物の賃貸借契約を巡る紛争問題に他ならない。図表1-6の熊本地震のリーガル・ニーズがそのことを顕著に物語っている（災害復興法学Ⅱ第3部第2章）。新型コロナウイルス感染症の影響による場合はどうであろうか。当然ながら、感染症のまん延では建物の物理的被害は生じていない。しかし、賃料を支払うべき賃借人の収入や事業に影響が出ているという意味では、大規模災害時に被害を受け経済状態が悪化した被災者と境遇は同じである。

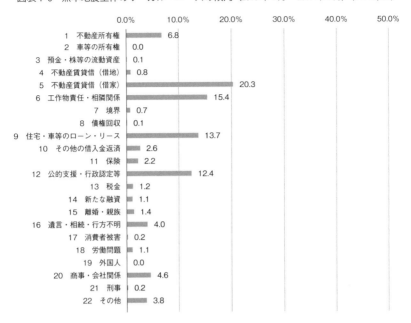

図表 1-6　熊本地震全体のリーガル・ニーズの傾向（2016年4月〜2017年4月）(n = 12,284)

項目	割合
1　不動産所有権	6.8
2　車等の所有権	0.0
3　預金・株等の流動資産	0.1
4　不動産賃貸借（借地）	0.8
5　不動産賃貸借（借家）	20.3
6　工作物責任・相隣関係	15.4
7　境界	0.7
8　債権回収	0.1
9　住宅・車等のローン・リース	13.7
10　その他の借入金返済	2.6
11　保険	2.2
12　公的支援・行政認定等	12.4
13　税金	1.2
14　新たな融資	1.1
15　離婚・親族	1.4
16　遺言・相続・行方不明	4.0
17　消費者被害	0.2
18　労働問題	1.1
19　外国人	0.0
20　商事・会社関係	4.6
21　刑事	0.2
22　その他	3.8

オフィスやアパートが現存している以上、賃貸借契約が残り続け、だからこそ「賃料問題」がおきる。市街地と地域経済の枠組みが残存し、建物が現存しているからこそ起きる問題の典型例が「賃料問題」である。感染症と一部損壊の割合が高い自然災害の被災地との共通点を見出すことができる。この点、東日本大震災では、津波浸水による建物全半壊率が高い市町村では「不動産賃貸借（借家）」に関連する相談はほとんどなく、逆に建物全半壊率が低い市町村では相談割合が高かった（災害復興法学第3部2章）。賃借物の全部が滅失等してしまった場合は賃貸借は終了する（現民法616条の2）ので、津波等の被害で建物が残らない場合、もはや契約紛争どころではなく個人の生活再建へのリーガル・ニーズのほうが高まるからである。

　「借入金問題」に関する相談は、熊本地震と感染症のいずれでも高い相談割合となった。借入金で問題になる筆頭は「住宅ローン」である。負債残高が大きく、毎月の支出が相当長期間継続し、住まいに担保として抵当権が設定されていることもあり、多くの者にとっては平時から強い関心事でもある。大規模な地震で大量の住宅が全半壊に至った熊本地震では、その担保価値すらも大きく棄損してオーバーローン状態となる世帯が多くなり、東日本大震災以上に、

全体のなかに占めるリーガル・ニーズ（相談割合）が高くなった。新型コロナ
ウイルス感染症によっても、勤労機会の大幅減少、雇止め、解雇、休業等によ
り家計のキャッシュフローは行き詰まり、ローン不払いを引き起こし、住まい
を失うリスクを高めていたことに変わりはない。自然災害においても、感染症
のまん延においても、住宅ローンの不払いへの悩みは同じように発生するので
ある。

　「公的支援制度」のリーガルニーズが共通して高いことも重要なポイントで
ある。「地震」であれ、「感染症」であれ、もたらされた被災（生活困窮や事業再
生への公的支援を必要とする状況に陥ること）が同じであることが改めて確認された。
ここにオールハザード・アプローチでの災害対策として、どのような知識を我々
が日常から備え、また法制度として構築しておくべきかの大いなるヒントが示
されているように思われる。

　東日本大震災（災害復興法学第1部・第3部、災害復興法学II第1部）や、熊本地震
（災害復興法学II第3部）と比較して、傾向に大きな差が出たのは「労働問題」に
分類された相談である。熊本地震では「1.1％」にすぎなかったものが、新型
コロナウイルス感染症では「30.1％」と最も割合の高い類型になった。大規模
被災地において仕事を失った場合の被災者のリーガル・ニーズは、被災地外で
の新たな求職や別業態への転換を目指すものが多く、その役目を果たすのは主
に行政機関（ハローワーク）であった。弁護士よりも優先的に選択される窓口が
地震被害や津波被害の際には機能していたのである。新型コロナウイルス感染
症では、事業所が破壊されたわけでも、物理的地理的に勤務先施設や事業所が
失われたわけでも、操業のためのエネルギー不足や設備被害にあったというわ
けでもない。しかしながら、感染症対策であらゆる経済活動や人の移動がストッ
プしてしまったので、休業、雇止め、解雇等を余儀なくされた後に労働者に次
の行き場がなかったのである。いわゆる復興特需のような被災地での雇用創出
も期待できない。そのため、そもそも解雇等や給与減額等処分に労働法上の問
題はないのか、給与減少や失職に対して公的な支援はないのか、という形で労
働契約を巡る紛争がおきたり、支援の制度に関する情報を求めたりする声が増
大したものと推察される。感染症は、行政機関ではなく弁護士への相談が必要
な労働紛争のリーガル・ニーズを多数惹起したのである。

　「消費者問題」も新型コロナウイルス感染症で特に高いリーガル・ニーズだっ
た類型である。熊本地震では全体のうち「0.2％」にすぎなかったが、新型コ
ロナウイルス感染症では「21.1％」と二番目に高い割合になった。「消費者問題」

は、熊本地震では、例えば家屋修繕代金を不当に高額請求する事案、保険金請求や行政からの給付金の請求代行と称して不当に保険金からお金を中抜きする悪徳業者とのトラブル等消費者被害に関する事案が主な相談内容であった。これに対し、新型コロナウイルス感染症では、全国一斉で様々な契約の履行が果たせなくなり、キャンセルせざるを得ない契約が起き、そのための事後処理としての紛争やお金の精算、損害賠償問題が激増することになった。その内容も、先述したように、結婚式・イベント・旅行などの契約キャンセル問題（第1部第5章）、いわゆる「三密」を回避することを意図した塾や習い事の契約キャンセル問題、事業者からサービスが提供されなかった期間の料金支払の問題を中心に、個人や家庭の日常生活上の取引のなかで大きなトラブルが発生しているという特徴がある。善良な事業者と取引をしている場合であっても、消費者問題の当事者になりうるのが、新型コロナウイルス感染症のまん延が引き起こした被災のインパクトだといえる。

4　差別・誹謗中傷に関わるリーガル・ニーズ

(1)　2020年4月20日から同年7月22日の全国統一相談分析結果

　2020年11月公表の日弁連「新型コロナウイルス法律相談全国統一ダイヤル（2020年4月20日〜同年7月22日）報告書」では、「人権侵害事案」が報告されている。例えば「濃厚接触者に当たるということから、会社からの自粛要請により休業した。会社へ経緯等を報告したところ、社内グループLINEに詳細が掲載され、あたかも自分から感染者へ積極的に接触していたとか、感染と関係のない持病のことまで書かれた」という会社が従業員のセンシティブなプライバシーを侵害する事案や、「SNS上で感染者の氏名や職業を掲示され、精神的に苦痛を受けた」という、インターネット上で後戻りができない情報暴露がされた事案が記述されている。

(2)　2020年12月4日及び5日のホットラインの相談分析結果

　日弁連は2020年12月4日及び5日に「新型コロナウイルスと偏見・差別・プライバシー侵害ホットライン」を実施した（日弁連新聞2021年2月1日第563号にて分析結果公表）。電話相談31件、メール相談3件が寄せられた。「医療機関の検査の遅れから新型コロナウイルス感染の疑いが払拭されず不利益取り扱いを受けている」「感染が広がっていると報じられている場所に行ったというだ

けで出社停止になったり仕事がキャンセルされた」「クラスターが発生した場所に日頃行っていたというだけで、周りから繰り返し『コロナがうつる』などと言われている」等の深刻な人権侵害事例があった。

⑶ 2021年2月1日から同年3月31日の相談分析結果

　2021年5月公表の日弁連「新型コロナウイルス感染症関連法律相談事例収集（2021年2月1日～同年3月31日）」（2021年2月25日に日弁連が全国の弁護士会の協力のもとで開催した「第1回全国一斉新型コロナウイルス感染症生活相談ホットライン」による無料電話法律相談874件を含む）では、「感染等を理由とした「プライバシー侵害」の事例」として、「自分が新型コロナウイルスの感染症となり、または家族等が感染したことで濃厚接触者となったことが、職場で無関係の範囲の人にまで実名で公表された」という相談事例が記録されている。使用者のコンプライアンスや労働者への安全配慮義務などの観点からもこのようなプライバシー配慮に欠ける対応は問題であり、労働基準監督署や各弁護士会の人権擁護委員会などの知見を活かした支援が不可欠になる事例と言える。

⑷ 2021年12月2日の全国一斉ホットラインの相談分析結果

　日弁連は全国の弁護士会の協力のもとで2021年12月2日に「第2回新型コロナウイルス感染症生活相談ホットライン」を開催し、384件の無料電話相談があった。集計結果は2022年3月公表の日弁連「新型コロナウイルス感染症関連法律相談事例収集（2021年4月1日～同年12月31日）」において報告されており、不当な差別・偏見・人権侵害に関係する事例もあった。具体的には、「介護施設で働いているが、ワクチン接種済みの人にのみ直接面会を認めることは不利益な取扱いをすることにならないか」「○○国籍であるが「○○株出ていけ」と言われた。子どもも仲間外れにされている」「新型コロナウイルス感染症で入院中に医師が撮影した動画がテレビで放映された。撮影もテレビ放送もどちらも無断で行われた。顔が分からないように加工はされていたが、知っている人が見れば誰かわかる状態（実際に知人から連絡があった）。その放送された動画がネットにも掲載されている」「祖母が利用している介護施設から、面会の際はPCR検査結果やワクチン接種の有無等の報告を求めてくる。答える必要があるのか」「大学で授業時間中に問診票を渡され、ワクチンを接種するよう言われる。授業時間を使ってワクチン接種することになった」「子どもが幼稚園でマスクの着用を求められている。子どもの人権侵害に当たるのではないか」

「姉が新型コロナウイルスに感染し、治療・自宅待機の後に職場復帰をしようとしたが、経営者から「他の従業員が迷惑がっている」と伝えられて自死した」「会社の取引先に新型コロナウイルス感染者が出て、接触があった自分は会社の朝礼で「PCR 検査を受けろ」と大声で言われ、精神的苦痛を受けた」「ワクチン証明書による優遇処置はワクチンを打ちたくない人への差別ではないか」等といった相談があった。

(5) ワクチン接種を巡る混乱とリーガル・ニーズ

2021 年 5 月 14 日及び 15 日に日弁連は「第 1 回新型コロナウイルス・ワクチン予防接種に係る人権・差別問題ホットライン」を開設し、全国的に弁護士による無料電話相談を受け付け、2 日間で 208 件もの相談に対応した。相談者は医療関係者、高齢者・介護施設関係者、会社員、公務員、会社経営者、自営業者など多岐に及んだ。主な相談類型としては、「人権侵害案件（ワクチンの強制・不利益的取扱又はそのおそれ、同調圧力・差別・不利益取扱いに対する不安）」「説明・対応が不十分・不適切（医師・自治体・政府報道機関に対するもの）」「接種への不安（持病・アレルギー体質、副反応の懸念）」「接種に関する希望が受け入れられないもの（接種を受ける機会、接種を受ける同意者、接種の予約）」「接種拒否を理由とした職員の配置転換の是非（企業からの相談）」「職員採用時のワクチン接種有無の確認の是非（企業からの相談）」が挙げられた。また相談事例のうち「人権侵害案件」では、「（医療従事者が）職場でワクチン接種を拒める雰囲気がなく、接種をしなければ、退職等を求められている」「職場でワクチン接種の有無が公開されることにより、強制されている」「喘息の基礎疾患があり、医師からワクチン接種を止められているが、ワクチンを打たないというと、近所の人から責められる。今後近所の目が心配である」などが報告されている。このような予防接種を進めたい使用者と、躊躇する労働者との間の意識格差があった場合には、ワクチンの医学的科学的根拠からの有効性というエビデンスドベースでの相互理解がすすむよう、使用者が従業員らへ丁寧な「内部リスクコミュニケーション」をとることが重要である（第 1 部第 6 章）。特に、ワクチン接種開始当初にあった副作用等への不安を一切無視して労働者に不利益な処分を使用者が行うことは、労働契約上も問題が生じることは認識しておく必要があるだろう。

2021 年 10 月 1 日及び 2 日に日弁連は「第 2 回新型コロナウイルス・ワクチン予防接種に係る人権・差別問題ホットライン」を開設し、再び弁護士による無料電話相談を受け付け、2 日間で 93 件の相談があった。主な相談類型は第 1

回と同様であるが、「ワクチン副反応・死亡被害」という項目で「死亡情報が十分に出ていない。因果関係が不明とされていては怖くて（ワクチンを）打てない」などの相談事例が報告されている。ワクチン接種状況の進展にともなう一方で不安を抱える国民の声が拾われた形である。これらを医学的科学的見地の無知ということで一蹴してしまうことなく、先述のように丁寧な内部リスクコミュニケーションを行うことで解決へと導くのが使用者や行政機関の務めということになろう。加えて、「いわゆるワクチンパスポートによる不利益取扱い又はそのおそれ」という項目で「ワクチン接種の有無で区別するのは不平等。ワクチンパスポート実証実験の推進に強い不安を感じる」という声が寄せられている。2021年9月9日に政府の首相官邸新型コロナウイルス感染症対策本部は「新型コロナワクチン接種証明の利用に関する基本的考え方について」を公表している。海外渡航時のみならず国内における接種証明の利用の際についての基本的な考え方を示したものである。ここでは、「ワクチンについては、発症予防効果や発症後の重症化を予防する効果が確認されています。ワクチン接種後の感染を予防する効果も一定程度示されています。なお、ワクチン接種後でも新型コロナウイルスに感染する場合があります。ワクチン接種に関しては、最新の科学的知見に基づいて、正しい理解を持つことが大切です」「新型コロナウイルス感染症のまん延予防上緊急の必要の観点から皆様にワクチン接種にご協力をいただきたいという趣旨で、予防接種法において「接種を受けるよう努めなければならない」と定められています。ただし、ワクチン接種を受けるかどうかは個人の任意であることなどからワクチン接種の有無又は接種証明の提示の有無による不当な差別的取扱いは許されません」「民間が提供するサービス等においては、誰に対してどのようなサービスを提供するかは原則として自由であるため、接種証明の活用が幅広く認められると考えられます。ただし、接種証明を提示しない者に対する法外な料金の請求など、社会通念等に照らして認められないような取扱いは許されません。また、例えば、会社への就職、学校への入学などといった場面でワクチン接種を要件とすることや接種を受けていないことを理由に解雇、退職勧奨等を行うことなど個々人に大きな影響を与える場合は、不当な差別的取扱いに当たる可能性が高いと考えられます」「ワクチン接種に関する個人情報の管理に当たっては、個人情報保護関連法令を遵守しなければなりません」「ワクチン接種を受けているかどうかは、個人のプライバシーに属する事柄です。本人の意に反してワクチン接種の有無に関する情報の開示を強要することや、本人の同意を得ることなく第三者にワ

クチン接種の有無に関する情報を提供することは、関係法令に照らして違法となる場合があります」などの各種の差別やプライバシー保護への配慮とその考え方が明確に示された。なお、ワクチン接種に関する初期約1年間の政府対応は以下のとおりである。

○2021年2月　医療従事者等（約480万人）の先行・優先接種は令和3年2月17日から開始し、同7月23日に完了
○2021年4月　高齢者（約3,600万人）の優先接種は同4月12日から開始。同7月末時点で8割程度の高齢者が2回接種していると見込まれ、希望する高齢者への2回接種という目標をおおむね達成
○2021年8月　8月下旬には2回の接種を終えた方の割合が全ての国民の4割を超えるよう取り組み、同8月23日公表時点で達成
○2021年11月　希望する全ての対象者への接種について、同11月末で全人口比で76.9%の方が2回接種を完了。同12月1日以降も引き続き接種機会を提供
○2021年12月　同12月1日から、2回接種を完了したすべての方（まずは18歳以上）に対して追加接種の機会を提供
○2022年3月　令和4年3月から（自治体の準備状況によっては同2月末から）、小児（5〜11歳）に対して接種の機会を提供
（「新型コロナワクチンの接種スケジュールについて」（首相官邸ウェブサイト2022年3月時点））

(6)　その対応、差別・誹謗中傷になっていませんか

　新型コロナウイルス感染症の国内まん延が拡大し、人権侵害事案と呼べる事案が弁護士の無料法律相談窓口においても増加していることを受けて、2020年7月29日、日弁連は冒頭の「新型コロナウイルス下で差別のない社会を築くための会長声明」を発表し、差別や人権侵害が起きないよう警鐘を鳴らす。前後して全国の弁護士会も同種声明を発信した。なかでも群馬弁護士会は、これらに先んじて、2020年5月15日「新型コロナウイルス感染症によって影響を受けた方々への法的支援に全力で取組む会長声明」を公表し、「今般、新型コロナウイルス感染者のプライバシーをみだりに公開する行為、あるいは感染者や感染リスクのある医療従事者その他の社会活動を支えている方々に対する差別や偏見に基づく中傷行為の存在が報道されています。新型コロナウイルスは、未知のウイルスであり、誰もが日々恐怖を感じながら生活をしています。しかし、どのような理由があるにせよ、感染者のプライバシーをみだりに公開する行為や、偏見に基づき誹謗中傷する行為、不当に差別をする行為は、決して許されません。これらの行為は、民事上の不法行為として損害賠償の対象となり得るほか、名誉毀損、業務妨害等、刑事上の犯罪行為として処罰の対象に

もなり得るものです」と宣言した。その後、2020 年 7 月 1 日に、「新型コロナウイルス感染症その対応、差別・誹謗中傷になっていませんか」と記載した大きな懸垂幕（写真）を群馬弁護士会の建物に掲示した。誹謗中傷を許さないという強い決意が現れており、新型コロナウイルス感染症のまん延に起因して差別を受けた人の権利を守る弁護士の役割を明確にした旗印には心を打たれる。懸垂幕は 2021 年 4 月末まで掲げられた。

群馬弁護士会による懸垂幕（舘山史明弁護士提供）

5 女性・生活・しごと・子育てに関するリーガル・ニーズ

(1) 女性による女性のための相談会

　2021 年 3 月、市民団体、ジャーナリスト、弁護士ら有志によって「女性による女性のための相談会」が立ち上げられた。家庭状況等から相談を躊躇したり、男性には相談しづらい女性特有の悩みがあったり、そもそも弁護士などの専門家への相談に思い至らなかったり、などの理由から、本来は支援ニーズが高くても相談窓口に訪れることもできなかった女性や性的マイノリティの方を支援することを目的とした活動である。東京都、専門支援団体等と協力して、2021 年 3 月の第 1 回相談会以降、繰り返し対面相談会を企画開催した（後掲の毎日新聞記事等参照）。2021 年 7 月 10 日及び 7 月 11 日に開催された第 2 回目の無料相談会である「女性のための生活、仕事、子育て、なんでも相談会」では、111 人の相談者が会場に来場した。第二東京弁護士会も中心的に関与した。相談会に「法律相談」の名称を付けてしまうと、「事件」「紛争」「裁判」などの具体的な争いを想起させてしまい、ちょっとした困りごとや情報収集で利用しようという意欲が削がれがちである。「なんでも相談」であれば、日常の一般市民の生活上の悩みを広く打ち明けてもらえる場になることが期待されるのである。第二東京弁護士会は、相談会の結果を、2021 年 7 月に、「新型コロナウ

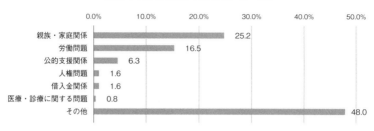

図表 1-7　女性のための生活、仕事、子育て、なんでも相談会のリーガル・ニーズの全体傾向
(2021 年 7 月 10 日及び 7 月 11 日)(n = 127)

イルス感染症関連無料相談　女性のための生活、仕事、子育て、なんでも相談会　相談データ集計及び分析結果」としてまとめ公表した。図表 1‐7 は、「なんでも相談会」における 111 件の相談内容を大まかに分類したものである。「親族・家庭関係」(25.2%)、「労働問題」(16.5%)、「公的支援関係」(6.3%)、「人権問題」(1.6%)、「借入金関係」(1.6%)、「医療・診療に関する問題」(0.8%)、「その他」(48.0%)となった。あらかじめ相談票の相談類型として明示されていた項目に分類したものである。なお、図表 1‐7 の分母は 111 件（111 組）あった相談について、複数類型にまたがる相談を最大 3 つに複数分類したあとの総分類件数である 127 件である。

　「親族・家庭関係」(25.2%)が最も高い相談割合を占めている。具体的には「離婚」「DV（ドメスティックバイオレンス）」「幼児虐待」といった相談が特に多かった。「離婚」については、離婚調停、離婚訴訟、監護権審判、養育費調停、養育費不払いに基づく強制執行などすでに法的紛争に発展しているケースが多くなった。その背景には「コロナ禍を機に夫が在宅勤務になったことで、かえって夫婦関係が悪化した」という事情もあった。「DV」については、「夫の言葉や態度による暴力等のモラルハラスメントが女性の心身に与える影響」として、「夫の言葉による DV が日常的に存在するが、子がいることや生活上の不安から、すぐには別居や離婚を決断することができない」という声もあった。これらは、男性側からの相談は当然期待できない。「女性による女性のための相談会」で、しかも「なんでも相談」であることが、優先して対応すべきサイレントマジョリティーを顕在化させたのである。

　「労働問題」(16.5%)も高い相談割合となっている。具体的には「解雇」「休業手当」「その他の労働条件変更」といった相談が特に多かった。そのほかにも「職場内での嫌がらせや上司・先輩社員のパワハラ」や「現在の仕事をうま

くやっていけるかという悩み」も聞こえてきている。「解雇」については、「不当解雇を争い職場復帰を求める相談」や「収入、生活の安定を望んで転職を希望するものの、職探しに苦労し、再就職が叶わないという悩み」もあった。「その他の労働条件変更」については、「仕事量の減少、使用期間中の労働条件（日数や場所）の変更、出向命令の内容などという問題であり、退職勧奨の一環であることが疑われたり、また、相談者自身が解雇や退職勧奨を恐れているため声を上げられないという悩みを抱えていたりするものであって、これが収入不安や生活不安を招いていた」というものもある。

　「公的支援関係」(6.3%) も無視できない割合である。具体的には「生活保護を希望する案件（もしくは必要とする案件)」に関するものが多くを占める。「子との不仲で家を出て行かなければならない」「生活困窮者自立支援制度の対象から外れて現在知人宅で生活している」「現在ネットカフェやホテル住まいをしている」「現在定まった住所がない」「過去に生活保護申請に関する福祉事務所の対応に傷ついた」等の相談がある。これらは、弁護士が生活保護申請の同行などの支援を実施したり、他の支援団体窓口へ誘導したりすることが求められる相談である。

　「その他」(48.0%) は、これまでの弁護士無料法律相談の典型的な類型では収まらない（あるいは平時は件数が少ないので類型化されていない）内容である。具体的には「生活に関する相談」「求職に関する相談」「子育てに関する相談」「住まいに関する相談」「健康に関する相談」「性暴力被害」等がカテゴリーとして浮かび上がってきた。より具体的には、「生活に関する相談」は、夫のモラハラ、子との不仲、母からの虐待、父からの虐待、父に対する家族の介護疲れ、パートナーの健康不良、親の財産使い込み等に関する兄弟姉妹との確執、離婚後一人で子を育てているものの将来の学費等への不安がある、生活全般にわたって悩みを抱えている相談者、一人暮らしでいることの不安を訴える相談者等の相談があった。「求職に関する相談」では、就労を希望するのに転職もしくは再就職が叶わないという悩み、雇い止め後の再就職先を探している、現在の仕事激減のため転職先を探している、うつ病に罹患しており仕事を探せない、障がい者雇用の求職先を探すも見つからない、離婚協議中で別居一人暮らしのため正社員の仕事を探すもみつからない等の相談があった。「子育てに関する相談」では、保育園との関係の問題、配偶者の非協力、子どもの引きこもり等の相談があった。「健康に関する相談」では、通院中であるも健康回復には至っていない案件、メンタル面での支援を要すると思われる事例、過去の性暴力や DV

被害を受けた方、身体及び精神に障害や疾患を抱える方等の相談があった。これらは今後の支援体制構築の急務性を訴えるものとなった。

　「借入金関係」（1.6%）は、日弁連や弁護士会が実施してまとめた新型コロナウイルス感染症関連の無料法律相談事例の分析結果と比較すると極端に少ない。これは、借入れや債務整理といった個別事案の相談をする以前の段階での生活困窮に関する悩みの相談者が多かったり、生活困窮のため借入れを行うことすら困難な状況の相談者が多かったりすることが理由ではないかと分析される。

(2)　女性の目線からの政策提言

　女性による女性のための相談会実行委員会では、第3回相談会（2021年12月25日）と第4回相談会（2022年1月9日）の合計382件の相談分析結果を踏まえての政策提言として「女性による女性のための相談会　報告と政策提言」を2022年4月20日に発表した。提言のなかには、①中高年（単身）女性の支援のために仕事や職業の斡旋拡大・拡充、研修・啓発の実施、地域包括（精神医療）支援体制の構築、住居の確保が急務、生活困窮者自立支援制度の拡充が必要であること、②女性の生涯にわたる心身の健康、リプロダクティブ・ヘルス・ライツの確立、性暴力やDVの回避、国際的包括性教育（人権に根差した性教育）の重要性といった健康や尊厳の回復、③自治体によるひとり親家庭への支援と情報提供の必要性、などが含まれており、女性による女性の視点でなければ立証できなかったリーガル・ニーズに基づく提言だったことが一目瞭然である。特に働き盛りの中高年女性にコロナ災害の重圧が集中していることも明らかになった。相談者は、既存の支援制度を知らない、制度利用について利用できないと誤解している等のケースがほとんどであり、平時における社会教育の必要性が高いことも報告している。弁護士のみによる無料法律相談の事例分析結果だけでは零れ落ちてしまうコロナ災害における個人のリーガル・ニーズを、多職種連携で浮き彫りにした極めて重要な記録といえよう。

6　2年目のコロナ災害とリーガル・ニーズ

(1)　2021年（令和3年）の感染症対策

　第2回目の緊急事態宣言後、感染者数はいったん減少したが、次々と登場した「変異株」によって、新型コロナウイルス感染症は再び感染者数と重症者数を増加させた。2021年1月の第2回目の「緊急事態宣言」及び同年4月から

の「まん延防止等重点措置」（新型インフルエンザ等対策特別措置法 31 条の 4 第 1 項）以降の経過をまとめておく。

▼緊急事態宣言について

2021 年 1 月 8 日　【第 2 回目の緊急事態宣言】2021 年 1 月 8 日より、埼玉県、千葉県、東京都及び神奈川県の 4 都県を対象とした新型インフルエンザ等対策特別措置法に基づく緊急事態宣言。その後最大で埼玉県、千葉県、東京都、神奈川県、岐阜県、愛知県、京都府、大阪府、兵庫県及び福岡県の 10 都府県に対象を拡大。外出自粛、飲食店営業時間短縮、大規模催事の休止要請、テレワーク推進等。

2021 年 3 月 21 日　第 2 回目の緊急事態宣言終了

2021 年 4 月 25 日　【第 3 回目の緊急事態宣言】2021 年 4 月 25 日より、東京都、京都府、大阪府及び兵庫県の 4 都府県を対象とした新型インフルエンザ等対策特別措置法に基づく緊急事態宣言。その後最大で北海道から沖縄県までの 21 都道府県が対象。外出自粛、飲食店営業時間短縮、大規模催事の休止要請、テレワーク推進等。

2021 年 6 月 20 日　第 3 回目の緊急事態宣言を沖縄以外で終了

2021 年 7 月 12 日　【第 4 回目の緊急事態宣言】2021 年 7 月 12 日より東京都に対し新型インフルエンザ等対策特別措置法に基づく緊急事態宣言。沖縄は延長決定。

2021 年 9 月 30 日　第 4 回目の緊急事態宣言終了（第 1 回目のまん延防止等重点措置終了と同じ）

▼まん延防止等重点措置

2021 年 4 月 5 日　【第 1 回目のまん延防止等重点措置】2021 年 4 月 5 日より、宮城県、大阪府、及び兵庫県に対して新型インフルエンザ等対策特別措置法まん延防止等重点措置。その後区域変更、延長、緊急事態宣言への移行などを繰り返しながら、最大時には北海道から鹿児島県までの 16 道県が対象。飲食店等への営業時間短縮要請等。

2021 年 9 月 30 日　第 1 回目のまん延防止等重点措置終了（第 4 回目の緊急事態宣言終了と同じ）

2022 年 1 月 9 日　【第 2 回目のまん延防止等重点措置】2022 年 1 月 9 日より、広島県、山口県及び沖縄県に対して新型インフルエンザ等対策特別措置法まん延防止等重点措置。その後延長等を繰り返し、最大時には北海道から沖縄県までの 36 都道府県が対象。飲食店等への営業時間短縮要請等。

2022 年 3 月 21 日　第 2 回目のまん延防止等重点措置終了

⑵　第 2 回緊急事態宣言時のリーガル・ニーズ

　日弁連「新型コロナウイルス感染症関連法律相談事例収集（2021 年 2 月 1 日〜同年 3 月 31 日）」には、47 都道府県 52 弁護士会による合計 1,024 件の電話無料法律相談事例の分析結果が報告されている。相談者属性の内訳は、非事業者が 733 件、事業者が 291 件である。相談については日弁連が用意した相談類型に単数又は複数分類したうえで、その総分類数を分母にして相談傾向を百分率でグラフ化している。主に前述の第 2 回緊急事態宣言（2021 年 1 月 8 日から 3 月 21 日まで）の時期が重なる。

　図表 1 − 8 は、上記期間中における非事業者のリーガル・ニーズの傾向である。「借入金問題」（32.8％）が突出して高い割合を占め、「公的支援関係」（18.8％）、「労

図表 I-8　非事業者のリーガル・ニーズの傾向（2021年2月〜3月全国）（n = 996）

項目	割合（%）
労働問題	14.9
消費者問題	3.7
借入金問題	32.8
借入金以外の金銭債務問題	3.0
医療・診療に関する問題	1.6
親族関係	3.9
人権問題	0.8
税金関係	1.6
公的支援関係	18.8
その他	7.8
感染症と関係なし	10.1
不明	0.9

働問題」（14.9%）も相当高い割合になっている。

　「借入金問題」（32.8%）では、「住宅ローン」（借入金問題のうち38%）に関する相談と「自然災害債務整理ガイドラインコロナ特則の手続」に関する相談（借入金相談のうち42%）が多かった。新型コロナウイルス感染症のまん延から1年が経過し家計がさらに厳しさを増し、住宅ローンの支払が困難になる者が益々増加したことが反映されている。また、2020年10月30日付で、新型コロナウイルス感染症の影響を受けた個人債務者の債務整理に関する金融機関等関係団体の自主的な準則として『「自然災害による被災者の債務整理に関するガイドライン」を新型コロナウイルス感染症に適用する場合の特則』が取りまとめられ、同年12月1日から「一般社団法人東日本大震災・自然災害被災者債務整理ガイドライン運営機関」で運用開始になったことで、当該制度の利用に関する関心が増えたことも大きく影響している（第1部第3章）。

　「公的支援関係」（18.8%）では、「社会福祉協議会の緊急小口融資や総合支援資金に関する相談」（公的支援関係のうち28%）や生活保護に関する相談（公的支援関係のうち22%）が多かった。このような福祉貸付制度等は新型コロナウイルス感染症をふまえ特例で条件緩和や上乗せが実施され、2022年時点では合計200万円の融資を受けることが可能になっていた。これらが家計のセーフティネットとして多数利用されると同時に返済の目途が立たなくなっているケースも見受けられるようであった。自然災害では、住まいの損壊等に起因する被災者への給付支援制度（災害対策基本法に基づく罹災証明書、災害救助法に基づく各種支援、被災者生活再建支援法に基づく基礎支援金等）が存在しているが、感染症に対しては「災害」ではないので同種の給付支援は利用できない。このため福祉貸付制度に頼

らざるを得なかったというのが本音であろう。

> **▼緊急小口資金**
> 　新型コロナウイルス感染症の影響によって休業になったり仕事が減ったことで収入が減少した世帯に、緊急かつ一時的な生計維持のための生活費20万円以内を貸し付ける制度。無利息で保証人は不要。償還期間2年以内で1年以内の据置期間がある。償還時において、なお所得の減少が続く住民税非課税世帯の償還を免除することができる（2020年3月から改訂を繰り返しながら運用し、2022年9月まで実施）。
>
> **▼総合支援資金**
> 　新型コロナウイルス感染症の影響によって失業したり仕事が減ったことで収入が減少し、その収入減少が長期にわたることで日常生活の維持が困難な世帯に、生活の立て直しまでの一定期間（3か月）の生活費（月額最大20万円）を貸し付ける制度。無利息で保証人は不要。償還期間10年以内で1年以内の据置期間がある。償還時において、なお所得の減少が続く住民税非課税世帯の償還を免除することができる。通常は最大60万円だが、新型コロナウイルス感染症の影響を受け、2020年7月2日に延長貸付60万円が追加、2021年3月に再貸付60万円が追加になり最大180万円（初回3か月＋延長貸付3か月＋再貸付3か月）となった。

　「労働問題」（14.9％）では、「解雇」（労働問題のうち約25％）及び「休業手当」（労働問題のうち約21％）に関する相談が特に多く、それ以外にも「その他の労働条件の変更」「賃金不払い」「安全配慮義務」等の相談が見られた。第1回緊急事態宣言直前期のリーガル・ニーズを第二東京弁護士会が分析した結果（図表1-1）や、第1回緊急事態宣言当時のリーガル・ニーズを日弁連が分析した結果（図表1-5）では、労働問題のなかで最大の関心事は「休業手当」に関するものであった。ところが、2年目の初期段階では「解雇」が最も多い割合になっており、事業者側の経営状況の厳しさに起因する解雇や雇い止めで、労働者の失職が一層顕著になっていった様子が窺われる。

(3)　第3回緊急事態宣言と第1回まん延等防止等重点措置時のリーガル・ニーズ

　日弁連「新型コロナウイルス感染症関連法律相談事例収集（2021年4月1日～同年12月31日）」には、47都道府県52弁護士会による合計750件の電話無料法律相談事例の分析結果が報告されている。総分類合計は780件となり、その内訳は非事業者558件、個人事業者156件、法人事業者36件である。日弁連が用意した「相談類型」に単数又は複数分類したうえで、その総分類数を分母にして相談傾向を百分率でグラフ化している。主に第3回緊急事態宣言（2021年4月25日～6月20日）、第4回緊急事態宣言（2021年7月12日～9月30日）及び第1回まん延防止等重点措置（2021年4月5日～9月30日）の時期が含まれる。

　図表1-9は、上記期間中における非事業者のリーガル・ニーズの傾向である。

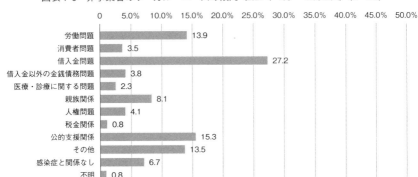

図表 1-9　非事業者のリーガル・ニーズの傾向（2021 年 4 月～ 12 月全国）（n = 706）

労働問題	13.9
消費者問題	3.5
借入金問題	27.2
借入金以外の金銭債務問題	3.8
医療・診療に関する問題	2.3
親族関係	8.1
人権問題	4.1
税金関係	0.8
公的支援関係	15.3
その他	13.5
感染症と関係なし	6.7
不明	0.8

「借入金問題」（27.2%）、「公的支援関係」（15.3%）、「労働問題」（13.9%）の 3 つの類型が、第 2 回緊急事態宣言時の分析と同じく、全体のなかで相当高い割合を示している。また、「親族関係」（8.1%）が、第 2 回緊急事態宣言時の分析から倍増していることも特徴である。

　「借入金問題」（27.2%）では、「住宅ローン」と「自然災害債務整理ガイドラインコロナ特則の手続」に関する相談が特に多い。具体的には「勤務先が倒産や解雇で収入がなくなり、ローンや過去の借入金が返済できなくなった」「住宅ローンの負担が重くなっている。自然災害債務整理ガイドラインで減免をうけられるか知りたい」「新型コロナウイルス感染症拡大の影響により収入が減ったため家賃を滞納したところ家主から訴訟を起こされた」「任意整理をする場合の手続、デメリット（ブラックリスト登録）等について知りたい」などの相談があった。

　「公的支援関係」（15.3%）では、「生活困窮者であり、非課税所得世帯に 10 万円支給されると聞いたが、生活保護受給者も支給されるのか」「社会福祉協議会の生活福祉貸付など借りられるところからは全て借りて、職業訓練も行ったが条件に該当なかった。自立相談支援事業も利用したが、現実的なアドバイスを受けられなかった。他に支援を得るにはどうしたらいいか」「子育て世帯への臨時特別給付金の年収制限についての詳細を知りたい」といった相談があった（生活保護とコロナ関係給付金の関係については第 1 部第 4 章）。

　「労働問題」（13.9%）では、「解雇」「賃金不払い」「内定取消」「休業手当」「安全配慮義務」「その他の労働条件変更」が多く、第 2 回緊急事態宣言時のリーガル・ニーズ同様、その内容は多岐に及んだ。具体的には「就職活動中だが、

採用の条件でワクチンを打つように言われたらどうすればいいか」「ワクチン未接種だが、それによって就職活動に不利なことはあるか。解雇されることはあるか。就活の際にワクチン接種済みと述べてよいか」「会社からワクチン接種をするよう要求されるが接種義務があるか」「新型コロナウイルス感染症の治療後も自宅待機を命じられている」「会社に新型コロナウイルス陽性者が出たが、会社側が何も対策を取らないため、2週間休む旨伝えたところ、会社は濃厚接触者がいないため休みを認めないという」「職場で複数の新型コロナウイルス感染者が出たが、それが判明する数日前に家族が帰省していた。労働基準監督署から、家族からの感染ではないかという旨の照会が来たが回答すべきか」「勤務先の同僚が新型コロナウイルス感染症に感染していたにもかかわらず、会社から知らされなかった」「ワクチン接種を拒否されたことを理由に解雇を通告されたが、違法ではないか」「派遣労働者だが、ワクチンの副反応で合計2週間休んだ（無断ではない）ところ解雇された」「勤務先が個人の給付金申請に協力してくれない」という相談があった。2021年にワクチン接種が開始になったことが労働問題にも色濃く反映されていることがわかる。

7 コロナ災害2年間のリーガル・ニーズの推移

(1) 大阪弁護士会新型コロナウイルスに関する電話相談

　大阪弁護士会では、弁護士による電話無料法律相談の実績を「新型コロナウイルス特設サイト」にて「新型コロナウイルスに関する電話相談実施状況」と題して毎月公表している（2020年3月11日から2023年2月28日の相談合計3,513件）。大阪弁護士会では、相談者を大きく「労働者」と「事業者」に分けて、相談内容に応じて単数又は複数の類型に分類している。ただし「コロナ版ローン減免制度」のカテゴリーは制度創設後の2021年11月に追加されたものである。図表1-10は、大阪弁護士会所属の弁護士らが2020年3月から2022年3月までの25か月間に実施したコロナ無料法律相談3,181件のうち、相談者が「労働者」のリーガル・ニーズの傾向を示したものである。共通分母を相談受付件数（2,289件）、分子を当該カテゴリーに分類された件数（総分類数は2,565件）として、相談分類項目ごとに相談割合をグラフ化した。

　「コロナ版ローン減免制度」（23.5%）、「休業補償」（13.8%）、「借金・債務整理」（10.9%）が非常に高い割合になっている。これらに続いて、「解雇・雇用契約」（6.3%）、「家賃・住宅ローン」（5.8%）、「イベント等のキャンセル」（5.5%）、「給

図表 1-10　コロナ災害 2 年間のリーガル・ニーズ（大阪弁護士会 25 か月累計）（n = 2289）

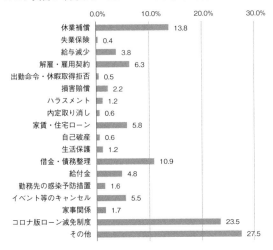

項目	割合
休業補償	13.8
失業保険	0.4
給与減少	3.8
解雇・雇用契約	6.3
出勤命令・休暇取得拒否	0.5
損害賠償	2.2
ハラスメント	1.2
内定取り消し	0.6
家賃・住宅ローン	5.8
自己破産	0.6
生活保護	1.2
借金・債務整理	10.9
給付金	4.8
勤務先の感染予防措置	1.6
イベント等のキャンセル	5.5
家事関係	1.7
コロナ版ローン減免制度	23.5
その他	27.5

付金」（4.8％）といった相談類型も無視できない割合である。相談内容の具体例については、日弁連や第二東京弁護士会の各報告書の記述がそのまま参考になる。

⑵　大阪弁護士会 2 年間の主な相談のリーガル・ニーズの推移

　図表 1 - 11 は、大阪弁護士会所属の弁護士らが 2020 年 3 月から 2022 年 3 月までの 25 か月間で実施したコロナ無料法律相談のうち、相談者が「労働者」の場合の相談割合の月次推移を追いかけたものである。

　「コロナ版ローン減免制度」（25 か月累計 23.5％）の相談傾向の月次推移をみると、前述したとおり 2020 年 12 月 1 日から、「自然災害による被災者の債務整理に関するガイドライン」を新型コロナウイルス感染症に適用する場合の特則（コロナ版ローン減免制度）の運用が開始されたことを受け、2020 年 12 月に全相談の 75.3％を占めるまでになった。その後も概ね 20％～ 40％以上の間を推移しており、2022 年には若干相談割合が収束しているようにみえるものの、長期間にわたり、新型コロナウイルス感染症の影響による個人（非事業者）のリーガル・ニーズの中心であったことがわかる。なお、月次推移のグラフには掲載していないが「自己破産」（25 か月累計 0.6％）については、特にピークが見られるような変化はなく、相談がないかあっても月 1 件～ 2 件という程度であった。破産法に基づく破産手続による各種デメリット（ブラックリストへの登録、自由財

図表 I-11 コロナ災害 2 年間のリーガル・ニーズの推移（大阪弁護士会 25 か月間月次）

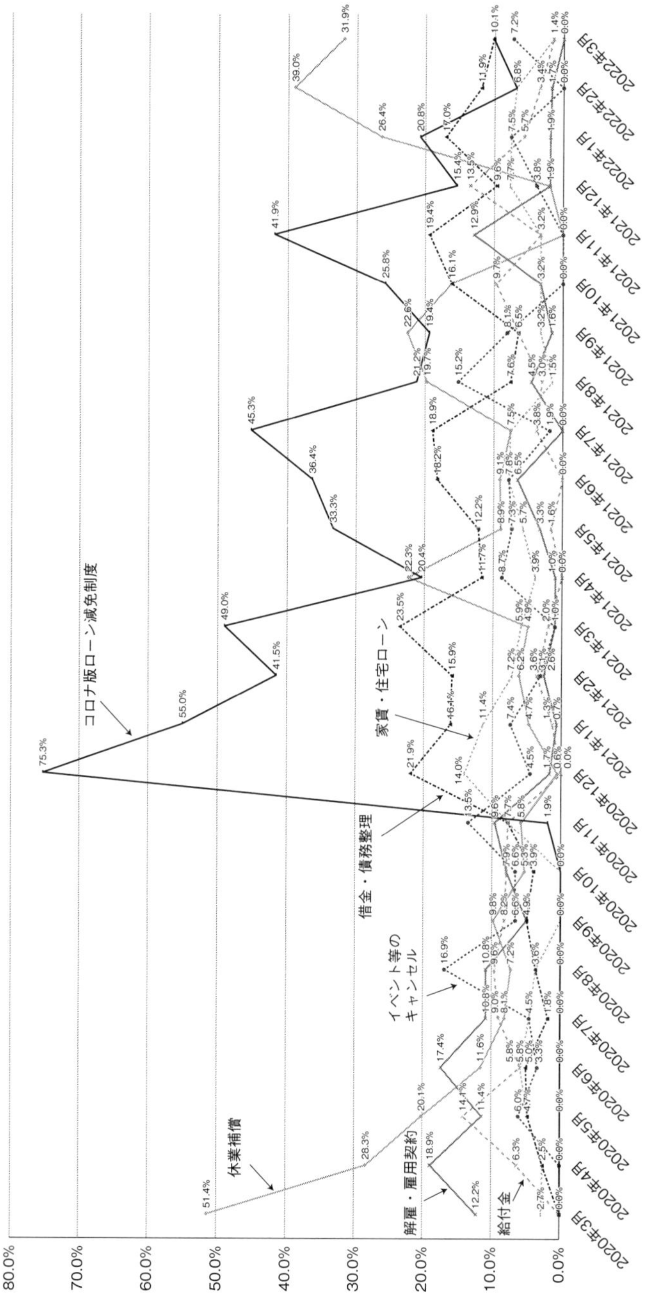

産として残すことができる財産の制限、債権者から連帯保証人等への請求等）を考慮すると、自己破産は選択肢としては取り得ない相談者が多く、当初から借入金の支払猶予、債務整理、コロナ版ローン減免制度などのほうがリーガル・ニーズとして合致していたことがわかる。

「借金・債務整理」（25 か月累計 10.9％）の相談傾向の月次推移をみると、2020年 11 月までは月次の相談割合が 10％未満で推移し、かつ相談がなかった月もあった。2020 年 12 月に 14.0％、2021 年 1 月に 11.4％、同年 2 月に 7.2％と、年を跨いでピークを迎えている。これは、上記コロナ版ローン減免制度の運用が開始されたことにつられて、借入金の支払困難全般の関心が惹起され、支払猶予や債務整理全般に対してのリーガル・ニーズが掘り起こされたものとみることができる。

「休業補償」（2 か月累計 13.8％）のリーガル・ニーズは、政府による緊急事態宣言及びまん延防止等重点措置の発出期間との連動が色濃い。相談開始時の2020 年 3 月に 51.4％、同年 4 月に 28.3％、同年 5 月に 20.1％と推移しており、この間では全分類のなかで最も高いリーガル・ニーズとなっていた。「全国教育機関への一斉休校要請」（2020 年 2 月 29 日）と「第 1 回緊急事態宣言」（2020 年4 月 7 日開始）が大きく影響し、リーガル・ニーズと連動していることは明らかである。その後は相談割合としては減少傾向にあり、コロナ版ローン減免制度の相談が大きく出現する 2020 年 12 月には、相談割合が 0.6％と目立たないものとなった。2020 年 6 月から 12 月までは、第 1 回と第 2 回緊急事態宣言の狭間期間として政府による経済回復キャンペーンが大々的に行われていたことから、弁護士への休業補償に関する相談割合もかなり少なくなったようである。ところが、その後 2021 年 4 月に、22.3％、同年 8 月に 19.7％、同年 9 月に22.6％、同年 10 月に 16.1％と再び高い相談割合になった。これは「第 3 回緊急事態宣言」（4 月 25 日〜同年 6 月 20 日）及び「第 4 回緊急事態宣言」（7 月 12 日〜 9 月 30 日）のインパクトによるものと推察される。さらに、2022 年 1 月に26.4％、同年 2 月に 39.0％、同年 3 月に 31.9％と、この期間は特に高い割合で推移している。「第 2 回まん延防止等重点措置」（2022 年 1 月 9 日〜 3 月 21 日）の期間と重なっている。長期化したコロナ災害の影響が色濃く、個人の雇用や就業環境を悪化させていることが十分にうかがえる。

「解雇・雇用契約」（25 か月累計 6.3％）の相談は、労働者と使用者との間の労働紛争である。2020 年 3 月に 12.2％、4 月に 18.9％、5 月に 11.4％、6 月に17.4％とコロナ災害初期において特に高い割合であり、その後も 2020 年 8 月

までは 10％を超える高い割合で推移した。政府による雇用対策や事業者支援等で 2 年目以降は急激な解雇案件がやや落ち着きを見せたという分析の余地もあるように思えるが、コロナ災害 2 年目以降も高い割合の月もあることから、常に関心の高い相談項目の一つと位置付けるべきであろう。

　「家賃・住宅ローン」（25 か月累計 5.8％）については、住宅ローンや家賃を遅滞することで住まいを失う（契約解除や強制執行等）可能性があることから、東日本大震災や熊本地震などの過去の大規模自然災害においては、特に大きな悩み事として高いリーガル・ニーズとなる傾向にあった。新型コロナウイルス感染症災害においても、個人の収入減少や生活困窮により支払に困難をきたすという結果が生じている点では同様である。月次推移をみると、相談開始から概ね 5％未満の水準で月次推移してきたが、2020 年 11 月に 7.7％、同年 12 月に 14.0％、2021 年 1 月に 11.4％、同年 2 月に 7.2％と、2020 年から 2021 年の年末年始頃にピークが見られる。その後も、5％〜 10％の間で比較的高い割合のまま推移した。新型コロナウイルス感染症のまん延開始から約 1 年経過した頃にリーガル・ニーズがピークを迎えている。これは、①建物賃貸借契約においては、1 か月の家賃滞納が直ちに契約解除事由になるものではないという法解釈上の帰結（特に法務省による「新型コロナウイルス感染症の影響を受けた賃貸借契約の当事者の皆様へ〜賃貸借契約についての基本的なルール〜」（2020 年 5 月 22 日）、内容について、第 1 部第 4 章）、②住宅ローンの遅滞が直ちに住まいの残ローン一括請求などに繋がるものではないという法解釈上の帰結（銀行から催促や交渉を経ずにいきなり一括請求のうえで訴訟提起や強制執行に到るケースは稀である）、③金融庁から金融機関に対する支払猶予や条件変更などの支援要請（2020 年 2 月 6 日の「財務大臣兼金融担当大臣談話」や 2020 年 3 月 13 日の「新型コロナウイルス感染症に伴う金融上の措置について（保険会社等関係）、2020 年 4 月 7 日の「新型コロナウイルス感染症緊急経済対策」を踏まえた資金繰り支援について（要請）」等）により、借入金の支払猶予や条件変更、無利息融資の推進などが要請されていること、④住宅確保給付金の活用、などにより、当初 1 年間では全相談項目のなかで上位になるほどのリーガル・ニーズにならなかった一方、初期の支払猶予等の対応では解決しきれないほど長期化したコロナ災害の影響で、コロナ災害から 1 年後になっていよいよリーガル・ニーズが顕在化してきてしまったこと、などが影響していると考えられる。2020 年 11 月以降は、既存の枠組みのなかでの柔軟な運用や支援対応では「持ちこたえられなくなった」個人が急増してしまったことによると思われる。支援を受けつつも、支払猶予を受けていた間や、滞納が少ない間に生活再建や資

金繰りのめどが立たたずに、支払に困窮した者が増えたのが、感染症まん延から10か月目頃に重なったのではないかと推察される。

　「イベント等のキャンセル」（25か月累計5.5%）では、分類を開始した2020年5月以降、相談がない又は僅かの月がある一方で、2020年8月に16.9%、同年11月に13.5%、2021年8月に15.2%と、相当高い割合を占めた月もある。月次推移に特定の傾向を見出すのは直ちには難しい。個人の相談の典型例として社会的にも話題になったものは、結婚式のキャンセル料問題、企画旅行等のキャンセル料問題、成人式や卒業式の着物レンタルのキャンセル料問題、その他各種催事のキャンセル料問題などである。特に結婚式のキャンセル料については、事業者が個人にそれを請求できるかどうかについては、契約書の解釈や契約の性質等を巡って論争が起きていたところであった（詳細は、第1部第4章）。

　「給付金」（25か月累計4.8%）では、相談割合が1割を超えたのは2020年5月の14.1%と、2021年12月の13.5%であるが、それ以外の月でも5%以上となる月が多くあった。コロナ災害におけるリーガル・ニーズとしては常に尽きることのないものであったという評価ができる。2020年5月の急速なニーズ上昇は、2020年4月20日閣議決定による「新型コロナウイルス感染症緊急経済対策」において、令和2年度補正予算（第1号）によって事業費がねん出された「特別定額給付金」の支給発表の影響が反映されていると考えられる。

⑶　多士業連携による 2 年間 1 万 3,000 件の相談分析と提言

　2022 年 6 月 14 日、全国の諸団体、弁護士、司法書士、社会福祉士、労働組合等の支援団体関係者等で構成された「コロナ災害を乗り越える いのちとくらしを守る なんでも電話相談会実行委員会」は「1.3 万件の電話相談をふまえた政策提言書」を公表し院内集会を実施した。①長期化するコロナ災害に対して給付支援が脆弱でかつ先細りしていること、②社会福祉協議会による福祉貸付等が結局新たな借金による困窮を生んでいること、③生活保護への無用な忌避感等も相まって、生活保護がセーフティネットになっていないことなどが切実に訴えられている。2020 年以降毎月のように無料相談会を開催し、1 万 3,000 件以上の電話相談事例を分析した結果から、付け焼刃的で低額な臨時給付や貸付金の緩和施策の限界を指摘する提言である。特に②は自然災害の被災者に対する「災害援護資金貸付」でも同様の問題が起きていたところである（第 1 部第 3 章）。給付支援の拡充は、自然災害による被災者とコロナ災害による経済的困窮者とで共通の課題であることが明確となったといえる。

第3章　感染症対策にも被災ローン減免制度を

被災ローン減免制度コロナ特則とガイドライン立法化提言

○**委員（国会議員）**　……東日本大震災の発災後に個人債務者の私的整理に関するガイドラインというのができて、平成27年に、今度、自然災害による被災者の債務整理に対するガイドラインというのができた。そして、去年の12月に、これを新型コロナで大変困窮している方々にも適用しようということでできたところまではよかったんですけれども、実際運用してみると、なかなかうまくいっていないというか、いろいろ債務を負っている方に債権者がいるわけですけれども、債権者が何者かいる場合に、皆さんがこのガイドラインを守ってくれればいいんですけれども、一部の方が守らないと、結局全体が、ほかの債権者も、じゃ、弁済を求めるということになっちゃって、うまくいかない。私が聞いているのは2社なんですけれども、……大手の地銀とそれからクレジット会社なんですが、そこが、例えばこのガイドラインでは、債務者の更生を図るために、債務者の手元に一定の金額を残すことができるはずの制度なんですけれども、いや、手元資金があるなら返済しなさい、それじゃないと誠意がないですよね、あるいは、いつだってうちは不同意にできるんですよと言ってみたり、あるいは、債務者に、破産してもらったって構わないんですよみたいなことを実際に言っているということをお聞きしています。あるいは、ゼロ弁済という言葉があるんですけれども、これは、現預金が99万円より少なく、20万円以上の動産がない場合は債務免除になるというようなことをゼロ弁済と通称言っているそうなんですけれども、これも守られていないというような実態が報告をされています。このガイドラインを作るに当たって、金融庁もオブザーバーで入られて、業界の、もちろん法律とか制度ではないんですけれども、ガイドラインなんですけれども、金融庁も関わっておられますけれども、今私が申し上げました、債務者の手元に一定の金額を残すことができる、あるいは、ゼロ弁済も認めている制度だ、このガイドラインはそういう制度だと考えてよろしいでしょうか。

○**政府参考人（金融庁）**　お答え申し上げます。昨年10月、金融機関等関係団体や日本弁護士連合会等の関係機関をメンバーといたしました、自然災害による被災者の債務整理に関するガイドライン研究会におきまして、新型コロナウイルス感染症の影響により法的整理の要件に該当することとなった個人の債務者を支援する自然災害債務整理ガイドラインの特則が、金融機関等関係団体の自主的、自律的な準則として策定、公表されているところでございます。本特則におきましては、債務の

弁済ができなくなりました債務者が、一定の要件、すなわち、例えば、債務者が弁済について誠実であり、その財産、負債の状況を対象債権者に対して適正に開示している、また、本特則に基づく債務整理を行った場合に、破産手続や民事再生手続と同等額以上の回収を得られる見込みがあるなど、対象債権者にとっても経済的な合理性が期待できることなど一定の要件を満たしている場合に、債務者は債務整理を申し出ることができることとされているものでございます。本特則を活用した債務整理支援におきましては、本ガイドライン及び特則のQ&Aにおきまして、対象債務者は破産手続において、いわゆる自由財産と扱われる一定の財産を手元に残すことが可能とされているところでございます。……したがいまして、債務者の財産等の状況によりましては、御指摘のございましたいわゆるゼロ弁済、債務者の返済額がゼロ円になるというケースもあり得るものと承知しているところでございます。

○委員（国会議員）　　随分詳しく答弁いただきましたけれども、……それだったら、ガイドラインがきちんと有効に機能するようにしていただければいいので、……既に制度ができてから3、4か月たって実際に起こっているようですので、改めてそこをしっかり周知徹底を図るべきだと考えますけれども、そして同時に、やはりきちんと金融庁としてそこの部分を、制度が、ガイドラインが崩壊しないようにしっかりと見ていただきたいと思いますけれども、いかがですか。

○政府参考人　　本ガイドラインの特則は、繰り返しになりますけれども、金融機関等関係団体の自主的、自律的な準則として策定、公表されたものでございまして、いわゆる法的拘束力というものはございませんが、金融機関等でございます対象債権者、債務者並びにその他の利害関係人によって自発的に尊重され、遵守されることが期待されているものでございます。……私どもといたしましては、引き続き、関係機関と連携しつつ、本特則の適用対象となる債務者の方に対しまして、金融機関による本特則を活用した適切な支援がなされるよう、しっかりとフォローしてまいりたいと思っております。

○委員（国会議員）　　……やはり生活困窮者対策、本当に今深刻で、コロナ禍がここまで長引いて仕事がない、そういった中で債務を抱える方がいて、それでわざわざ作ったガイドラインというか、本来自然災害だけだったのを新型コロナにも適用したわけですから、そこがうまくいっていないということであれば、これはやはり是非とも金融庁としてしっかり対応いただきたい。これがうまくいかないようなら、私は法整備を考えていただかなきゃいけないと思いますし、……改善されないようだったら、この委員会でまた取り上げますし、そのときはもうお名前も出さざるを得ないかもしれませんので、是非そこはお願いをしておきたいと思います。

(第204回国会衆議院法務委員会第15号・令和3年4月20日より主要部分を抜粋)

1　新型コロナウイルス感染症と個人ローン

　新型コロナウイルス感染症の影響で収入が減失し、住宅ローン、車のローン、個人事業ローン等の支払に窮する。独立行政法人日本学生支援機構の貸与型奨学金を返済中の者にとっても収入減は致命的となる。総額は決して多くなくとも、消費者金融への返済が滞ったり、社会福祉協議会による生活福祉資金貸付金の返済が滞ったり、同貸付金の償還猶予期限が満了しても返済できる見込みが無かったりという者が多数出現する。自然災害時に顕著だったローンに関するリーガル・ニーズは、新型コロナウイルス感染症でも顕在化した。自然災害の被災地における住宅全半壊率の高さと、住宅ローン支払困難に関するリーガル・ニーズの高さとの有意な相関関係については、東日本大震災の津波被災地ではっきりと現れていた（災害復興法学第3部第1章、災害復興法学Ⅱ第3部第2章）。感染症では、住まい損壊は発生していないが、場所や職業を問わない全国的な収入減少・収入断絶が猛烈なインパクトを齎したといえる。

2　新型コロナ特則誕生と自然災害債務整理ガイドライン運用の軌跡

(1)　東日本大震災と個人版私的整理ガイドラインの失敗

　自然災害の影響で生活費と既存ローン負担が二重になってしまう「二重ローン問題」は、阪神・淡路大震災で顕著に社会問題化して現在に至る。ローンは払えない、請求は来る、破産もできない、新たな借入れも必要、という幾重もの苦悩が襲いかかる。東日本大震災をきっかけに、任意整理の新たな準則である「個人債務者の私的整理に関するガイドライン」、通称「被災ローン減免制度」が誕生した。弁護士らが被災地のリーガル・ニーズを集約したうえで政策提言し、政府関係機関等への壮絶な政策形成活動を経て策定に至ったものである。運営は全国銀行協会が主導する一般社団法人個人版私的整理ガイドライン運営委員会が担った。東日本大震災当時の債務整理に関する圧倒的なリーガル・ニーズからすれば、最低でも1万件以上の利用者を見込んだものの、恐ろしいほどに利用は低調だった（災害復興法学第2部3章）。東日本大震災当時に岩手弁護士会所属だった小口幸人弁護士をはじめ多くの被災地の弁護士が、新しくできた支援制度を被災者に周知させるべく、新聞折込チラシの投函に私財を投じたが個人の力には限界もあった。それどころか、法的拘束力のない任意整理手続であることの弊害や、政府や金融業界の制度への理解不足が大きな過ちを生んだ。

手続開始や継続を債務者に断念させる不適切な取り扱いが長期に亘り運営委員会で横行していたことが発覚したのである。その一つは、申立ての際に高額の返済を約束させる念書を債務者に書かせるといった不適切極まりない運用であった。既存ローンに追い詰められた被災者が、やっとの思いで辿り着いたはずのガイドライン利用という希望。しかし、その運営主体が、資産評価前なのに多額の返済の約束を迫ることが債務者にどれほど心理的重圧や絶望感を与えたのかは察するに余りある。最終的には、弁護士らの猛烈な抗議により発覚2か月で是正に至ったものの、すでに運用開始から2年もの期間が経過していたことは悔やんでも悔やみきれない（朝日新聞2013年5月23日「返済額約束被災者に要求 運営機関ローン減免審査前 心理的圧迫…やむなく念書」、朝日新聞同年6月30日「被災ローン減免運用の第三者機関「今後も念書やめず」方針示す 弁護士会は反発」、朝日新聞同年7月23日「被災ローン減免 念書やめる方針」）。2021年3月31日をもって個人版私的整理ガイドラインの運用は終了し、「自然災害債務整理ガイドライン」で引き続き東日本大震災における被災ローンを扱うことになった。役目を終えた個人版私的整理ガイドラインであるが、この10年間の成立件数は僅かに1373件である。やはり個人版私的整理ガイドラインは失敗だったというのが災害復興支援に関わる弁護士らの共通認識である。

(2) 恒久制度としての自然災害債務整理ガイドライン

　2015年12月25日、「自然災害による被災者の債務整理に関するガイドライン研究会」により「自然災害による被災者の債務整理に関するガイドライン」（自然災害債務整理ガイドライン、被災ローン減免制度）が公表された。研究会構成員に名前が出ていない災害復興支援活動に関わってきた弁護士らの水面下での調整と提言活動こそが、このガイドライン策定の原動力になった。災害直後に応急的に作られた時限制度が、ステークホルダーからも有用性と社会的意義を認められ恒久的な制度へと昇華した。同ガイドラインは2015年9月2日以降に災害救助法が適用された自然災害において、住宅ローン等の既往債務を弁済できなくなった個人債務者で、破産手続等の法的倒産手続の要件に該当することになった債務者等を対象に適用されるものである。災害の影響さえあれば被災地以外に住所を置く者も利用できる。該当する最初の災害は「平成27年9月関東・東北豪雨」（平成27年台風第18号による一連の豪雨・水害）となったが、ガイドライン利用件数は数件に止まる。本格的に自然災害債務整理ガイドラインの運用が開始されたと言えるのは、2016年4月に発生した熊本地震以降である。災害

救助法が適用された場合に運用上、財務省の管轄地方財務局と日本銀行の当該地域担当支店から発出される災害時における金融上の特別措置において、新たに「自然災害による被災者の債務整理に関するガイドラインの手続き、利用による効果等の説明を含め、同ガイドラインの利用に係る相談に適切に応ずること」という一節が加わるようになったのも、2016 年 4 月 15 日の「平成 28 年熊本県熊本地方の地震に係る災害に対する金融上の措置について」からである。

(3) ガイドライン新型コロナ特則の誕生へ

　2020 年 4 月には、「東日本大震災では、ローンなどへの支払停止措置が被災者を窮状から救った。フラット 35 を扱う住宅金融支援機構などでは、東日本大震災直後に、最大 5 年間の支払猶予措置を発表した。また、メガバンクや地方銀行も数年単位の支払猶予措置を、金融庁の要請や住宅金融支援機構に追随する形で行った実績が過去にはある。そして、その猶予の間に、救済制度が出来上がったのも印象的だった。個人のローンについては、破産におけるブラックリスト登録といったペナルティのない「個人債務者の私的整理に関するガイドライン」(被災ローン減免制度) という画期的な制度が、2011 年 7 月にできた (その後「自然災害債務整理ガイドライン」として恒久化)。ただし、現在のところ、自然災害債務整理ガイドラインが利用できるのは「災害救助法適用の自然災害」の影響がある場合に限られる。同じ制度を使うことができないとしても、これまで大災害の経済復興のために行われてきた支援策は、新型コロナウイルス感染症における経済支援のヒントになると信じたい」と Yahoo! ニュースで配信し、債務整理ガイドラインの必要性を提言。2020 年 5 月 1 日には、弁護士有志らで「COVID-19：災害法制を参考にした緊急対策を求める提言 (緊急提言 5)」を発表し、「「自然災害債務整理ガイドライン」の適用や「株式会社東日本大震災事業者再生支援機構」の仕組みを利用するなどの手法で、新型コロナウイルス感染症の影響で既存債務の弁済に困窮している方々に既存債務の減免を行う被災ローン減免制度を構築すべき」と提言した。

　その後、遅くとも 2020 年 5 月頃には、政府 (金融庁) は既存ローンの支払に苦慮する国民救済策として、全国規模で、新型コロナウイルス感染症の影響を受けて債務支払困難となった債務者のローン減免に自然災害債務整理ガイドラインのしくみを応用することを検討し始め、全国銀行協会及び日弁連を中心とするステークホルダーとの協議を水面下で開始することになった。金融庁は思いのほかコロナ対策に積極的な姿勢を見せていたが、今思えば、新型コロナウ

イルス感染症はあくまで短期間で収束するという見立てで支援の大盤振る舞いをしようという意図だったことが透けて見える。

　紆余曲折を経て、2020年10月30日、「自然災害による被災者の債務整理に関するガイドライン研究会」により「「自然災害による被災者の債務整理に関するガイドライン」を新型コロナウイルス感染症に適用する場合の特則」（新型コロナ特則、コロナ版ローン減免制度）が策定、公表された。新型コロナウイルス感染症の影響で既存ローンの支払が困難になった個人債務者を救済するため、自然災害債務整理ガイドラインの枠組みを利用することができるという画期的な制度の誕生である。

　47都道府県の52弁護士会の負担による「登録支援専門家」の確保や支援ノウハウ浸透には混乱と禍根を残している。日弁連からは、2020年10月30日その日に至るまで全国の各弁護士会へ、制度発足にあたっての協力要請や予算措置などの最低限の情報開示や根回しがなく、コロナ版ローン減免制度の誕生が、多くの弁護士会にとって晴天の霹靂になってしまったのである。日弁連災害復興支援委員会や関東弁護士会連合会所属の弁護士、これまでの災害を経験した登録専門家弁護士経験者らのネットワーク、2016年に熊本地震を経験したことで自然災害債務整理ガイドラインのノウハウを最も多く蓄積し、2020年10月には『自然災害債務整理ガイドラインの実務』（一般非売品）を発刊するなど精力的な活動を実践している熊本県弁護士会の弁護士らが、混乱する現場へノウハウを共有して制度運用を下支えする構図となった。

　全国銀行協会をはじめ金融機関側が、コロナ版ローン減免制度の周知啓発に向けた協調体制を敷かなかったことも問題だった。東日本大震災や熊本地震では、時宜を逸してしまったものもあったとはいえ、金融機関と地元弁護士会が、行政機関を巻き込んで債務者へのガイドライン周知啓発活動や説明会を共同開催していたこと（災害復興法学第1部第3章、災害復興法学Ⅱ第2部第2章）と比べると対応差は歴然である。多くの金融機関から、自然災害と異なり自宅が損壊していないのに「自然災害債務整理ガイドライン」と同じ枠組みを利用することに疑問が投げかけられたのである。ただし、この疑問は見当違いである。自宅の損壊がガイドライン利用の必須条件でないことは、過去の自然災害債務整理ガイドラインでも同じである。金融機関の誤解の解消に、政府（財務省や金融庁、さらには日本銀行なども含む）の強い指導や啓発が必要だったはずだが、政府も金融業界団体も周知活動への消極的姿勢は相変わらずだったのである。

⑷ 自然災害債務整理ガイドラインに関する運用課題の総括

　2022 年 6 月 1 日、日弁連は「「自然災害による被災者の債務整理に関するガイドライン」に関するアンケート調査報告書」を公表した。自然災害債務整理ガイドラインの登録専門家を経験した弁護士から、制度運用上の課題や実務上のノウハウを抽出することを目的としたものである。期間は 2021 年 4 月 22 日〜同年 7 月 15 日であり、152 名の回答があった。ちなみに、2015 年 12 月の制度発足から 2021 年 6 月 30 日現在までの自然災害債務整理ガイドラインにおける登録専門家委嘱件数は 1,189 件、特定調停成立件数は 556 件となっている。アンケート回答総数 152 件のうち、ガイドラインを利用した債務者が被災した災害は、順番に、初ケースとなる平成 27 年台風第 15 号が 2 件、熊本地震が 116 件、平成 30 年大阪府北部地震が 2 件、平成 30 年 7 月豪雨が 13 件、北海道胆振東部地震が 2 件、令和元年台風第 15 号が 1 件、令元年台風第 19 号が 11 件、令和 2 年 7 月豪雨が 5 件であった。ガイドラインの運用ノウハウや、その課題発見と改善提言の原動力を担っているのは熊本県弁護士会の登録専門家弁護士の活躍によるところが大きいのである。グラフ掲載は省略するが、報告書では以下のような注目すべきデータが多数紹介されている。

① 　登録支援専門家委嘱から特定調停成立による手続き終了までの日数は中央値で 376 日である。
② 　債務者がガイドラインを利用するための「支払不能要件」の内部基準（年収 730 万円未満であり、かつローン返済額が年収の 40％以上）から逸脱する（年収が上回る）場合に柔軟な手続き開始を認める事例もあった。データのある 124 件のうち、年収 730 万円以上でもガイドラインによる債務整理が成立した事案が 6 件（900 万円以上 2 件）確認できた。また、支払総額が年収の 40％未満の事例がデータのある 115 件のうち 30 件（25％未満 5 件）も確認できた。
③ 　ゼロ弁済事案（不動産を含むすべての資産について弁済に充てないで債務免除となる事案）や不動産以外ゼロ弁済事案（不動産は評価処分対象となるがそれ以外の資産について弁済に充てないで債務免除となる事案）の報告があった。データのある 123 件のうち 64 件は、不動産以外の資産の財産による弁済は 0 円であった。資産を残すことが出来た債務者の事例があったことはガイドラインのメリットを強調するものである。
④ 　既存債務の総額はデータのある 148 件のうち 97 件が 1,000 万円以上であった。ガイドライン利用による債務免除額はデータのある 123 件のうち 94 件が 500 万円以上であった。日本の住宅ローン政策の弱点が巨大災害においてピンポイントに顕在化しているようである。
⑤ 　弁済期間が 5 年超のケースが 16 件、弁済期間を 10 年以上とする者も 9 件報告された。内部基準である弁済期間 5 年以内を柔軟化する実績があることは特筆すべきである。
⑥ 　保証債務は、93％の事例で主債務と一緒に免除されるか、保証人への請求はしない旨の回答が約束された。しかし、保証債務が免除されなかったり、保証人へ請求しないことが確約されない事例もあったことは、ガイドラインの拘束力の限界を顕著に示しているように思われる。

⑦　特定調停成立後の新たな債務の借入ができたという債務者も13件（n＝122）報告された。多くはその後の経緯は「不明」であるが、被災者の債務者の次なるくらしの再生に寄与できた事例が確かに存在したことが確認された。しかし、「（新たな借入が）できなかった」とする事例も報告されており、金融業界の対応の不透明さが心配される事例もあった。

⑧　信用情報の登録（ブラックリスト）については、誤って登録された事例が6件も確認された。自然災害債務整理ガイドライン適用の最大のメリットのひとつがブラックリスト登録の回避であるから、このような誤登録事案は深刻に受け止め、金融機関側や信用情報機関側への運用徹底を政府から呼びかける必要性があることも浮き彫りになったといえる。

3　自然災害債務整理ガイドライン「新型コロナ特則」の内容

　自然災害債務整理ガイドラインの新型コロナ特則の枠組みも既存ガイドラインと同様であり、課題や運用ノウハウも先述の日弁連調査報告書で示したものと共通する。日弁連では啓発用チラシなどを作成し全国の弁護士会を通じての周知に力を入れた。周知啓発の際の呼びかけ文言（本制度の特徴メリット）には、東日本大震災の「個人債務者の私的整理に関するガイドライン」以来のノウハウが継続して活用されている（災害復興法学第2部第3章）。以下に概要を示す。

▼本特則の適用日
　2020年12月1日から開始
▼債務整理の対象となる債務
⑴　2020年2月1日以前に負担していた既往債務
　　なお、2020年2月1日は、「基準日」と定義されている。同日は、新型コロナウイルス感染症を指定感染症として定める等の政令（令和2年政令第11号）が施行された日である。
⑵　2020年2月2日以降、本特則制定日（2020年10月30日）までに新型コロナウイルス感染症の影響による収入や売上げ等の減少に対応することを主な目的として以下のような貸付け等を受けたことに起因する債務
　　①　政府系金融機関の新型コロナウイルス感染症特別貸付
　　②　民間金融機関における実質無利子・無担保融資
　　③　民間金融機関における個人向け貸付け
▼対象となり得る債務者
　新型コロナウイルス感染症の影響により収入や売上げ等が減少したことによって、住宅ローン、住宅のリフォームローンや事業性ローンその他の本特則における対象債務を弁済することができない又は近い将来において本特則における対象債務を弁済することができないことが確実と見込まれる債務者
▼本制度の特徴やメリット
①　既往債務の減免を受けられること
②　個人信用情報機関に登録されないこと
③　自由財産（債務者の手元に残せる財産）について、法定の差押禁止財産に加え、一定の範囲（現預金500万円まで等）で拡張も認められる場合があること
④　保証債務の履行の原則免除（保証人への請求がないこと）
⑤　弁護士等の「登録支援専門家」の支援を無料で受けられる

▼手続に関する留意点

　借入の元本額が最大の金融機関（いわゆるメインバンク）に、この制度を利用することを債務者自身が申し出ることが必要になる。金融機関から手続開始に関する同意書が発行されることになり、これが手続の第一歩となる。その後、「登録支援専門家」となる弁護士が紹介されその支援を受けながら資料を準備し債務整理を進めていく流れとなる。金融機関との協議の結果、「調停条項案」について金融機関から同意があれば、裁判所の「特定調停」手続を利用することで債務整理内容について合意する調停を成立させる。なお、原則ではあるが、①年収が 730 万円未満であること、②既存の住宅ローンの年間返済額と将来の住居費の年収に占める割合が 40％以上であることなどの制限もある。勿論、いずれもケースバイケースの対応となり、柔軟な解決が求められる。

4　同意しない債権者、消えない借金

(1)　社会福祉協議会の緊急小口資金貸付・総合支援資金貸付

　新型コロナウイルス感染症のまん延が続き、社会福祉協議会からの緊急小口資金と総合支援資金の借入を行う者も増大の一途を辿っていた（第 1 部第 1 章）。このうち 10 月 30 日までの債務は、自然災害債務整理ガイドライン新型コロナ特則の対象にもなる。2021 年 1 月 25 日、厚生労働省から全国社会福祉協議会に対して「対象債権者の範囲として都道府県社会福祉協議会が当該ガイドラインに定められる「その他の債権者」に含まれる」「対象債務として生活福祉資金貸付制度による貸付が含まれるほか、償還が滞っている債務に限らず、据置期間中の償還開始前の債務についても債務整理の対象にも含まれる」と明記した事務連絡が発信された（厚生労働省社会・援護局地域福祉課生活困窮者自立支援室「「自然災害による被災者の債務整理に関するガイドライン」の特則について（周知）」）。それなのに、都道府県社会福祉協議会では各貸付の債務整理についてガイドラインに沿って合意しないケースが相次いだのである。登録支援専門家の弁護士らは社会福祉協議会と粘り強く交渉し、各都道府県弁護士会も独自に厚生労働省や金融庁に運用改善を訴え続けていた。これらの経過から、社会福祉協議会の窓口が、貸付金を免除する法的根拠について検討しておらず、免除に踏みきることに躊躇していたという実態が判明した。ガイドラインがあくまで任意のしくみで、法的拘束力のない制度であることの弊害が如実に発現したといえる。

　弁護士らの問題提起を踏まえ、2021 年 11 月 22 日、改めて厚生労働省から社会福祉協議会に対して、「「自然災害による被災者の債務整理に関するガイドライン」に基づく調停条項案により債務の全部又は一部の減免を要請され、債務整理が成立する場合」」には、償還据置期間中も含めて職権免除ができることが通知された（厚生労働省社会・援護局長通知「新型コロナウイルス感染症の影響に伴う

特例措置である緊急小口資金等の特例貸付に係る貸付金償還免除の取扱いについて」社援発1122第2号）。

　2021年7月には、社会福祉協議会による「コロナ特例貸付」は総額1兆円を超え、生活再建のための融資が却って生活再建の足かせになっている旨が報道された（読売新聞2021年7月14日「コロナ特例貸付1兆円超　上限まで利用31万世帯　生活再建へ思い返済負担　住居の給付金でも」）。2022年4月には「コロナ禍で減収した世帯に生活資金を公費から特例で貸し付ける制度を巡り、返済が難しく自己破産や債務整理の手続きをした利用者が全国で少なくとも約5千人」「貸付件数では約1万8千件に上る。返済困難な金額は回答が得られた分だけで約20億円」との調査結果が報道された（2022年4月30日共同通信配信「自己破産や返済困難が5000人コロナ特例貸付金は20億円」）。困窮世帯を支援する特効薬と期待されていたはずの貸付制度があたかも官製消費者被害を生む様相を呈していたのである。新型コロナウイルス感染症のまん延は全国一律に経済停滞を齎した。そのような状況下では全国どこであっても転職等による家計収支のドラスティックな改善手段がない。困窮する世帯への公的支援として貸付制度を細切れに拡大したこと自体が誤りだったのではないだろうか。この事態を打開するには、ガイドラインの対象にならない2020年11月1日以降に負担した債務も免除対象とするしか途がないのである。

　日弁連は2022年10月6日の「特例貸付の償還免除範囲の抜本的拡大と支援体制の整備を求める会長声明」において、社会福祉協議会による累計貸付件数は334万件超、累計貸付決定額は1兆4,242億円超、返済率2割未満であり連絡がつかない債務者も多数に及ぶこと等を踏まえ「償還免除の要件は……原則として借受人と世帯主が共に住民税非課税であることとされており、細切れに償還免除していく内容となっている。しかしながら、このように限定的な要件では、おびただしい数に及ぶ特例貸付利用世帯の多くは、長期にわたる償還を強いられることとなり、当該世帯の生活再建が阻害されることになる上、社協の窓口事務にも混乱と負担が生じることが予想される。……本来、新型コロナウイルス感染症の影響で生活困窮に陥っている世帯の支援を「貸付」で行うという制度設計自体に問題があった」と厳しく指摘した。そのうえで①住民税非課税世帯の一律償還免除、②生活困窮者支援制度の利用実績者への償還免除の積極的活用、③生活困窮者自立支援制度の家計改善支援事業の柔軟化による償還免除、などを提言した。日本福祉大学の角崎洋平准教授も「支援の終了で生活に行き詰まってきている。特例貸付の返済が生活再建の足かせになるのは本

末転倒」である旨述べており、今後の貸付支援政策の抜本的見直しの必要性を示唆している（読売新聞オンライン 2023 年 4 月 3 日「働いても働いても生活向上しない…コロナ特例貸付返済 2 割未満、「借受人と連絡取れず」相次ぐ」）。

　2023 年 5 月 8 日、厚生労働省社会・援護局地域福祉課生活困窮者自立支援室長事務連絡「緊急小口資金等の特例貸付における償還猶予期間中の支援の取扱いについて」が発出され、ついに償還免除の運用の大幅な改善が図られる方針となった。「都道府県社会福祉協議会においては、市区町村社会福祉協議会又は自立相談支援機関から提出された意見書を踏まえ、当該借受人について、償還の見込みがないと判断できる場合には、会長の職権により償還免除を行うことができる」など柔軟な免除を可能とする方針が示されたことは大きな前進である。

(2)　母子・父子・寡婦福祉資金貸付

　コロナ版ローン減免制度は、あくまで任意の債務整理準則なので、他の法律で債務減免が限定されている場合にはこれに反する運用ができないという限界がある。ひとり親家庭の支援を目的として 20 歳未満の児童を扶養している配偶者のない女子、男子、寡婦等への貸付制度である「母子及び父子並びに寡婦福祉法」（母子福祉法）による母子福祉資金、父子福祉資金及び寡婦福祉資金（母子等福祉資金）の減免もその一つである。制度詳細は内閣府男女共同参画局や都道府県ウェブサイトで確認できるが、貸付金額は数百万円にもなる場合がある。母子等福祉資金も借入金である以上は、新型コロナ特則による債務免除対象になるべきであるし、債権者である都道府県、政令市、中核市等は手続開始や債務減免の特定調停に応じるのが筋である。ところが、母子福祉法は、債務者の死亡又は著しい精神・身体障害となり償還できないと認められるとき、という極めて限定した場面に限り債務免除を認めているにすぎない（母子福祉法 15 条 1 項本文）。また、保証人に支払能力がある場合には母子等福祉資金を免除しないものとされている（同法 15 条 1 項ただし書）。このため自治体は、法律上、ガイドラインを理由とした債務減免をすることができない。2018 年 7 月の西日本豪雨では、被災者（債務者）が自然災害債務整理ガイドライン利用を希望したところ、自治体側が母子等福祉資金についてのガイドラインの利用を拒否した事例が報告されている。

　日本弁護士連合会は、2019 年 4 月 19 日に、「自然災害債務整理ガイドラインの利用のために母子及び父子並びに寡婦福祉法の改正を求める意見書」を公

表し、①母子福祉法を改正し、災害救助法適用災害発生時に自然災害債務整理ガイドラインによる母子等福祉資金の減免を受けられるようにするべきであること、②自然災害債務整理ガイドラインを利用できる場合は、その例に倣い保証人に支払能力ある場合であっても償還免除とすることを求めたところである。しかし、法改正への動きはおこらなかった。提言から3年が経過した2022年9月8日、日弁連は再び「自然災害による被災者の債務整理に関するガイドライン及び同ガイドラインを新型コロナウイルス感染症に適用する場合の特則の利用のために、直ちに母子及び父子並びに寡婦福祉法の改正を求める会長声明」にて繰り返し母子福祉法の改正を求めている。

(3) 災害弔慰金法の災害援護資金貸付

　災害弔慰金の支給等に関する法律(災害弔慰金法)に基づく「災害援護資金貸付」も、債権者である市町村がガイドラインによる減免に応じられない法律上・事実上の障壁がある。災害援護資金貸付は、市町村が、災害救助法が適用された災害で一定の被害を受けた者に対し、所得制限はあるが、最大350万円を貸し付ける制度である。財源が国及び都道府県となっているため、市町村はいずれ貸付金全額(財源全体の3分の1)を都道府県に償還し、都道府県もまた国を経由して受け取る財源(財源全体の3分の2)を償還しなければならない。法律によると、市町村は、債務者が①死亡したとき、②著しい精神・身体障害となって償還できなくなったと認められるとき、③破産手続や個人再生手続によるとき、に限って、債務の一部又は全部の免除ができるとしているにすぎない(災害弔慰金法14条1項)。また、保証人が未償還債務を支払えるときにも減免できないとしている(同法14条1項2号)。この規定をもとに自治体は災害援護資金のガイドラインによる減免に応じないのである。実は災害援護資金貸付は、自治体が自らの判断でその債権を放棄する形で減免措置を講じることが可能ではある。しかし、それは基礎自治体にとっては、都道府県に全額償還しなければならない原資を自ら免除することを意味し、財政負担を増やすことになるため免除判断には極めて消極的なのが実態である。

　東日本大震災での災害援護資金の償還は、2020年の新型コロナウイルス感染症のまん延発生時にも依然として継続中だった。その後も別の地震や豪雨被害の影響で災害援護資金貸付を受けた被災者は増えている。災害による被災に加え、新型コロナウイルス感染症による経済的困窮という二重、三重の「被災」をした者が、ガイドラインによる債務減免を受けられない事態は本来あっては

ならないはずである。仙台弁護士会は、2021年2月10日にいち早く「災害援護資金貸付について、自然災害ガイドラインに基づく償還免除を可能とする要請書」を発出し、「災害援護資金貸付を実施している地方自治体も自然災害ガイドライン上は対象債権者となりうることは明らかであり、かつ、災害援護資金貸付を同ガイドラインに基づく償還免除を可能とすることの必要性、相当性も認められることは明らかである」「災害援護資金貸付について、債務者が自然災害ガイドラインの要件を充足する場合には、同ガイドラインに基づく償還免除をできるよう所要の法令の改正ないし運用の改善等を行うことを要請する」と積極的な政策提言活動を行っている。日弁連は、遅れたものの2022年6月22日になって、「自然災害による被災者の債務整理に関するガイドラインの利用のために災害弔慰金の支給等に関する法律の改正を求める意見書」を発出し、母子福祉法と同様の法改正を行うよう求めているところである。

(4) 信用保証制度と制度融資

信用保証制度とは、中小企業や個人を含む小規模事業者等が、金融機関から事業資金等を借り入れる際、信用保証協会が保証人になる形態で行われる融資である。事業者側は信用保証協会へ保証料を支払い、もし事業者が債務を支払えなくなった場合は、信用保証協会が金融機関に対し肩代わりして代位返済する。このとき、日本政策金融公庫から保険金が出ることで損失の多くがカバーされる仕組みになっている。信用保証協会は、代位弁済後に保険でカバーしきれなかった分について、事業者に対する「求償権」を獲得し債務の返済を求めることになる。信用保証協会は、47都道府県と4市（横浜市、川崎市、名古屋市、岐阜市）の51団体があり、信用保証協会法を根拠とする法人である。この信用保証制度の枠組みを前提に、自治体は「制度融資」という仕組みを作っている。都道府県等が事業者側の負担軽減を図るための保証料を一部負担したり、信用保証協会が保険でカバーできなかった分を都道府県等が補償したり、都道府県等が独自に融資制度を設けていたりする。この独自の支援や融資制度を「制度融資」と呼ぶ。特に信用保証協会が保険でカバーできなかった分を自治体が補償する支援をした場合には、信用保証協会側が求償権（厳密には求償権ではないがそう呼ぶ）を行使した結果事業者から金銭回収もできた場合は、その回収納付金を受領する権利を都道府県等が取得する。これを都道府県等による「回収納付金受領権」という。回収納付金受領権は、都道府県等の「権利」（地方自治法96条1項10号）に該当する。そしてこの権利を放棄（債務免除）するには、各自

治体が債権放棄を可能とする条例を整備しておくか、地方議会の承認を必要とする。ただし、地方議会の承認では、プライバシーへの配慮や迅速大量の処理ができない難点がある。都道府県が回収納付金受領権を放棄しない以上は、信用保証協会も求償権の減免に合意してくれないのである。

　東日本大震災では事業再開のための資金を金融機関が貸し出そうとしても既存の貸付金が足かせとなる「二重ローン問題」が頻出し、対応策として「株式会社東日本大震災事業者再生支援機構」（災害復興法学第1部第3章）や「産業復興機構」などが債権買取等支援で対応したが、この場合も「求償権放棄」のための地方議会承認が短期間で相当件数に及ぶことから支援の実行が頓挫しかけた。そこで、「制度融資損失補償条例」を整備することで、議会承認によらず、自治体担当部署の判断で債権放棄ができる条件を整えることが国からも推奨されたのである。東日本大震災でも被災地を中心に条例整備が進み、さらにその後も国の啓発は行われてきている（内閣府地域経済活性化支援機構担当室長・金融庁監督局長・総務省大臣官房地域力創造審議官「制度融資損失補償条例の整備に関する協力依頼について」2015年6月25日、金監第1958号他協力依頼文）。ところが、制度融資損失補償条例は、その目的をあくまで「円滑な事業再生」や「経営者の再チャレンジ」に限定していた。そのため、回収納付金受領権放棄（債権放棄）の条件にも事業継続を前提とした再生事例のパターンだけが列挙されることになった。例えば「東京都が東京信用保証協会に対し交付する補助金に係る回収納付金を受け取る権利の放棄に関する条例」では、都が回収納付金受領権を放棄するには「当該申出が次に掲げる計画又は要請のいずれかに基づくものであって、かつ、当該求償権の放棄等が当該計画又は要請に係る中小企業者等の事業の再生に資すると認めるとき」に限るとし、様々な法令等による「再生計画」「再建計画」「産業復興機構の債権買取り」等再生事例のみが列挙されている（条例3条1号〜9号）。

　新型コロナウイルス感染症では、「制度融資」を利用している個人事業主も経営悪化で事業廃止に追い込まれた。このとき残った債務について自然災害債務整理ガイドライン新型コロナ特則で減免を受けようとしても、ほとんどの「制度融資損失補償条例」の定める免除事由に該当しない。廃業の場合は再生案件ではないからである。そのため、都道府県等の信用保証協会も連動して求償権を放棄できず、ガイドラインコロナ特則による債務免除条項を策定して特定調停手続に進んでも、それが事業継続前提の再生計画案になっていない限りは合意を拒否する事態になったのである。本来信用保証制度は零細な事業者の経済

基盤を保護する制度であるにもかかわらず、かえって個人事業者の再生の道を狭め、「破産」を強要してしまっているのである。

　制度融資の実施主体は主に都道府県単位であることから、日弁連全体としての政府との交渉などは迅速さを欠き、むしろ各地の弁護士会によって、精力的に金融庁、都道府県信用保証協会、都道府県担当部局等と運用改善交渉が持たれていた（例えば、愛知県弁護士会「自然災害債務整理ガイドライン新型コロナウイルス特則適用開始から1年を迎えての会長声明」2021年12月7日や、仙台弁護士会「自然災害債務整理ガイドライン新型コロナ特則の適用開始から1年を迎えての会長声明」2021年12月1日などで制度融資の課題に言及）。唯一の解決策は、自治体が速やかに適切な条例を定めることである。すなわち、①制度融資損失補償条例を定めていない自治体は早急に整備すること、②制度融資損失補償条例を定める際には、自然災害債務整理ガイドラインの新型コロナ特則の利用により、事業継続をしないような特定調停条項でも柔軟に免除できる条項を設けること、③制度融資損失補償条例を持つ自治体は②の趣旨の条項を追加するか趣旨に沿うように改正することが急務なのである。その後、各地の弁護士会が地元の都道府県と粘り強く交渉した結果、例えば仙台弁護士会の尽力により宮城県で「損失補償契約に係る回収納付金を受け取る権利の放棄に関する条例施行規則」が2022年12月21日に公布となり、自然災害債務整理ガイドライン及び同コロナ特則の利用による場合でも債権放棄を可能とするよう条例で手当てされた。全ての自治体でこのような取扱いの是正がなされることが強く望まれる。

(5)　金融機関が債務減免や手続開始に同意しない

　金融機関によっては、法律上の障壁がないにもかかわらず、自然災害債務整理ガイドラインの利用に応じないケースも見られた。手続開始に同意せず水際で制度利用を阻んだり、特定調停の債務減免の条項を拒否して、登録支援専門家弁護士の支援を受けて進めていた手続を頓挫させたりするのである。なかには「津波や地震などの自然災害と異なり自宅が損壊していないのになぜ住宅ローンを減免する必要があるのか。ガイドライン利用による減免には応じられない」などという金融機関も現れ（これが制度趣旨の致命的な誤解によるものであることは前述のとおりである）、多くの登録支援専門家弁護士を悩ませていた。消費者金融や信販会社においてコロナ特則の存在を無視して同意書を発行しないか、ガイドラインの適用はないと誤った説明を債務者にしている事例も多数報告された。そもそも、自然災害債務整理ガイドラインも、その前身となる個人版私

的整理ガイドラインも、官民の金融関係機関ほかあらゆるステークホルダーが関与する研究会を経て策定に至った準則であり、決して蔑ろにされてはならないはずのものである。冒頭の 2021 年 4 月の衆議院法務委員会で、政府参考人の金融庁が自然災害債務整理ガイドラインの尊重を金融機関に要請していると繰り返すしかないのも当然である。

　2021 年 11 月 19 日の閣議決定「コロナ克服・新時代開拓のための経済対策」では、「コロナ禍による債務過剰の問題に対しては、「『自然災害による被災者の債務整理に関するガイドライン』を新型コロナウイルス感染症に適用する場合の特則」に基づく円滑な債務整理の支援を行う」ことが明記されている。にもかかわらず、自然災害債務整理ガイドラインに応じなかったり、利用に非協力的であったり、窓口に相談に来た債務者にガイドラインの存在を告げない金融機関が現れる。この弊害の根本は、やはりガイドラインであるがゆえに、金融機関の対応に法的拘束力を課せないことにある。また、母子等福祉資金貸付、災害援護資金貸付、回収納付金受領権、奨学金など、公的機関の債権のほうは免除できない（あるいは免除に消極的な運用をしている）という法制度の不備や運用上の過ちが、民間金融機関の積極的な姿勢やインセンティブを削いでいることも明らかであろう。官民すべてのローンを包摂して減免する法制度の構築が求められる所以である。

　2021 年 12 月、日弁連は「自然災害債務整理ガイドライン新型コロナウイルス特則適用開始から 1 年を迎えての会長談話」を発する。「本特則は、大規模感染症の影響を受けた個人債務者の債務整理の準則を定めるという我が国初の取組であることや、新型コロナウイルス感染症の影響の予想以上の長期化等から、様々な課題も生じてきている。例えば、本特則が適用されない基準日後（2020 年 10 月 31 日以降）の対象外債務の存在が原因となり基準日以前の対象債務も含めて本特則の利用を断念せざるを得ない事案や、自治体等による公的貸付の一部について本特則による債務減免への対応の未整備によって支障を生じている事案等が報告されている。これらの課題については、本特則の趣旨に沿って制度・運用の改善がなされていく必要がある」と端的にガイドラインの運用上の課題を指摘したところである。

⑹　リスケジュールへの誘導問題が無くならない

　東日本大震災の「個人版私的整理ガイドライン」の失敗の最大要因は、金融機関が制度利用促進に非協力的だったことにある。金融機関が担当者への教育

を怠りその結果債務者にも利用が促されなかったのである。金融機関は債務の減免はせずに、支払条件変更契約の締結（リスケジュール）に誘導することでローンの満額回収をはかったのである。新型コロナウイルス感染症のまん延でもこのリスケジュール問題（つまりはガイドラインの不告知）が起きていたと考えざるを得ないデータがある。金融庁ウェブサイト「新型コロナウイルス感染症関連情報」のうち「金融機関における対応状況」では、「金融機関における貸付条件の変更等の状況」が「銀行」と「協同組織金融機関」について随時公表されている。債務者属性の内訳は「債務者が中小事業者である場合」と「債務者が住宅資金借入者である場合」に区別されているが、そのうち後者の住宅ローンについて、新型コロナウイルス感染症まん延から2年間のリスケジュール累積件数をまとめたのが図表1−12である。2020年3月10日から2022年3月31日までの2年間で申込106,203件、実行93,420件と、夥しい数に及んでいる。この事実だけでもコロナ災害の家計へのインパクトを推し量るに十分すぎるほどである。なお「債務者が中小事業者である場合」のリスケジュールは、同じく2年間で申込1,566,944件、実行1,410,252件と、これもまた驚愕すべき数字である。全てが新型コロナウイルス感染症起因かどうかまでは不明だが、世界の経済情勢から推認すれば無関係なものもまた少ないと考えることができよう。

　2020年3月10日から12月末日までに、住宅ローンについては、合計で55,170件のリスケジュール申込があり、45,251件がリスケジュール実行に至っている。2020年12月1日から運用を開始した自然災害債務整理ガイドラインのコロナ特則の潜在的な利用対象者の数をここから推認できる。膨大な件数を

図表 I-12　住宅ローン債務者のリスケジュール累積件数の推移(2020年3月10日〜2022年3月31日)

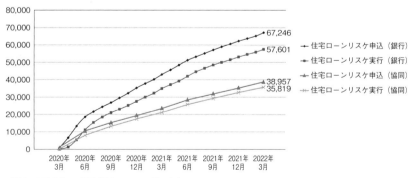

※銀行：主要行等 9、地域銀行 100、その他の銀行 77

※協同組織金融機関：信用金庫 255、信用組合 146、労働金庫 14、信農連・信漁連 46、農協・漁協 639

見るにコロナ特則の整備が急務であったことの裏付も十分だったといえる。その後のグラフの傾きを見るに、2022年3月末に至るまで、リスケ増加件数及び増加率が全く衰えを見せていないことも深刻さを伝えるに十分である。これに対し、東日本大震災・自然災害被災者債務整理ガイドライン運営機関が公表している、2020年12月から2023年3月31日までのコロナ特則案件の「登録支援専門家に手続支援を委嘱した件数」は2,328件、「うち手続中」が591件、「うち特定調停申立に至っている」のが38件、「債務整理成立件数」が330件となった。かなり少ないと言えるだろう。2020年12月1日には、ガイドライン新型コロナ特則が運用を開始していたのであるから、その後もリスケジュールがペースを落とすことなく増加し続けていたのは、多くの金融機関が、支払猶予等の相談に来た債務者へガイドライン利用を推奨をしていなかったからであると推認するに十分である。リスケジュール後のローンであっても、元の契約がコロナ特則の利用対象（原則として2020年2月1日以前に負担した債務）であれば、ガイドラインの利用は可能である。そのことを考えると、潜在的な対象住宅ローンのうちのごくごく僅かしか、ガイドラインの利用に至っていないのである。新型コロナ特則は手元に残すことができる自由財産の範囲が平時の破産手続に比べてはるかに大きい。年収も700万円から800万円程度の世帯までであれば原則利用できる。金融機関はガイドライン利用を推奨せず漫然とリスケジュールにのみ誘導してきたと考えざるを得ないのである。東日本大震災での「失敗」はコロナ特則においても克服できていたとは言い難い。なお、図表1－12は、「債務者が住宅資金借入者である場合」のデータにすぎない。個人で他の債務（消費者金融、商工ローン、奨学金、自動車ローン、個人事業の運転資金ローン、災害援護資金や母子福祉資金等の公的貸付金等）がメインで支払困難になっているケースを併せれば、ガイドラインの潜在的利用可能者の母数はさらに膨れ上がる。

5　コロナ特則運用改善と自然災害債務整理ガイドラインの法制化提言

⑴　いわゆる「ゼロ弁済」に応じない債権者の存在

　財産調査の結果、返済原資とする必要がない自由財産の範囲内しか債務者の資産が無い事例では、債務全額の弁済免除を受けられる「ゼロ弁済」となる。そのような場合でも一定の金銭の支払を要求し、ゼロ弁済には応じない債権者が現れた。全国の登録支援専門家弁護士や、それを支える各弁護士会の活動により、それらがやっと国会で問題視されるようになったのである。冒頭の衆議

院法務委員会での激しいやりとりもその一端をうかがわせるものとなってる。金融庁は、ガイドラインは全ての記入関係者が遵守すべき準則であると明言し、その周知啓発の重要性を明確に強調している。金融庁は建前上そのように回答するしかないわけであるが、だからといって法的根拠に基づく積極的な指導を行うこともできない。ガイドラインがあくまで任意の準則であることの弊害が顕著に現れたのである。

(2) 対象債権（対象時期）の拡充も急務

ガイドライン新型コロナ特則による減免対象債権は「(1) 2020年2月1日以前に負担していた既往債務」と「(2) 2020年2月2日以降、2020年10月30日までに新型コロナウイルス感染症の影響による収入や売上げ等の減少に対応することを主な目的として貸付け等を受けたことに起因する債務（政府系金融機関の新型コロナウイルス感染症特別貸付等)」に限られている。ところが、第1部第2章で詳述したように、新型コロナウイルス感染症まん延から少なくとも2年間の経過をみると、感染者数の拡大、世界的経済の打撃、移動や消費行動の大幅な自粛は緩むことなく厳しさを増していた。感染症との戦いは少なくともコロナ特則が発足した当時の想定をはるかに上回る長期戦になった。第1波の感染者数ピークは2020年4月11日の644人、第2波の感染者数ピークは、2020年8月7日の1,597人、新型コロナ特則の制定日である2020年10月20日の感染者は767人、第3波の感染者数ピークは2021年1月8日の8,045人、第4波の感染者数ピークは2021年5月8日の7,244人、第5波の感染者数ピークは2021年8月20日の2万5,975人、第6波の感染者数ピークは2022年2月1日の10万4,520人、第7波の感染者数ピークは2022年8月19日の26万1,004人、第8波の感染者数ピークは2023年1月6日の24万6,634人、そしてコロナ特則の公表後にも緊急事態宣言が3回発令され、まん延防止等重点措置も発令された。「2020年2月1日以前に負担していた既往債務」のみがガイドラインによる減免対象であることは、個人債務者の救済にとって不十分になってきたのである。

2022年2月24日の九州弁護士会連合会会長声明は、「第1に、コロナ特則の目的である、新型コロナウイルス感染症の影響により支払不能等に陥った債務者の生活・事業の再建支援を果たすためには、対象債務の期限を大幅に延長し、2020年（令和2年）10月31日以降に発生した債務についても対象とすべきである」「第2に、コロナ特則の運用の円滑化のために、オブザーバー参加

している政府による指導監督責任と、これに対する債権者の協力義務等を明記すべきである」と、現行の新型コロナ版債務整理ガイドラインの問題点をいち早く指摘した。日弁連はそこから1年以上も遅れて、2023年2月17日に「「「自然災害による被災者の債務整理に関するガイドライン」を新型コロナウイルス感染症に適用する場合の特則」の対象債務の拡大を求める意見書」を発表した。これは、① 2020年2月1日以前の既往債務か、② 2020年2月2日以降ガイドラインのコロナ特則制定日（2020年10月30日）までに新型コロナウイルス感染症の影響による収入や売上げ等の減少に対応することを主な目的とした特定の債務だけが、ガイドラインによる債務整理対象になっているところ、このうち②の対象債務の期限を最大限延長して、債務対象を拡大することを要求する意見書である。日弁連は、2023年3月14日付けで一般社団法人東日本大震災・自然災害被災者債務整理ガイドライン運営機関理事長と自然災害による被災者の債務整理に関するガイドライン研究会座長に、同年3月29日付けで財務大臣及び金融庁長官に、それぞれ意見書を送付した。災害復興支援や新型コロナウイルス感染症支援に関わる多くの弁護士や各弁護士会の提言のスピード感と比較すれば、日弁連執行部としての対応はあまりに遅きに失したものと言わざるを得ない。

(3)　改めての被災ローン減免制度立法化提言

　南海トラフ地震や首都直下地震の被害想定を考えると（第2部第8章）、住宅ローン等の支払に困窮する被災者の数もこれまでの災害を遥に凌駕すると予想される。法律による一律条件での減免措置と、ADRによる個別対応（裁判外紛争解決手続、すなわち現行のガイドラインの簡易版のようなもの）を組み合わせて専門家がフル回転する以外に、膨大な件数の債務整理を進めることは不可能であろう。新型コロナウイルス感染症は、住宅や資産の喪失という物的被害を発生させるものではなかったが、経済停滞による家計への打撃の凄まじさを見せつけられることになった。南海トラフや首都直下を襲う地震はこれを上回る金融ショックを引き起こすと言われている。いまこそ、改めて、既存の自然災害債務整理ガイドラインに感染症まん延による経済被害への対応を包含させた内容にし、それを法律へと昇華させるときである（仙台弁護士会「二重ローン問題対策に関する立法措置を求める意見書」2014年11月13日、日弁連「災害時の二重ローン問題対策（個人向け）」の立法化を求める意見書」2015年11月19日等参照）。①法律になることで所管省庁が明確化され、十分な周知啓発や債権者（金融機関）への監督・指導が期

待できること、②利用件数の増加が制度の有用性を示す指標の一つになることから、行政主導での強力な広報活動と周知啓発活動が期待できること、③①や②を踏まえ、マスメディアや行政機関からの被災者への支援報道や情報提供がより確実になることが期待されること、④そもそも制度の利用の入り口段階で債権者側に制度告知義務を負担させることで、制度の利用漏れが防げるとともに公明正大な制度利用が期待できること、⑤南海トラフ地震や首都直下地震など、数百万件規模の被災ローン対策を成し遂げるには立法措置による一律対応と一定の強制力（破産法に類する）が不可欠であること、が立法化を求める理由である（災害復興法学Ⅱ第1部第2章、河北新報2019年5月31日朝刊「特集 安住の灯：震災列島に生きる第8部インタビュー（下）弁護士：「災害法制　再構築を」被災者支店への転換強調」弁護士はこう訴える「個人救済きめ細かく：津久井進氏」「ローン減免：立法急務：岡本正氏」）。

　日弁連は2023年の自然災害債務整理ガイドラインコロナ特則の拡充を求める意見書にて、「2020年10月31日以降に発生した債務は、コロナ特則の対象債務に該当しないため、このままでは数多くの債務者がコロナ特則を利用できずに、法的倒産手続を余儀なくされることが推測される。コロナ特則の利用ができない現状は、「債務者の債務整理を円滑に進め、もって、債務者の自助努力による生活や事業の再建を支援する」というコロナ特則の目的を達することができておらず、コロナ特則は受け皿として不十分である。コロナ特則は国家的経済政策の準備が整うまでの暫定措置として検討された制度であるが、特別定額給付金、持続化給付金、雇用調整助成金の特例措置及び生活福祉資金の特例貸付等の様々な対策が執られてきたものの、「失業や収入・売上げの大きな減少」を防ぐような措置や、これらの減少を直接補償し、債務問題を発生させないような措置は講じられていない」と述べておきながら、結局この期に及んで、あくまで既存のガイドラインの枠組みのなかで「債務対象の拡大」という運用改善のみを提言する姿勢であった。先述のアンケート結果から導き出された自然災害債務整理ガイドラインの課題が新型コロナウイルス感染症の場面でも顕現していたことを考えれば、このタイミングで「立法化」を改めて提言できなかったことは残念である。

第4章　新型コロナ関係給付金を差押えから保護せよ

特別定額給付金等を巡る諸課題

　「現在生活保護を受けています。もし一人10万円の特別定額給付金を貰ってしまえば、うちの場合だと夫婦で合計20万円を受け取ることになります。そうすると、それらが収入になって、現在受けている生活保護が打ち切られてしまうのではないかと怖くなっています。いったん打ち切られてしまうと、また生活保護の申請をしたとしても、再び生活保護認定を受けられるかどうか不安です。申請を却下される恐れも高まってしまうと思います。特別定額給付金は生活保護を受けていると受け取らない方がよいのでしょうか。」

　「夫の家庭内暴力」（DV）があり、現在3歳の子どもとシェルターに避難して生活を送っています。当然ながら住民票は移しておらず、夫が世帯主となった住所に登録されたままになっています。特別定額給付金は世帯主が代表して申請して、世帯主の銀行口座に支払われると聞いていますので、このままでは自分と子どもが特別定額給付金を受け取ることは絶対に無理です。いったいどうしたらよいのでしょうか。」

　「消費者金融の借入金の支払や、奨学金の返済などを合計で毎月6万円程度行っているが、支払が滞ってしまって、債務整理を考えている。もし特別定額給付金を受給してしまったら、それは必ず返済に回す必要があるのでしょうか。だとしたら何のための給付金かわかりません。もし支払が滞って、最終的には債権者から給付金を受け取る権利を差し押さえられてしまう可能性もあるのでしょうか。」

（弁護士や専門士業連携の法律相談窓口に寄せられた相談事例（第1部第2章）を参考にしたモデルケース）

　ひとりで2人の子どもたちを育てながら、なんとかこの小さな食堂を営んできたつもりでした。数年前には法人化しました。その際に知り合いの経営する会社から、無理を言ってお願いした借金の返済も、残高が数百万円にまで減り完済までの道のりも見えてきた所だったんです。ところが、2020年3月を境にして、街に人通りがほとんどなくなってしまいました。そして食堂にもピタリと来客が無くなってしまったのです。5月には支払が滞り、6月以降、債権者の方から猛烈な催告がありましたが、どうしても支払うことができませんでした。ついに10月、借入金全額を支払うようにとの裁判所からの判決も受け、もはや事実関係については争いようもなく判決も確定となりました。とはいえ、一度に支払いをすることもできませんので、分

割しながらすこしずつ返済は続けておりました。

　政府は 2020 年 5 月から「持続化給付金」という事業者支援のための現金給付支援制度を作ってくれました。私の場合は法人として経営をしていたので 200 万円もの支援があるということで、何とか事業を続けるため、そして生活のためにも、これを申請することにしました。生活費や事業費に充ててそれでも少しでも手元に残れば借入金返済もしようと考え、債権者の方には相談していたところでした。

　手続に多少時間がかかってしまったのですが、11 月初旬には持続化給付金の申請をし、12 月 2 日、ついに会社の預金口座に持続化給付金の 200 万円の入金がありました。ところが、その翌日の 12 月 3 日、この預金口座が裁判所の債権差押命令を受けてしまったのです。持続化給付金入金前の口座の残高は 1 万円でして、ここ数週間入金も出金もありませんでしたが、結果として 201 万円全額が差し押さえられてしまったのです。

　持続化給付金は、感染症拡大により困っている事業の継続を支えるものだと思っています。再起の糧となる、私にとっても唯一の切り札のようなものでした。それなのに、タイミングを見計らっていた債権者の方に差し押さえられてしまったのです。なんとしてもこのお金を自分の手元に取り戻したい。どうしてもそうしなければならないのです。

(神戸地方裁判所伊丹支部　令和 2 年（ヲ）第 4 号差押禁止債権の範囲変更（差押命令取消）申立事件をもとにしたモデルケース)

1　特別定額給付金にみる現金支援の重要性

　「すべての国民を対象に、一律で一人あたり 10 万円を支給する」。2020 年 4 月 17 日、内閣総理大臣の記者会見により全国民一律で一人当たり 10 万円を支給する方針が正式に発表され、同年 4 月 20 日に「特別定額給付金」の支給が閣議決定に至る。新型コロナウイルス感染症まん延の直後から、与野党ともに国民への一律の現金支給施策の実施が提言され、次第に与党自民党からも積極的な意見が示されるようになっていた頃だった。当初、総理大臣ほか閣僚は一律の現金支給に否定的で、現に 2020 年 4 月 3 日に発表された「生活支援臨時給付金」の支給は、世帯主の月収が新型コロナウイルス感染症発生前に比べて大幅に減少していること等が要件となり、しかも世帯単位で支給されるという案になっていた。ところが、公平性の観点や手続の煩雑性から、生活支援臨時給付金は撤回されることになり、全国民への一律支給へと方針転換になった。個人が何らかの被害を受けた場合に、税金を使って生活や家計を支援するとす

れば、当該個人に対して「現金を支給する」か「現金の支出を抑える」か「その両方を実施する」、以外に特効薬はないはずである。自然災害の場合には、一定規模以上の災害が発生しかつ住宅に大きな被害が発生した場合に、被害程度に応じて最大で 300 万円の「被災者生活再建支援金」が支給される。また、一定規模以上の災害によって亡くなった方の遺族には、亡くなった方一人につき 250 万円又は 500 万円の「災害弔慰金」が支給される。国民生活への緊急支援は、やはり現金支援であるべきなのは、繰り返されてきた自然災害の対応がそれを物語っている。新型コロナウイルス感染症のまん延は、いわば全国民が新型コロナウイルス感染症「災害」の被災者であるから、政府が初期施策として、まずは全国民に一律の現金給付施策を実行することにした結論は、その金額の多寡に対する評価はともかくも、到達すべき当然の帰結だったのである。

2　特別定額給付金の差押禁止法

　特別定額給付金が国民生活への緊急支援という趣旨である以上、その金銭は確実に全国民の手元に行き渡りかつその使途も自由意思によるべきである。法律上、生活保護費や年金は債権者が強制執行等をした際にも回収できない差押禁止財産である。破産手続等の法的整理を利用しても「自由財産」として手元に残せる。自然災害の被災者等に支給される「被災者生活再建支援金」や「災害弔慰金」も、東日本大震災時の弁護士らによる立法提言活動により既に差押禁止財産になっている（災害復興法学第 2 部 11 章）。ところが、特別定額給付金は、既存の法律の枠組みによるものではないため（第 1 部第 2 章）、差押禁止措置は法律上講じられていない。全国の自治体で 2020 年 4 月下旬から申請書が配布されはじめ、同年 6 月以降から順次支給が始まっていくことを考えれば、支給のタイミングを見計らっての債務者の預貯金口座の差押えは、債権者としてはむしろ当然の権利者としての対応にならざるを得ない。地方税を滞納している住民に対しては、自治体が裁判手続を経ずして、特別定額給付金の振込口座をピンポイントに差し押さえるということも可能になってしまう事態である。
　2020 年当時、同じような境遇のお金があった。自然災害時に自治体が被災者に配布する「義援金」である。義援金制度にも恒久的根拠法がなかったため、原則として差押え禁止財産ではなく、保護対象ではなかった。そこで、東日本大震災を皮切りに、大規模災害が発生する都度、当該災害における義援金を差押禁止にする臨時法を超党派議員立法で制定してきたのである（第 2 部第 3 章）。

特別定額給付金も自然災害義援金のごとく、少なくとも臨時の差押禁止法を制定しなければならないことは明らかであったが、2020 年 4 月 20 日の特別定額給付金を含む予算措置の閣議決定の際には特別定額給付金差押禁止法についての立法の動きは殆どなかった。また、日弁連や法律家からの提言もほとんど目にすることはなかった。これには相当の焦りを感じ、与党国会議員らの動きを情報収集しつつ、可能な限り国会議員らにも情報共有していたところ、幸い、いくつかのルートを通じてキーパーソンとなる与党国会議員に提言が届き、超党派での義援金差押禁止法案の議員立法が動き出すことになった。どんな小さな声からでも、時として大きな政策の後押しになることがある。些細な気づきでも常に声を上げ続けることが重要であるという公共政策の機微を改めて実感することになった。

　2020 年 4 月 29 日、「令和二年度特別定額給付金等に係る差押禁止等に関する法律案」が衆議院総務委員会にて委員長提案で起草され、その場で全会一致の可決を経て、同日のうちに衆議院本会議でも全会一致で可決。翌日の 4 月 30 日には同様に参議院総務委員会で可決され、同日参議院本会議においても全会一致で可決となり成立に至った。衆議院（参議院）法制局や担当となる委員会の主要議員にとって、既に立法技術的なノウハウが蓄積されていたことが奏功し（第 2 部第 3 章）、電撃的なスピードでの法制定が実現した。

令和二年度特別定額給付金等に係る差押禁止等に関する法律

1　令和二年度特別定額給付金等の支給を受けることとなった者の当該支給を受ける権利は、譲り渡し、担保に供し、又は差し押さえることができない。
2　令和二年度特別定額給付金等として支給を受けた金銭は、差し押さえることができない。
3　この法律において「令和二年度特別定額給付金等」とは、市町村又は特別区から支給される給付金で次に掲げるものをいう。
　一　新型コロナウイルス感染症（新型インフルエンザ等対策特別措置法（平成 24 年法律第 31 号）附則第 1 条の 2 第 1 項に規定する新型コロナウイルス感染症をいう。次号において同じ。）及びそのまん延防止のための措置の影響に鑑み、家計への支援の観点から支給される令和二年度の一般会計補正予算（第 1 号）における特別定額給付金給付事業費補助金を財源とする給付金
　二　新型コロナウイルス感染症及びそのまん延防止のための措置による児童の属する世帯への経済的な影響の緩和の観点から支給される令和二年度の一般会計補正予算（第 1 号）における子育て世帯臨時特別給付金給付事業費補助金を財源とする給付金

　これにより、新型コロナウイルス感染症に対する緊急経済対策として、①国民に一律給付される 10 万円の「特別定額給付金」と、②児童手当受給世帯へ上乗せされる児童 1 人当たり 1 万円の「子育て世帯臨時特別給付金」について、差押え・債権譲渡・担保差し入れが禁止となった。なお、児童手当受給権それ

自体は、もともと法律上の差押禁止財産になっている。

3　その後のコロナ関係給付金と差押禁止法

　2020 年 4 月 30 日に特別定額給付金等の差押禁止法が成立したことで、その後のコロナ関係給付金の保護についても超党派の議員立法で差押禁止法を制定するという流れが作られた。

> ①　**令和二年度特別定額給付金等に係る差押禁止等に関する法律**（2020 年 4 月 30 日成立）　特別定額給付金（国民 1 人 10 万円）と、子育て世帯臨時特別給付金（児童手当受給世帯へ児童 1 人当たり 1 万円を上乗せ給付）を保護するもの。
> ②　**令和二年度ひとり親世帯臨時特別給付金等に係る差押禁止等に関する法律**（2020 年 6 月 12 日成立）　ひとり親世帯臨時特別給付金（基本給付：児童扶養手当受給世帯等への給付 1 世帯 5 万円、第 2 子以降 1 人につき 3 万円、追加給付：収入が減少した児童扶養手当受給世帯等への給付 1 世帯 5 万円）と、コロナ対応の医療福祉関係従事者等への慰労金（類型に応じて 20 万円、10 万円、5 万円）を保護するもの。
> ③　**令和二年度子育て世帯生活支援特別給付金に関する法律**（2021 年 4 月 21 日成立）　子育て世帯生活支援特別給付金（児童手当受給世帯へ児童 1 人当たり 1 万円の上乗せ給付）を保護するもの。
> ④　**令和三年度子育て世帯等臨時特別給付金に係る差押禁止等に関する法律**（2021 年 12 月 20 日成立）　子育て世帯等臨時特別給付金（児童手当受給世帯等の 18 歳以下の子ども 1 人当たり 10 万円相当を給付）を保護するもの。
> ⑤　**令和四年度子育て世帯生活支援特別給付金に係る差押禁止等に関する法律**（2022 年 6 月 13 日成立）　子育て世帯生活支援特別給付金（児童扶養手当受給者等である低所得のひとり親世帯等に対して児童 1 人当たり 5 万円を給付）を保護するもの。

　さらに、新型コロナウイルス感染症による影響を含んで物価高騰等の社会情勢などに鑑みて行われた給付金措置についても、差押禁止法が臨時の超党派全会一致の議員立法にて制定されていった。

> ①　**令和四年度電力・ガス・食料品等価格高騰緊急支援給付金に係る差押禁止等に関する法律**（2022 年 11 月 9 日成立）　電力・ガス・食料品等価格高騰緊急支援給付金（価格高騰の負担増を踏まえ、低所得世帯等へ 1 世帯当たり 5 万円を支給）を保護するもの。
> ②　**令和四年度出産・子育て応援給付金に係る差押禁止等に関する法律**（2022 年 12 月 8 日成立）　出産・子育て応援給付金（自治体ごとに 10 万円相当のサービスや現金給付を内容とする出産・子育て応援ギフトに関する給付）を保護するもの。
> ③　**令和五年三月予備費使用及び令和五年度予算に係る子育て関連給付金に係る差押禁止等に関する法律**（2023 年 6 月 2 日成立）　食費等の物価高騰に直面して影響を特に受ける低所得の子育て世帯に対する特別給付金を保護するもの。

⑴ できなかった持続化給付金の差押禁止法

　新型コロナウイルス感染症のまん延拡大等により休業を余儀なくされるなど、事業継続に支障をきたした中堅企業、中小企業、小規模事業者、フリーランスを含む個人事業主等の事業継続を支援するために「持続化給付金」を支給する制度が創設された。2020 年 12 月までに売上が 50％以上減少した事業者が対象であり、法人で最大 200 万円、個人で最大 100 万円が支給される。2020 年 5 月 1 日から 2021 年 2 月 15 日まで申請受付がなされた（第 1 部第 2 章）。期間が限定的でかつまとまった金額のため、債権者が持続化給付金に狙いを定めて差押えを行うことは容易に想定される事態であった。持続化給付金は、2020 年 4 月 30 日閣議決定による令和 2 年度第 1 次補正予算に基づく「新型コロナウイルス感染症対策中小企業等持続化給付金」を根拠とする予算措置にすぎず、具体的な根拠法令を持たない。つまり差押禁止措置がとられていない。

　持続化給付金は、その性質上経営者が自らの自由意思によってその使途を決定できなければならない（その結果として売掛金支払や借入金支払に充当することはあってよい）。特別定額給付金と同様に、差押禁止措置を講じることが不可欠なのである。法律家有志は、与野党に対して緊急に持続化給付金に対する差押禁止法を制定することを提言し、先述の「令和二年度特別定額給付金等に係る差押禁止等に関する法律」が列挙する差押禁止財産のなかに、持続化給付金も書き込むべきことを強く主張していた。ところが、与党を中心に、経済活動を行う事業者の債権回収を制約する必要まではないのではないかという議論があり、与野党調整なども進まなかった。結局、2020 年 4 月 30 日に成立した特別定額給付金等差押禁止法の制定のタイミングでは持続化給付金は保護対象とならず、附帯決議でもその保護に言及できずに将来の議論の種を残せなかったのである。

　法律家有志らは、2020 年 5 月 1 日、「支援金・助成金等に対する差押え禁止の特例法の制定を求める提言（緊急提言3）」を公表し、「持続化給付金は、事業者が計画を持って事業継続に利用していくことが予定されていますが、差押えを受けることになっては、計画に従った利用ができず、事業者は事業の継続を諦めざるを得なくなる可能性が生じます。また、持続化給付金の目的からしても、事業継続のために利用されることなく、一部の債権者の満足のためだけに利用されることとなれば給付金を支給した意味が失われます。法人であっても、その売上により生活を営む国民がいます。事業の継続を図ることの目的は、そ

の事業によって生活している国民の生活を守ることであるはずです。国民一人
ひとりの生活を維持するためにも、ウィルス感染拡大の収束後の経済活動の再
生のためにも、事業の継続は極めて重要であり、そのための給付金の差押えを
許すことによって、給付した意味を失わせることは絶対に避けなければなりま
せん。できるだけ早期に、持続化給付金の差押えを禁止する特例法を制定すべ
きです」と立法化の必要性を根強く訴えた。「吉江暢洋弁護士は「何とか事業
を続けてもらうために支給する趣旨からすれば、一律給付と同じように差し押
さえを禁止して、事業者が計画的に使えるようにしておかないと意味が無い。
支給開始に間に合うように早々に議論して決めてほしい」と話しています」
（NHK ニュース 2020 年 4 月 29 日「中小企業の「持続化給付金」差し押さえ禁止を提言 新
型コロナ」）。もとより「「新型コロナウイルス感染症緊急経済対策〜国民の命と
生活を守り抜き、経済再生へ〜」（2020 年 4 月 7 日閣議決定）によれば、持続化給
付金とは「特に厳しい状況にある幅広い業種・事業形態の中堅・中小・小規模
事業者、フリーランスを含む個人事業主に対して、万全のセーフティネット」
として作られたものと明記されています。そうであれば、差押禁止・債権譲渡
禁止・担保差し入れ禁止となるべき性質の給付金」なのである（岡本 2020）。

　2020 年 5 月初旬、特別定額給付金の支給が現実味を帯びてきた頃、臨時の
差押禁止法が成立した特別定額給付金であっても、銀行口座に入金されてし
まったあとは既存の資産と区別が付かなくなるので、結局差押命令を受けてし
まう懸念があるという声が SNS で多数発信されるようになる。事態を重く見
た政府側は「国税庁は、現状では差し押さえを控えるよう税務職員に指示して
いる」「厚生労働省も年金保険料の徴収を担当する日本年金機構に対し、当面
の差し押さえの停止を要請している」と説明したが、それでは確実な保護には
ならない。「差し押さえを禁止する法律は、東日本大震災などの際に被災者が
義援金を受け取る権利を保護するために議員立法により成立した経緯がある。
災害法制に詳しい岡本正弁護士は、新型コロナ対応でその経験が生きており「債
権者への抑止力にもなっている」と指摘する」「ただ、実際には差し押さえら
れる可能性が残るため、岡本弁護士は禁止法の周知徹底が必要だと強調し、収
入減に苦しむ企業向けの「持続化給付金」などの給付金も安心して受け取れる
よう「全て保護の対象とすべきだ」と訴えている」（河北新報 2020 年 5 月 23 日朝
刊「10 万円給付　税滞納者差し押さえ懸念　預金口座入金は注意」、佐賀新聞 2020 年 5 月
25 日朝刊「差し押さえに根強い懸念　給付 10 万円、保護できる？」ほか共同通信配信）。

　2020 年 6 月 8 日、野党国会議員提出法案として「新型コロナウイルス感染

症対策中小事業者等持続化給付金に係る差押禁止等に関する法律案」が衆議院に提出される。特別定額給付金同様、持続化給付金を差押禁止とする法律で、条文構造も同じである。しかし、与党の協力を得ることはできなかったため持続化給付金支給終了までの間にこの法律が成立することはなかった。

(2) 司法は持続化給付金を差押禁止と判断

　2021年11月9日、神戸地方裁判所伊丹支部で画期的な決定が出る。持続化給付金が差押禁止財産であると判断したのだ。飲食店を営む個人事業主の銀行口座に、2020年9月2日に100万円の持続化給付金が支払われたが、その同日のうちに預金口座が差し押さえられてしまったのである。債務者は、本来持続化給付金は事業者の手元に確保されるべき差押禁止財産であるとして、100万円分の差押命令の取り消しを求めたところ、裁判所は次のとおり判断して差押命令を一部取り消した。持続化給付金制度を新設した閣議決定や予算措置の趣旨から規範を定立して解釈指針を示した司法の判断は、制度新設に際しての立法の不備を強く印象付けるものである。

> ……法律に差押えを禁止する旨の明文の規定がない場合であっても、譲渡性がない債権や他人が代わって行使することのできない債権については、その性質上、差し押さえることができないものと解すべきである。
>
> 　持続化給付金の制度は、新型コロナウイルス感染症の拡大に伴うインバウンドの急減や営業自粛等により、特に大きな影響を受けている中小企業等及び個人事業者等に対して、事業の継続を支え、再起の糧とするために事業全般に広く使える給付金を給付することを目的とするものであり（持続化給付金給付規程（個人事業者等向け）2条）、令和2年1月以降、新型コロナウイルス感染症拡大の影響等により、前年同月比で事業収入が50パーセント以上減少した月が存在すること等一定の要件を満たす個人事業者等の申請で成立し、持続化給付金事務局の審査を経て、中小企業庁長官が給付額を決定する贈与契約であるとされている（同規程4条1項2号、9条1項）。持続化給付金は、給付対象の個人事業者等に現実に確保されなければ、上記目的を実現することは困難であると考えられるから、当該個人事業者等の債権者が、持続化給付金の支給を受ける権利を差し押さえ、当該個人事業者等に代わって支給を受けるということは予定されていないというべきである。よって、持続化給付金の支給を受ける権利は、性質上の差押禁止債権にあたると認めるのが相当である。
>
> 　これに対し、相手方は、本件貯金債権の原資が持続化給付金の支給を受ける権利であったとしても、これを差し押さえても申立人の生活に著しい支障が生じるとは認められず、差押禁止債権の範囲変更を認める必要性はない旨主張する。しかし、持続化給付金の制度は、前述のとおり、新型コロナウイルス感染症の拡大により特に大きな影響を受けている中小企業等に対して事業継続や再起のために事業全般に使える給付を目的とするもので、事業収入の大幅な減少等の要件を満たす場合に給付されるものであることを踏まえると、相手方が意見書で指摘する事情など一件記録に表れた事情を考慮しても、上記の特段の事情があるとは認められない。

　感染症対策の主要施策として国は飲食店等へ営業自粛要請を行い、多くの都道府県では要請に従った飲食店等に対して休業協力金を支給する支援を実施した。東京都は、2020年4月11日から同年5月6日までの期間について「東京都感染拡大防止協力金」として50万円（2事業所以上で休業等に取り組む事業者は100万円）を支給する独自制度を創設した（以降2022年の「営業時間短縮に係る感染拡大防止協力金（2/14～3/21実施分）」まで同種給付が何度も繰り返された）。医療機関、介護サービス事業者、保育園等にも一時金の支給を決定する自治体もあった。また、ひとり親世帯や低所得者世帯へ国が行う臨時給付以上の上乗せ給付を実施する自治体も全国各地で登場した。これらも事業者や個人が自由に使途を決定できるよう差押禁止財産にすべきものである。

　2020年5月1日の弁護士らによる「支援金・助成金等に対する差押え禁止の特例法の制定を求める提言（緊急提言3）」でも「国の制度の他に、都道府県等の地方自治体が、独自に地域住民のために支援制度を定めることなどが考えられます。既に、子育て世帯への現金支給や休業要請に応じて休業している飲食店等に対する休業協力金など、実際に支援が実現しつつある自治体もあります。これらの給付金などは、いずれも、受給者の手に渡り、受給者がその必要な支出に利用することにより、新型コロナウイルス感染拡大による影響をできる限り少なく抑え、生活や事業を維持し、収束後に再生を図ることを目的としています。これらの金銭は、その性質上、全て、特別定額給付金、雇用調整助成金、持続化給付金と同様のものであり、受給者の手に渡り、受給者が自らの判断で利用できなければ、支給の意味を失うものと言わざるを得ません」と提言し、新型コロナ関係の自治体独自給付等を包括的に差押禁止にする立法の必要性を訴えた。

　2020年6月8日、野党議員立法として「新型コロナウイルス感染症対策地方特定給付金に係る差押禁止等に関する法律案」が衆議院に提出された。一定の基準に従い地方公共団体から支給される給付金で、①中小事業者等の事業継続や事業支援のための給付金、②個人又は世帯の支援のための給付金、をそれぞれ保護する趣旨の法律である。該当する給付金は総務省が政令で定めることとし、都度対象を追加できるように工夫した。全体的な条文構造はこれまでの差押禁止法に準じている。しかし、この法案も与党国会議員の協力を得ることができず、法案が成立することはなかった。

6　DV・児童虐待等と世帯単位の呪縛

　家庭内暴力（DV）や児童虐待が理由で、加害者に行方を知られないよう暮らしている者もいる。加害者が世帯主の場合、被害者は行方を悟られないように住民票を異動していないケースも多い。住民票は「世帯」で構成され、世帯主欄が設けられ、平時からも多くの行政給付や連絡は世帯主に向けて行われている。全国民一律で 10 万円を支給するとした「特別定額給付金」も、給付対象者は「基準日（令和 2 年 4 月 27 日）において住民基本台帳に記録されている者」、受給権者は「住民基本台帳に記録されている者の属する世帯の世帯主」である（総務省通知「特別定額給付金（仮称）事業の実施について」総行政第 67 号 2020 年 4 月 20 日）。あくまで個人が一人ひとり独立した人格として尊重されなければならないのが基本的人権を尊重する上での大前提のはずだが、世帯主中心の世帯単位の呪縛は根強く残り続けている。特に DV 等の状況下では、世帯主に入金された特別定額給付金を被害者らが受け取ることは不可能に近い。

　大規模な自然災害によって住宅被害を受けた被災者の支援のために支給される被災者生活再建支援金もまた同様の課題を抱えており、日弁連は「被災者の生活再建支援制度の抜本的な改善を求める意見書」（2016 年 2 月 19 日）において、災害ケースマネジメントの法制度としての確立と「現行法では、支援は世帯を対象としているところ、被災者一人ひとりを対象として行うよう改めること」と提言して久しい（災害復興法学Ⅱ第 2 部 6 章）。

　遡って 2009 年、リーマンショック後の緊急経済対策として「定額給付金」の給付がなされたことがあった。給付対象者は「2 月 1 日時点において住民基本台帳に記録されている者」で、申請・受給者は「給付対象者の属する世帯の世帯主」と要領に記述された。これを受け日弁連は、総務大臣に対して「住居喪失者・DV 事件被害者等の定額給付金の受給に関する申入書」（2009 年 3 月 17 日）で「定額給付金制度導入の目的に鑑み、住居喪失者・DV 事件被害者等本来給付金を受け取るべき者が給付金を受け取ることができるよう、定額給付金の申請・受給者の基準についての適正な解釈を明確化すること」及び「市町村（特別区を含む）に対し、住居喪失者・DV 事件被害者等本来給付金を受け取るべき者が給付金を受け取ることができるようにすること」と提言した実績もある。同じような提言は、特別定額給付金においても支給決定のニュース直後から各所で聞かれるようになった。過去の要請や給付実績もあったことで、政府の方針は比較的速やかに示されたように思われる。2022 年 4 月 22 日、総務省から「配

偶者からの暴力を理由とした避難事例における特別定額給付金関係事務処理について」が公表され、全国自治体に DV 等相談窓口も設置された。ただし、DV 等被害者からの事前申出期間は、2020 年 4 月 24 日から 4 月 30 日までの 1 週間しかなく、その後の市町村間の連絡調整期間も同年 5 月 1 日から 5 月 8 日までの 1 週間しかなかった。特に事前申出期間内に、ただでさえ困難な状況下にある被害者らに、受給手続の必要性を周知することは極めて困難であることは想像に難くないだろう。支援団体やメディアも啓発を続けたが、なお情報が行き届かず、加害者である世帯主に給付金が独占されてしまう事例も多数報告された（朝日新聞 2020 年 6 月 14 日刊「わたしの 10 万円：1　受け取れますか？」等参照）。

　2020 年 12 月 25 日に閣議決定された「第 5 次男女共同参画基本計画～すべての女性が輝く令和の社会へ～」説明資料でも「コロナ下で顕在化した課題を踏まえ、各種給付金等様々な施策の効果が必要な個人に確実に届くよう各種制度等の見直しを強力に進める。特に、各種制度において給付と負担が世帯単位から個人単位になるよう、マイナンバーも活用しつつ、見直しの検討を進める」と明記されるに至った。これらは女子差別撤廃条約（1979 年第 34 回国連総会採択、1985 年締結）から導かれる世帯主（Head of household）中心主義からの脱却とも合致する。世帯単位から個人単位への社会変革は人権擁護の観点からも待ったなしの課題といえる。

7　災害支援が活きた生活保護への対応

　2020 年 4 月 21 日、厚生労働省社会・援護局保護課は事務連絡「特別定額給付金の生活保護制度上の取扱い方針について」を発出し「被保護者に当該給付金が給付されることとなった場合の収入認定の取扱いについては、こうした趣旨・目的に鑑み、収入として認定しない取扱いとする方針」とした。2020 年 5 月 1 日の厚生労働省社会・援護局保護課長通知「特別定額給付金及び令和 2 年度子育て世帯への臨時特別給付金の生活保護制度上の取扱いについて（通知）」（社援保発 0501 第 1 号）でも同様の趣旨が確認された。臨時給付が生活保護制度における「収入認定」になると、場合によっては生活保護の受給が打ち切られる恐れがある。その不安を早期に解消することと誤った水際作戦のごとき窓口対応がなされないよう国が早期に意思表明したことは評価すべきである。

　ただ安心はできない。これまで同様の問題が大規模自然災害でも繰り返し発生していたからである。2011 年 3 月の東日本大震災以降、岩手県、宮城県、

福島県の各市町村で、義援金や原子力発電所事故に伴う東京電力からの仮払金等を受け取った世帯の生活保護を打ち切る事例が相次いだ（日弁連「被災地の生活保護費の全額国庫負担と、生活保護制度改革の民主的な議論を求める会長声明」2011 年 6 月 15 日、読売新聞 2011 年 6 月 17 日朝刊「生活保護打ち切り「義援金」「仮設入居」21 世帯 沿岸 5 市町」等）。2011 年 5 月 2 日の時点で、義援金や災害弔慰金等の被災者のための公的給付を安易に収入認定して生活保護を打ち切ることが無いようにすべきことを内容とする、厚生労働省社会・援護局保護課長通知「東日本大震災による被災者の生活保護の取扱いについて（その 3）」が公表されていたにもかかわらずである。その後も、日弁連や弁護士会を通じて何度もこの「収入認定」問題について、自治体や政府に是正を要望し続けねばならない状況が続いた。2011 年 11 月 9 日の日弁連「被災地における義援金等の受領による生活保護打切り問題の是正を求める会長声明」は、「被災 5 県（青森県、岩手県、宮城県、福島県、茨城県）全体において、震災後、本年 8 月 1 日現在までの間に義援金や仮払補償金等の受領を理由に生活保護が停廃止された全世帯数 458 件のうち、福島県南相馬市が約 51％（233 件）を占めており、同市における運用に大きな問題があることが明らかになった。同市では、上記の期間に、生活保護受給世帯数が 405 件から 112 件へと約 72％も激減しているが、全停廃止世帯数（299 件）のうち義援金等の受領を理由とするものが約 78％（233 件）と際だって多く、受給世帯数の減少に直結している。また、他にも、全停廃世帯数のうち義援金等を理由とする停廃止の割合が大きい地域としては、件数こそ少ないものの、福島県田村市や宮城県多賀城市等がある。これらの市は、こうした運用を直ちに是正するべきである」と生活保護制度の誤った運用を指摘した。

　熊本地震（2016 年 4 月 14 日及び 16 日）後の 2016 年 4 月 27 日、厚生労働省は「平成 28 年熊本地震による被災者の生活保護の取扱いについて」で、東日本大震災と同様に、義援金等について一義的な収入認定をしないよう注意する事務連絡を発出した。事務連絡発出のタイミングは遅く、政府としての危機意識は決して高くなかったといえる。2016 年 5 月 20 日、日弁連は「生活保護世帯が受給する義援金の収入認定に関する緊急会長声明」により、義援金や物資支援を一義的に収入認定して生活保護を打ち切ることをしないよう再び警鐘を鳴らした。それでも、熊本地震や九州北部豪雨（2017 年 7 月）の被災者への支援物資が「ぜいたく品」と自治体に評価されてしまったり、一時的に親族の下に身を寄せた生活保護受給世帯への生活保護が、世帯が他と一緒になったという理由で打ち切られてしまったりする理不尽なケースが相次いでいる（西日本新聞 2018

年9月26日「被災で生活保護打ち切り　なぜ　義援金は収入か？　避難先の扱いは　再建と自立　両方の視点で」）。少なくとも災害時、新型感染症のまん延、深刻な経済危機などの際に実施される国民への公的給付金や義援金等については、収入認定しないよう法律でも明記することが必要である。

第5章　オンラインで契約紛争解決

弁護士会の新型コロナ ADR・ODR

Q1　　新型コロナウイルス感染症の影響で売上が減少し、現在借りている建物の家賃が払えなくなりました。すぐに退去しなければならないのですか。

A　　賃料の支払義務の履行は重要ですが、建物の賃貸借契約においては、賃料の未払が生じても、信頼関係が破壊されていない場合には、直ちに退去しなければならないわけではありません。

（説明）

　　賃貸借契約においては、賃借人は、契約上、賃料を支払うべき債務を負っています。しかし、テナントに賃料の不払があっても、信頼関係が破壊されていないと認められる事情がある場合には、オーナー（賃貸人）は賃貸借契約を解除することができないとされています（信頼関係破壊の法理）。信頼関係が破壊されているかどうかは、賃料の不払の期間や金額、不払に至った経緯、不払後の交渉状況など個別具体的な事情を総合的に考慮して判断されますが、新型コロナウイルス感染症の影響という特殊な要因で売上げが減少したために賃料が払えなくなったという事情は、信頼関係が破壊されていないという方向に作用すると考えられます。最終的には事案ごとの判断となりますが、新型コロナウイルス感染症の影響により3か月程度の賃料不払が生じても、不払の前後の状況等を踏まえ、信頼関係は破壊されていないと判断され、オーナーによる契約解除（立ち退き請求）が認められないケースも多いと考えられます。ただし、契約解除が認められない場合であっても、不払となっている賃料支払義務が消滅するわけではありません。また、不払を放置しておいてよいというものではなく、オーナーとの誠実な協議が重要です。

Q2　　新型コロナウイルス感染症の影響で収入が減少し、今後、家賃を払い続ける見通しが立ちません。家賃の減額や支払猶予等について、オーナーと交渉することはできないのでしょうか。

A　　賃貸借契約に定められている協議条項に基づき、オーナーと家賃の減額や支払猶予等について交渉を申し入れることが考えられます。

（説明）

　　新型コロナウイルス感染症の影響により賃料を支払うのが困難となった場合には、まずは、当事者間で誠実に協議することが重要です。テナントが賃料を誠実に支払

う姿勢を有しているかどうかも、前記の信頼関係が破壊されているかどうかの判断において考慮されます。一般に、賃貸借契約においては、不測の事態が生じた場合には当事者間で誠実に協議する旨の条項が定められています。このような条項に基づいてオーナーに家賃の減額や支払猶予等について協議を申し入れることも考えられますので、契約書をご確認ください。また、契約書にこのような条項がない場合であっても、相手方が任意の協議に応じることもありますから、オーナーに協議を申し入れることは可能です。

なお、この度、賃料の減免や猶予に応じた賃貸人への支援策として、賃料減額分について税務上の損金として計上することができる旨の明確化や、賃料減免・猶予を含む収入減の額に応じた令和 3 年度の固定資産税等の全額又は半額免除等が措置されました。詳しくは、下記の国土交通省の URL をご参照ください。

https://www.mlit.go.jp/common/001343017.pdf（概要）

https://www.mlit.go.jp/totikensangyo/const/content/001340447.pdf（通知文書）

協議の申入れに当たっては、このような措置が執られていることを参考としつつ、オーナーと協議していただくことも考えられます。

Q3　テナントが新型コロナウイルス感染症の影響により営業を休止することとなった場合、賃料が減額されることにはならないのですか。

A　当事者間でこのような場合についてあらかじめ合意している場合には、それによることになります。また、当事者間での協議も重要です。協議に当たっては、賃料の減免の要否や程度等について、事案ごとの事情を考慮して判断していただくことになります。なお、テナントが休業した場合にも様々な場合がありますが、一例を挙げると、別段の合意がない場合において、オーナーは賃貸物件の使用を許容しているにもかかわらず、テナントが営業を休止している場合には、賃貸物件を使用収益させる賃貸人の義務は果たされており、テナントは賃料支払義務を免れないものと考えられます。他方、商業施設のオーナーが施設を閉鎖し、テナントが賃貸物件に立ち入れず、これを全く使用できないようなときは、賃貸人の義務の履行がないものとして、テナントは賃料支払義務を負わないことになると考えられます。

(説明)

賃貸借契約は、賃貸人が賃貸物件を賃借人に使用・収益させる義務を負い、賃借人がその対価として賃貸人に賃料を支払う義務を負う契約です。賃料は賃貸物件を使用・収益する対価ですので、賃貸人が賃借人に賃貸物件の使用・収益をさせていない場合には、賃借人はその割合に応じて賃料の支払義務を負わないことになります。もっとも、この点について当事者間の合意があれば原則として合意内容によることになりますし、不測の事態が生じた場合には当事者間で誠実に協議する旨の条項があることが多い（Q2 参照）ので、契約書をご確認ください。協議を行う場合には、

その賃貸借契約に関する様々な事情を考慮して、減免の可否やその程度について判断していただくことになります。なお、賃貸人が賃借人に対して賃貸物件を使用・収益させる義務を履行しているといえるかどうかは、様々な事情を考慮して事案ごとに判断されます。様々なケースが考えられますが、一例を挙げると、オーナーは賃貸物件の利用を許容しているにもかかわらず、テナントが営業を休止している場合には、賃貸物件を使用収益させるという賃貸人の義務は履行されており、原則として、テナントは賃料の支払義務を免れないと考えられます。他方で、オーナーが商業施設の出入口を完全に施錠するなどしたため、テナントが賃借している区画に立ち入ることができなくなり、物件を全く利用できなくなったような場合には、オーナーがその義務を履行しておらず、原則として、テナントは賃料を支払う義務を負わないことになると考えられます。

(法務省「新型コロナウイルス感染症の影響を受けた賃貸借契約の当事者の皆様へ──賃貸借契約についての基本的なルール」2020 年 5 月 22 日)

1　新型コロナと ADR──裁判外紛争解決手続の親和性

　新型コロナウイルス感染症にともなう最初の「緊急事態宣言」以降数か月の弁護士による無料法律相談事例の分析結果をみると（第 1 部第 2 章図表 1 − 5）、「労働問題」が非常に多いが「消費者問題」（21.1％）はそれに次ぐ類型であり、なかでも「キャンセル」を巡る相談が最も多くを占めていた。また「賃料問題」（3.9％）も無視ができない。オフィスを借りていた賃借人が新型コロナウイルス感染症の影響で業績が悪化し、賃料の支払に苦慮する事態に陥ることは容易に想像がつく。労働者の権利が一方的に阻害されていることが多い労働問題の相談事例に比して、消費者問題（キャンセル）や賃料問題は、一度は契約の双方が対等に契約を結び、新型コロナウイルス感染症のまん延さえなければ、将来にわたって特に問題なく契約が履行され続けていたはずの関係性だったという特徴がある。だからこそ、双方ともに法律的に十分説得力のある主張が成り立ち、真っ向から対立することになってしまう。あるいは法律上は一つの結論が導き出せても双方当事者に金銭的余裕が無くて対応できない場合もある。キャンセル料問題でいえば、約款上に「不可抗力」のように規範的な判断を含む条項がある場合には、常にケースバイケースで「不可抗力」かどうかを評価して当てはめる必要がある。当事者同士だけでは納得のいく話し合いを継続することは難しいであろう。賃貸借問題であれば、賃貸人は賃貸借契約に基づき賃料

支払請求権を有し、支払が相当期間滞れば信頼関係の破壊を理由に賃貸借契約を解約して貸借人を退去させることもできる。しかし、経済全体が悪化するなかで現在の賃借人を退去させても、その次の入居者が決まらなければ、結局賃貸人は賃料収入を得ることができないというジレンマもある。このような案件は裁判所の訴訟に基づく一刀両断的な判断を求めるよりは、当事者間の交渉と話し合いによって落としどころを見出して解決をするのが望ましい。ただし、必ずしも法律専門家である弁護士が双方のサポートないし代理人に就任するとは限らないので話し合いが解決に至らないケースも多い。そこで有益なのが「裁判外紛争解決手続」（Alternative Dispute Resolution：ADR）の利用である。裁判外紛争解決手続の利用の促進に関する法律では「訴訟手続によらずに民事上の紛争の解決をしようとする紛争の当事者のため、公正な第三者が関与して、その解決を図る手続」（法1条）と定義されている。

　ADR は、裁判所のように厳格な手続によるのではなく、それぞれの実施主体の裁量で柔軟な受付や手続進行が可能となる点が最大の特徴で、当事者の間に「調停人」や「あっせん人」が入り、紛争解決に向けた話し合いや合意形成の促進を行うことが通常である。ADR の種類にもよるが、当事者が紛争解決の判断を公平中立な「仲裁人」の判断に委ねることを合意したうえで、仲裁判断に従うことで紛争解決を目指す方式もある。ADR は、弁護士会、民間専門団体、公的機関などが主体となり、事業再生、金融、住宅、交通事故、商事取引、知的財産、労働、消費者、医療等、多岐にわたる分野で設置されている（法務省ウェブサイト「かいけつサポート」参照）。

2 賃貸借契約に関する異例の政府指針

　2020 年 5 月 22 日、法務省は「新型コロナウイルス感染症の影響を受けた賃貸借契約の当事者の皆様へ〜賃貸借契約についての基本的なルール〜」を発信する。法務省が民法の賃貸借契約に関する基本的解釈を解説し、民間同士の賃貸借契約紛争に深く踏み込んだ意見を示すなど極めて異例の内容である。新型コロナウイルス感染症をうけての賃貸借紛争をめぐるリーガル・ニーズが苛烈になっていたことを強く印象付ける。法務省は、弁護士の無料法律相談の内容としても多かった賃貸借契約を巡る紛争の相談事例を 3 つ挙げ、当時の最高裁判決の見解や通説的見解を背景に、①賃料の不払いが直ちに退去事由になるわけではないので「オーナーとの誠実な協議が重要」である、②賃料の支払猶予

や減額交渉については「当事者間で誠実に協議することが重要」である、③テナント施設が閉鎖割いた場合の賃料支払義務の帰趨について「当事者間の合意があれば原則として合意内容によることになりますし、不測の事態が生じた場合には当事者間で誠実に協議する旨の条項があることが多い（Q2参照）ので、契約書をご確認ください。協議を行う場合には、その賃貸借契約に関する様々な事情を考慮して、減免の可否やその程度について判断していただくことになります」、など当事者間の「協議」の重要性を相当に強調している。政府としても賃貸借契約紛争については「ADR」に馴染む事案だと判断していたことが明確に見て取れる。

3　キャンセル紛争を巡る解決の難しさ

　当事者間の話し合いだけでは解決が難しいことを印象付ける事例として、新型コロナウイルス感染症まん延初期段階での結婚式のキャンセルを巡る裁判例を紹介する。わずかなタイミングや裁判所が重視した視点の差異が、結論を大きく左右することを印象付ける。

▼令和3年9月27日　東京地方裁判所判決　前受金返還請求事件
［事案の概要と結論］
　新郎新婦側が、令和2年3月25日に、同年3月28日に予定されていた結婚式を解約し、結婚式企画運営を業とする会社へ支払済みであった前受金の合計615万3,289円から、返金済の129万8,769円を差し引いた残額485万4,520円の支払を求めた事案。第1審判決では支払請求は認められなかった（控訴審でも同様）。
［主な争点］
　契約書では、不可抗力によって婚礼を実施できない場合には挙式契約は消滅すること、挙式契約が消滅した場合の婚礼費用は全額返金する旨が定めれられていた。そこで、新型コロナウイルス感染症のまん延は「不可抗力」によって当該婚礼を実施できない場合かどうかが争われた。
［注目される裁判所の判断］（抜粋）
○「本件解約申入れをした同年3月25日時点において、参列者等への感染のおそれから、100名程度の参列者を集めて本件挙式を行うことを躊躇するとの心情は十分理解可能なものである」
○「東京都の人口からすれば、感染者数は極めて少数であったこと、その後に発出された緊急事態宣言においても、東京都の休業要請等の対象に結婚式場は含まれていなかった」
○「東京都は、都民に対し、換気の悪い密閉空間、多くの人の密集する場所及び近距離での会話という3つの条件が重なる場を避けるように要請していたが……上記3つの条件の重なる場に直ちに該当するものであるとはいえない」
○「およそ挙式や披露宴を開催することが不可能であったとは認められないから、本件挙式を実施することが不可能であったとまではいえない」

▼令和 4 年 2 月 25 日　名古屋地方裁判所判決　取消料支払請求事件

[事案の概要と結論]

　令和 2 年 4 月 8 日に、新郎新婦側が、同年 6 月 14 日に予定していた結婚式の解約申出を
した。そこで式場側は、契約に記載されている取消条項に従いキャンセル料を算定し、そこ
から既払分を控除した残金 150 万 830 円のキャンセル料を請求した事案。式場側のキャン
セル料請求は認められなかった。

[主な争点]

　契約書では、取消時期に応じて基準となる見積額の一定割合のキャンセル料支払を利用者
に求めている。しかし、新郎新婦側に帰責事由がなく、やむを得ない事情があると認められ
る場合は、契約上の取消条項は適用されず、キャンセル料請求も認めるべきではないと考え
られるので、本件では新型コロナウイルス感染症のまん延が「やむを得ない事情があったと
いえるかどうか」が主要争点となった。

[注目される裁判所の判断]（抜粋）

○「本件取消料条項は、「ご契約いただきましたご披露宴の取消、または期日変更の場合は
　下記の取消料を頂戴いたします。」として、取消料について、……利用者による取消し等
　の時期に応じて、利用者に、申込金及び実費に加え、見積金額（計算基準額）を基準とし
　た一定割合の金額を支払うべき義務を負わせている」

○「天災等、やむを得ない事由により利用者が契約を解約した場合においても本件取消条
　項がそのまま適用されるとすると、解約について利用者側に帰責事由がないにもかかわら
　ず利用者側の負担によって事業者である原告が通常どおり損害の補塡を得られることにな
　り、損害の衡平な分担の観点から妥当でなく、特に本件規約（結婚披露宴規約）の場合、
　利用者は常に個人であるから、個人の負担において事業者側のみを保護することになる点
　で相当でない。……利用者による契約の解約等について本件規約 12 項のような定めはな
　いものの、利用者による契約の解約等について利用者側に帰責事由がないと認められる場
　合は、本件取消条項の想定する場面ではなく、その適用の対象にならないと解するのが
　相当である」

○「（7 都府県を対象区域とする緊急事態宣言が発令された翌日である）令和 2 年 4 月 8 日
　の時点においては、新型コロナウイルス感染症の全国的かつ急速なまん延及びこれによる
　国民生活等への甚大な影響の可能性が指摘され、3 つの密を避けるなど感染防止対策をと
　る必要性が強く意識される一方、感染収束に向かうとの具体的な見通しを（少なくとも一
　般の国民の認識としては）持ち得ない状況であったから、その約 2 箇月後の同年 6 月 14
　日の披露宴の開催について、新型コロナウイルスの感染防止等との関係でも問題なく行い
　得るとの見通しを持つことは困難であり、むしろ、感染防止のため取りやめる必要がある
　との判断に至らざるを得なかったものと認められる」

○「被告らが本件解約を申し出た令和 2 年 4 月 8 日当時、その後 2、3 箇月内の披露宴の開
　催は感染拡大を招くおそれがあり現実的に不可能であると一般的に認識されていた以上、
　被告らが同様に考えて本件解約をしたのもやむを得ないことであったと認めるのが相当で
　ある」

4　自然災害と災害 ADR

(1)　東日本大震災とその先の災害 ADR

　ADR のなかでも、大規模災害の被災者支援のために特別に設置されるのが
弁護士会による「災害 ADR」である。その起源は東日本大震災時の仙台弁護

士会による「震災 ADR」にある。2011 年 3 月の東日本大震災では、仙台市を
はじめ都市部の地震被害が深刻であったが、決して都市が壊滅して機能喪失し
たわけではなく日常の経済活動は継続していた。だからこそ賃貸借契約の賃貸
人（オーナー）や借家人（店子）との間の退去・明渡、建物修繕、家賃増減額な
どをめぐる紛争解決のリーガル・ニーズがあふれたのである。これらの紛争解
決を促進するため、2011 年 4 月、仙台弁護士会紛争解決支援センターで震災
時の特例 ADR として「震災 ADR」開設が開設された。通常の弁護士会の
ADR と異なり、①被災者による申立て手数料の無償化、②成立手数料の半額化、
③申立書類の弁護士による無料での作成支援、④鑑定士等の専門家手数料の無
償化、などの充実した被災者支援を行った。被災地の弁護士である仙台弁護士
会の弁護士たちが、申立人や相手方の被災地における特有の事情を加味しなが
ら、公平中立性を維持しつつも、被災地全体へ寄り添う姿勢をみせ、和解のあっ
せんをできたことが、早期解決や解決率の高さを支えた（いわゆる「2.5 人称の視点」、
災害復興法学第 2 部第 1 章）。その後、震災 ADR を起源とする災害時の弁護士会
による特別な ADR の開設（災害 ADR）のノウハウは、熊本地震の熊本県弁護士
会（災害復興法学Ⅱ第 3 部第 2 章）、2017 年 7 月に発生した九州北部豪雨の福岡県
弁護士会、西日本豪雨における各被災地の弁護士会、平成 30 年台風第 21 号被
害における大阪弁護士会、平成 30 年北海道胆振東部地震における札幌弁護士
会、令和元年東日本台風における千葉県弁護士会ほか、各地の ADR 開設等に
繋がっている。

　2016 年 4 月の熊本地震で熊本県弁護士会が設置した「震災 ADR」は、2021
年 2 月末までに「148 件」が震災起因の紛争として記録され、そのうち「43 件」
が解決した（斉藤・豊田 2021）。

　2018 年 7 月に発生した西日本豪雨では、特に被害の大きかった地域の広島
弁護士会、岡山弁護士会、及び愛媛弁護士会にて豪雨災害をきっかけに「災害
ADR」が設置された。2018 年 4 月から 2019 年 3 月までの 1 年間で、広島弁護
士会では「44 件」（それまでの過去最多は 14 件）の災害 ADR 申立てがあった。また、
岡山弁護士会でも同年度で「44 件」（それまでの過去最多は 29 件）の災害 ADR 申
立てがあった（日弁連「仲裁 ADR 統計年報（全国版）」2018 年度版）。西日本豪雨にお
けるリーガル・ニーズには当事者間の紛争（とくに工作物責任による損害賠償請求
を巡る紛争）の解決を求めるものが多く、その影響が災害 ADR にも大きく反映
されることになった（第 2 部第 1 章）。中國新聞は「2018 年 8 月の受け付け開始
から 4 カ月で 25 件の申立てがあり、これまでに 6 件で和解が成立した」と広

島弁護士会の成果を報道し、利用者した当事者の「裁判だったら、もっとお金も時間もかかっていた。法律家の支援を受けながら互いに納得する着地点を見出せた」という声を紹介している（中国新聞 2019 年 1 月 4 日朝刊「西日本豪雨のトラブル　裁判外手続き　災害 ADR で和解進む　広島家弁護士会 6 件成立」）。

2019 年は令和元年台風第 15 号、同第 19 号、及び同第 21 号などの台風被害ほか、一連の豪雨災害が全国で多発した。これを受け、千葉県弁護士会、長野県弁護士会、岩手弁護士会、仙台弁護士会等が「災害 ADR」を積極的に開設した。とくに千葉県弁護士会の活躍には目を見張るものがある。2019 年 9 月の「令和元年房総台風」（台風第 15 号）は、千葉県の房総半島全域を中心に暴風被害や豪雨被害をもたらし、広域の大規模停電も発生させた。特に「工作物責任」（民法 717 条）による損害賠償紛争が無数に発生したことで、災害 ADR による紛争解決ニーズも高まっていた（第 2 部第 2 章）。千葉県弁護士会では、2019 年 10 月から 2023 年 4 月までの約 3 年半の間に「59 件」の災害 ADR の申立てがあった。その前から実施していた一般の弁護士会の ADR を含めると合計「195 件」に及ぶ（日弁連「仲裁 ADR 統計年報（全国版）2022 年度版」）。さらにこのうち 20 件以上で和解が成立した（斉藤・豊田 2021）。都市部における災害では紛争解決のためのリーガル・ニーズが高まることが改めて確認された（災害復興法学 II 第 3 部 2 章）。

災害後に「ADR」を活用するという視点は多くの市民にとってもまだ目新しいことで、弁護士もまだ経験者が少ない分野である。一方で実際に利用して裁判を経ずに解決できるメリットは絶大であり、メディアとしても災害後の支援報道として伝えてほしい内容の一つである。「読売新聞が今月上旬、全国の 52 弁護士会にアンケート調査したところ、札幌や東京（3 弁護士会）、大阪など 18 弁護士会が災害 ADR を導入。このうち実際に申立てを受け付けたのは 14 弁護士会で、11 の災害で計 838 件だった。最多は東日本大震災の 521 件で、熊本地震（2016 年）145 件、西日本豪雨（18 年）55 件、大阪北部地震・台風 21 号（同）38 件と続く。新型コロナウイルス感染拡大を「災害」とみなし、雇い止めや家賃の不払いなどに関する申立てを受け付けた弁護士会もあった」（読売新聞 2020 年 6 月 29 日朝刊「災害 ADR 震災後拡大　18 弁護士会導入　民事係争早期決着／受け付け 838 件／和解は 4 割弱」）。今後も「災害 ADR」の認知度向上を目指す啓発活動が重要になろう。

⑵　関東大震災における借地借家争議

　関東大震災（1923 年 9 月 1 日）においても無数の賃貸借紛争が勃発し、当時の民法、借地法、借家法等の範疇では到底解決し得ない課題があふれていた。和田正平弁護士と坂芳市弁護士が東京法曹協會から出版（1923 年 11 月 12 日印刷、同月 15 日発行）した『地震は法律をも動かせり（震災後の借地借家問題其他一切解決方法）』（和田・坂 1923）でも、「借地問題」「バラック問題」「借家問題」「敷金問題」「調停申立手続」「火災保険金問題」「登記簿焼失と回復登記」「證書類の消失と保全」「質物の焼失した場合」「死亡者の財産と相続」等の数多くの法的論点（リーガル・ニーズ）が列挙され法的解決の道筋が示された。そのうえで「之れ等の重大なる諸問題を既存の不完全な法規に依り法律的に解決することは除り好ましくない。寧ろ、當事者の道義的信念に訴え、圓滿に平和的に解決せらるヽことを切望する」「既存法規には不満足の點が多いヽから、具體的に妥當な法律的解決は、之を望むことが可なり困難視せられるのである、従って、私は、此の場合、特に道義的解決を推奨したいと思ふ」と述べている。当時存在した借家調停法に基づく裁判所を利用した調停手続が成果を上げていたことも、話し合いによる道義的解決こそが紛争解決に大きな役割を果たしたことを裏付ける。現代の「災害 ADR」の原点といえるのかもしれない。

5　新型コロナ ADR の登場

　2020 年の新型コロナウイルス感染症まん延の影響を受けて発生した数々の紛争を解決するため、複数の弁護士会が、「新型コロナ ADR」を開設する。先に述べたように、賃貸借、労働問題、消費者問題、各種契約に関する紛争の一切を、裁判所の訴訟手続によって解決しようとすると、当事者にとっては正当な権利行使であるとしても、費用面・精神面の負担になることは否めない。できる限り話し合いによる円満解決を望んだり、裁判所の判決より迅速な解決を望んだりする声が高まっていた背景を受けての対応である。これまでの災害 ADR の実績が、新型コロナウイルス感染症に関する紛争解決に応用されたのである。弁護士会は、民事紛争一般について和解仲介をあっせんする「仲裁センター」や「紛争解決センター」を常設しているところであるが、新たに「新型コロナウイルス感染症」に伴う紛争の受付を開始した。当時の日弁連や各地の弁護士会では「災害 ADR」についてその発動のための規則を用意していたが、「感染症のまん延」と明記するものはほとんどなかった。しかし、「災害」や「自

然災害等による被災に準じたもの」などの規程を柔軟に解釈し、そこに「新型コロナウイルス感染症のまん延」に起因する各種問題を含めるという機動的な対応を行ったのである。平時から設置されている弁護士会の仲裁センター等への申立てとは異なり、新型コロナ ADR では、以下のような優遇措置がとられている。

新型コロナ ADR ／災害 ADR の特徴
▼申立手数料の無償化（通常の弁護士会の ADR 申立費用は有償）
▼成立手数料の半額化
▼サポート弁護士による申立書作成等の無償支援を受けられる場合がある
▼オンライン対応ができる場合がある

　2020 年のうちに、都道府県の各弁護士会が順次「新型コロナ ADR」を創設していった。先述のとおり建物賃貸借契約の紛争が苛烈になっていることを受け、日弁連は「新型コロナウイルスの影響を受けて賃料等の問題を抱えている事業者のみなさま」と題したチラシを作成して周知啓発に努めた。チラシには「簡易」「迅速」「安価」という災害 ADR のメリットを大きく記載し、「テナントから家賃の減額を打診されたが、こちらも経営が厳しいので、建築費用の融資を受けた銀行を交えて交渉したい」「店舗の家賃減額の交渉をしたいが、今の店舗を賃貸し続けたいので、大家さんとの関係は悪化させたくない」（原文ママ）「中途解約で多額の違約金を求められた。確かに契約書にはそう書いてあるけれど……」など具体的な相談イメージも記述した。
　新型コロナウイルス感染症のまん延から約 1 年経過した 2021 年 3 月の時点で、次の 11 弁護士会が新型コロナウイルス感染症のための特別の ADR を設置し、ウェブサイトにて告知を実施するに至っている。

新型コロナ ADR を開設しウェブサイト告知した弁護士会
（少なくとも 2020 年 12 月 1 日〜 2021 年 3 月 31 日までに実績のある弁護士会）
▼東京弁護士会紛争解決センター「災害に遭われた方へ（新型コロナ関連もこちら）」
▼第一東京弁護士会仲裁センター「災害時 ADR（新型コロナウイルス関連トラブル）」
▼第二東京弁護士会仲裁センター「新型コロナウイルスに関連した災害時 ADR（話し合いによる解決）等のご案内」
▼公益社団法人民間総合調停センター（大阪弁護士会）「災害 ADR」
▼京都弁護士会コロナ対応臨時 Web 調停
▼愛知県弁護士会紛争解決センター「新型コロナ・賃貸借の ADR をご利用下さい」
▼広島弁護士会仲裁センター「コロナ問題はなしあいサポート開設のお知らせ」
▼岡山弁護士会岡山仲裁センター「災害 ADR（新型コロナウイルス感染症関連）及びリモート ADR（ウェブ会議による期日開催）開始のお知らせ」
▼福岡県弁護士会紛争解決センター「【コロナ対応（災害）ADR】新型コロナウイルス感染

拡大に関連した紛争に関する災害 ADR（調停）を行います」
▼熊本県弁護士会紛争解決センター（災害 ADR（新型コロナウイルス関連）について）
▼仙台弁護士会紛争解決支援センター

　新型コロナウイルス感染症対応により進んだのは「オンライン化・リモート化」である。当事者が実際に弁護士会等の会議室へ出頭するのではなく、オンライン会議システムでの ADR 手続を進めるケースが見られた。先駆的に第一東京弁護士会がオンラインによるウェブシステムの利用を積極的に推進したことはメディアでも大きく取り上げられ、ADR への認知度向上の一躍を担った（日本経済新聞 2020 年 7 月 1 日電子版「オンラインで民事紛争解決、新型コロナで加速」）。オンラインでの ADR 実施は「Online Dispute Resolution：ODR」と呼ばれ、民事裁判の IT 化に先立ち弁護士会ほか民間組織にて実装されてきた。同時に「ODR 活性化に向けた取りまとめ」（内閣官房日本経済再生総合事務局 ODR 活性化検討会、2020 年 3 月 16 日）や「ODR の推進に関する基本方針〜 ODR を国民に身近なものとするためのアクション・プラン〜」（2022 年 3 月、法務省 ODR 推進検討会）などの議論に代表されるように、政府として積極的に推進する方向性を打ち出しているところである。2022 年 5 月 18 日には「民事訴訟法等の一部を改正する法律」が成立し、政府が推進する民事訴訟の IT 化が一歩前進した。①当事者双方がウェブ会議・電話会議により弁論準備手続期日・和解期日に参加する仕組み（2023 年 3 月 1 日施行）、②当事者がウェブ会議により口頭弁論期日に参加する仕組み、③人事訴訟・家事調停におけるウェブ会議を利用した離婚・離縁の和解・調停の成立、合意に相当する審判の成立、④全面的なオンライン提出、オンラインによる送達、訴訟記録の電子化、電子化された訴訟記録の閲覧等を含む大改革である。これに先立つ新型コロナ ADR や災害 ADR のオンライン（リモート）開催は、民事 IT 化を間接的に後押しすることになったのではないだろうか。これらは市民の司法アクセスを向上させ、だれもがリーガルサービスを受けられる環境整備の第一歩ともいえる。

第6章　正しい情報と正しい判断で
職員・顧客を守る

新型感染症対策と BCP・BCM

新型感染症対策のための BCP かんたんチェックリスト（案）

【事業継続計画の発動により果たすべき目的】
Ⅰ　資金の確保
Ⅱ　支払の抑制
Ⅲ　従業員の雇用維持
Ⅳ　情報発信（顧客・取引先の維持・ステークホルダーとの関係性維持）

【安全配慮義務の視点によるチェックポイント】
□組織図の見直し（その周知と役割の明確化）
□研修と訓練の実施（意識づけ・感受性の強化）
□措置を実現する最低限の備蓄品の用意（情報収集のための機器など）
□既存の被害や影響の想定内のみに依拠しない危機の想定（これまでの知見の収集）

【感染症を踏まえた更なるチェックポイント】
□感染症の専門部署・専門家を配置している
□感染症の対策について医学的知見に依拠した情報取得の意識を持っている
□感染症に対応した保険に加入している
□テレワークの実施体制をガイドラインに基づき整備している
□リモートでの顧客営業を行っている
□業界の定めた信頼におけるガイドラインを入手・参照している
□常に最新の知見をアップデートする情報収集を意識している
□政府やそれに準ずる公的機関の一次情報を参照して対策を立てている
□職員の休業や出勤停止に関する基準を設けている
□感染症まん延時の公的支援政策についてレビューしている
□感染症まん延時の職員個人を対象とした公的支援策についてレビューしている
□主要業務の停止に備えた代替事業を用意している
□新しいビジネスモデルや業態変換を常に模索し続けている
□消毒液等についての科学的根拠に基づく対応を行っている

□マスク等について医学的・科学的根拠に基づく対応を行っている
□新型感染症を受けて新たに実施した事業所の対応を詳細に記録している
□新型感染症で気が付いた視点を BCP に反映している
□新型感染症に罹患した社員が発生した場合のルールを定めている

1　新型コロナウイルス感染症と事業者のリーガル・ニーズ

(1)　新型コロナウイルス感染症まん延初期（第1波）の事業者のリーガル・ニーズ

　図表1‐13 は、47 都道府県 52 弁護士会が実施した統一ダイヤルによる新型コロナウイルス感染症に関する弁護士無料電話法律相談の事例のうち、2020年4月20日から同年7月22日における事業者319件の相談内容の傾向である（日弁連「新型コロナウイルス法律相談全国統一ダイヤル（2020年4月20日〜同年7月22日）報告書 2020（令和2）年11月」）。「公的支援制度」(25.1%) に関する相談が最も多く、「資金繰り」(16.3%)、「契約・取引」(15.4%)、「賃料問題」(15.0%) も相当高い割合を示している。

　「公的支援制度」に関する事業者の相談は、2020年5月に申請開始となった「持続化給付金」（第1部第4章）を内容とするものが多くを占める。支給要件は比較的シンプルではあるものの、そこからこぼれ落ちる事業者もおり、弁護士のみならず中小企業診断士、税理士、司法書士、社会保険労務士らも対応に苦慮していたことが思い出される。支給要件に該当しないのに受給してしまったのではないかと心配する相談もあった。なかでも持続化給付金不正受給問題は、国家公務員が関与した詐欺事件が発覚するなど多数の事件が明るみに出て社会問題となった。経済産業省は「不正受給及び自主返還について（持続化給付金・家賃支援給付金・一時支援金・月次支援金・事業復活支援金）」と題する専用のウェブ

図表 1-13　事業者のリーガル・ニーズの傾向（2020年4月〜7月全国）（n = 319）

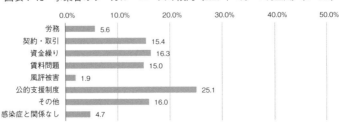

サイトを設け、不正受給や自主返還への対応、不正受給者の事業者名・氏名公表などの処分を随時行うなど対策を強化した。

「資金繰り」に関しては「不動産を賃貸しているが、テナントからの賃料の支払が困難となったために大幅減額に応じたが、逆に、自分が銀行への支払資金が手当てできなくなった。資金繰りをどうしたら良いか」など、一つの事業者の資金繰りが次の事業者の資金繰りへと影響する事態も珍しくない。連鎖倒産の危機が各所で迫っていたことがうかがえる。

「取引・契約」に関しては、「配偶者が陽性反応がでたため、取引先から請負契約が終了させられ今後2年間は契約をしない旨伝えられた」という個人事業者の声もあり、特にフリーランス的に活動している事業者の打撃は計り知れないものとなった。

「賃料問題」に関しては、「4月末で閉店した居酒屋の借入金・賃料が支払えない」など、飲食産業への影響は想像を絶するものがあった。相談内容のように既に閉店に追い込まれてしまって後も、支払債務が残り続ける事業者も多く、しかも閉業してしまった場合は、前述「持続化給付金」の支援を受けることもできないため、切羽詰まった八方ふさがりになっている様子がみられた。

⑵　コロナ2年目初期のリーガル・ニーズ（第2回緊急事態宣言時）

第2回緊急事態宣言は2021年1月8日から3月21日までとなり、その時期に重なるように実施された47都道府県52弁護士会による弁護士無料法律相談の結果をまとめたのが日弁連「新型コロナウイルス感染症関連法律相談事例収集（2021年2月1日〜同年3月31日）」である。1,024件の電話無料法律相談事例の分析結果が報告され、うち「事業者」の相談は291件であり、これらを内容に応じて3つまでの類型に分類した結果、分類総数は341件となった。これを分母として百分率でグラフ化し事業者のリーガル・ニーズの傾向を視覚化したのが図表1-14である。

「資金繰り（借入金返済困難）」（33.4％）に関する相談が多いことは象徴的である。1年間のうちに、持続化給付金を受け、自治体等による休業等協力金を受け、さらには血の滲むようなリストラを重ねてきた事業者にとっても、コロナ禍1年で益々資金繰りは苦しくなり、ローンの返済が不可能になってきたという切迫した危機が伝わる。「資金繰り（借入金返済困難）」「資金繰り（新たな融資）」「資金繰り（その他）」を合計すると実に53.7％にも及ぶ。業種としては、2度に亘る緊急事態宣言や恒常的な営業時間の短縮要請等により、特に「飲食業」の経

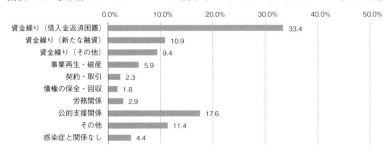

図表 1-14　事業者のリーガル・ニーズの傾向（2021 年 2 月〜3 月全国）（n = 341 [総分類数]）

営状況に大きな影響が出ていた。ほかにも「旅行・観光業」「タクシー業」「小売業」に該当する事業者の相談事例が弁護士に多く寄せられていたのも特徴である。

⑶　第 3 回・第 4 回緊急事態宣言と第 1 回まん延等防止等重点措置時のリーガル・ニーズ

　47 都道府県 52 弁護士会による弁護士無料相談結果をまとめた日弁連「新型コロナウイルス感染症関連法律相談事例収集（2021 年 4 月 1 日〜同年 12 月 31 日）」には、合計 750 件の電話無料法律相談事例の分析結果が報告され、そのうち個人事業者 156 件、法人事業者 36 件となった。この時期は、第 3 回緊急事態宣言（2021 年 4 月 25 日〜6 月 20 日）、第 4 回緊急事態宣言（2021 年 7 月 12 日〜9 月 30 日）及び第 1 回まん延防止等重点措置（2021 年 4 月 5 日〜9 月 30 日）の時期を含む。図表 1 - 15 は、2021 年 4 月から同年 12 月までの事業者のリーガル・ニーズの傾向である。相談事例を日弁連が用意した「相談類型」に単数又は複数分類したうえで、その総分類数 233 を分母にして相談傾向を百分率でグラフ化してい

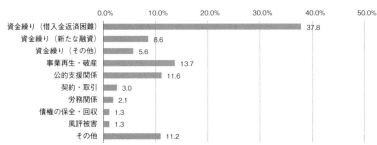

図表 1-15　事業者のリーガル・ニーズの傾向（2021 年 4 月〜12 月全国）（n = 233）

る。

　第3回及び第4回緊急事態宣言下でも、やはり事業者の最大の困難は「資金繰り（借入金返済困難）」(37.8％) であり、他の類型を圧倒する割合である。「事業再生・破産」(13.7％) の相談が第2回緊急事態宣言を含む時期の割合 (5.9％) の倍以上になっている。1年以上にわたる新型コロナウイルス感染症のまん延とそれに伴う経済活動縮小が、いよいよ弁護士などの専門家の支援を必要とする破産や債務整理といったところに行きついてしまったことが見て取れる。日弁連も事例集で「事業者では事業再生・破産に関する相談の割合（32件、事業者全体の約13.7％）が前回集計（20件、同5.7％　※原文ママ）より大幅に増加しており、新型コロナウイルス感染症感染拡大の始まりから約2年にわたって持ちこたえてきた事業者が、ついに破綻を迫られるに至っている状況とも推測される」と事業者の窮地を考察している。また「風評被害」が無視できないカテゴリーとして浮かび上がってきたことも特徴である。

2　コロナ災害と事業継続「4つの視点」

(1)　事業継続の基本となる「4つの視点」

　新型感染症のまん延や大規模災害といった危機が発生し、物理的・経済的なダメージを受けた事業者が再生を果たすために考慮すべき基本事項は、冒頭で示したように「Ⅰ　資金の確保」「Ⅱ　支払いの抑制」「Ⅲ　従業員の雇用維持」「Ⅳ　情報発信（顧客・取引先の維持・ステークホルダーとの関係性維持）」の4点に集約される。当たり前のことと思われるかもしれないが、誰もが常に思い浮かべられる事項だからこそ、平時から危機までをシームレスに意識できて準備しやすいのではないかと考える。

(2)　視点Ⅰ――資金の確保

①　新型コロナウイルス感染症と事業者支援

　事業者向けの給付支援はそれぞれがメディアで大きく取り上げられ、各業界を通じて周知が行われたため、事業者にとっても「全く知らなかった」というケースは少ない。ただし、資金の確保を巡っては、先述した不正受給問題、悪質事業者等による売上金ファクタリング（第1部第2章）のほか、特筆すべき課題もいくつか出てきた。以下に主な支援金を列挙する。

持続化給付金： 売上が前年同月比 50％以上減少している事業者に支払われる給付金。中堅・中小・小規模事業者の法人は最大 200 万円、フリーランスを含む個人事業主は最大 100 万円。令和 2 年度第 1 次補正予算（2020 年 4 月 30 日成立）、同第 2 次補正予算（2020 年 6 月 12 日成立）、予備費（2020 年 8 月 7 日閣議決定）などで対象者や予算措置を順次拡充していった。申請期間は 2020 年 5 月 1 日〜2021 年 2 月 15 日であり、約 441 万件の申請に対して、約 424 万件・総額約 5.5 兆円の給付が実施された。

家賃支援給付金： 2020 年 5 月から 12 月までの売上高について、1 か月で前年同月比 50％以上減少しているか、連続する 3 か月の合計で前年同期比 30％以上減少している事業者に支払われる給付金。事業のために賃料を支払っている中小法人等・フリーランスを含む個人事業者が対象。法人最大 600 万円、個人事業者最大 300 万円。

一時支援金： 2021 年 1 月 7 日発令の新型コロナウイルス感染症緊急事態宣言（第 2 回緊急事態宣言）に伴う飲食店の時短営業又は不要不急の外出・移動の自粛により、2021 年 1 月〜同年 3 月の売上が 2019 年比又は 2020 年比 50％以上減少している事業者（業種を問わない）に支払われる給付金。中小法人等・個人事業者が対象。法人最大 60 万円、個人事業者最大 30 万円。

月次支援金： 2021 年 4 月〜同年 10 月までの期間に発令された措置（第 3 回及び第 4 回緊急事態宣言、第 1 回まん延防止等重点措置）に伴う飲食店の休業・時短営業や外出自粛等により影響を受け、2021 年 4 月〜同年 10 月の売上が 2019 年比又は 2020 年比 50％以上減少した事業者に支払われる給付金。中小法人等・個人事業者が対象。法人最大 60 万円、個人事業者最大 30 万円（1 月単位で最大 3 か月分）。

事業復活支援金： 新型コロナウイルス感染症の影響を受け自らの事業判断によらず 2021 年 11 月〜2022 年 3 月までの月次売上が 2018 年比・2019 年比・2020 年比 30％以上減少している事業者に支払われる給付金。中小法人等・個人事業者が対象。法人 60 万〜250 万円、個人 30 万円〜50 万円。

② 持続化給付金と性風俗関連特殊営業

　政府が定めた各給付金の給付規程には、「風俗営業等の規制及び業務の適正化等に関する法律」（風営法）に定める性風俗関連特殊営業を行う事業者には給付金を支給しないとの定めがあり、支給対象者から除外されていた。そのため、実際に申請をした性風俗関連特殊営業の事業者は不支給決定を受けていた。新型コロナウイルス感染症は風俗業界にとっても大きな打撃であったが、政府は風俗営業の特殊性を考慮して業界を給付金対象から除外したわけである。国会で大きな論争ともなり、かつ各種団体からの抗議や政策改善要望が相次いだものの結局不支給の施策は維持された。2020 年 9 月 23 日には、風俗営業事業者から持続化給付金等支払請求訴訟が提訴されたが、2022 年 6 月 30 日の東京地方裁判所の判決では、原告側の請求は認められないとして却下・棄却の判断がなされた。最大の争点は、政府の定めた各給付金規程が憲法 14 条の「すべて国民は、法の下に平等であって、人種、信条、性別、社会的身分又は門地により、政治的、経済的又は社会的関係において、差別されない」（法の下の平等）に違反し無効であるかどうか、すなわち不支給対象としていることが行政庁の

合理的な裁量判断の範囲を超えて合理的理由のない差別にあたるかどうかであった。結論の一部を以下に紹介する。

「風営法上の性風俗関連特殊営業に対する法的取扱いは、その歓楽性・享楽性が人間の本能的欲望に起因するものであることに加え、我が国の国民の大多数が、性行為や性交類似行為は極めて親密かつ特殊な関係性の中において非公然と行われるべきであるという性的道義観念を多かれ少なかれ共有していることを前提として、客から対価を得て一時の性的好奇心を満たし、又は性的好奇心をそそるためのサービスを提供するという性風俗関連特殊営業が本来的に備える特徴自体がこうした大多数の国民が共有する性的道義観念に反するものであり、かつ、このような特徴は風営法が当該営業に対して営業所の構造・設備についての技術上の基準その他のいかなる条件を課したとしても変わりようのないものであることから、業務の適正化や営業の健全化といった目的になじまないとの考えに基づくものと解される。そして、以上のような性風俗関連特殊営業の本来的に備える特徴に照らして、国が、性風俗関連特殊営業に求められる適正な業務等の水準なるものを公的に示して当該水準に到達することを推奨したり、一定の水準に到達したものを許可という形で公的に認知したりすることは、上記のような大多数の国民が共有する性的道義観念にも反して相当ではないこと、他方で、こうした営業を一般的に禁止することもまた営業の自由を過度に制約し、あるいは国民に対し最小限度以上の性道徳を強制することにもなって相当ではないことから、性風俗関連特殊営業については、善良な風俗と清浄な風俗環境の保持及び少年の健全な育成に障害を及ぼす行為の防止を目的として営業禁止地域等の厳格な規制を課した上で、違法行為が行われた場合には直ちに行政処分や刑事罰をもって臨めるようその実態を把握するための方策として届出制が採用されているものと考えられるのであって、こうした風営法上の性風俗関連特殊営業に対する区別には合理的な理由があるものというべきである。なお、上記のような性的道義観念は時代によって変遷し得るものである上、個々人によって差異があることも当然であるが、少なくとも、昭和59年改正や平成10年改正が成立し施行された当時において、性行為や性交類似行為は極めて親密かつ特殊な関係性の中において非公然と行われるべきであり、客から対価を得て一時の性的好奇心を満たし、又は性的好奇心をそそるためのサービスを提供するような営業が公の機関の公認の下に行われることは相当でないとの観念自体は大多数の国民に広く共有されていたものと推認されるところ、その後、そのような考えが大きく変容したというような事情も認め難いことからすれば、現時点においても、風営法上性風俗関連特殊営業に対して異なる取扱いをすることの合理的理由が失われたとはいえないものというほかはない。」
令和4年6月30日　東京地方裁判所判決　持続化給付金等支払請求事件

　判決自体が示す論拠は一応文章としては理解できないわけではないが、風俗業界で実際に働く個人への影響を考えると複雑な問題をはらんでいるように思われる。本件はあくまで事業者支援に対する判断であるが、業界で働く個人の背景事情（やむを得ず業界で働くものが多いことや若者等の生活困窮の課題と表裏一体のケースも数多くあることは周知のことである）に鑑みれば、この判決は事業者への不支給という政策判断の是非とともに社会の抱える課題を浮き彫りにしたように思われる。

③　ある酒屋の持続化給付金申請のはなし

　持続化給付金の支給要件の狭間にあって理不尽にも支給を受けられない法人

も登場した。新型コロナウイルスまん延の直前に酒類販売店など免許が必要な業種が個人商店から法人成りしたケースが典型例である。一般にコロナ直前の2019年に新規創業した場合は比較するコロナ前の前年同月の売上がない場合がある。そこで「創業特例（B-1）」が設けられ、創業後を起算とした売上でも基準の年収を計算できるように配慮された。例えば法人の場合は法人登記簿上の設立日を創業日として、その時点を含む月から2019年12月までの月数を「設立後月数」として月平均事業収入を算定できる。ここで、免許などが必要な業種では、法人設立後の免許申請から免許交付による営業開始までにタイムラグが発生するため、その期間中の法人売上はゼロになる。もともと個人営業をして売り上げが別途ある事業者が法人成りした場合は、免許が法人に移転（発生）するまでの個人事業主としての売上があってもそれが基準年（前年度）の売上としては考慮されず、コロナ前の実態が過小評価されてしまう不合理な結果になる。本来なら創業特例（B-1）の「設立後月数」について、一定の免許等が必要な事業者については、その起算点を「実際に営業開始できる状態になったとき（免許交付があったとき以降）」とすべきである。法人設立から免許交付までに必然的にタイムラグがあるため、実際の免許交付があったときから12月までで「設立後月数」として2019年の月平均収入を計算するのである。これにより、コロナ後の2020年とコロナ前2019年を比較し「対象月で50パーセント以上減少」かどうかを比較し、実態に即した給付金申請を可能にするのが本来の在り方だったはずだ。しかし、残念ながらこの不備が是正されることはなかったのである。

(3) 視点Ⅱ──支払の抑制

　2020年3月6日、金融庁は、財務大臣兼金融担当大臣談話「新型コロナウイルス感染症の影響拡大を踏まえた事業者の資金繰り支援について」を発し、次のとおり、金融機関がコロナ禍を契機とした積極的な債権回収（貸し剝がし）を敢行しないよう強く釘を刺し、事業者の債務の支払猶予措置やリスケジュール等の柔軟な支援をするよう要請した。

▼既往債務について、事業者の状況を丁寧にフォローアップしつつ、元本・金利を含めた返済猶予などの条件変更について、迅速かつ柔軟に対応すること
▼新規融資について、各金融機関の緊急融資制度の積極的な実施（担保・保証徴求の弾力化含む）に加え、政策金融機関や信用保証協会によるセーフティネット貸付やセーフティネット保証等の活用も含め、事業者のニーズに迅速かつ適切に対応すること
▼こうした事業者に対する支援を迅速かつ適切に実施できる態勢を構築すること

2020 年 4 月 7 日及び 4 月 20 日には、政府全体方針として「新型コロナウイルス感染症緊急経済対策」が閣議決定され、同年 4 月 30 日成立の令和 2 年度補正予算において、「民間金融機関での実質無利子・無担保・据置最大 5 年・保証料減免の融資の開始」等が決定された。金融庁では同年 5 月 1 日より「民間金融機関において実質無利子・無担保融資を開始します〜連休中の金融機関の対応状況も併せて公表します〜」とのお知らせを公表し、事業者の資金繰り対策の啓発を開始している（施策は 2021 年 3 月 31 日まで継続）。ここでのポイントは、資金繰り（支払）に悩む事業者は、とにかく早期に債権者や中立の専門家相談に赴くべきだという視点である。債務者は困窮時こそ債権者への相談を躊躇してしまう心理が働くことが多い。それを乗り越え腹を割って相談を開始することこそが、支払の抑制の目的を達成する第一歩なのである。

　素早い金融担当大臣談話発表の背景には、過去の大規模災害時における対応ノウハウが活かされている。大規模な自然災害が発生して「災害救助法」適用地域が公表されると、金融関係当局（財務省、金融庁、日本銀行）から「災害時における金融上の特別措置」が公表され、事業者の支払や資金繰りに関しては、「(8) 災害等の状況、応急資金の需要等を勘案して、融資相談所の開設、融資審査に際して提出書類を必要最小限にする等の手続きの簡便化、融資の迅速化、既存融資にかかる返済猶予等の貸付条件の変更等、災害等の影響を受けている顧客の便宜を考慮した適時的確な措置を講ずること」「(9) 自然災害による被災者の債務整理に関するガイドライン」の手続き、利用による効果等の説明を含め、同ガイドラインの利用に係る相談に適切に応ずること」という内容を含む要請が全国のあらゆる金融機関に発信される。同様に「災害救助法」が適用された場合、経済産業省と中小企業庁から通称「支援の 5 点セット」と呼ばれる「1. 特別相談窓口の設置」（日本政策金融公庫、商工組合中央金庫、信用保証協会、商工会議所等）、「2. 災害復旧貸付の実施」（日本政策金融公庫・商工組合中央金庫）、「3. セーフティネット保証 4 号の適用」（信用保証協会）、「4. 既往債務の返済条件緩和等の対応」（日本政策金融公庫・商工組合中央金庫・信用保証協会）、「5. 小規模企業共済災害時貸付の適用」（中小企業基盤整備機構）といった被災中小企業・小規模事業者対策が示される運用である。

　中小企業者にとって、いの一番で顕在化してしまうリスクは「資金繰り」である（図表 1-14、図表 1-15）。毎月の支払期日における請求への対応は全ての事業者にとって切実であり、不可避的であり、そのタームも短い（長くても 1 か月おきにやってくる）。自然災害の影響を受けて連鎖的に苦境に陥る企業の救済の

ためのこれまでの支援ルティーンが、新型コロナウイルス感染症対策において
も活かされ援用されていることは、「コロナは災害」であることを強く印象付
ける。また、ローンの他に、特に事業者が支払の抑制施策を優先的に講じるべ
きなのは「賃料」である。「新型コロナ ADR」（裁判外紛争解決手続）などを交え
ながら減額や支払猶予等の途を探ることが求められる（第1部第5章）。

⑷ 視点Ⅲ──従業員の雇用維持

　事業継続計画（BCP）を策定し訓練を重ねていたとしても、その担い手であ
る当該職員らが、災害後も組織で働き続けられる環境がなければ事業は立ち行
かない。ところが、会社が資金繰りに窮し給与支払もままならない場合、社員
個人はその生活維持の観点からは、退職して「失業」したうえで雇用保険によ
る休業給付を受けざるを得ない事態に陥る。大規模な自然災害時には、会社と
しても不本意な失業を回避するために、「雇用保険の特例措置」（雇用保険法によ
る求職者給付の「みなし失業」の特例）が発動される。将来にわたって会社と従業
員が離別するような場合でなくても失業給付を受けられるようにするという会
社にとっても従業員にとっても利益となる対応である。

> **雇用保険の特別措置のまとめ**
> **■災害救助法適用地域の特例措置**
> 　災害により事業を休止等したために、一時的に離職した被保険者については、事業再開が
> 予定され、その際の再雇用が予定されている場合であっても、雇用保険の基本手当（いわゆ
> る失業給付）を受給できる。
> **■激甚災害指定時の特例措置**
> ○激甚災害法の指定地域内の事業者が災害により休止・廃止したために、休業して賃金を受
> けることができない方については、実際に離職していなくとも、雇用保険の基本手当を受
> 給できる。
> ○災害救助法指定地域及び激甚災害法の指定地域に隣接する地域内の事業所が、災害により
> 事業を休止・廃止したために、一時的に離職した方については、事業再開が後に予定され、
> その際の再雇用が予定されている場合であっても、雇用保険の基本手当を受給できる。
> （激甚災害法25条1項が定める雇用保険法による求職者給付の支給に関する特例）

　新型コロナウイルス感染症のまん延によっても、飲食業、観光業、運輸交通
業などを中心に連鎖的に事業が立ち行かなくなる事態が発生し、そのしわ寄せ
は従業員らの解雇や休業へと向けられた。あるタクシー会社では2020年4月
以降稼働が限りなくゼロに近づき従業員の給与支払に窮し、雇用保険の基本手
当（失業給付）を受給してもらうことを意図し職員600名を一斉解雇する事態
がおきた（タクシー運転手の一人は解雇の無効と地位確認を求めて裁判をおこすも後に和
解に至る。読売新聞2020年4月17日「タクシー会社コロナ一斉解雇「無効」東京地裁　運

転手、仮処分申し立て」、同 2020 年 6 月 9 日「タクシー運転手解雇和解」)。

　新型コロナウイルス感染症を「災害」ととらえ、激甚災害法 25 条の「みなし失業」を適用できていたら、このような紛争は一定程度防ぐことができたように思われるが、政府は感染症のまん延を「災害」とはとらえないという見解を変えることはなく(第 1 部第 1 章)、コロナ禍直後は「みなし失業」を実現する法律はなかった。支援策として当初国が示したのは雇用保険法による「雇用調整助成金」のほうであった。雇用調整助成金は、労働基準法 26 条により事業主に支払義務がある休業手当(平均賃金 60%以上の額)を支払った場合に、国から事業者に支給される助成金である。厚生労働省は、2020 年 2 月以降、支給要件の緩和と対象業種の拡大(最終的には全事業者)、申請手続の簡素化、助成率の引上げ(最大 10 分の 10)などを行ってきた。ところが、雇用調整助成金の仕組み上、事業者が労働者に休業手当を支払ったのちに事業者へ助成金が支払われることになっており、そもそも休業手当の支払ができない(しない)企業も多数あった。また、新型コロナウイルス感染症による事業悪化は「不可抗力」である以上、休業手当を支払う義務はないと主張する企業もあり、雇用調整助成金制度の利用に至らないケースも多数あった。2020 年初期の調査結果によると「休業を命じられたことがある場合(n = 603)に、勤め先からの休業手当の支払状況を尋ねると、「休業日(休業時間数)の半分以上が、支払われた」との回答が半数を超えた(54.1%)ものの、「休業日(休業時間数)の一部が、支払われた」(21.9%)、「(これまでのところ)全く支払われていない」(24.0%)との回答も、それぞれ 2 割超みられた」(独立行政法人労働政策研究・研修機構「新型コロナウイルス感染拡大の仕事や生活への影響に関する調査結果」2020 年 8 月 26 日参照)というデータもあり、調査時期に照らしても雇用調整助成金の特例措置が奏功していないことが見て取れる。

　感染症まん延でも、災害救助法や激甚災害法の適用時の「みなし失業」と同じように、労働者への直接の給付金支援が切望され、厚生労働省も法改正による対応を迫られることになった(日本経済新聞 2020 年 5 月 14 日朝刊「休業者対象、雇用保険に特例、賃金の 8 割直接給付、厚労省方針」等)。2020 年 6 月 12 日に「新型コロナウイルス感染症等の影響に対応するための雇用保険法の臨時特例等に関する法律」(雇用保険法臨時特例法)が成立し、雇用保険法 62 条の雇用安定事業として、新型コロナウイルス感染症及びそのまん延防止の措置の影響により休業させられた労働者のうち、休業手当の支払を受けることができなかった方に対し、当該労働者の申請により、新型コロナウイルス感染症対応休業支援金・

給付金を支給することとした（雇用保険法臨時特例法 4 条）。対象期間は 2020 年 4月から 2023 年 3 月までとなり、2020 年 4 月から平均賃金の 8 割の支給、2022年 12 月からは平均賃金の 6 割の支給となった。災害法制に倣って新型コロナウイルス感染症版の「みなし失業」支援が実現したのである。

(5)　視点Ⅳ──情報発信（顧客・取引先の維持）

　視点の 4 つ目は「情報発信」である。その目的は、顧客・取引先・ステークホルダーとの関係性維持にある。例えば自然災害により大きな被害を受けた地域の事業者に対しては、被災地外の顧客や取引先は、被災地の負担を考慮して問い合わせを控える傾向がある。裏を返せば被災地側から積極的な情報発信をしなければ、支援をしてほしい場合でもそのニーズが外部へ伝わらないのである。過去の災害において「情報発信」が奏功した例について、新潟県中越地震（2004 年 10 月 23 日）、能登半島地震（2007 年 3 月 25 日）、新潟県中越沖地震（2007年 7 月 16 日）で被災した中小企業からのヒアリング結果をもとに作成された中小企業庁「中小企業の事業継続計画（BCP）〈災害対応事例からみるポイント〉」（2011 年 5 月）から一部を紹介する。

> ①　**ホテル業（新潟県中越地震　平成 16 年 10 月）**　　地震発生時、マスコミの取材に『必ず再生させる』と言ったことが全国に配信され、営業再開に際してもマスコミが発信してくれたおかげで客足が伸びた。
> ②　**飲食業（能登半島地震　平成 19 年 3 月）**　　地震後、ブログとホームページに地域の状況の写真を載せたところ、月に 7,000 件の閲覧があり、その効果で外部からの支援も増えた。
> ③　**酒造業（新潟中越沖地震　平成 19 年 7 月）**　　ホームページは社内にネット環境が整わなくてもインターネットカフェなどでも更新できるので、被災後も更新を続けることが重要。積極的な情報発信が反響を呼び、さらなる支援に繋がることも多い。

　これらの教訓を一歩進めれば、情報発信に先立って、取引先・ステークホルダーとの平時からの連携が重要であると気づけるはずだ。災害がおき自社リソースだけでは事業活動が停止に追い込まれてしまうことを前提とした相互支援の仕組みをつくるのである。例えば、神奈川県メッキ工業組合と新潟県鍍金工業組合は、2011 年 4 月に「お互いさま BC 連携ネットワーク」という協定を締結した（日本経済新聞 2011 年 7 月 15 日「中越沖 4 年原発と震災（下）事業継続へ県境越え連携──拠点分散化や調達見直し」）。協定には①被災組合員（被災企業）に対する備蓄品による応援支援物資、資材の供給、②被災組合員に対する応急対策及び復旧作業に従事する登録組合員の派遣、③被災組合員に対する代替の加工

先の紹介、が盛り込まれている。自社リソースのみで対応するのではなく、同業者同士で「お互いさま」に助け合う仕組みの構築は、いざというときに支援を呼び込む「受援力」をはかるメルクマールともなる。BCP法務分野の第一人者である中野明安弁護士も、事業者の災害の備えとして外部への説明や情報発信のための「リスクコミュニケーション方針」の準備が重要であるとしている（中野・津久井2021）。SNSによる情報発信が発達した社会においては、新型感染症で業態転換や新業務への進出を模索する場合、特に情報発信や広報戦略は欠かせない視点となるだろう。

3　新型コロナウイルス感染症とBCPの新たな視点

(1)　幻の新型感染症ハンドブックが深めた視点

　中小企業庁「中小企業強靱化研究会新型ウイルス感染症ハンドブック検討会」（2020年5月〜8月までに3回開催）では，新型ウイルス感染症の感染拡大時に中小企業が取り組むべき対応をまとめた「新型ウイルス感染症ハンドブック」の策定を目指していた。2018年設置の中小企業庁「中小企業強靱化研究会」の「中小企業強靱化研究会（第7回）の開催趣旨について」（2020年7月20日）でも，「事業者が感染症に関連した計画を作る際に参考となるよう、感染症に対する有効な取組をまとめた「感染症ハンドブック（冊子）」を策定するとともに、「事業継続力強化計画作成指針」等に感染症に関する必要な記述を追加する」方針が示されていた。ところが、新型コロナウイルス感染症の収束の見通しが立たなくなったこと、ウイルス自体の感染力や感染症状等の大幅な変化があったこと、コロナ禍における一人ひとりの新しい行動様式に関する医学的知見も目まぐるしく変遷していったこと等を受けて、新型ウイルス感染症ハンドブックは2020年7月の完成間近で公表を断念せざるを得なくなった。

(2)　感染症に対する正しい情報の入手

　自然災害が発生した時に、正しい被害情報や災害関連情報を収集すべき義務が組織側に課せられるという視点は、東日本大震災津波犠牲者訴訟の教訓抽出を経て浮き彫りになった。災害の直前直後に発信される防災情報（津波情報等）については、発信されている情報自体は真実であるという前提で、いかにして情報を正確に把握し、適切な結果回避行動を促す判断に繋げることができていたかが、「安全配慮義務」（ある法律関係に基づいて特別な社会的接触の関係にある当事

者間において、当該法律関係の付随義務として当事者の一方又は双方が相手方に対して信義則上負う、相手方の生命及び健康を危険から保護するよう配慮すべき義務）を判断する際に考慮事項として問われていた（安全配慮義務違反等の訴訟事例を分析して抽出した教訓は、災害復興法学Ⅱ第2部第7章で詳述）。

　これに対し、新型コロナウイルス感染症では、適切な対応を行う前提として、玉石混交で氾濫する無数の情報をどのように取捨選択して正しい情報を得るか、すなわち、情報リテラシー・メディアリテラシーが保たれていたかどうかという視点からも安全配慮義務が問われるという特徴がある。例えば「消毒」一つとっても様々な情報発信と混乱が見られた。消毒のためには、人体の皮膚には消毒用アルコール（濃度60％～70％以上）を利用し、物の表面等については家庭用洗剤の一部なども有効であるというのが、感染症の専門的・科学的知見であった。施設や飲食店を運営する事業者は、顧客や従業員の健康を保護するために、それらの知見に基づいて消毒液の設置や清掃・消毒を実践することが求められることは言うまでもない。ところが、新型コロナウイルス感染症対策のために消毒液を空中噴霧したり、空間除菌効果があるとされる製品を置いていたり等、消毒効果が科学的に証明されていない商品や薬品等を利用して消毒液の代替品とすることを、特に疑問を持たずに行っていた事業者が大企業であるか小規模事業者であるかを問わず多数に上っていた。「効果があるのかないのかも分からないまま、信じて使い続けた自分が恥ずかしい」。……印刷会社を営む男性は苦笑交じりに話す。男性は4月上旬、マスクやアルコール消毒液が手に入りにくかったことから、都内の販売業者からネット通販で首掛け式の空間除菌剤を購入した。除菌作用がある二酸化塩素を使っているとの触れ込みで、5個で約6,000円と安くはなかったが、「身に付けるだけで空間除菌」との宣伝文句を信じた。社内や移動中に首に掛け、社員にも配っていた」というエピソード（読売新聞2020年6月9日夕刊「コロナ不当広告の山「付けるだけで除菌」「ウイルス瞬間破壊」」）も報道されるなどしたが氷山の一角にすぎないだろう。

　2020年5月15日、消費者庁は携帯型の空間除菌用品（二酸化塩素を利用した空間除菌を標ぼうする商品であって、首に下げるなどして使用するもの）の表示に関し、景品表示法5条1項の優良誤認表示に該当するおそれがあるとして、複数事業者に再発防止等の行政指導を行った。当該製品を利用していた事業者も相当多数に上っていたように思われる。また、消費者庁は、2020年7月1日の消費者庁長官会見で「空間噴霧につきましてはお勧めはしておりません。さらに、最近はマスクにシュッシュッとされる方をお見かけするのですが、マスクに噴霧

して、薬剤を吸引してしまうような状態で使用することはお勧めしておりません」との見解を明確にし、同年6月のうちには「消毒・除菌効果をうたう商品との上手な付き合い方」というポスターも作成して「国際的な知見に基づき、厚生労働省では、薬機法上の「消毒剤」について、人の眼や皮膚に付着したり、吸い込むおそれのある場所での空間噴霧をおすすめしていません」と注意喚起を強めた。厚生労働省も2020年5月15日のWHO（世界保健機関）などの見解に基づき、ウェブサイト「新型コロナウイルスに関するQ&A（一般の方向け）」などで「世界保健機関（WHO）は、新型コロナウイルスに対する消毒に関する見解のなかで、「室内空間で日常的に物品等の表面に対する消毒剤の（空間）噴霧や燻蒸をすることは推奨されない」としており、また、「路上や市場と言った屋外においてもCOVID19やその他の病原体を殺菌するために空間噴霧や燻蒸することは推奨せず」「屋外であっても、人の健康に有害となり得る」としています。また、「消毒剤を（トンネル内、小部屋、個室などで）人体に対して空間噴霧することはいかなる状況であっても推奨されない」としています（5月15日発表）。また、米国疾病予防管理センター（CDC）は、医療施設における消毒・滅菌に関するガイドラインのなかで、「消毒剤の（空間）噴霧は、空気や環境表面の除染方法としては不十分であり、日常的な患者ケア区域における一般的な感染管理として推奨しない」としています」との見解を公表している。しかし、当時企業や大学等の建物内でも空中噴霧を見かけることは珍しくなかった。義務教育や高等学校の現場においてもそれは同様であり、文部科学省による重ねての注意喚起も実施されていたほどである（日本経済新聞2020年6月8日朝刊「次亜塩素酸水、噴霧しないで、文科省、教委などに通知」）。その後、文部科学省「学校における新型コロナウイルス感染症に関する衛生管理マニュアル〜「学校の新しい生活様式」」が策定された際には同趣旨の注意喚起が盛り込まれてるに至った。

　誤った情報源による誤った対応によって、万一顧客や従業員の健康を毀損することになれば、事業者側としては安全配慮義務違反に問われてもおかしくない。これまでの事業継続計画の策定にあたっては、物理的ダメージからの回復や代替措置については十分な記述や対応を行っている事業者が多いと思われる。感染症は、これに加えて「正しい情報の取捨選択」が、感染症まん延下で安全配慮義務を果たしながら事業継続をするうえで重要であることを印象付けることになった。企業自身が情報リテラシーやメディアリテラシーを身につけ、正しい情報に基づく合理的な判断を繰り返すことこそ、感染症対策BCPに求め

られる新たな視点だといえる。2020 年 5 月 11 日、公益社団法人日本産業衛生学会及び一般社団法人日本渡航医学会が「職域のための新型コロナウイルス感染症対策ガイド」をいち早く公表したことが注目された。さらに、政府が業界団体ごとに対応をとりまとめた「業種別ガイドライン」は、内閣官房新型コロナウイルス感染症対策推進室ウェブサイト（第 1 部第 7 章）にも掲載され、事業者にとって必須の情報源となった。常に更新される正しい情報に基づく対応を取り続ける姿勢こそが事業継続マネジメント（BCM）に失敗しないポイントである。

(3) ビジネスモデル転換と DX

　新型コロナウイルス感染症のまん延により「デジタルトランスフォーメーション（Digital Transformation：DX）」を意識した改革にも注目が集まる。DX とは、「企業がデジタル技術とデータ／アナリティクスを事業のコアに据え置いて活用し、製品やサービス、ビジネスモデル、経営戦略を変革することにより競争上の優位性を確立すること」をいう（塩谷・小野崎 2021）。人口動態や海外情勢を受けてビジネス環境が激しく変化するなか、データとデジタル技術を活用しながら、顧客や社会の変化に応じた業務の見直しによるビジネスモデルの転換・強化を目指すのである。感染症下においては、在宅勤務の導入、非接触型業務への転換、移動時間や人員の削減、その他コストの大幅削減が求められたが、その実現にはデジタル技術を企業活動に内省化することが不可欠であろう。飲食店であれば、注文を受けてのテイクアウトや配達業務へのシフト、教育産業であれば、オンライン講義やオンライン家庭教師などのモデルの提示し、営業職なら訪問による対面型営業からオンライン営業・商談への変更に伴う新しい営業ノウハウ獲得が必要になる。伝統的な地域密着型の対面営業や商談を主に展開してきた地方銀行も相次いでオンライン営業を導入するなど変化がみられた（日本経済新聞 2020 年 9 月 15 日「地銀、オンライン営業の波—非対面でセミナーや相談（列島発）」）。実物を見て決断することが基本となっていた製造業でもオンライン営業の強化やバーチャルのオンラインショールームを設けるなど試行錯誤する例も多くなってきた（日本経済新聞 2021 年 10 月 7 日「静岡県内の製造業、オンライン営業に商機、工場に拠点整備、ネットでショールーム」）。さらに公共インフラに関わる総合建設コンサルタント業者では、災害時における BCP 対応のオンライン指令室となる DX ルームにより各拠点を繋ぎ、映像を使って現場の状況をリアルタイムに把握できるようにした。これにより少数の熟練技術者でも対応に追

われる現場への適切な指示が可能となり、若手人材が現場で技術を磨く機会も増えたという（内閣官房国土強靱化推進室「国土強靱化　民間の取組事例集（令和5年4月）」事例14参照）。

　多くの事業者に共通するDXの一つにはテレワークの導入と活用がある。ここでも企業が果たすべき安全配慮義務の視点を忘れてはならない。セキュリティの観点からは総務省「テレワークセキュリティガイドライン」（2004年12月初版、都度更新）の参照が不可欠である。新型コロナウイルス感染症のまん延を経て「テレワークセキュリティに係るチェックリスト策定に関する調査研究」（2020年度事業）などでも改めて議論され改訂に反映されているため、最新情報の入手が欠かせない。また、新型コロナウイルス感染症をふまえてリニューアルされた厚生労働省「テレワークの適切な導入及び実施の推進のためのガイドライン」（2021年3月）は労使問題に関する法解釈、職場環境の整備、セキュリティ、ハラスメント対応など多岐にわたるノウハウやコンプライアンスの留意点を記述した必読の情報である。そのほか厚生労働省と総務省によるウェブサイト「テレワーク総合ポータルサイト」（2022年10月リニューアル）での情報収集も不可欠となるはずだ。

⑷　従業者へ向けた内部リスクコミュニケーション

　顧客や外部ステークホルダーへ向けた情報発信や連絡・連携といった外部リスクコミュニケーションが事業継続において重要であることは「2⑸　視点Ⅳ」で述べたとおりであるが、新型コロナウイルス感染症のまん延を踏まえ、「内部リスクコミュニケーション」を重視する必要性が出てきたように思われる。リスクコミュニケーションとは、社会心理学者の木下冨雄先生の言葉を借りれば「対象のもつリスクに関連する情報を、リスクに関係する人々（ステークホルダー）に対して可能な限り開示し、たがいに共考することによって、解決に導く道筋を探す思想と技術」であり、「リスク場面において、関係者間の信頼に基づき、また信頼を醸成するためのコミュニケーション」である（木下2016）。第1部第2章4で記述したように、新型コロナウイルス感染症まん延当初から、医療従事者等がいわれのない差別や誹謗中傷を受ける事態が多発した。彼らがエッセンシャルワーカー（最低限の社会インフラ維持に必要不可欠な労働者）でありかつ一般市民との接触が不可避な職業であることも問題を大きくした要因と分析されている。日本医師会「新型コロナウイルス感染症に関する風評被害の緊急調査」（2021年2月3日定例記者会見発表）によると、次のような風評被害（誹謗

中傷）があったことが報告されており、医療従事者が精神的にも肉体的にも追い詰められてる環境が明るみになった。

▼新型コロナを診ている医療機関か否かにかかわらず、医療機関に勤務しているというだけで、「近寄るな」「（集まりや習い事に）来ないで欲しい」「（美容院等の）予約を受けられない、しばらく利用を控えて欲しい」「一緒にエレベーターに乗るのが怖い」といった扱いや暴言を受けた。
▼保育園等に子どもの預かりを拒否され、新型コロナウイルス感染症の対応には当たっていないことを説明しても聞き入れられず、仕事を休むことを強いられた。
▼妻である看護師が、新型コロナウイルス感染症を診療している医療機関に勤務しているため、高齢の親のデイサービス利用が断られたり、取引先から「取引を止める」と言われたり、会社内で「お前の奥さんはコロナ感染症じゃないのか」「お前も感染してるんじゃないのか」と言われた。

　このような過酷な環境や新型コロナウイルス感染症罹患に対する恐怖心から、医療現場から離職してしまう者が増えることは想像に難くない。あるコロナ患者を受け入れることを決断した病院では「……軽症・中等症のコロナ患者の受け入れを決断し、21年2月から始めた。職員全員の賛同を得られたわけではなく、約40人の看護師は退職を希望した。一方で他の病院から勤務を希望する看護師らも約100人が現れ、院内にあるベッド280床中のうち145床を改修してコロナ専用の48床を用意した」という経緯をたどった（日経産業新聞2021年5月20日「民間病院、対コロナ奮闘、患者受け入れや後方支援、医療従事者への配慮カギ」）。また、退職見込者が爆発的に増えてしまった医療機関もあり、メディアは「最前線で頑張っているのに報われず、感染対策などの負担が高まるなか、辞めることを考える人もいる。東京女子医科大学病院では、看護師の退職見込みの予測値が、一時400人規模になったという。同病院の30代の女性看護師に取材すると、子育てをしながら働くのは大変だが「患者さんに接すると今日もやれるという気持ちになる」と話してくれた」とエピソードを報じた（朝日新聞2020年9月17日夕刊「コロナ禍で病院が経営危機、待遇も悪化　医療現場の担い手、守る仕組みを」）。公益財団法人全国自治体病院協議会による「新型コロナウイルス感染症実態調査（第3回）」（2020年12月24日記者会見発表資料）では、2020年10月末までに回答のあった416病院（自治体病院の約半数）で126名の医療従事者（このうち118名はコロナ患者を受入れている病院）が退職してしまったという。内訳も看護師、准看護師、看護助手らがほとんどを占める。

　医療福祉業界、メディア、そして何より国が一丸となって、全国民に向けたリスクコミュニケーションにより周囲からのいわれのない誹謗中傷を防ぐことが重要である。それと同時に、医療従事者が少しでも安心して働き続けられる

環境整備や、新型感染症について正しく畏れるための知識の普及と職員をいたわりケアする視点が重要になるだろう。これを「内部リスクコミュニケーション」として重視することを提唱したい。医療福祉業界のみならず、教育関係者、小売業者、公共交通機関従事者なども深刻な課題を抱えていたことも忘れてはならない。事業者がBCPを十全なものとするためには、その担い手たる職員自身が安心して働ける状況かを見極める必要がある。事業者のBCP（Business Continuity Plan）には、必然的にその構成員や家族の経済状況を含む生活再建や生活安定たるLCP（Living Continuity Plan）への配慮が不可欠なのである。すなわちBCPとはその内実はBLCP（Business and Living Continuity Plan）でもあるという視点を持ち続けなければならない（第3部第5章）。

第7章 新型コロナウイルス感染症に立ち向かう知識の備え

あなたを助けるお金とくらしの話

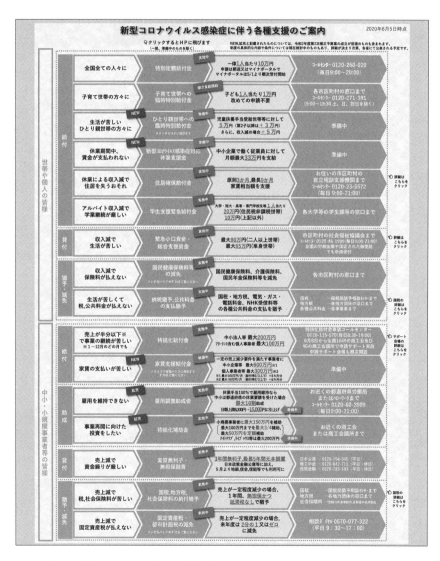

　新型コロナウイルス感染症の世界的まん延による経済活動の停止・縮小（コロナ災害）により、日々の生活は脅かされ、事業継続にも大きな影響がおきています。情勢が目まぐるしく変化するなか、一律 10 万円を給付する「特別定額給付金」、事業者のための「持続化給付金」や「家賃支援給付金」など新しい公的支援も生まれました。

　弁護士は、感染症危機への対応を、「災害」による復興支援と重ね合わせ、緊急事態宣言前の令和 2 年 3 月頃より、弁護士会や各種専門団体と連携し、労働問題、キャンセル等の取引紛争、各種給付制度、住宅ローンや賃料など各種支払対応、学校・保育に関する問題、困窮世帯への支援等について、無料電話相談窓口を開設し、情報提供・相談活動を行ってきました。今後も個人や事業者にとって有力な情報収集窓口として機能することが期待されます。支援者が最新情報を適切に相談者へ提供するためには、国の法律や予算措置による支援を網羅的かつ俯瞰的に把握し、相談者に応じて都道府県や市町村の独自支援策を検索できる必要があります。本章では国の支援制度を効果的に収集する方法を解説します。

　国では、省庁ごとにコロナ災害対策の特別ウェブページを開設しています。論点や分野が絞られている場合には、当該法令や分野を所管する省庁のページを訪問することで最新情報を得ることができます。例えば、厚生労働省パンフレット『生活を支えるための支援のご案内』は、健康問題や労働問題についての支援情報が網羅されており、経済産業省パンフレット『新型コロナウイルス感染症で影響を受ける事業者の皆様へ』には、事業継続ための各種支援制度が丁寧に解説され、アフターコロナへの事業強靱化の視点も記述されています。

　支援制度や予算措置の検索のポイントは、冒頭述べたように感染症危機を自然災害と同様に捉え、災害復興・被災者支援のノウハウを活用することにあります。災害時に利用できる公的支援は、大きく分類すれば「給付金支援」「貸付・融資支援」「支払減免・猶予支援」です。それぞれに対応する法律や制度があることは、既に弁護士の災害復興支援経験のなかで知識が備蓄され、ノウハウとなっています（『被災したあなたを助けるお金とくらしの話』（弘文堂）等参照）。災害復興・被災者支援を、コロナ災害支援に置き換えて情報収集に臨むことで、効果的な最新情報の探索も可能になるはずです。こうした視点で考えた時、内閣官房の特設ページにある『新型コロナウイルス感染症に伴う各種支援のご案内』は、更新頻度も高く網羅的であり、支援者必見の優れたポータルサイトとして評価できます。世帯や個人支援について「給付」「貸付」「猶予・減免」、事業者等支援について「給付」「助成」「貸付」「猶予・減免」の項目に分けて制度を列挙し、省庁や関係機関のウェブサイトに辿り着けるような見やすいデザインとなっています。これらのポータルサイトを適時に確認することで、経済危機にある個人や事業者のおかれた境遇に応じた漏れのない支援を続けていくことができます。

厚生労働省
パンフレット

経済産業省
パンフレット

内閣官房
ポータルサイト

(岡本正「新型コロナウイルス感染症災害と公的支援〜国のポータルサイトと情報検索〜」
第一東京弁護士会会報『ICHIBENBulletin』2020 年 10 月 1 日発行 No.569 17 頁より)
＊ QR コード先のウェブサイトの内容は記事執筆当時当時とは異なる。

1　新型コロナウイルス感染症まん延直後の情報発信

(1)　生活再建情報の整理と提供

　新型コロナウイルス感染症まん延拡大への対策として、政府は国民生活や事業者の経済活動支援のための様々な給付や支払減免措置を打ち出した。ところが、当該制度を必要としている者がその事実を知らなければ、支援は存在しないのと同じである。行政機関が発信する支援情報が国民へ行き渡るためには、

①　そもそも何かしらの支援情報を行政機関が発信しているものだ、ということを多くの国民が意識できていること

②　行政機関の支援情報はどこを見ればわかるのか、多くの国民が情報を検索する技術を持っていること

③　行政機関の公表している情報を誰もが読める文章にしてわかりやすくまとめて、それらを自発的に発信する担い手がいること

が満たされる必要がある。支援を必要としている人を想定して、その者に理解してもらえるよう、情報の意義と価値を解説するプロセスや、情報に辿り着くためのガイドが必要なのである。情報が氾濫する現代社会においては、このガイドを作り出す部分にこそ専門知を注ぎ込み叡智を結集する必要がある。ところが、冒頭のような記事を作る作業を、自分でまずは一巡やってみようという奇特な者は、かなり少数派だと言わざるを得ない（岡本 2020a・岡本 2020b）。だからこそ情報源である行政機関の担当部局側が自ら分かりやすいポータルサイトを構築すること（ポータルサイトへ情報を漏れなく提供すること）が平時の主要業務になっていなければならないはずなのである。

⑵　内閣官房「新型コロナウイルス感染症対策」ポータルサイト

　国による情報発信で先例価値が高いものとして注目されるのは、"Anti-COVID-19 TECH Team（ACTT）"、通称「テックチーム」による内閣官房新型コロナウイルス等感染症対策推進室「新型コロナウイルス感染症対策」ページである。同ページ内「新型コロナウイルス感染症に伴う各種支援のご案内」（冒頭は特別定額給付金が始まった 2020 年 6 月 5 日当時のもの）は、情報の信頼性は当然のこと、そのデザイン性や第一次情報へのアクセスの容易性などの点で非常に優れた有用なウェブサイトだったといえる。

▼内閣官房「新型コロナウイルス感染症対策」トップページ
　https://corona.go.jp/

▼内閣官房「新型コロナウイルス感染症に伴う各種支援のご案内」
　https://corona.go.jp/action/

　テックチームは、新型コロナウイルス感染症対策担当大臣をチーム長として、IT 政策担当大臣及び規制改革担当大臣が連携し、内閣官房、内閣府、総務省、経済産業省、厚生労働省等、関係省庁が連携して組成したチームである。2020 年 4 月 9 日には国の新型コロナウイルス感染症対策に関する特設ウェブサイトを立ち上げ、企業による支援情報 387 件、国による支援情報 121 件、都道府県による支援情報 15 件をオープンデータで公開して支援情報の検索サービスの提供を開始した。2020 年 4 月 13 日からは、チャットボットも導入され、新型コロナウイルスに関する質問やキーワードを入力すると AI が内容を自動認識し、厚生労働省や経済産業省などの関係省庁の FAQ 等から収集された、関連性の高い情報が表示されるようになった（新型コロナウイルス感染症対策テックチーム Anti-Covid-19 Tech Team キックオフ会議（2020 年 4 月 6 日）資料「新型コロナウイルス感染症の拡大防止対策に資する IT 活用について」、第 2 回会議（2020 年 4 月 21 日）資料「テックチーム　現在進行中のプロジェクト一覧（4/21 現在）」、総務省令和 2 年版「情報通信白書」第 1 部・第 2 章・第 3 節「新型コロナウイルス感染症が社会にもたらす影響」2・ア・（ア）行政による情報発信等参照）。このノウハウを活かし、平時からの様々な分野の支援策を「新型コロナウイルス感染症に伴う各種支援のご案内」ページに類するデザインへと変換していくとも推し進められるべきである。省庁、都道府県、基礎自治体、独立行政法人でウェブサイトデザインは千差万別である。「ご案内」

ページのようなサイトが作られていない分野だと、どこに情報があるのかについて相当根気よく探さないと支援者側も情報一覧表すら作れない。デザインを共通にし、どの行政機関のウェブサイトを訪れても、「支援情報や給付金情報はここら辺をクリックすれあるだろう」という当たりを付けられるようにしておくべきである。そうでなければせっかくの情報発信やデータ公表は失敗に終わると覚悟しなければならない。2023 年 5 月 8 日時点では、内閣官房「新型コロナウイルス感染症に伴う各種支援のご案内」のページには図表 1 - 17 のようにレイアウトされた支援制度一覧図が掲載されていた。それぞれの項目をクリックすると所管省庁の解説ページを訪れることができる。項目については、期限が終了した施策は取り除かれ、新たに作られた施策は追加して掲示される。リアルタイムで「今の支援」を一覧できるデザインは、情報発信の際の共通フォーマット候補になり得る。ただし、更新履歴がすべてアーカイブされ参照できるようになる必要もある。変更点がどのタイミングだったのかによっても情報支援の在り方は大きく変わるし、事後の政策 AAR（アフターアクションレビュー）のための記録にもなるからである。

図表 1-17　内閣官房「新型コロナウイルス感染症に伴う各種支援のご案内」(2023 年 5 月 8 日版)

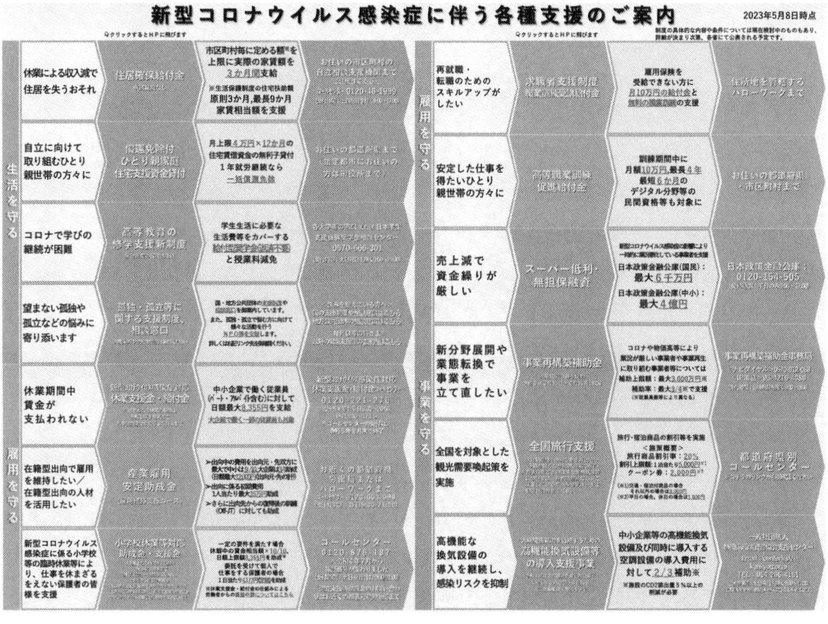

⑴　通知・事務連絡の情報公開請求とアーカイブ

　国、自治体、民間支援者、専門士業、研究者、さらには民間ボランティアや地域住民による災害対応実務や政策執務の向上のためには、全府省庁が災害時に発信している通知及び事務連絡を、リアルタイムで一元的にアーカイブし、検索参照できる情報プラットフォームの構築が不可欠である。2011 年 3 月の東日本大震災直後、弁護士有志らの「東日本大震災通知・事務連絡集作成プロジェクトチーム」は、IT 技術者ボランティアチーム「Hack for Japan」及びヤフー株式会社の協力のもと『東日本大震災・通知事務連絡集』と題するウェブサイトを構築した（災害復興法学第 2 部第 10 章）。人的時間的リソースの限界もあり2011 年 3 月 11 日から 8 月末頃の特定の省庁の発信する通知・事務連絡しか収集できなかったものの、800 件以上の通知データベースを作り上げた。裏を返せば、これだけの情報の洪水が大災害後に押し寄せてくるのだと肌身で感じられ、リアルタイムでこれらを参照しながら政策執務を実践することは自治体や民間支援団体はもちろん、国の担当者ですら不可能ではないかと感じられた。現在このウェブサイトは国立国会図書館「インターネット資料収集保存事業（Web Archiving Project：WARP）」（https://warp.da.ndl.go.jp/waid/31174）で保存され閲覧可能になっている（書誌 ID:000000031174）。本来、国が発信する通知・事務連絡などの情報は、政府の「e-GOV 法令検索」（https://elaws.e-gov.go.jp/）にリアルタイムでアップされ、情報の効力失効後もアーカイブされ続けなければならないが、東日本大震災当時も本書執筆時現在においてもそれは実現していない。

　大規模災害時に省庁が生み出した様々な知見の宝庫である通知・事務連絡が、将来検索不能になってしまう事態は避けなければならない。多くの通知は各省庁のウェブサイトを巡回して個別収集できるが、そもそもウェブサイトに公開されていないものや、最初の情報発信から年月が経過してリンク切れになっているものも多数存在する。神奈川大学の幸田雅治教授、日弁連法務研究財団、出版社の第一法規等の研究協力のもと、全省庁へ情報公開請求を行い、東日本大震災以降約 1 年のうちに発出された 1,000 件以上の通知・事務連絡・お知らせなどを収集するプロジェクトを立ち上げた。国会議員による国政調査権行使によって明らかになった通知類もいくつかあり、そのなかには情報公開請求では入手できなかった通知類も含まれていた。そして、2019 年 10 月に成果物として『自治体の機動力を挙げる　先例・通知に学ぶ　大規模災害への自主的対

応術』の発刊に至る。同書籍は巻末に 1,140 件以上に及ぶ通知・事務連絡を列挙した。大規模災害時の各省庁の対応とその密度が伝わるはずだ。なお、これらの通知については、日本災害復興学会のウェブサイトに設けられた「大災害時の通知類のアーカイブ」ページから入手可能である。

> **「大災害時の通知類アーカイブ」ページに収載の通知類**
> ① 内閣府（防災担当）「東日本大震災に関連した各府省の規制緩和等の状況」（平成 23 年 4 月 19 日公表・平成 24 年 12 月 12 日更新）に記述されている各通知などを手掛かりにして各府省庁へ情報公開請求を行い取得した通知・事務連絡等
> ② ウェブサイト「東日本大震災通知・事務連絡集」に掲載されている厚生労働省、国土交通省、総務省、文部科学省（文化庁を含む）の通知等
> ③ 熊本地震に関連して内閣府（防災担当）が公表した通知等
> ④ 西日本豪雨に関連して内閣府（防災担当）が公表した通知等

(2) 通知・事務連絡の公表・アーカイブの根拠

2015 年 3 月 27 日、総務省行政管理局が事務局を務める第 61 回各府省情報化統括責任者(CIO)連絡会議が実施され、「Web サイト等による行政情報の提供・利用促進に関する基本的指針」が決定された。国が「Web サイト等により提供する情報の内容」として「法令」「告示」「通達」「その他国民生活や企業活動に関連する通知等（行政機関相互に取り交わす文書を含む。）の一覧及び全文」が明記されるに至る。各省庁の通知や事務連絡はウェブサイトにて公表されなければならないとされたのである。

> **I Web サイト等により提供する情報の内容**
> 1 行政の諸活動に関する情報
> 　以下の情報については、国民、企業等第三者に不利益が生じ又は行政活動に重大な支障が生じるおそれがある場合等を除き、積極的に提供する。特に、広報・報道関係資料については、公表内容の一層の充実を図り、Web サイト等により提供を行うとともに、大臣等の記者会見の状況についても Web サイト等による公表を図る。また、外国語による情報提供についても、要望等を踏まえ積極的な対応に努める。
> (1) 行政組織、制度等に関する基礎的な情報
> ④ 所管する法令（法律、政令、勅令、府令、省令、規則）、告示・通達（法令等の解釈、運用の指針等に関するもの）その他国民生活や企業活動に関連する通知等（行政機関相互に取り交わす文書を含む。）の一覧及び全文（法令の全文については、法令データ提供システムの活用を図ることとする。）

2019 年 4 月 18 日、各府省情報化統括責任者（CIO）連絡会議決定「Web サイト等による行政情報の提供・利用促進に関するガイドライン」が新たに策定され、その技術指針である内閣官房情報通信技術（IT）総合戦略室「Web サイトガイドブック」に、ウェブサイトにて各省庁が公表すべき「法令」の項目の内

訳として、「通知」「通達」(いずれも英名表記は「notice」) も明記された。やはり通知や事務連絡がすべからく公表対象であることは、全省庁が既に合意済みのことなのである。

(3)　内閣府による災害救助法関連通知の公開状況

　ところが、通知や事務連絡の公表は一向に進展しない。外交上のセンシティブな問題や一般に周知すべきではない国家機密に関するものであれば即時公表されない場合もあることは致し方ないことであるが、そうではない分野でも公表されないケースもある。なかでも内閣府 (防災担当) による通知や事務連絡の取扱いには言及しておかねばならない。結論から言えば、内閣府では、災害発生後に発出されている通知・事務連絡を取りまとめてウェブサイトに公表するという日常業務フローが確立されていないようである。このため、通知の存在や内容がブラックボックス化している。東日本大震災の当時、災害対応や被災者支援関係の法令の多くを所管していた厚生労働省では、ほぼリアルタイムで、災害後の臨時対応や特例に関する通知類をウェブサイトに公表していた。ところが、2013 年の災害対策基本法改正で、災害救助法等の災害対応法令が内閣府 (防災担当) に移管されて以降、内閣府 (防災担当) の発信する通知は自発的な公表がほとんどなされていない。熊本地震では、2016 年 4 月 14 日と 16 日に震度 7 の地震が連続発生した。内閣府から自治体への通知は「平成 28 年熊本地震における被災者支援の適切な実施について」(平成 28 年 4 月 15 日府政防第 577 号) が九州全土と愛媛県へ、「避難所の生活環境の整備等について (留意事項)」(平成 28 年 4 月 15 日府防第 582 号) は熊本県へ、「「平成 28 年熊本地震による災害についての特定非常災害及びこれに対し適用すべき措置の指定に関する政令」について」(平成 28 年 4 月 28 日府政防第 608 号外) は熊本県及び大分県へ、「平成 28 年熊本地震に係る災害救助法上の留意事項等」(平成 28 年 5 月 2 日事務連絡) は熊本県へ、「農地等を応急仮設住宅の用に供するために一時使用する場合の贈与税の納付猶予等の特例措置の適用について」(平成 28 年 5 月 20 日事務連絡) は熊本県、熊本県内市町村、大分県及び大分県内で全壊・半壊の被害が報告されている市町村へ、「罹災証明書に関する被害認定の第 2 次調査の周知等留意事項について」(平成 28 年 5 月 30 日事務連絡) は、熊本県、熊本県内市町村、大分県及び大分県内で全壊・半壊の被害が報告されている市町村へ、「被害認定調査及び罹災証明書交付に係る留意事項について」は、熊本県、熊本県内市町村、大分県及び大分県内で全壊・半壊の被害が報告されている市町村へ、発出

されていた。ところが、これらはいずれも 5 月末日の時点では内閣府ウェブサイトに全く公表されていない。2016 年 6 月 1 日、読売新聞朝刊で「家屋の地盤沈下　配慮を　罹災巡る判定　国、自治体に通知」との記事が掲載される。当時この通知を確認すべく内閣府や都道府県のウェブサイトをくまなく探したが発見できなかった。これほど重要な国から都道府県・市町村に対する災害復興支援に関わる情報が、公表されていないことに大きな焦燥と驚愕の思いを抱かざるを得なかった。また、これまでにも多くの通知や事務連絡が発信されながらも公表に至っていないのではないかと疑念を抱いた。被災地の支援にあたる熊本県弁護士会の弁護士や、他の専門士業らに連絡を取っても、そのような通知や事務連絡を見たことはないという。このことは、被災地で支援を行っている人々は、通知を知らずに被災者支援や法制度に関する助言を行っていたことを意味し、被災者への支援対応が遅延し、誤った情報を伝えていた可能性すらあることを意味する。最終的には新聞記者を通じてようやく上記報道の通知の存在と内容を確認することができた。その後、弁護士有志や有識者有志らとともに、当時の内閣府（防災担当）統括参事官らに速やかにすべての通知事務連絡を公表するよう申し入れを行い、2016 年 7 月 4 日になってようやくそれまでの通知事務連絡が一覧になって公表されるという顛末を辿った。

　西日本豪雨（2018 年 7 月）でも、内閣府（防災担当）は災害関連の通知事務連絡を当初は公表していなかった。筆者を中心に外部専門家や弁護士有志から当時の内閣府副大臣へ直接対応を要望した末、発災から 1 か月経過してようやくそれまでに発信した通知の一覧を公表するに至った。

　令和元年東日本台風（2019 年 9 月）を含む一連の豪雨及び台風被害でも、内閣府（防災担当）は通知事務連絡を公表しなかった。筆者を中心に外部専門家や弁護士有志からの指摘を受けて、相当遅れて通知事務連絡の一覧を公表するに至った。

　令和 2 年 7 月豪雨（2020 年 7 月）でも、内閣府（防災担当）は通知事務連絡を当初は公表しなかった。これも筆者を中心に外部専門家や弁護士有志が指摘し、内閣府に縁のある国家公務員から研究機関に出向中の幹部職員の協力を経て、内閣府の担当者と交渉の末、相当遅れて通知事務連絡の一覧が内閣府より公表されるに至った。

　熊本地震、西日本豪雨、令和元年東日本台風、令和 2 年 7 月豪雨は、いずれも「特定非常災害」に政令指定された災害である。本書執筆までに特定非常災害であるのは、上記に加えて阪神淡路大震災、新潟県中越地震、東日本大震災

だけである。これ以外の災害でも「災害救助法」の適用が決まった災害では
フェーズが一気に切り替わり、特別の対応が行われるため通知事務連絡が特別
に数多く発出されてきた。災害救助法が適用になると、災害対応の主体が市町
村から都道府県に変更され様々支援メニューが発動され、特別基準による支援
の上乗せも検討でき、国からの予算措置も手厚くなる。なかでも「避難所の生
活環境の整備等について（留意事項）」と題する通知は、必ず災害救助法適用と
同時に内閣府から都道府県に発信されている極めて重要な情報であり（災害復
興法学Ⅱ第1部9章）、都道府県担当者のみならず、市町村職員は当然、すべての
災害支援者が把握しておくべき重要事項である。しかし、内閣府（防災担当）
が法令の所管を始めた2013年から本書執筆までの10年以上の期間で、災害救
助法適用災害のうち特定非常災害に至らない災害では、内閣府が災害救助法対
応関連の通知を、自発的にウェブサイトに掲載する形で公表したことは一度も
ないのである。このため、被災地の最大のニーズである情報整理提供支援を行
うためには、外部支援者側から、個別に内閣府担当者に問い合わせたり、被災
した都道府県にわざわざお願いしたり、被災地を取材している記者らの協力を
得たりして、これらの災害救助法関連通知を国以外から入手し、当該通知の存
在にすら気づいていない都道府県や被災市町村の職員や支援者らに通知内容を
解説し、支援の在り方を協議したりすることを繰り返さざるを得ないのである。

⑷　通知・事務連絡のアーカイブに関する政策提言

　2020年5月19日、研究者有志は「優先的・緊急的にデジタル化・標準化に
取り組むべき12項目（防災・減災）」を、内閣府（防災担当）「「防災×テクノロジー」
タスクフォース」に提言した。災害時の支援制度に関する情報の公表とアーカ
イブについても「被災者支援、生活再建支援、事業支援に関する情報を迅速か
つ分かりやすく届けるための情報項目・配付方法に関する全国共通ルールの整
備」「支援を必要とする人が情報を取りに行くのではなく、デジタル技術やAI
によって情報の方から被災者にアプローチできるようにする」などを政府に求
めたところである。2020年6月5日、内閣府（防災担当）「「防災×テクノロジー」
タスクフォースのとりまとめについて」が公表に至り、「大規模災害時には、
各省庁や地方公共団体から各種被災者支援制度の情報が提供されているが、多
くの制度があり、また順次新たな制度が追加されることから、被災者が必要な
制度を調べ、利用できるまでに時間、労力を要する」「被災者の生活再建支援
の迅速化のため、被災者、行政機関窓口職員等が必要な情報をワンストップで

簡単に検索できるよう、個人向けの生活再建支援制度を一元的に集約したデータベースを構築し、WEB 等で提供する」として「生活再建支援制度データベース」の構築が宣言された。2022 年 7 月、デジタル庁は、被災者などへの支援制度の利用促進や生活再建支援の迅速化を図るため、災害時の生活再建支援制度や災害対応の事例を一元的に集約したデータベース「マイ制度ナビ」を整備し本格運用を開始した。しかし、その後、災害支援情報がここにアーカイブされたり追加更新されたりすることは、ほとんど行われていない。

　2021 年 12 月 24 日の閣議決定（2022 年 6 月 7 日改訂）「デジタル社会の実現に向けた重点計画」を受けて、2022 年 11 月から 2023 年 3 月までに「令和 4 年度防災分野のデータプラットフォーム整備にむけた調査検討業務・実務検討ワーキンググループ」が 3 回開催された（筆者も委員を務めた）。ここでは「各府省庁等の災害対応に関する情報（通知文や事務連絡、技術的助言等）の共有や、それらの過去の実績資料を同時に参照できることが、避難所情報や地図データを利用した災害対応の上で不可欠と考える」（2022 年 11 月 21 日実務検討第 1 回議事要旨）、「災害対応に必要なガイドラインや指針のみならず、災害の都度、各府省庁から発出される通知文や事務連絡（例えば内閣府による災害救助法の特別基準に関する通知、財務省による金融関係の特別措置に関する通知、厚生労働省による保険証紛失と保険診療に関する通知等）について、少なくとも東日本大震災以降の過去のアーカイブも含めて、災害対応時に、公務員のみならず、被災者支援に関わる民間支援団体や専門家らも迅速に参照できるよう、リアルタイムで公表し、かつシステム上も参照可能な仕組みを整えることが望ましい」等の提言を行った（2023 年 1 月 18 日実務検討 WG 第 2 回議事要旨）。集約された情報を参照する者は、被災地職員だけではなく、被災地を支援する応援職員、都道府県、内閣府ほか政府担当者、専門支援を行うボランティア、事業者や被災者を支援する専門士業らも含まれる。通知等のアーカイブや更新情報は、全国民に向けてオープンにされるべき情報でなければならない。

　感染症のまん延と拡大により齎された「生活被害」は、個人や家計の目線でみれば、大規模自然災害のそれと共通する。それらへの対策は、個人への適切な給付支援の実施のための法制度の構築、そして、手続や支援制度の漏れの無い徹底した周知、すなわち情報提供支援に集約されたように思われる。ところが、内閣官房新型コロナウイルス等感染症対策推進室が公表している、新型コロナウイルス感染症対策本部決定「次の感染拡大に向けた安心確保のための取組の全体像」（2021 年 11 月 12 日）では、「(4)　新型コロナの影響を受ける方々へ

の支援　○住民税非課税世帯や子育て世帯・学生などコロナでお困りの皆様に対する給付金等の支援を行う。詳細は経済対策において決定する」という記述のみが残されたにすぎない。国民生活への支援措置の迅速な法的措置の実践を次の感染症対策でも行うべきことや、生活支援のための情報を円滑かつ漏れなく国民に提供することの重要性などの記述は一切みることができない。その後の同対策本部決定「新型コロナウイルス感染症に関するこれまでの取組を踏まえた次の感染症危機に備えるための対応の方向性」（2022年6月17日）では、国民への生活支援や情報提供支援に関する記述は一切見受けられなくなった。感染症対策も災害復興支援政策も情報発信の在り方と情報提供支援を対策事項の根幹に据えることが強く求められる。

3　情報整理提供機能としての災害ケースマネジメント

　政府が通知・事務連絡等を公表し、わかりやすく情報整理を実施したとしても、それだけで当該情報を欲しいと願う者への支援が完了するわけではない。情報は到達してこそ存在意義を持つ。ここに災害時に国やメディア等が発信しているはずの情報が「届かないメカニズム」が存在していることを忘れてはならない（災害復興法学第2部第10章）。情報を必要としている者に情報を届ける作用こそが被災者支援の本質であり、平時からの福祉行政や公衆衛生行政の本質でもあるはずだ。例えば、一律10万円の「特別定額給付金」や、中小事業者のための「持続化給付金」（中小企業最大200万円、個人事業主最大100万円）などの支援策は、施策の登場の前後で、各種報道、自治体、商工会議所、商工会、インターネットのまとめサイト、関連団体からのお知らせ等により、繰り返しの情報発信がなされているため、情報から取り残される国民はそれほど多くないと期待されていた。それでも特別定額給付金は、申請期限が総じて短期間であったので、申請漏れについての懸念が噴出した（2020年7月30日朝日新聞朝刊「10万円、申請期限ご注意　給付金、大半が来月打ち切り」等）。制度の期限を意識した集中的な啓発は特に重要であることが改めて確認できた。また、平時から孤立してしまったり、認知症であったり、障害があることで出かけること自体の気力や体力が失われたりしている方もいるはずだ。そこで、委託を受けた事業者が申請未了者へ積極的なアウトリーチをする事業を実践した自治体もあった（2020年8月31日朝日新聞朝刊「多数の孤立住民、接触で実態把握　定額給付金、八尾市が未申請世帯訪問」）。公的な支援を誰一人見逃すことなく完遂するために埋めるべ

きパーツは「情報提供支援スキームの法制度化」である。行政による支援とその根拠はすべてリアルタイムで公表し、かつそれを適切に「伝える」ことで「説明して理解をしてもらう」ところまでを明確にミッションに組み込んだ支援ができるように法制度を構築すべきである。この点は、自然災害の被災者においても同様である。佐賀（2023）は、情報が被災者に届くこととそれを理解していることとは違うとし、西日本豪雨の被災地である倉敷市の被災者宅を訪問すると、情報がありすぎて制度がわからず、いつまでに何をすればよいのかもわからない旨の訴えがあり、玄関先には市が定期的に郵送していた支援制度をまとめた冊子がそのまま置かれていた状況だったことを報告している。このように、感染症も自然災害も申請すべき者すべての申請完遂を目指そうとしても、最後まで決して越えられないラストワンマイルが存在するのである（第2部第4章）。「災害ケースマネジメント」を法制化する真の意義は、このラストワンマイルを越え、伝え、理解してもらう支援の法制化だと言い換えても良い。

第2部　異常気象と災害復興法学
—— DISASTERS

罹災証明書：　災害対策基本法 90 条の 2

　災害時に被災者の申請によって市町村が住家被害を調査したうえで、全壊（損害割合 50% 以上）、大規模半壊（同 40% 以上）、中規模半壊（同 30% 以上）、半壊（同 20% 以上）、準半壊（同 10% 以上）、一部損壊（同 10% 未満）を認定して証明する書面。被害認定の際には第一次調査に加え、第二次調査や再調査が行われる場合がある。

被災者生活再建支援金：　被災者生活再建支援法

　一定規模以上の被害の発生した市町村や県の単位で法律が適用される。被災世帯の被害に応じて支給される基礎支援金（最大 100 万円）と、住家の再律手法に応じて支給される加算支援金（最大 200 万円）がある。住家被害に応じて支給される現金支援としては唯一の法制度。

災害弔慰金・災害障害見舞金：　災害弔慰金の支給等に関する法律

　一定規模以上の被害の発生した災害において法律が適用される。災害によって亡くなった方の遺族の代表者に対して支払われる災害弔慰金（500 万円又は 250 万円）と、災害によって重度の障害が残った方に対して支払われる災害障害見舞金（250 万円又は 125 万円）の現金給付支援制度。

自然災害債務整理ガイドライン（被災ローン減免制度）

　災害救助法が適用される自然災害で発動される債務整理の準則。災害前からの既往債務（被災ローン）が支払困難になる等した個人（個人事業主を含む）と金融機関等が、ガイドラインが定める基準等に従い、裁判所の特定調停手続を経て合意をすることで、既往債務を減免できる制度。信用情報登録（ブラックリスト掲載）されず、連帯保証人にも原則請求がなされない。通常の破産手続以上に一定規模の財産を手元に残すこともできる。手続には中立な立場の弁護士資格を持つ登録支援専門家の無償サポートを受けることもできる。

応急修理制度：　災害救助法

　全壊しなかった住宅の応急修理制度。現物給付支援のため、通常は自治体を通じて制度利用を申請することで工事業者などが紹介派遣される仕組み。公的な補修の範囲は、半壊以上の場合は 70 万 6,000 円、準半壊の場合は 34 万 3,000 円（2023 年 4

月1日現在）。応急修理制度を利用すると、一定の事情を除いては仮設住宅には入居できない運用。

仮設住宅制度：　　災害救助法

　住宅の損壊などで住居を確保できない被災者に対して供与する仮設の住宅。住宅を建設し供与するもの（建設型応急住宅）、民間賃貸住宅を借上げて供与するもの（賃貸型応急住宅）、その他適切な方法により供与するものがある。また、老人居宅介護等事業等を利用しやすい構造及び設備を有し、高齢者等であって日常の生活上特別な配慮を要する複数のものに供与するもの（福祉仮設住宅）もある。入居の基準は災害によっては柔軟に緩和して運用されることが多い。

第1章　西日本豪雨とリーガル・ニーズ

豪雨災害の声を徹底分析

　2018年6月28日以降、中国大陸から日本海上を通り北日本に停滞した梅雨前線は、7月4日に北海道に北上した後、7月5日は急速に西日本まで南下し、その後停滞する動きを見せた。7月8日までには、東海地方から西日本にかけて多数の線状降水帯が形成され、半数以上が最大3時間積算降水量150mmを超える豪雨をもたらした。当時の天気図を見ると、実に4日間という長期にわたり、西日本に停滞前線マークの梅雨前線がかかりっぱなしなのがよくわかる。

　前後して6月29日、沖縄本島の南南東海上では台風第7号が発生。東シナ海を北上し、対馬海峡付近で進路を北東に変えた後、7月4日に温帯低気圧となった。この低気圧がオホーツク海高気圧の冷たい空気を南下させ、南北の温度差が大きくなったことで上昇流が強化され積乱雲が発達。前線活動はさらに活発になった。

　前線には南西から暖かく非常に湿った空気が供給され続け、西日本を中心に、日本全国が記録的な大雨となった。6月28日から7月8日までの総降水量は四国地方で1,800mm、東海地方で1,200mmを超え、7月の月降水量平年値の2〜4倍の大雨となった。九州北部、四国、中国、近畿、東海、北海道地方の多くの観測地点で24、48、72時間降水量の値が観測史上第1位となった。

　この大雨については、気象庁が事前に複数回記者会見を開いていたことが印象的であった。そして、岐阜県、京都府、兵庫県、岡山県、鳥取県、広島県、愛媛県、高知県、福岡県、佐賀県、長崎県の1府10県に、現在の警報発表基準をはるかに超える大雨等が予想され、重大な災害の起こるおそれが著しく高まっている場合に発表して最大級の警戒を呼びかける「特別警報」も発表された。只ならぬ状況になりつつあることは地元住民らも強く感じていたという。

　ここまで湿った空気が日本に押し寄せた原因として、太平洋高気圧に加え、上層のチベット高気圧が日本に張り出し続け、海面水温が高温化し、台風と前線の影響で大量の水蒸気が南の海から日本に供給され続ける環境にあったことが指摘されている。地球温暖化をはじめとする気候変動が齎した豪雨なのである。

　気象庁はこの一連の豪雨を「平成30年7月豪雨」と命名した。
　平成30年7月豪雨は同時に「西日本豪雨」という過去最大級の豪雨災害を呼び起こした。西日本を中心に全国的に河川の洪水、氾濫、土砂災害が頻発。死者は237名。

特に被害の大きかった 3 県の犠牲者は、広島県 115 名、岡山県 66 名、愛媛県 31 名となった。さらに 2022 年 8 月までにこの 3 県での災害関連死は 83 名になった。

　2018 年 7 月 7 日、衝撃的なヘリコプターの映像だった。「晴れの国」と言われた岡山の田園地帯が濁流に沈んでいる。そこには 4,000 棟の住宅があったはずだが、その一部の屋根しか確認することができない。岡山県の高梁川の支流小田川が本流の高梁川に合流する際に水がせき止められる「バックウォーター現象」等で水位が高い状態が長時間継続したこと等により小田川等の堤防決壊が生じ、倉敷市真備町を中心に大規模浸水害がおきた。

　広島県では、広島市で 2014 年 8 月におきた土砂災害が記憶に新しい。崖崩れ等が極めて多いことで知られる広島県だが、西日本豪雨では、2018 年 7 月 6 日以降、広島市、呉市、坂町、熊野町等において同時多発的に土石流等が発生した。住宅街が土砂で丸ごと流されてしまう恐ろしい光景が各地で広がった。

　愛媛県でも各地で河川氾濫がおき、2018 年 7 月 7 日、宇和島市吉田町などにおいて土石流等が発生し、吉田浄水場等が破壊された。土砂災害警戒区域内にも住居が多く、吉田町だけでも 11 名が犠牲になっている。

　西日本を中心に、19 都道府県 88 市町村で内水氾濫、土砂災害は 1 道 2 府 29 県において 2,581 件に及んだ。

　避難所については、岡山県で 436 か所、広島県で 660 か所、愛媛県で 462 か所、その他都道府県を含め計 3,779 所開設された。最大 2 万 8,000 名が避難者となり、真備町をはじめ市街地全体の被害が顕著な岡山県では最大 2 万 5,000 人が避難していた。なお、多くの避難所は 2018 年内に解消に向かった。

（気象庁「災害をもたらした気象事例／平成 30 年 7 月豪雨（前線及び台風第 7 号による大雨等）」（2018 年 7 月 13 日）、内閣府（防災担当）「令和元年防災白書」、同「平成 30 年 7 月豪雨による被害状況等について／平成 31 年 1 月 9 日 17 時 00 分現在」等を参考に記述。関連死については広島県、岡山県、愛媛県の災害関連資料複数及び新聞報道（読売新聞、毎日新聞、朝日新聞）から集計）

1　西日本豪雨（平成 30 年 7 月豪雨）と弁護士

(1)　西日本豪雨における法制度の適用状況

　西日本豪雨は、2018 年 6 月 28 日から 7 月 8 日に、西日本を中心に全国的な豪雨被害をもたらした災害である。11 府県 110 市町村に災害救助法が適用され、12 府県 88 市町村に被災者生活再建支援法が適用された。2018 年 7 月 14 日の「平成 30 年 7 月豪雨による災害についての特定非常災害及びこれに対し適用すべ

き措置の指定に関する政令」で、西日本豪雨は「特定非常災害の被害者の権利利益の保全等を図るための特別措置に関する法律」（特定非常災害特別措置法）に基づく特定非常災害となり、行政上の権利行使期間の延長や各種手続の猶予措置などが一括で指定された。阪神・淡路大震災、新潟県中越地震、東日本大震災、熊本地震に続いて史上5例目となる。同時に「平成30年7月豪雨による災害についての総合法律支援法第30条第1項第4号の規定による指定等に関する政令」も閣議決定された。総合法律支援法が2016年5月27日に改正され「大規模災害の被災者に対する法律相談援助制度」（被災者法律相談援助）が法テラスの業務となり、資力を問わない被災者のリーガル・アクセスの無償化制度が特定非常災害に連動して発動されるようになっていたことによる。2018年7月24日には、台風第5号から第8号と平成30年7月豪雨など梅雨前線による一連の災害が激甚災害に指定された。

(2) 弁護士による無料法律相談・情報提供活動

　西日本豪雨の被害発生直後から弁護士は無料法律相談・情報提供活動を実施した。2018年7月11日から7月17日にかけて、広島県、岡山県、愛媛県の3つの弁護士会は、日本弁護士連合会や他の弁護士会のバックアップを受けながら、電話及び面談にて無料法律相談活動を順次開始する。日弁連は、2018年7月18日から12月27日まで、広島弁護士会及び岡山弁護士会の無料電話相談窓口に架電されたうち、対応可能回線数を超えてオーバーフローした分を、東京都の霞が関にある弁護士会館内で着信転送を受ける仕組みを設けた。東京弁護士会、第一東京弁護士会及び第二東京弁護士会の弁護士が相談に対応した。

2　西日本豪雨のリーガル・ニーズの分析経緯と概要

(1) 無料法律相談データの分析報告書の作成

　2018年11月、日弁連「平成30年7月豪雨無料法律相談データ分析結果（第1次分析）」が公表された。2018年7月11日から8月31日までの合計1,299件の相談事例（弁護士会ベースで広島県641件、岡山県531件、愛媛県117件、不明10件）に関する分析報告書である。2019年3月には第2弾の日弁連「平成30年7月豪雨無料法律相談データ分析結果（第2次分析）」の公表に至る。2018年7月11日から10月31日までの3,230件の相談事例（弁護士会ベースで、広島1,837件、岡山1,171件、愛媛209件、不明13件）の分析結果である。その後、岡山弁護士会を

中心に、岡山県と広島県の 2019 年 10 月までの相談事例が追加で分析され、2020 年 10 月、中国地方弁護士会連合会・広島弁護士会・岡山弁護士会「平成 30 年 7 月豪雨　無料法律相談相談データ集計及び分析結果」が作成された。2018 年 7 月の相談開始から 2019 年 10 月までに集約された相談事例は広島県と岡山県で合計 3,085 件に及んだ。

(2)　相談データの分析手法の概要

　相談分析の最大の目的はリーガル・ニーズの視覚化にある。リーガル・ニーズとは「公法・私法の区別を問わず、震災からの復旧・復興に向けた社会生活を営む上で必要な法的需要を指す。……リーガル・ニーズという視点に着目するのは、法的な支援というものは目にみえにくく、問題が先送りされかねないからである。……法的な問題は、法律家以外の者からみると、専門用語や制度の仕組みが複雑にみえるため、とっつきにくく、気がついた頃には救済の道が閉ざされていたといった事態にもなりかねない。したがって、リーガル・ニーズという視点から被災地において必要な支援を探ることには、公共的な意義があると考えられる。」（岡本・小山 2012）。視覚化とは、相談の特徴を摑んでそれをカテゴリー（類型）に分類してグラフ化する作業である。被災地の面談相談や電話相談の際に弁護士が作成している相談票の記述内容を読み解いて、担当弁護士が一定の法律類型に選別してゆく作業こそがこのデータに比類なき価値と信頼性を与えている。

　図表 2-1 は、法律相談を分類する先の項目の一覧である。ここでは、最も精緻な分析結果が報告されている中国地方弁護士会連合会の報告書の分類を紹介する。21 類型に分類し、「1　不動産所有権」「6　工作物責任・相隣関係」「7　既往の借入金」「11　労働問題」「13　その他の契約問題」「14　親族間の問題」「15　相続」「19　公的支援制度」についてはさらに細分化して分類している。各分類の定義は当該報告書を確認してほしい。

　相談分析の手法は、小山治日弁連研究員（当時）及び筆者らが中心となり東日本大震災後 1 年間の相談事例 40,375 件をとりまとめ、2011 年 6 月から 2012 年 10 月に順次公表した「東日本大震災無料法律相談情報分析結果」（第 1 次分析～第 5 次分析）や、2015 年 8 月 18 日に広島弁護士会が公表した「平成 26（2014）年 8 月広島市豪雨災害無料法律相談情報分析結果」の分析手法を概ね踏襲するものとなっている。1 件の相談について 1 から 3 種類の類型に選別し（そのため相談分類数の総数は相談件数を上回る）、相談傾向を割合で数値化したものをグラフ

図表 2-1　西日本豪雨におけるリーガル・ニーズの分類

1	不動産所有権	1-1　工事の瑕疵　　1-2　売買の瑕疵　　1-3　共有不動産　　1-4　区分所有権　　1-5　境界 1-6　その他								
2	車・船等の所有権									
3	預金・株式等の資産									
4	土地の賃貸借									
5	建物の賃貸借									
6	工作物責任・相隣関係	6-1　妨害排除・予防　　6-2　損害賠償　　6-3　営造物責任　　6-4　その他								
7	既往の借入金	7-1　住宅ローン　　7-2　自動車のローン　　7-3　事業　　7-4　その他の借入金 7-5　自然災害債務整理ガイドラインの手続								
8	新たな融資									
9	債権回収									
10	保険									
11	労働問題	11-1　解雇・退職勧奨　　11-2　賃金不払　　11-3　休業手当　　11-4　労働安全衛生・労働災害 11-5　労働条件変更　　11-6　その他								
12	悪質商法・消費者被害									
13	その他の契約問題	13-1　請負・売買等の危険負担　　13-2　その他発災前に締結した契約 13-3　発災後に締結した契約								
14	親族間の問題	14-1　夫婦間の問題　　14-2　成年後見　　14-3　その他								
15	相続	15-1　行方不明　　15-2　相続放棄　　15-3　相続登記未了不動産　　15-4　その他								
16	刑事									
17	外国人特有の問題									
18	税金									
19	公的支援制度	19-1　罹災証明書　　19-2　住家被害認定　　19-3　被災者生活再建支援金 19-4　建物の修繕・解体　　19-5　土砂等の撤去　　19-6　仮設住宅 19-7　災害弔慰金・災害障害見舞金　　19-8　その他								
20	その他									
21	災害と関連が乏しい相談									

にしてリーガル・ニーズの視覚化を実現する。ニーズのボリュームを示すには、相談件数を分母にし、相談分類数を分子にした百分率にて表現する手法が現場の体感に即していると考えられる。なお、西日本豪雨の相談事例分析では、1件を複数分類した後の「相談分類数の総数」（＝アンケートにおける総質問数に相当）を分母、各類型への分類数を分子にして百分率で表現することでも相談傾向を分析している。

3　広島県のリーガル・ニーズ

(1)　広島県のリーガル・ニーズの全体像

　図表 2-2 は、広島県における 2018 年 7 月 11 日の相談開始から 2019 年 10

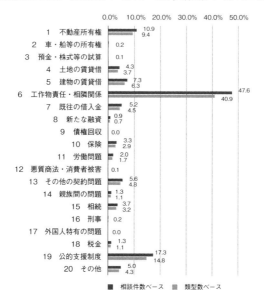

図表 2-2　広島県のリーガル・ニーズ（2018 年 7 月〜 2019 年 10 月）
（各相談類型の分母　相談件数ベース：n = 1054 ／類型数ベース：n = 1226）

	相談件数ベース	類型数ベース
1　不動産所有権	10.9	9.4
2　車・船等の所有権	0.2	
3　預金・株式等の試算	0.1	
4　土地の賃貸借	4.3	3.7
5　建物の賃貸借	7.3	6.3
6　工作物責任・相隣関係	47.6	40.9
7　既往の借入金	5.2	4.5
8　新たな融資	0.9	0.7
9　債権回収	0.0	
10　保険	3.3	2.9
11　労働問題	2.0	1.7
12　悪質商法・消費者被害	0.1	
13　その他の契約問題	5.6	4.8
14　親族間の問題	1.3	1.1
15　相続	3.7	3.2
16　刑事		
17　外国人特有の問題	0.0	
18　税金	1.3	1.1
19　公的支援制度	17.3	14.8
20　その他	5.0	4.3

月 31 日までの約 1 年 4 か月間で実施された、弁護士による無料法律相談・情報提供活動の内容の分析結果である（中国地方弁護士会連合会報告書）。相談件数ベースでみると、「6　工作物責任・相隣関係」（47.6%）が圧倒的に高い割合となっている。次に「19　公的支援制度」（17.3%）が相当高い割合で続く。3 番目は「1　不動産所有権」（10.9%）、4 番目に「5　建物の賃貸借」（7.3%）となっている。広島県内を被災地域とする相談 1,054 件には、1 自治体を除く全市町の相談事例が含まれ、豪雨災害の影響が県全域に及んだことを反映している。相談件数は、広島市、呉市、尾道市、三原市、福山市、安芸郡坂町の順に多かった。基本的に大きな都市が並んでいるが、これは商業や住宅街が広がる地域での土砂災害、浸水被害、洪水被害により、被災者の数が膨大に及んだことを反映したものである。市町村ごとの人口に対する相談件数の比率（相談件数÷人口）をみると、坂町が突出して高い（0.530%）。第 2 位の竹原市（0.153%）、第 3 位の熊野町（0.150%）と比べても圧倒的である。坂町は人口 1 万 3,000 人余りで、世帯数は 2018 年 1 月時点で 5,672 世帯である。県でも 4 番目に人口が少ないが、天地川流域・総頭川流域を中心に全域で土石流と河川氾濫がおき、直接死 17 名、行方不明 1 名、全半壊家屋は 1,250 棟を超えるなど甚大な被害を発生させてい

る。これらのインパクトが相談者数を引上げたのではないかと推察される。

(2) 広島県の具体的な相談事例

① 工作物責任・相隣関係

「自宅に他人の車が流れてきて、ぶつかっている。近隣の方の所有か、誰のものかわからない。この車をどうしたらよいか」「土地に隣地の土砂が流入。設置した太陽光パネルの柵を壊している状態なので、隣人に土砂の撤去と柵の修理を求めたが、動いてくれない。自分で撤去した場合、隣人にその費用を請求できるか」「隣の家が傾いて、自分の家に穴が開いた。隣の家は全壊で、自治体は隣の家と土砂を撤去すると言っているが、隣の家の土地の抵当権者が書類を送ってくれないため、自治体の土砂撤去が進まない」等のように他者からの所有権妨害の排除を求める被害者的な立場側からの相談事例、「所有している山から隣の工場に土砂が流出した。撤去費用は払わないといけないか。また、防護柵の設置費用は負担しないといけないか」「車が他人の敷地に流れ込んだ。車をどけてほしいと言われている」等のように他人の資産等に対して被害を与えたり所有権等を妨害したりしてしまったという加害者的立場側からの相談事例、「自分の家の上から流れてきた土砂が下の家の敷地に流れ、下の敷地に堆積している。自分が下の家の者から撤去を求められている」等、被害者かつ加害者でもあるような相談事例など、様々な立場の者から相談が寄せられていた。

豪雨や土砂災害は新たな被害を惹起することもある。「裏山から土砂が流れてきて倉庫が傾いて危険な状況にある。撤去費用を裏山の所有者に請求することができるか。今後の土砂崩れを防止するために斜面を固めるなどの工事を勝手にしてもよいのか。工事費用を裏山の所有者に請求できるか」「所有する土地の雑木林が崩れた……補修をしたほうがよいとアドバイスをもらった。現在、業者に補修のお願いをしているが、忙しいらしくなかなか順番がこない。このような状況下で、まだ水害があって土砂が流出した場合でも責任を負うのか」等の二次被害を予防したいという声（妨害予防）も多くあった。

具体的な損害賠償紛争に発展している（しそうな）事例も多発している。民間同士の損害賠償事例としては「所有する田の上の土地上に電柱と携帯電話の基地局があった。豪雨でその電柱と基地局が倒れ、大量の土砂が自分が所有する田に流れ込んだ。電柱と基地局の所有者に何らかの請求ができないか」「自宅に隣接する畑が豪雨災害によって崩れて、自宅の建物が壊れた。土砂は撤去してもらったが、それ以上に、自宅建物の損害を賠償してもらうことはできな

いのか」「所有山林の土砂崩れで他人の土地の墓を損壊した。盆までに補修費用全額を支出して直してほしいと言われている」「所有地の土砂が隣地に流れ込んだ。土砂は撤去済みだが、撤去費用相当額や土砂により損壊された工作物の撤去費用、仮設住宅への移転費用を請求されている。どのように対処したらよいか」「自己の所有する土地と、石垣を挟んで上にある土地の双方に影響を及ぼす崖がある。がけ崩れの危険から、土砂災害特別警戒区域にも指定されている。この度、双方の土地の所有者で費用分担して法面の工事を行った方がよい状況となっているので、上の土地の所有者と共同して工事をしたいのだが、同人が納得してくれない」など多種多様である。

　損害賠償紛争には、国、県、市町村に対して営造物責任を求める声や、行政機関との紛争事例も出ている。「県が管理している河川の護岸が決壊し、所有建物の底地が削れている。この決壊部分は過去にも2度決壊が生じている。県は護岸工事のために当方の費用負担で縦門を撤去することを求めてきている」「自治体所有の山林から流入した土砂により自家用車が損壊した。自治体に対して損害賠償請求できるか」「豪雨で裏山が崩れ、自宅建物が損壊した。前にも裏山が崩れてきたことがあった。裏山の所有者は国だが、損害賠償請求できるか」などといった声である。このように豪雨災害や土砂災害では、賠償紛争の当事者に国や自治体の名前が挙がることが珍しくない。

　民法では「土地の工作物の設置又は保存に瑕疵があることによって他人に損害を生じたときは、その工作物の占有者は、被害者に対してその損害を賠償する責任を負う。ただし、占有者が損害の発生を防止するのに必要な注意をしたときは、所有者がその損害を賠償しなければならない」（民法717条1項）とされ、国家賠償法では「道路、河川その他の公の営造物の設置又は管理に瑕疵があつたために他人に損害を生じたときは、国又は公共団体は、これを賠償する責に任ずる」（国家賠償法2条1項）とされている。工作物等を巡る損害賠償紛争では「瑕疵」（その物が通常備えるべき性能・品質を欠いていること）への該当性が主な論点になる。その認定判断は様々な事情を総合考慮しなければならないため非常に困難を極める。当事者どうしで納得のいく結論に至ることは難しく、それが泣き寝入りや更なる紛争の激化を招くことがある。災害直後の急性期では、弁護士らの法律相談による交通整理や法令根拠の解説が必要な相談類型といえる。弁護士による無料法律相談の紛争解決予防機能（災害復興法学第1部第1章、災害復興法学Ⅱ第1部第3部第1章）の重要性は、都市部を襲う豪雨災害でより顕著になることが明確になったといえる。

②　公的支援制度

　災害後の公的支援制度に関するリーガル・ニーズとしては、「罹災証明書」「被災者生活再建支援金」「災害弔慰金・災害障害見舞金」「自然災害債務整理ガイドライン」「応急修理制度・仮設住宅」等がある（第2部冒頭）。東日本大震災、平成26年広島市豪雨・土砂災害、熊本地震でもこれらのリーガル・ニーズが共通して高かったことが確認されている（災害復興法学Ⅱ第3部第2章・第3章）。

　罹災証明書に関しては「広島県に実家がある。実家の所有者は父親だが、単身赴任している。母は入院中。自分は実家に住んでいない。被災時に実家にはだれも住んでいなかったが、父と母は将来実家に住む予定。このような状態で罹災証明書の交付を受けることができるのか」など特殊事情のある相談のほか、罹災証明書の交付を受けることができるかどうかを問い合わせるものが大半であった。罹災証明書の意義や交付申請手続に関する相談もあった。また、「半壊に至らずとの結論になった。納得できない。基礎の一部が露出し、修繕に700〜800万円かかると言われている。お金がなく、修繕するなら借入をしないといけない」等、住家被害認定の結果に不服を述べるものもあった。

　被災者生活再建支援金に関しては、受給できるかどうかの相談、受給できないと言われたことに対して不服があるなどの相談が寄せられた。

　仮設住宅に関しては、仮設住宅の期限が相談当時は「2年」であったことから、その後はどうしたらよいかとの不安の声が確認できた。

　建物の応急修理制度に関しては「100万円をかけて修理をしたが、後で応急修理という制度を知った。応急修理の広報がなかった。応急修理で賄えたはずの分を今から請求できないか」との相談があった。応急修理制度は、自ら先に修繕してしまった場合の費用を補助する制度ではなく、あくまで現物サービスの給付であるため、自治体を通じて修繕申請をしなければならない。自費修理ののちに後からその費用の補助を受けるということはできないという使い勝手の悪い制度運用がなされている（災害救助法の運用改善について、第2部第5章）。

　災害弔慰金については、手続それ自体よりも「母と暮らしていたところ、豪雨で土地と建物の一部が流され、母を施設に入所させた。その後、肉体的・精神的負担が重なってか、肺炎となり入院、約1か月ごとに入退院を繰り返した後、豪雨から半年が経つ頃に亡くなった。母の死は関連死ではないか」等に代表されるように、災害関連死（直接死以外で災害と死亡との間に相当因果関係が認められる死亡）かどうかを問い合わせる相談が確認された。

　このほか豪雨災害における特徴的な相談として「公費解体」を巡る相談があ

る。大規模な災害によって被害を受けた家屋を撤去する場合には、公費により無償で解体できるケースが多いが、公費解体制度を知らなかったり、費用の調達に苦慮したりするような相談もあった。「自宅の基礎が土砂崩れにより流出し、建物も損壊。建物の取り壊し費用の捻出方法を知りたい」「自宅が床上浸水。この度罹災証明書が届いた。半壊に至らない。建物の解体にかかる費用について、何か補助はあるのか」という声が相当数あった。

③ 不動産所有権

　不動産所有権をめぐる相談は多岐にわたるが、なかでも「共有不動産」に関する相談が深刻である。「自宅の裏山が今回の豪雨で崩れ、現在も更に崩れてきそう。裏山は自分も含め共有。何か対策はないか」「自宅が空き家だが、将来誰も住まないと思うので、また被害が大きいので、解体したいと考えている。当該不動産の名義はまだ祖父の名前で、祖父は亡くなっており、名義変更未了。解体にあたってはどうするべきか」「亡祖父の不動産が相続手続未了のまま裏山の土砂崩れにより被災。空家だったので、罹災証明書が出るか不明。兄弟に費用負担を求めることはできるか」など、相続登記未了や共有関係が混迷していて処分できない不動産の事例が散見された。これらの土地はいずれ「所有者不明土地」になりかねない（災害復興法学Ⅱ第2部第1章）。災害がそのリスクを早期に顕在化させたように思われる。

(3) 広島県のリーガル・ニーズの特徴

　広島県だけでも 1,242 か所で土砂災害が発生し、23 か所で 87 名が亡くなった。土砂災害の有無、住家被害の規模、犠牲者の有無等で、当該地域のリーガル・ニーズの傾向が大きく左右される。広島市や呉市等で、土砂流入をめぐる近隣紛争、土砂等の公的撤去の問い合わせが多いのは、都市としての人口密度の高さが影響している。坂町では全 5,600 世帯余りに対して、1,250 棟以上が全半壊となったことで生活再建に関する公的支援を求めるニーズが大きく引き上げられた。「建物の賃貸借」(7.3%) も無視できない割合であるのは、広島市の中心街における土砂災害や浸水害で、賃貸物件への影響が多数に及んだことに起因する。広島市の借家率は 41.8%（平成 27 年度国勢調査）と高い。借家率の高さと「建物の賃貸借」のリーガル・ニーズの高さに正の相関関係があることは、東日本大震災（災害復興法学第3部第2章）、熊本地震（災害復興法学Ⅱ第3部第2章）、平成 26 年広島市豪雨土砂災害（同第3章）のいずれの災害でも共通して見られた傾向である。

リーガル・ニーズは、時間経過によっても大きく変化する。「3 カ月ごとの相談内容の推移も調べたところ、全期間を通じて最も多かったのはやはり、土砂災害によるトラブルの相談だった。一方、公的な支援金などの相談は、豪雨直後から増加傾向で 19 年 1 ～ 3 月に 20％でピークとなり、その後は減って 7 ～ 9 月には 5.6％となった。対照的なのが不動産の所有権についての相談で、18 年 7 ～ 9 月は 8.8％だったが、19 年 7 ～ 9 月には 22.2％まで増えた。壊れた建物の修繕や解体をしたくても「共有者の同意が得られない」「共有者が誰かわからない」といった相談が目立った」（朝日新聞朝刊 2020 年 10 月 3 日「土砂災害、近隣トラブル　西日本豪雨、相談 1000 件の半数　広島弁護士会」）。

4　岡山県のリーガル・ニーズ

(1)　岡山県のリーガル・ニーズの全体像

　図表 2 - 3 は、岡山県における 2018 年 7 月 11 日の相談開始から 2019 年 10 月 31 日までの約 1 年 4 か月間で実施された、弁護士による無料法律相談・情報提供活動の内容の分析結果である（中国地方弁護士会連合会報告書）。相談件数ベースでみると、「既往の借入金」（36.6％）の割合が圧倒的に高い。次に「工作物責任・相隣関係」（15.3％）、「公的支援制度」（13.6％）が相当高い割合で続いている。そして「不動産所有権」（9.7％）も高い割合を占めている。

　岡山県内を被災地域とする相談 1,571 件のうち、70.1％は倉敷市の相談であった。これに続く岡山市（9.9％）、総社市（5.5％）、高梁市（1.8％）とは比較にならないほど高い割合である。また、被災者の住所地が倉敷市だった 1,101 件のうち、83.8％が、倉敷市「真備地区」からの相談であった。真備地区では、高梁川の支流である小田川の大氾濫により想像を絶する大規模な被害が発生している。倉敷市の人的被害（直接死）は 52 名のうち 51 名が真備地区の犠牲者で、65 歳以上の高齢者が 45 名亡くなり、自宅で亡くなった者（逃げ遅れた者）は 44 名である。倉敷市の住家被害は全壊 4,646 棟、半壊 846 棟、床上浸水 116 棟で、岡山市（全壊 13 棟）、総社市（全壊 84 棟）、高梁市（全壊 59 棟）と比べても、桁外れの住家全壊被害数である（但し、半壊住家棟数は、岡山市、総社市、高梁市ともに相当多い）。この真備地区の相談のうち「既往の借入金」の相談割合は 38.6％という高い割合になった（これに対し真備地区以外の地域では「工作物責任・相隣関係」が 43.9％と最も高い割合を占めた）。このように、岡山県の被害の多くは、倉敷市真備地区の大規模な洪水被害を色濃く反映したものになっている。

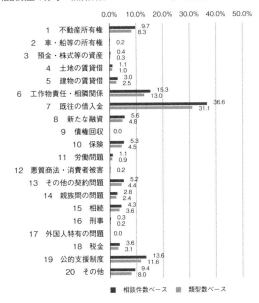

図表 2-3　岡山県のリーガル・ニーズ（2018 年 7 月～2019 年 10 月）
（各相談類型の分母　相談件数ベース：n = 1571 ／類型数ベース：n = 1850）

	相談件数ベース	類型数ベース
1　不動産所有権	9.7	8.3
2　車・船等の所有権	0.2	
3　預金・株式等の資産	0.4	0.3
4　土地の賃貸借	1.1	1.0
5　建物の賃貸借	3.0	2.5
6　工作物責任・相隣関係	15.3	13.0
7　既往の借入金	36.6	31.1
8　新たな融資	5.6	4.8
9　債権回収	0.0	
10　保険	5.3	4.5
11　労働問題	1.1	0.9
12　悪質商法・消費者被害	0.2	
13　その他の契約問題	5.2	4.4
14　親族間の問題	2.8	2.4
15　相続	4.3	3.6
16　刑事	0.3	0.3
17　外国人特有の問題	0.0	
18　税金	3.6	3.1
19　公的支援制度	13.6	11.6
20　その他	9.4	8.0

■ 相談件数ベース　■ 類型数ベース

(2)　岡山県の具体的な相談事例

①　既往の借入金

「家を新築して数か月で被害にあった。住宅ローンは数回しか支払っていない。家は今後使用不可能である。住宅ローンはどうなるか」「住宅ローンを組んでおり、残約 3,000 万円。家を直すのに 1,000 万円のリフォームローン。どうしてよいかわからない」「去年リフォームしたばかりの家が被災した。ローン 1,000 万円を組んだばかりであったが、改めて家を建てたいと思っている。新しいローンは自分名義では組めないので、息子名義で組むつもりである。どうすればよいか」「数か月前に家を建て、住宅ローンはまだ 2 回くらいしか支払っていないが、先の雨で家が全壊。保険が使えそうにない。建替え又はリフォームを希望しているが、ローンが厳しい」。多くは倉敷市真備地区からの相談と推察されるが、多額のローンを抱えつつ資産を失ったり、住まいを再建するために新たな資金調達が必要だが目処が立たなかったり、という方の悲痛な声が多く寄せられている。将来の見通しがつかないことへの不安と絶望は察するに余りある。弁護士らは、最低限の応急的な回答として、①災害救助法の適用により 2018 年 7 月 6 日から 7 月 13 日にかけて国から 11 府県へ発信され

た「金融上の特別措置」（例えば中国財務局岡山財務事務所長・日本銀行岡山支店長「平成30年台風第7号及び前線等に伴う大雨にかかる災害に対する金融上の措置について」）等で示されている債務の支払猶予措置等について伝え、金融機関に支払猶予等の相談を行うこと、②自然災害債務整理ガイドラインの存在を伝え利用の是非の検討をしたり、追加で詳細相談を実施すべきであることについて助言したりすることが不可欠になっていた。

自然災害債務整理ガイドライン（被災ローン減免制度）については、弁護士の無料法律相談のほかウェブサイトやSNS、あるいはボランティア支援者等を通じてその制度の存在を耳にする被災者もあった。「住宅ローンが1,500万円強残っているが、家が全壊となり、新たなローンを組む必要がある。「被災ローン減免制度」というものがあると聞いたが、どういうものか」「自然災害債務整理ガイドラインについて教えてほしい。特定調停が不成立となった場合はブラックリストに載るのかどうか」「自宅が全壊し、住宅ローンが1,500万円強ある。ガイドラインの内容、利用可能性について知りたい。ガイドライン利用前に新たなリフォームローン等の借入をしても問題ないか」「自宅が全壊。リフォームが難しいので、ガイドラインの利用を検討中。手元に、資産との関係で、保険、子の預金、不動産の扱いがどうなるか、聞きたい。また、離婚を検討中だが、保証人である妻も同時に手続をしないといけないのか」などである。

自然災害債務整理ガイドラインは、利用を希望する債務者が債権者（最も多額の債権を有する金融機関等）に対して、その利用の開始を申出、条件に該当しないことが明らかな事情の無い限りは債権者が同意することでスタートする。制度の利用を希望する者に対しては、まずは金融機関の窓口への申出を促し、場合によっては弁護士がその申出自体をサポートすることが求められた。ただし、自然災害債務整理ガイドラインの周知状況は、西日本豪雨発生前の他の災害時でも芳しくなく（災害復興法学Ⅱ第2部第2章）、被災者へ周知しつつ金融機関の対応を監視することも課題となっていた。

さらに豪雨災害の翌年の2019年4月には「水害に遭い、建物が全壊判定を受けた。一応保険金が出ていて、生活に苦しいということはないが、住宅ローンが残っている。ローンを減らす制度があると聞いたが、どのように対応すればよいか」、2019年6月には「貯金から返済は続けてきたが、収入がなくなって、住宅ローンの返済ができなくなった。自然災害債務整理ガイドラインについて知りたい」という相談もあり、自然災害債務整理ガイドラインに対するリーガル・ニーズは中長期にわたり、かつ周知啓発は常に不十分だったことも明らか

になった。もっと早い段階で弁護士の無料法律相談にアクセスしてガイドライン利用へ踏みきっていれば、生活再建がより確実になったと思わせる事例である。

　金融機関の対応は、東日本大震災や熊本地震の時と同様に、多くの問題を残している。「金融機関にガイドラインの申し込みをしたら、自己破産のようなものだから今後ローンが組めなくなるがよいか、と言われた。申請書はもらえず、金融機関のほうで記入するとのこと。受付はしたから、連絡を待つように、その後弁護士に申し込むかは自分で決めてください、とも言われた」「ローンを組んでいる金融機関にガイドラインによる債務整理の申入れをしたところ、そんなものは知らない、国の指示があれば従う、と言われた」「自然災害債務整理ガイドラインの要件や、自分は利用した方が良いか等を教えて欲しい。金融機関からは、ガイドラインは適用されていないと言われた」「家が全壊。債務整理ガイドラインを金融機関に申し出たが、「デメリットが大きい」などと言われた。具体的にどのような問題があるのか」「金融機関から、ガイドラインを利用したら、債務の減免を受けても、その後抵当権で残額の支払を求めると言われたが、本当か」「ローン約 3000 万円の残債。ローン減免制度について教えてほしい。金融機関の窓口では「そんな減免制度はない」と言われた」など、あまりに窓口対応が杜撰で、明らかにガイドラインの内容や開始要件に反する対応を金融機関がとっていたことが、弁護士無料法律相談事例から明るみになった。これに対応するには、後述 7 のとおり被災ローン減免制度の立法化が不可欠である。

② 工作物責任・相隣関係

　「近隣の土地から土砂が流入し、車庫が傾いたり用水路が排水できなくなったりしたため、自費で土砂を撤去するなどし、約 30 万円かかった。相手に対してどのように請求したらよいか」「自己の所有する山林が崩れ、他人の土地上の土砂が残っている。また、相手の石垣も壊してしまったよう。土砂の撤去、石垣の修繕をこちらの負担で行う必要はあるか」「豪雨で土砂を撤去してもらったが、隣地のがけから再度土砂崩れが起こりそうである。隣地所有者に対策してもらえないか」「隣地から土砂が流入してカーポートが傷んだ。隣地所有者に土砂の撤去、カーポートの修理代を請求することができるか」「川が氾濫し、自宅のブロック塀が押し流されて、隣の工場の壁等を壊してしまった。その損害賠償について知りたい。近所なので揉めたくはない」「今回の行政の河川管理にはかなり欠陥があると思われ、損害賠償請求をしたいが、可能か」「災害

後に隣家が建替えられた。その際に境界ブロックを新しくするということで、その費用半分を請求された。支払うべきか」などが典型例である。前述の広島県の事例とほぼ共通している。

③ 公的支援制度

相談事例の具体的内容については、前述の広島県のものとほとんど共通している。ただし、具体的な相談内訳をみていくと、岡山県の相談で公的支援制度に分類された224件のうち、「被災者生活再建支援金」に関する相談（公的支援制度のうち14.7％）と「建物の修繕・解体」（同22.8％）に関する相談の割合が高い。これは広島県での「被災者生活再建支援金」（公的支援制度のうち8.5％）や「建物の修繕・解体」（同11.1％）よりも相当高い。倉敷市真備地区の洪水被害で全半壊となった住宅数が多くなり被災者生活再建支援法の適用対象世帯が多くなったことや、損壊家屋の公的撤去のニーズが高くなったことに起因していることが明らかである。相談事例のなかには「支援される支援金の資料や窓口を教えて欲しい。日弁連の被災者生活再建ノートがLINEで出回っている。現地では様々な情報が出ており、混乱を極めている」との声も確認できた。全ての地域や災害に共通するが、災害後に被災者の生活再建の達成に役立つ情報は、支援者にとっても被災者にとっても一般に認知度が低い。災害が大きければ大きいほど氾濫する情報量も多くなるため、弁護士の無料法律相談による情報整理提供機能が極めて重要であり、同時に永遠の課題でもあることが身に染みて理解できる相談内容である（情報整理提供機能とその支援ツールは災害復興法学Ⅱ第1部第2章で詳述）。

④ 不動産所有権

岡山県においても、「不動産所有権」に関する相談で目立ったのは「共有不動産」に関する相談である。「亡父名義の不動産が被災した。建物については公費解体を考えているが妹と共有になってしまっているため、妹の同意が必要になってしまう。しかし妹が同意しないためにどうしたらよいか」「遺産分割未了の建物が崩壊しそう。他の相続人の同意なしに私費で壊してよいか」など、所有者不明土地や共有関係が複雑で処理が困難な不動産になる潜在的リスクが顕在化したようであった。

(3) 岡山県のリーガル・ニーズの特徴

倉敷市真備地区における全半壊の住宅数（割合）が多いことが、「既往の借入金」の相談割合を相当高い割合に押し上げていることが明白である。既往の借

入金の内容は住宅ローンやリフォームローンが最も多いからである。重要な財産である自宅を失うほどの被害を受けたケースでは、その後の生活再建には膨大な費用がかかる。地元地域を商業圏として営業をしている者であれば、同時に収入も失っている蓋然性が高い。住宅損壊が引き起こすリーガル・ニーズは、津波被害（東日本大震災）、地震被害（熊本地震）、洪水害（西日本豪雨）など要因を問わず概ね共通することが確認された。人口に対する相談件数の比率（相談件数÷人口）をみると、真備地区を含む倉敷市（0.231%）が圧倒的に高い（倉敷市は人口約48万人の中核市）。この理由は既に述べたとおり小田川氾濫による全壊住宅数の多さにある。

　総社市（人口約6万7,000人）も、人口に対する相談件数の比率（0.127%）が高い。総社市では、高梁川の越水による各地の洪水被害に加え、2018年7月6日の深夜、総社市下原地区にある朝日アルミ産業株式会社の溶鉱炉に浸水被害があり、化学反応により7日未明に至るまで断続的な爆発事故がおきた。爆風で工場のみならず周辺住家も、風圧や飛散した破片で損壊し、周辺住民にも十数名の負傷者が出た。その後、高梁川の支流である小田川の決壊により、さらに周辺に浸水被害が広がった。総社市下原地区は水害と爆発事故の二重被害を受け、住宅被害がさらに大きくなる事例も出てきたのである。被災者生活再建支援法は「自然災害により」（被災者生活再建支援法1条）被害を受けた場合の支援であるため、人為的な「事故」との競合を罹災証明書の被害認定結果の上ではどう考えるのかが問題となった。この点については、早い段階から与野党の地元国会議員や岡山弁護士会が問題提起していたことで、政府から「水害と、それを契機として発生した工場の爆発による爆風等で被害を受けた、両方の被害を受けた、そういう住家の被害認定につきましては、水害による被害に爆風等による被害を加えて判定をすることが可能」（第197回国会衆議院予算委員会第2号・平成30年11月1日）との方針を引き出すことができた。このような特殊事情も合わさって、総社市では相談事例が多く収集されたものと分析できる。相談内容の多くは、アルミ工場を持つ法人への損害賠償に関する相談であった。爆風により聴覚障害になったと主張する相談内容もあった。

　「平成30年7月豪雨無料法律相談データ分析結果（第2次分析）」が発表された際のものではあるが、岡山弁護士会の大山知康弁護士は、岡山県のリーガル・ニーズの特徴について「「仮設住宅」に関する相談が広島では1.8%でしたが、岡山県では8.3%。岡山県内では住宅に関する悩みを抱えている被災者が多いことが分かりますので、自治体は仮設住宅供与の期限延長や、災害公営住宅の

早期建設、入居要件の緩和などに取り組む必要があります」「ローン問題を解決する自然災害債務整理ガイドライン（災害前のローンを減額または免除をして新たにローンを借りやすくするための制度）の利用数が岡山県では180件ある……浸水被害においても、自然災害債務整理ガイドラインの需要が高まることが分かりましたので、金融機関の同意や協力が前提となるガイドラインではなく、金融機関の同意等が無くても一定の要件を満たせば被災者が利用できるようなガイドラインを法制化することが必要です」と相談傾向を分析評価した（山陽新聞デジタルコラム 2019 年 3 月 29 日「地域派弁護士南へ北へ　第 2 回　被災者の法律相談から見えたこと　日弁連データ分析と私の経験から」）。

5　愛媛県のリーガル・ニーズ

(1)　愛媛県のリーガル・ニーズの全体像

　図表 2 - 4 は、愛媛県における 2018 年 7 月 11 日の相談開始から 2018 年 10 月 31 日までの約 4 か月間で実施された、弁護士による無料法律相談・情報提供活動の内容の分析結果である（日弁連報告書第 2 次分析）。相談件数ベースでみると、「6　工作物責任・相隣関係」（38.9％）が圧倒的に高い割合となっている。次に「公的支援・行政認定等」（22.6％）が相当高い割合を占めており、この数値は、同時期における広島県や岡山県よりも高い。4 番目に「住宅・車等のローン」（9.5％）、3 番目に「建物の賃貸借」（10.5％）が高い割合で続く。愛媛県を被災地域とする相談 190 件のうち、相談件数が多いのは、今治市、大洲市、宇和島市、松山市、西予市であった。人口に対する相談件数が高かった市町村は、大洲市、西予市、宇和島市、今治市、北宇和郡鬼北町である。いずれも水害による直接死亡の犠牲者がでており、その合計 27 名が愛媛県での全直接死者数である。各地で犠牲者を出すほどの土砂災害と洪水被害が起き、甚大な被害を被っていたことが、弁護士の無料法律相談件数の分布にも反映されている。

(2)　愛媛県の具体的な相談事例

①　工作物責任・相隣関係

　個別具体的な被災者の声までは記録がないが、「相談者の所有又は管理する土地に土砂が流入した場合の相手方への対応方法や、該当土砂の撤去義務の存在、撤去費用の負担者を尋ねるもの」「相談者の所有又は関り得る土地に土砂が流入した場合に生じた損害の賠償に関する相談」「相談者自ら災害 ADR に

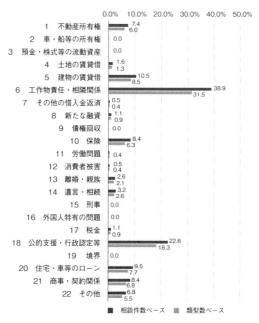

図表 2-4　愛媛のリーガル・ニーズ（2018 年 7 月〜 2018 年 10 月）
（各相談類型の分母　相談件数ベース：n = 190 ／類型数ベース：n = 235）

	相談件数ベース	類型数ベース
1　不動産所有権	7.4	6.0
2　車・船等の所有権	0.0	
3　預金・株式等の流動資産	0.0	
4　土地の賃貸借	1.6	1.3
5　建物の賃貸借	10.5	8.5
6　工作物責任・相隣関係	38.9	31.5
7　その他の借入金返済	0.5	0.4
8　新たな融資	1.1	0.9
9　債権回収	0.0	
10　保険	8.4	6.3
11　労働問題	0.4	
12　消費者被害	0.5	0.4
13　離婚・親族	2.6	2.1
14　遺言・相続	3.2	2.6
15　刑事	0.0	
16　外国人特有の問題	0.0	
17　税金	1.1	0.9
18　公的支援・行政認定等	22.6	18.3
19　境界	0.0	
20　住宅・車等のローン	9.5	7.7
21　商事・契約関係	8.4	6.8
22　その他	6.8	5.5

＊　日弁連報告書をもとに筆者にて再構成。

言及してその内容を尋ねるものや、既に災害 ADR の申立てを行ったというもの」などがある。

②　公的支援・行政認定等

　被災者生活再建支援金に関する相談割合が最も高く「支援金の受給の可否や受給するための手続について情報提供を求めるものや、空き家であるため支援金の支給を受けられないことについて不服を述べるもの」等の事例があった。次に罹災証明書に関する相談割合が高く、「罹災証明書の意義や手続等に関する情報提供を求めるもの、居住しているが住民票記載の住所でない建物についての罹災証明書を取得するための方法を尋ねるもの、住家の被害認定の結果に不服があるといて対処方法を相談するもの」があった。土砂の撤去に関する相談も多く、「相談者の所有又は管理する土地等に流入した土砂の撤去に関して公的支援制度はないのかと尋ねるもの」が見られた。

⑶　**愛媛県のリーガル・ニーズの特徴**

　愛媛県では、広島県と共通して「工作物責任・相隣関係」が最も高いリーガル・ニーズとなった。広島県で考察したのと同様に、土砂災害や河川の氾濫によって、近隣土地の土砂が流れ込んできたことによる損害賠償紛争や妨害排除（撤去）を求める紛争の多さを反映したものと分析できる。一方、広島県以上に「住宅・車等のローン」（広島県の「既往の借入金」と同類型）のリーガル・ニーズが高く、全体のなかでも無視できない割合を占める。これは、相談件数の多かった地域の土砂災害等による深刻な住家被害を反映していると思われる。例えば、大洲市の相談件数は、愛媛県の全相談件数の 15％以上を占め、大洲市の人口に対する相談件数も 0.08％以上と県内自治体では実質的に最も割合が高い。大洲市の水害直接死は 4 名で、住家被害は全壊 395、大規模半壊 526、半壊 1,144 と甚大である（主に浸水害だが土砂災害もある）。大洲市の人口が約 4 万 2,000 人（世帯数約 1 万 5,000 世帯）であることを考えると被害割合は極めて大きい。このような住家被害の深刻さが、「住宅・車等のローン」の類型のリーガル・ニーズを、岡山県倉敷市真備地区ほどではないにせよ高いものへと押し上げたと考えられる。

　「公的支援・行政認定等」（22.6％）に関するリーガル・ニーズが極めて高いことも、局地的とはいえ被害が深刻な地域が多かったことを反映している。日弁連報告書によれば、2018 年 7 月 11 日から 2020 年 10 月 31 日までの県別の「公的支援・行政認定等」の相談割合は、広島県が「17.4％」で、岡山県が「15.0％」である。愛媛県の「22.6％」が最も割合としては高い。住家被害の深刻さは同時に公的支援を求めるリーガル・ニーズを惹起する（災害復興法学第 3 部第 1 章）。局地的な災害が複数個所で発生するような場合でも、広域が被災する場合でも、「公的支援・行政認定等」は高いリーガル・ニーズであることに変わりがないのである。

6　西日本豪雨と弁護士による支援活動

　広島弁護士会は、大規模な豪雨災害の翌日である 2018 年 7 月 7 日、ウェブサイトに「豪雨災害に関連する相談料を無料にいたします」とのお知らせを公表。7 月 10 日には弁護士による支援活動を力強く PR しつつ、被災者の悩みに応える情報支援チラシ「広島弁護士会ニュース第 1 号」をリリースした。7 月 31 日には同ニュース第 2 号、8 月 18 日に同ニュース第 3 号を発行して被災者

の生活再建や紛争解決に資する情報の発信に努めている。同時に「自然災害債務整理ガイドライン」の周知啓発も精力的に行った。

> ——被災直後は、通帳や証券など大切なものをなくしてしまった、隣家の家具などが流れてきたが勝手に撤去してよいものか、実際には住むことができないのに家賃を払わなくてはならないのかといった悩みごとや、家屋内に土砂が流入しており生活再建の目処が立たない、働きに出かけられないので生活が苦しい等、様々な心配事が発生します。
> 　弁護士は、実際に発生した紛争を解決するだけではなく、生活していくうえでの悩みや支援の方法についても、法律専門家としてアドバイスをすることが出来ますし、それによって、被災者の方々の不安を少しでも解消することができるということを、2014（平成26）年8月の広島市豪雨災害における支援活動を通じて、体感しました。このたびの豪雨災害は、広域にわたっており、我々弁護士も移動手段の確保自体が難しい状況ではありますが、他の地域の弁護士や他士業とも連携しながら、早期の段階で、被災者の方々の不安を解消できるような相談体制の構築に努めていきたいと考えています。こんなこと弁護士に相談する内容なのかな、といった悩みは無用です。とにかく悩み事があれば相談してください。是非、災害時にこそ、生命・身体・財産などの重要な権利を擁護することを、社会的な使命としている弁護士を、頼って頂けたらと願っています。
> （岡本2018aより広島弁護士会の今田健太郎弁護士のコメントを抜粋）

　岡山弁護士会は、2018年7月9日、ウェブサイトに「豪雨災害に関する無料法律相談の実施について」というお知らせを発表し、弁護士による被災者相談の無料化を決定、同日のうちに、被災者への支援制度などを紹介する「岡山弁護士会ニュース　第1号」をリリースした。「Q1　罹災（り災）証明書の発行を受ける必要がありますか？」「Q2　火災保険・生命保険などから保険金が受けられますか？」「Q3　半壊した建物を急いで修理したいのですが、公的支援はありますか？」「Q4　自分の家の敷地内に流れ着いている他人の者（木、家具、自動車）を勝手に処分してもよいでしょうか？」「Q5　自動車が水没してしまったのですが自動車保険で補償されますか？」という質疑応答が1枚に収められている。なお、広島弁護士会ニュース第1号もほぼ同一内容である。7月24日には「岡山弁護士会ニュース第2号」、9月4日に同第3号を順次発行する。同時に自然災害債務整理ガイドラインの周知啓発も精力的に続けた。「弁護士会ニュース」の発行は、東日本大震災以降から大規模災害時に必ず行われてきた情報整理提供支援であり（災害復興法学Ⅱ第1部第2章）、西日本豪雨の被災地でもこれらの活動が承継されていったことがわかる。

7　西日本豪雨と自然災害債務整理ガイドラインに残る課題

　自然災害債務整理ガイドラインの立法化が不可欠であることは、東日本大震

災以降に弁護士らが繰り返し提言しているところである（災害復興法学第 2 部第 3 章、災害復興法学Ⅱ第 2 部第 2 章、本書第 1 部第 6 章）。西日本豪雨災害における金融機関の対応をみるにつけ、その必要性はより一層顕著になっており、むしろガイドラインであることの弊害が弁護士無料法律相談分析事例から裏付けられた。前述のとおり、債務者（被災者）が意を決して債権者（金融機関）に支払猶予や債務整理の相談に訪れ、「自然災害債務整理ガイドライン」に言及し、その利用を明確に希望しているような場合もあっても、金融機関側が「知らない」「使えない」「デメリットが大きい」「信用情報登録（ブラックリストへの掲載）がある」「弁護士から言われないと先に進めない」など事実と反する説明を債務者（被災者）に行っていたことが明るみになっている。しかし、このような言動を金融機関が行って、その結果本来は利用できるはずの自然災害債務整理ガイドラインの利用機会を逸してしまっても、それを損害として主張して被災者から金融機関へ損害賠償請求をするなどは極めて労力がかかるし、必ずしも認められるわけではない。財務省や金融庁が、ことさら個別案件についての行政指導をすることもない。金融機関にはガイドラインを利用しないことのペナルティは少ないと言わざるを得ない。金融機関に制度利用の告知義務や説明義務を法律上課すことで、被災ローンを減免する手続を確実に行う枠組みが必要である。債権者の不適切な対応こそが二重ローン対策の立法化の必要性の根拠になっている。西日本豪雨では、2018 年 12 月 31 日時点の自然災害債務整理ガイドラインの利用のための登録支援専門家弁護士への委嘱件数は、広島弁護士会で 20 件、岡山弁護士会で 180 件、愛媛弁護士会で 7 件に及んでいる。岡山県のリーガル・ニーズの高さは突出しているといえるが、件数を見る限りは災害直後の潜在的ニーズを掘り起こせていないように思われる。

8　西日本豪雨と災害 ADR の発展

　西日本豪雨では弁護士会による「災害 ADR」が更なる発展を見せた（ADR の意義については第 1 部第 5 章）。災害が発生したときに、被災者の支援を目的として都道府県弁護士会が開く ADR が「災害 ADR」で、弁護士が中立的な第三者の立場から和解のあっせんを行う仕組みである。西日本豪雨の被災地で圧倒的に高いリーガル・ニーズを占めたのは損害賠償紛争（主として民法の工作物責任）で、最大の争点は工作物等の「瑕疵」（そのものが通常有すべき性能を有していないこと）の有無である。「瑕疵」への該当性は直接的にそれを立証する単一の証拠

や資料があるわけではなく、様々な事情を総合的に考慮して瑕疵の有無を決定するという思考手順を踏む必要がある。最終的には裁判所の判断にゆだねるしかなくなり、当事者が直接この瑕疵の有無について交渉や討論を重ねても水掛け論で終わることもしばしばある。従って専門家の介入が瑕疵の判断には不可欠となる。しかし、全ての紛争が裁判所の訴訟手続を経なければならないとしたら、司法機能はパンクするであろうし、紛争決着まで数年以上では済まない可能性がある。その結果、泣き寝入り事案、言い成り事案、未解決の放置事案が大量に発生してしまうのである。また「災害で被災しているときに、顔見知りの近隣の者と裁判までして揉めたくはない」という心情も理解できるところであり、裁判所の訴訟手続や調停手続も敬遠されがちである。ADR はこのような解釈や評価に幅のある事情について、裁判に至らない話し合いという建前を維持しながら合意形成を目指すことができる利点がある。西日本豪雨では、2018 年 8 月 9 日に広島県弁護士会が、2018 年 8 月 10 日には岡山弁護士会が、2018 年 9 月 3 日に愛媛弁護士会が、それぞれ「災害 ADR」を開設した。いずれの弁護士会も①一般 ADR では有料の申立手数料を無償化、②成立手数料の一般 ADR からの大幅減額、③申立時の書面や主張整理についてのサポート弁護士支援を無償で行う、など特別の優遇措置を実践していた。2018 年の災害 ADR 利用実績は以下のとおりである。

[広島弁護士会の災害 ADR]
　申立件数合計：　25 件（2018 年 8 月 9 日～ 12 月 31 日）
　※　特に 2018 年 8 月には 13 件の申立てあり
　終結事件：　22 件（2018 年 12 月 31 日時点）
　※　応諾前取下げ 5 件、応諾件数 11 件、和解成立は 6 件
[岡山弁護士会の災害 ADR]
　申立件数合計：　7 件（2018 年 8 月 10 日～ 12 月 31 日）
　※　特に 2018 年 8 月には 3 件の申立てあり
　終結事件：　6 件（2018 年 12 月 31 日時点）
　※　応諾前取下げ 1 件、応諾件数 5 件、和解成立は 2 件、不調のうち 1 件は実質解決
　事件内容：相隣関係（土砂の流出入等）、自動車の修理に関する紛争、賃貸借契約に関する紛争、保険金請求、公共機関に関する請求等があった。
[愛媛弁護士会の災害 ADR]
　申立件数合計：　4 件（2018 年 9 月 3 日～ 12 月 31 日）
　※　特に 2018 年 9 月には 3 件の申立てあり
　終結事件：　3 件（2018 年 12 月 31 日時点）　　※　和解成立はなし

　西日本豪雨では、2020 年 5 月頃までの間に合計で 55 件の ADR 利用があった。一方で「申立人の負担を軽減するため仲裁する弁護士らへの報酬など経費の大半を弁護士会費で穴埋めしているのが現状で、導入している弁護士会の多くが

「事業費の工面」を今後の課題に挙げた」という資金面の課題が繰り返し確認されている（読売新聞 2020 年 6 月 29 日朝刊「災害 ADR　震災後拡大　18 弁護士会導入　民事係争早期に決着」）。災害 ADR は、一刀両断で解決が難しい近隣紛争や、契約当事者の関係性が強い建物の賃貸借契約紛争などで有効であるが、公費に頼らない弁護士会の独自制度であり、個々の仲介人・あっせん人や、サポート弁護士たちの手弁当で成り立っている部分も少なくない。今後は、会場費、通信費、事務費、交通費、鑑定調査などの専門職への委嘱料を捻出すべく、公費負担や自治体施設の無償使用等がより積極的に検討されるべきである（災害復興法学第 2 部第 1 章）。

9　西日本豪雨と公費による土砂撤去

(1)　土砂撤去のリーガル・ニーズ

　西日本豪雨は、住家に大量の土砂・流木・がれき類を堆積させた。その撤去を求める声、撤去を迫られる声が、数多の紛争を呼び起こしていた（図表 2 - 2、図表 2 - 4 等参照）。2018 年 8 月 23 日の日弁連「被災者支援に資する住家被害認定、災害救助法の弾力的運用及び公費による土砂等撤去の措置を求める意見書」は、「広島県、岡山県、愛媛県の弁護士会で実施している無料電話相談では、8 月 20 日までに 1,122 件の相談が寄せられているが、7 月末までの相談のうち、全体の約 4 割から 5 割（速報値：広島 46.7%、岡山 34.9%、愛媛 50%）が土砂等の撤去に関する相談であった」とし、土砂撤去に関するリーガル・ニーズの圧倒的な高さに言及している。残置物や漂着物について所有者が特定できれば所有権に基づく妨害排除等を根拠に撤去を求めることができるだろう。しかし、現実問題としては所有者の特定は容易ではなく、土砂や元の形状をとどめないがれき類であれば尚更である。こうなっては民間ボランティア等による泥かき・土砂撤去作業に頼るだけでは到底現状を打開することはできず、国や自治体が公費で土砂撤去事業を推進することが求められる。「今の課題は人手。被災地では、山から押し寄せた大量の土砂が、今でも家の中などに残っている。猛烈な暑さの中、土砂のかき出し作業が続けられているが、被災された方からは「自宅にはまだ上半身ぐらいまで土砂が残っている状態」「この土砂をどうしたらいいのかわからない」「ボランティアが来ないので、片付けの人手が足りない」といった声が聞かれた。広島・坂町によると、現在、支援が必要な民家などは約 650 か所。人手は足りていない状態だということで、土砂が多い所は、人と時間が

かかると話していた。この私有地の土砂を誰が撤去するのか。実は、自治体の対応にばらつきがあることがわかった。広島市では、市のホームページで、私有地内にある土砂の撤去は市が行うと伝えている。坂町では、町が撤去を行うかどうか、現在、検討中だという。一方、呉市では、現段階では個人で行うとしているが、今後の対応については検討中だという。弁護士の岡本正氏によると、このように自治体によって違いが生じているのは、救助・支援の基準となる『災害救助法』では、行政による土砂の撤去範囲が明確ではないためだという。ただ、撤去を行うにも、自治体は予算などに限りもある。岡本弁護士は、「国は、自治体が公費で土砂を撤去できるように、撤去範囲を拡大し、資金手当てをすべき」だと話している」（日本テレビ news every. 2018 年 7 月 20 日放送『豪雨で"土砂との闘い"…負担減らす工夫も　私有地の土砂の撤去、自治体の対応にばらつきも』）。

(2)　災害救助法による障害物の除去の限界

　災害救助法に基づく災害救助の種類には「災害によって住居又はその周辺に運ばれた土石、竹木等で、日常生活に著しい支障を及ぼしているものの除去」（法 4 条 1 項 10 号、同施行令 2 条 2 号）が定められている。西日本豪雨当時の「災害救助法による救助の程度、方法及び期間並びに実費弁償の基準」（内閣府告示第 228 号、一般基準）によれば、障害物の除去は、生活に不可欠な場所についてのみ実施することとされ、費用は 1 世帯あたり平均「13 万 5,400 円」以内となっていた（同告示 12 条 1 号・2 号）。また当時の内閣府「災害救助事務取扱要領」では、「障害物の除去」とは、「日常生活上欠くことのできない場所を対象とし、物置や倉庫等は対象とならない。また、住家の一部に障害物が運び込まれても、日常生活を営むのに最低限必要な場所を確保できている場合や、他に被害の少ない建物を所有し、日常生活を営むのに心配のない場合には実施する必要がない」「法による障害物の除去の程度は、被災前の状態に戻す、いわゆる現状復旧を目的とするものではないので、主要な障害物を除去すれば一応は目的を達せられ、その後の室内の清掃などは、通常、居住者によってなされることとしているので、法による障害物の除去には含まないことを原則とする」などの記述がみられた。内閣府が想定する災害救助法の救助の範囲は極端に狭かったのだ。しかも、災害救助法による障害物の除去の制度を利用した場合には、応急仮設住宅への入居を認めない運用であり、不合理極まりないほどに使い勝手が悪い制度だったのである。しかし、災害救助法施行令 3 条は、災害救助の基準を上乗せする「特別基準」を策定できる旨を定めている（災害復興法学Ⅱ第 2 部第 5 章）。

前述 9 (1) の日弁連の意見書は、西日本豪雨以前の災害でも、「道路啓開作業を行うのと同時に住家内に流入した土砂等の撤去を行った例（災害対策基本法と災害救助法の一括適用）」や「家屋の応急修理と土砂等の撤去を同時に行った例（災害救助法の複数の救助の一括適用）」等の先例があり、これに伴い救助費の増額をする特別基準が設けられたことも指摘している。本来であれば、国は速やかに災害救助法を柔軟運用する見解を示し、土砂の撤去に関する十分な予算措置を行うべきだったように思われる。

> **災害救助法施行令第3条（救助の程度、方法及び期間）**
> 第1項　救助の程度、方法及び期間は、応急救助に必要な範囲内において、内閣総理大臣が定める基準に従い、あらかじめ、都道府県知事又は救助実施市の長（以下「都道府県知事等」という。）が、これを定める。　＝【一般基準】
> 第2項　前項の内閣総理大臣が定める基準によっては救助の適切な実施が困難な場合には、都道府県知事等は、内閣総理大臣に協議し、その同意を得た上で、救助の程度、方法及び期間を定めることができる。　＝【特別基準】

(3)　環境省の災害等廃棄物処理事業と周知の不備

　環境省による災害等廃棄物処理事業は、市町村が宅地等から除去した「がれき」を集積場や処分場へ運搬する場合の国庫補助事業（特別交付税措置）である（廃棄物の処理及び清掃に関する法律22条）。土砂・流木・土石は、廃棄物ではないため原則として対象外となる。しかし、現実の災害では土砂や土石にがれきが含まれ混然一体として堆積するのが通常であるため、「がれき混じり土砂」という概念により、土砂災害被災地の土砂全般を上記事業の対象にするという柔軟な運用方針が示されることになった。また、すでに被災者が自ら業者等へ依頼してがれき混じり土砂を撤去した後でも、費用償還ができるように手当てをした。これに関して、環境省環境再生・資源循環局廃棄物適正処理推進課は、2018年7月20日、「平成30年7月豪雨に係る災害等廃棄物処理事業において、既に所有者等によって全壊家屋等や宅地内土砂混じりがれきの撤去を行った場合の費用償還に関する手続きについて（周知）」と題する事務連絡を被災都道府県へ発出していた。ところが、前述 9 (1) の日弁連意見書は、「環境省が土砂等の撤去に関して補助金を手当てする旨の連絡文書を発出したにもかかわらず、対象自治体の一部では補助金対象事業の範囲が決まらず2018年8月2日の時点でなお担当窓口さえ決まらないところもある」と、事業体制整備の遅れを指摘し、「各施策に関して国と自治体との間の権限分掌が不明確であると、どうしても施策の実施の判断が先送りになってしまうという状況が浮き彫りになっ

ている。その結果、独自の上乗せ支援を先行させている自治体と、制度を十分に整理できずに支援が先送りになっている他の自治体との間で、被災者の支援に格差が生じている」と国の対応の遅れや省庁間の縦割りを厳しく評価した。災害直後の混乱期では単に国の通知が発信されたというだけでは施策推進は十分ではないという教訓を残す形となった。

⑷　国土交通省の堆積土砂排除事業のハードル

　国土交通省の堆積土砂排除事業は、都市災害復旧事業に基づく国庫補助（補助率2分の1）を根拠とする市町村への予算措置である。撤去の対象となるのは自然物である「土砂」に限られるなど、がれきなどが混じっている土砂が多い災害時には利用が難しい。また、処分場への運搬は当然の補助対象だが、宅地からの撤去や、集積場への運搬は、「土砂の放置が公益上重大な支障となる場合」といったやや厳しい表現の要件をクリアすることが求められ、市町村現場担当者としても法的解釈を行う負担感が大きい。国土交通省事業単体では必ずしも使い勝手が良くなかったのである。

⑸　内閣府・国土交通省・環境省の三すくみから統一スキームへ

　西日本豪雨において、内閣府による災害救助法に基づく障害物の除去は、政府が想定している事業規模や予算があまりに狭小でありほぼ出番がなかった。そこで、国土交通省と環境省が連携して、改めて、市町村が「がれき混じり土砂」として「がれき」と「土砂」を区別せずに一括撤去できるスキームが構築されることになった。環境省環境再生・資源循環局も、2018年8月3日付事務連絡で「平成30年7月豪雨に係る災害廃棄物処理事業の補助対象拡充について（周知）」を発信するに至る。この制度は、岡山県、広島県、愛媛県を中心に、西日本の17市町が導入し、公費による土砂撤去が実現した。結論としてはスキームが奏功し円滑な処理が可能となったが、西日本豪雨発災直後の2018年7月の下旬頃は、「土砂やがれきの撤去に関する市町村の問い合わせ窓口が分からない」「ウェブサイトを検索してもお知らせが出ている市町村が少ないためどうしようもない」「市町村側も国の方針が定まらないことからウェブサイトにお知らせを掲載できないようである」といった課題が頻出した。「広島弁護士会の災害対策本部事務局長を務める砂本啓介弁護士によると、相談の大半は土砂やがれきの撤去に関するもの。広島市や熊野町は公費による撤去を始め、呉市も今月2日受け付けを始めた。しかし詳細が決まっていない自治体

もあり、砂本弁護士は「自治体間の支援格差がないようにするべきだ」と訴える。愛媛弁護士会も先月 30 日、被災地の宇和島市の市役所と支所で初めての無料相談を開いた。「自分の土地に災害ごみが積まれている。どうすれば」。こちらも相談の半数以上が土砂やがれきについてだった」（朝日新聞 2018 年 8 月 2 日夕刊「法律相談で被災地支援　弁護士ら、土砂がれき問題など　西日本豪雨」）。

これに対し、広島市は、発災から約 1 週間後の 2018 年 7 月 13 日に「民有地内の堆積土砂等の撤去について」と題する周知文を公表し、「流木や岩石が混じった土砂等が堆積している地区については、民有地内の土砂等であっても市で撤去します」「宅地と農地が混在し、撤去作業を一括して行う方が迅速に対応できる場合は、農地内の土砂等についても同様に撤去します」といった市独自に公費による土砂撤去の基本方針を明確に宣言していた。国の施策が固まらないなかで、被災地自治体が自らの判断で、被災者や事業者のがれき処理の混乱と不安を納めるべく尽力していたことが見て取れる。

10　西日本豪雨とみなし仮設住宅入居期限

2018 年 11 月 18 日、広島弁護士会や仙台弁護士会の弁護士らと西日本豪雨の被災地である広島県熊野町を訪問した（第 2 部末尾写真）。街の再生・復興に向けた課題は多く、地元の広島弁護士会や士業ネットワークが、土砂災害で 12 人が犠牲になった広島県熊野町川角地区の「大原ハイツ復興の会」とともに、精力的な復興支援を続けている最中であった。特に民間住宅を借り上げて仮設住宅とする、いわゆる「みなし仮設住宅」の入居期間が課題になっていた。みなし仮設の入居期間は、建設型の仮設住宅と同様に、災害救助法が定める一般基準の期間である「2 年」とする運用がこれまでの災害では定着している。ところが、広島県においては、みなし仮設については原則「6 か月」という極めて短い期間を設定していたのである。熊野町の一部の地区のようにインフラ復旧や砂防ダム建設で長期間の避難指示が見込まれるエリアでは、6 か月以降に住まいを失ってしまう事態に陥る。住民らの将来への不安が増大していたのである。その後の弁護士らの提言により一部の地域では入居期間の 2 年への延長が順次決定されていったものの（中國新聞 2018 年 11 月 8 日「みなし仮設全戸、入居延長　「復興の会」も要望」）、あくまで「延長」を繰り返す手法は必ずしも妥当ではないと考えられた。2 年あるいは避難に相当する十分な期間を確保し、住まいを安定させたうえで、早期の復旧再建を促すという施策を推進すべきであっ

たろう。岡山県や愛媛県はみなし仮設住宅の入居期間を一律2年としていることからすれば、広島県による運用は適切とは言い難い。被害を過小評価して小出しの政策を打ち出すことの弊害が現れたといえる。なお、西日本豪雨は特定非常災害に指定されており、仮設住宅入居期限は延長が可能である。自宅周辺の復旧工事が終わっていない被災者のために、政府は入居期間の延長、再延長を繰り返す運用を行っている。2022年7月の時点で、西日本豪雨の被災者でなお仮住まいの者は広島、愛媛、岡山の3県では112名にも及んでいた（毎日新聞2022年7月5日「西日本豪雨から4年　仮住まい112人　昨年の1割に　復興なお途上」）。

11　西日本豪雨と災害復興住宅融資の延長

　国土交通省が所管する独立行政法人住宅金融支援機構は、災害時の低金利ローン「災害復興住宅融資」制度を設けており、災害発生から2年間が申請期限となっている。西日本豪雨では2年経過した2020年の時点で、2021年までの延長は決定していたが、それ以降は延長しない方針が示されていた。住宅金融支援機構としては、被災者にもうニーズはない、延長しないことは決定しており弁護士が延長を要望しても無駄である、とのことだった。そこで、2021年7月12日、全国の有志弁護士100名以上らが「平成30年7月豪雨における災害復興住宅融資借入申込期間の延長の共同要望書」（共同要望人：今田健太郎・砂本啓介・荒木裕之・大山知康）を住宅金融支援機構、国土交通省、金融庁に提出した。趣旨は「平成30年7月豪雨に係る災害復興住宅融資の借入申込受付期間について、現在、2021年7月31日までの締切期限とされているものを、少なくとも1年間延長することを求める」というものであり、その理由として次の事情を掲げた。

（要望の理由）
1　岡山県内では279世帯655人（2021年6月30日時点）が、広島県内では38世帯91人（同年7月1日時点）が仮設住宅に入居している。そして、愛媛県を合わせると1000人近い被災者が未だ仮設住宅で仮住まいとなっている状況である。かかる状況下において、被災者が、住宅再建を検討するにあたっては、被災者支援のための制度として構築された、低金利の災害復興住宅融資が重要な資金調達の方法となることが想定される。現に、平成30年7月豪雨災害において、令和2年3月31日時点で、合計858件もの申込件数が存在することからしても、今後、住宅再建が具体化した時点において利用を考えている被災者のため、申込受付期間を延長する必要性が高い。
2　災害復興住宅融資と同様に被災者の住宅再建を支える制度である被災者生活再建支援金の加算支援金に関しては、先日、岡山県倉敷市と高梁市で申請期間が来年8月4日まで1年間延長された。これは、多くの被災者が住宅再建を行うにあたり、まだ時間を要するこ

とが認められていることを示している。

3 広島県でも「平成30年7月豪雨災害からの復旧・復興プラン【発災から3年後　進捗状況報告書】」（令和3年6月）において、「災害関連事業の進捗状況によって、住宅再建が完了していない世帯がある」ことを現状の課題とし、今後、「住宅再建が完了していない世帯に対し、供与延長を行うとともに、個別フォローを実施することで入居世帯へ継続した支援を行っていく」としている。これは、広島県においても住宅再建の目処がついていない被災者が存在しており、その支援の必要性を認めていることを示している。

4 広島では、実際に被災者から、被災地に戻りたいが当該被災地の復興計画が定まっておらず当該被災地に戻るか決心できない状態であるのに災害復興住宅融資の借入申込受付期間が過ぎようとしているため、焦燥感にかられている相談が広島弁護士会に寄せられている。

5 平成23年に発生した東日本大震災については、令和8年3月31日まで延長され、平成28年熊本地震については、令和4年3月31日まで延長されていることに鑑みても、平成30年7月豪雨において申込受付期間を令和4年7月31日まで延長したとしても、公平性を失うことはない。

　被災者支援の実態をもとに記者会見（新型コロナウイルス感染症感染拡大防止のためオンライン実施）も行い、水面下で国土交通省や金融庁への粘り強い交渉も行った。その結果、2021年7月29日、住宅金融支援機構は、岡山県と広島県において再度の1年間の災害復興住宅融資の延長を決定した。ウェブサイトにも「「平成30年7月豪雨（西日本豪雨）関連」の受付期間は令和4年8月31日までとなります。住宅金融支援機構中国支店では、住宅の再建をお考えの方向けに、以下のとおり相談を受け付けております」と明確に告知するに至った。広島弁護士会の今田健太郎弁護士は、①複数の弁護士会をまたがる柔軟な対応をしたこと、②全国から多数の弁護士の賛同を得たこと、③オンライン記者会見は参加が容易で録画機能を用いたテレビ報道素材が提供できたこと、④オンライン会議システムによる資料の画面共有により資料説明による記者レクが容易であったこと、⑤被災地で繋がりのあった住民代表が参加し被災地の実情を直接訴えたこと等が、政策提言が広く世論の支持を得た理由であったと分析している。

巨大台風襲来の大きな爪痕

【水害直後　弁護士からの10か条】～西日本豪雨の教訓を踏まえて

★全国の被災者の方々へお見舞い申し上げます。広島弁護士会の災害対策委員長を務めています。

★平成26年広島市豪雨災害、平成30年西日本豪雨災害と、二度にわたる大規模な水害を支援してきた弁護士として、『制度を知らないことで悔し涙を流すこととなった』多くの被災者の方々を代弁する、切なる願いです。

1　土砂撤去で無理をしないで。

　自宅も気になりますが、土砂は細菌も含んでおり、想像以上に健康状態を悪化させ、災害関連死のリスクを高めます。自力では限界があるので、まずは体力の回復に努めてください。行政やボランティアからの案内を待ちましょう。

2　通帳や権利証を紛失しても大丈夫。

　銀行の預金通帳や、定期預金証書、不動産の権利証などを紛失しても、財産はなくなりませんので、安心して下さい。

3　落ち着いたら、自宅の写真撮影を。

　自宅の写真を、複数の角度から撮影し、被害に見合った罹災証明書の発行を受けられるようにしましょう。判定の結果は、公的支援の内容に影響します。不服があれば再調査の申入れが可能です。参考：震災が繋ぐ全国ネットワーク『震つな』の皆様、西日本豪雨の支援もありがとう。

4　修理は決して急がず。

　自宅の修理は、乾燥してから行うべき箇所があります。また、災害救助法の応急修理の制度を使うと、原則、仮設住宅へ入居できません。慌てないで、全体の修理内容や費用面をしっかり検討してからにしましょう。一部だけの修理で、壊れたままの家に住むことを余儀なくされる可能性があります。言葉巧みな消費者被害にも要注意！

5　お金を払う前に、行政の窓口で相談を。

　土砂の撤去や、自宅の修理につき、公的支援の制度があります。事前に役所へ相談しないで業者などに支払った場合、後から請求できないことがあるので、要注意

です。必ず行政窓口で相談してください。もっとも、被災直後は、自治体も体制が整っていないケースがあります。自治体ごとにホームページを開設していますので、情報を確認してみて下さい。

6　保険の内容を確認しよう。

　近時の住宅保険には、火災保険に水災の補償が付いているものが多いです。また、家財保険による補塡も考えられます。自分名義でなく、親族が契約している場合もあるので、よく確認してみましょう。証券を紛失しても請求できます。自動車保険も同様です。保険会社が分からなくなったときや、契約内容を確認したい場合には、損保協会の照会センターに電話してみてください。

7　敷地内の物の処分や撤去について。

　自宅に流れ着いた第三者の物や、廃棄物の処分について悩んだ場合、まずは、行政窓口や、各地の弁護士会が近々開設する被災者電話相談などを利用して、処分してよいかどうか、費用はどうするか等、相談してみてください。また、隣家の家財やブロックなど、所有者が分かっていて撤去を求めたい場合も、すぐには解決できないこともありますので、ケンカせず、弁護士会などを頼ってください。弁護士による面談相談を希望される場合は、下記の番号より、最寄りの法律相談センターに予約が可能です。

8　収入の目処が立たない方々へ。

　水害で職場が水没した。道路が寸断されて、勤務先へ行けない。明日からの収入の目処が立たない方々に対しては、雇用保険の失業給付等、色々な制度があります。また、雇い主側を補助する制度もありますので、少し落ち着いたら、各自治体や弁護士会の電話相談などにお問い合わせ下さい。事業者（個人も）向けの融資や、複数の事業者を地域で再生するためのグループ補助金などもあります。資金難で、各種ローンの返済等にお困りの個人や企業の方は、弁護士相談も活用してください。

9　税金、医療費の減免や、教育の補助など。

　大規模災害時には、各種税金等の減免や、水道光熱費の特例、教育費用の補助、医療費の免除など、実に様々な支援が用意されています。行政も、まだ機能していない地域もあるかもしれませんが、慌てることなく、相談体制が整うのを待ちましょう。参考までに、内閣府のページを貼りつけておきます。

10　必ずや生活再建は出来ます！

　愛着のある家を失って、途方に暮れている方々が大多数だと思います。西日本豪雨災害も同様でした。しかし、今後、公的制度による給付金（生活再建支援金等）や、義援金、保険金、各種の融資制度、二重ローン減免制度など、色々な仕組みを活用することで、生活再建を図ることは可能です！　高齢者の方々に向けての、修理や再築のための特例融資制度もあります。『難しいことはよく分からない』分からなくて当然です。ぜひ、弁護士などの専門家を頼ってください。まだまだ、発災したばかりです。制度についても、落ち着いたころ、弁護士にゆっくり相談してください。

周りと比べて焦る必要は全くありません。まずは、お身体を大切になさって下さいませ。

　長文に目を通して頂き、ありがとうございました。
※　分かりやすく表現するため、専門用語ではなく、日常的な用語を使っています。
(今田健太郎弁護士の 2020 年 7 月 4 日の Facebook 投稿（一部省略）)

1　令和元年東日本台風ほか一連の水害と弁護士

(1)　2019 年の大規模水害に関する法制度の適用状況

　2019 年 8 月 26 日より九州北部地方では秋雨前線に伴う記録的大雨となり、8 月 28 日午前 5 時 50 分に佐賀県、福岡県、長崎県に大雨特別警報が発表された。気象庁は「これまでに経験したことのないような大雨」「普段災害が起きないと思われているような場所でも最大級の警戒が必要」「今いる場所の災害発生の危険度を気象庁 HP 等の「危険度分布」で確認してください」等と繰り返した（気象庁「佐賀県、福岡県、長崎県に特別警報発表」2019 年 8 月 28 日報道発表）。九州北部各地で河川の氾濫がおき、なかでも六角川の大きく蛇行したところに位置する佐賀県大町町では、堤防決壊・越水により、順天堂病院浸水による病院避難や鉄工場の油流出などがおきた。この「令和元年 8 月の前線に伴う大雨」は、武雄市で 3 名、福岡県八女市で 1 名が犠牲になった。佐賀県全市町に災害救助法が、同県 2 市 1 町に被災者生活再建支援法が適用された。

　2019 年 9 月 8 日に千葉市付近に上陸した台風第 15 号。気象庁は事前に「急激に雨と風が強まり、猛烈な風が吹き、海上は猛烈なしけとなり、首都圏を含め、記録的な暴風となるおそれ」「8 日夜には台風本体の非常に発達した雨雲がかかり、猛烈な雨や非常に激しい雨が降り、大雨となる見込み」「暴風、うねりを伴った高波、大雨による土砂災害、低い土地の浸水、河川の増水や氾濫に厳重に警戒」と緊迫した発表を行っていた（気象庁「台風第 15 号の今後の見通しについて（9 月 8 日）」)。千葉市では観測史上 1 位となる最大瞬間風速 57.5 メートルを記録。東京都では突風で 1 名が亡くなった。千葉県 25 市 15 町 1 村、東京都大島町に災害救助法が適用された。千葉県ではブラックアウト（長期間の広範囲停電）がおき、猛暑とあいまって熱中症による災害関連死を多数引き起こす惨事となってしまった。のちに「令和元年房総半島台風」と命名された。

2019年10月12日に伊豆半島に上陸した台風第19号は、広範囲に豪雨を齎し、東日本を中心に10日からの総雨量が500mm超、1,000mm超となる地域もあった。12日夕方から13日未明に関東地方を縦断し、各地に特別大雨警報が発表になる。13日に東北海上へ抜け温帯低気圧化したのちも強い勢力を保った。東京都では最大瞬間風速43.8メートルの暴風が吹き荒れ、千葉県市原市で竜巻が発生した。河川の氾濫は140か所、土砂災害は宮城県丸森町をはじめ40か所以上で発生した。信濃川水系千曲川の堤防が決壊し北陸新幹線の車両基地が浸水したことも大きく報道された。のちに「令和元年東日本台風」と命名される。犠牲者は84名にも上った。気象庁は、2019年10月9日の時点で「台風第15号や昨年の台風第21号と同程度の暴風被害が発生するおそれがあります」「11日（金）までに暴風等に備えるようお願いいたします」と異例の警戒を呼び掛けていた（気象庁「台風第19号に早めの備えを！（10月9日）」）。さらに台風接近の頃になると「12日から13日にかけて、東日本を中心に、西日本から東北地方の広い範囲で猛烈な風が吹き、海は猛烈なしけとなり、記録的な暴風となる」「台風本体の非常に発達した雨雲がかかるため、広い範囲で記録的な大雨となる見込みです。状況によっては、大雨特別警報を発表する可能性があります。伊豆に加えて関東地方でも土砂災害が多発し、河川の氾濫が相次いだ、昭和33年の狩野川（かのがわ）台風に匹敵する記録的な大雨となるおそれもあります」と過去の大規模被害を想起させての警戒呼びかけを行うほど緊迫していた（気象庁「台風第19号について（10月11日）」）。

2019年10月24日から26日にかけて低気圧が太平洋沿岸を進み、日本の東海上にあった台風第21号とあいまって大量の湿った空気が関東・東北地方へ流れ込み大雨となった。気象庁では10月24日に「低気圧に向かって南から暖かく湿った空気が流れ込むとともに台風周辺の湿った空気も低気圧に向かって流れ込むため、雨雲が発達し、局地的に雷を伴った非常に激しい雨が降り、大雨となるおそれ。19日や22日の雨に比べ雨量が多くなる見込み。総雨量は関東地方の多いところで200〜300ミリ、東北地方（太平洋側）の多いところで150〜200ミリ」「〈警戒事項〉台風第19号による記録的な大雨の影響で少ない雨でも土砂災害や洪水が発生するおそれ」など最大限の警鐘を鳴らしていた（気象庁「25日を中心とした大雨の見通しについて」2019年10月24日報道発表）。10月25日には千葉県と福島県を中心に総雨量が200mmを超え、わずか半日で10月1か月分の平均降水量を上回った。河川の氾濫と浸水被害が相次ぎ、犠牲者は13名になった。その半数以上は自動車で避難中に亡くなった。なお、この「10

月 25 日の大雨による水害」は、台風第 19 号と一体的に「令和元年東日本台風等」と記述されることが多い。

　令和元年房総半島台風から令和元年東日本台風等により結果として 14 都県 390 市区町村に災害救助法が適用された。被災者生活再建支援法は、令和元年房総半島台風の時点では、東京都大島町、同新島村、神奈川県横浜市の 3 市町のみであったが、その後に令和元年房総半島台風・令和元年東日本台風・令和元年 10 月 25 日の大雨を一連の災害として、新たに宮城県全域、福島県全域、茨城県全域、埼玉県全域、千葉県全域、長野県全域、岩手県 4 市町、栃木県 8 市町、群馬県 2 市村、東京都 6 市区町村、神奈川県 2 市、新潟県 1 町、山梨県 1 市、静岡県 3 市町に被災者生活再建支援法が適用された。2019 年 10 月 18 日、令和元年東日本台風は、特定非常災害特別措置法に基づき「令和元年台風第 19 号による災害についての特定非常災害及びこれに対し適用すべき措置の指定に関する政令」を定める閣議決定を経て特定非常災害となる。行政上の権利利益に係る満了日の延長に関する措置、期限内に履行されなかった義務に係る免責に関する措置、債務超過を理由とする法人の破産手続開始の決定の特例に関する措置、相続の承認又は放棄をすべき期間の特例に関する措置、民事調停法による調停の申立ての手数料の特例に関する措置が適用された。その後、2021 年 3 月 19 日には、建築基準法による応急仮設住宅の存続期間等の特例に関する措置（法 8 条）も加わり、期間満了後も 1 年の仮設住宅延長措置が可能となった。2019 年 10 月 11 日に「令和元年八月十三日から九月二十四日までの間の暴風雨及び豪雨による災害についての激甚災害並びにこれに対し適用すべき措置の指定に関する政令」が、同年 10 月 29 日に「令和元年十月十一日から同月十四日までの間の暴風雨及び豪雨による災害についての激甚災害並びにこれに対し適用すべき措置の指定に関する政令」が、それぞれ閣議決定に至り（なお同年 11 月 29 日に追加閣議決定あり）、一連の台風・豪雨は激甚災害指定も受けた。

　国土交通省の 2021 年 3 月 31 日付発表資料によれば、「令和元年東日本台風の発生した令和元年の水害被害額が統計開始以来最大」の約 2 兆 1,800 億円に及んだ。一連の水害について、当時の気象庁の報道発表記録等を辿ると、台風や豪雨の切迫性に加え、過去に類を見ない大規模災害の発生を想起させるような表現が見られる。その多くが臨時ニュースとして気象庁の記者会見とともに報道されていたことが印象的である。しかしながら、私たちは果たしてどれほどの警戒心をもって聞けていただろうか。気象庁や内閣府防災でも緊急情報の

伝え方や避難指示等の在り方を日々改善しているが、それ以上に国民全体の気象防災情報に関するリテラシー向上もまた喫緊の課題である。

⑵　弁護士による無料法律相談・情報提供活動

　令和元年8月の前線に伴う豪雨では、発災直後の8月31日から、佐賀県弁護士会が被災者無料法律相談活動を開始。9月6日に「佐賀県弁護士会便り」（第98号・第99号）を発行し、「罹災証明書・被災証明書」「建物の応急修理」「損害保険」「貴重品の紛失」「流れ着いた物について」など、被災後の生活再建への気づきや知恵について精力的な情報発信を始めている。東日本大震災以降の「弁護士会ニュース」発行ノウハウを踏襲したものである。令和元年房総半島台風、令和元年東日本台風、令和元年10月25日の大雨の一連の災害でも、弁護士による被災者への無料法律相談・情報提供支援活動が始まった。2019年9月17日には被災地の各弁護士会が面談相談や電話相談をスタートさせた。電話相談は日弁連がバックアップ体制を構築し、弁護士会への架電がオーバーフローした場合に、東京霞が関の弁護士会館にて対応を行うなどした。各弁護士会ではそれぞれ独自に弁護士会ニュースも発行した。

2　令和元年台風等のリーガル・ニーズの分析経緯と概要

⑴　無料法律相談データの分析報告書の作成

　2021年2月に日本弁護士連合会が公表した「令和元年台風 無料法律相談 相談データ集計及び分析結果」は、2019年9月17日から2020年1月31日までの間に、弁護士が所属弁護士会や日弁連と連携して実施した約2,500件の電話相談及び面談相談の事例分析報告書である。相談者（被災者）が住む地域別に、千葉県1624件、東京都102件、宮城県150件、福島県109件、茨城県34件、栃木県22件、埼玉県38件、長野県278件、静岡県120件となった。群馬県の相談もあったが日弁連報告書には記述がない。全国的な規模の災害での弁護士による無料法律相談事例の分析報告書の作成は、東日本大震災、熊本地震、西日本豪雨に続き4例目となる。

⑵　相談データの分析手法の概要

　リーガル・ニーズを視覚化するために、相談の特徴を摑んでそれをカテゴリー（類型）に分類する作業を行う。被災地の面談相談や電話相談の際に弁護士が作

図表 2-5　令和元年台風等の相談類型の分類項目

1	不動産所有権	1-1　工事の瑕疵　　1-2　売買の瑕疵　　1-3　共有不動産　　1-4　区分所有権　　1-5　境界 1-6　その他			
2	車・船等の所有権				
3	預金・株式等の資産				
4	土地の賃貸借				
5	建物の賃貸借				
6	工作物責任・相隣関係	6-1　妨害排除・予防　　6-2　損害賠償　　6-3　営造物責任　　6-4　その他			
7	既往の借入金				
8	新たな融資				
9	債権回収				
10	保険				
11	労働問題				
12	悪質商法・消費者被害				
13	その他の契約問題				
14	親族間の問題				
15	相続				
16	刑事				
17	外国人特有の問題				
18	税金				
19	公的支援制度	19-1　罹災証明書　　19-2　住家被害認定　　19-3　被災者生活再建支援金 19-4　建物の修繕・解体　　19-5　土砂等の撤去　　19-6　仮設住宅 19-7　災害弔慰金・災害障害見舞金　　19-8　その他			
20	その他				
21	災害と関連が乏しい相談				

　成している相談票の記述内容を読み解いて、担当弁護士が一定の法律類型に選別する作業を行っている。図表 2－5 は、一つひとつの法律相談を分類した項目の一覧である。西日本豪雨における中国地方弁護士会連合会の分析（第 2 部第 1 章）と同一の 21 類型への分類となっている。「1 不動産所有権」「6 工作物責任・相隣関係」「19 公的支援制度」の 3 つはさらに内容に応じて細分化している。

　相談分析の手法は、「東日本大震災無料法律相談情報分析結果」（第 1 次分析～第 5 次分析）、「平成 26 年（2014 年）8 月広島市豪雨災害無料法律相談情報分析結果」等の分析手法を概ね踏襲するものとなっている。1 件の相談について 1 から 3 種類のカテゴリー（類型）へと選別しているため、相談分類数の総数は相談件数を上回る。また、分類結果をもとに、相談件数を分母にし、各項目に分類された数を分子にした百分率として傾向をグラフに示す。これが現場の体感

に即した被災地の実情を投影したものになるはずである。なお、令和元年東日本台風等の相談事例分析では、西日本豪雨と同様、1件を複数分類した後の「相談分類数の総数」を分母、各項目に分類された数を分子として百分率にする方式でも相談傾向を分析している。

(1)　**千葉県のリーガル・ニーズの全体像**

　図表2−6は、千葉県で2019年9月17日の相談開始から2020年1月31日までの約5か月間実施された、弁護士による無料法律相談・情報提供活動の内容の分析結果である（日弁連報告書）。グラフから一目瞭然であるが、「工作物責任・相隣関係」に関する相談が相談件数ベースで「70.2％」と突出し圧倒的に多い割合を占めている。その内訳は、「損害賠償」に関するものが74.8％、「妨害の排除・予防」に関するものが22.3％であった。損害賠償に関する相談内容としては、「令和元年房総半島台風のために近隣の住家や倉庫、物置、車庫の屋根等が吹き飛んで自身が所有する建物や自動車等が毀損されたケース」や「自

図表2-6　千葉県のリーガル・ニーズ
（各相談類型の分母　相談件数ベース：n = 1616 ／類型数ベース：n = 1776）

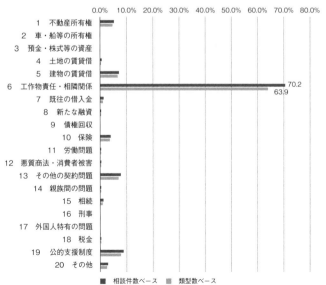

身が所有する住家等の屋根等が吹き飛んで他者所有の建物や自動車等を毀損したケース」があった。西日本豪雨の際の「工作物責任・相隣関係」と同様に、損害賠償紛争の解決というリーガル・ニーズが顕著に現れた（第2部第1章）。2019年10月12日には令和元年東日本台風が上陸。2019年10月25日には大雨により浸水被害が全県規模で発生した。千葉県では「3重の災害」となり、いずれも大雨や暴風に起因して「工作物責任・相隣関係」のリーガル・ニーズが惹起された。

　ニュース番組でも「自宅の屋根瓦が他の家の窓ガラスを割ってしまった。賠償しなければならないか」「植木鉢が飛んで他の家の窓ガラスを割ってしまった。賠償しなければならないか」といった典型的な相談事例（フジテレビ2019年9月19日「Live News it〈はてな〉補償は誰が？　台風のリスク・自宅の物飛び隣家が被害」筆者出演）や、房総半島台風で山林にある大量の杉が倒木し複数の民家を直撃してしまった千葉県山武市の被災者の声として「とにかく重機がなかったんですよ。この（倒木下杉の木の）太さと長さのね。それでもその倒れ掛かった木とかも（市が）やってくれたんでしょう――私有地なので本来は山林の所有者が撤去するのが原則だが、今回は近隣住民の安全を優先し、山武市が急遽撤去作業を行ったという――今度は持主さんに前向きで対処していただきたい。命にかかわることだから」（フジテレビ2019年9月25日「直撃LIVEグッディ！解説：他人の所有物で被害　賠償責任誰が　被災者悩ます復旧の費用」筆者出演）といった生々しい声が報道されていた。

　千葉県では、2019年9月9日上陸の令和元年房総半島台風による暴風で、民法の工作物責任（民法717条）に基づく損害賠償紛争が多数勃発し、賠償責任を認める要件の一つである「瑕疵」の有無について争いが生じた。「植木鉢が飛んで他の家の窓ガラスを割ってしまった」という相談事例については、民法の一般不法行為に基づく損害賠償請求権の問題となる（民法709条）。この場合は「過失」（損害の発生に対する予見可能性に基づく予見義務違反及び結果回避可能性に基づく結果回避義務違反）の有無が争点となる。これら瑕疵や過失の有無の判断については、様々な事情を考慮して総合判断されることになるため弁護士の知見によるアドバイスが欠かせない。

○**キャスター**　台風による倒木被害などご近所のトラブルについてはどう考えたらよいのでしょうか。
○**筆者**　工作物責任という損害賠償の問題になります。工作物とは建物、その屋根、今回のような樹木類のことです。論点になるのは「瑕疵」があるかどうかです。瑕疵というのは、簡単に言えば管理などについて安全性を有していなかったということです。ですので

今回その安全管理がなされていたかどうか賠償責任を判断するうえでの争点になります。
- ○**キャスター**　山武市の場合は地域を敢えて山武杉を育成する政策がとられていたが、その後林業が衰退してしまって管理ができない山林が増えたと聞いています。ぽっきり折れてしまった杉は中が空洞だったといいます。この場合は安全性がないので賠償責任ありということになりませんか。
- ○**筆者**　瑕疵——安全性を備えていたか——の判断は過去の災害の程度や様々な事情を考慮して判断していくものですので、認定作業は非常に難しいものです。弁護士への相談によって知識を得たり、話し合いによる解決などを目指していただくのがよいと思います。（前掲「直撃LIVE グッディ！」より）

　番組では、さらに千葉県弁護士会が開設した「災害ADR」窓口についての情報提供が行われた。これまでに全国ネットのワイドショー番組で「災害ADR」に多くの時間を割いたニュース解説コーナーが設けられたことはほとんどなく、「災害ADR」が紛争解決や予防の切り札として期待されていることがうかがえる（第1部第5章）。

　房総半島台風直後、東京都から千葉県君津市に派遣されている応援職員より連絡を受け、千葉県弁護士会による「弁護士なんでも困りごと相談ブース」併設に少しだけ関わることになった。君津市長が、市民が弁護士による支援を受けることの重要性を認識しており、トップダウンで、罹災証明書発行の特別窓口に弁護士無料法律相談コーナー併設を要望したことが契機となった。9月中旬に設置された特設窓口付近には、弁護士の相談コーナーほか、電気工事関係、水道工事関係、住宅再建関係、福祉関係の部署が一同に会していたのが印象的であった。住まいの再建等を意識する市民にとっても、早期のタイミングで専門家の相談に触れる機会が得られたことには大きな意義があったと思われる。

(2)　千葉県のリーガル・ニーズの特徴と分析

　令和元年の3重災害による千葉県の犠牲者は、災害関連死を含み25名（2022年1月末現在）である。このうち令和元年房総半島台風の死者12名は、全員が災害関連死である。多くが停電被害の影響でエアコン等が使えず熱中症により亡くなっている。猛暑時期のブラックアウト（大規模停電被害）の深刻さが浮き彫りになった。住家被害をみると、全壊514、半壊6,963と甚大であるが、一部損壊は89,889棟（うち房総半島台風で77,091棟）と桁はずれである。暴風被害で屋根や壁が棄損したり、倒木等で自宅の一部が損壊したりという事象が各地で頻発した。全壊住家の数百倍もの一部損壊があることは、大型台風被害の特徴の一つである。東日本大震災や熊本地震の事例分析では、「住家の一部損壊棟数」と「工作物責任・相隣関係のリーガル・ニーズ」には正の相関関係が見

られた（災害復興法学第3部第2章、災害復興法学Ⅱ第3部第2章）。この傾向は、暴風被害・浸水被害・倒木被害・土砂流入被害でより一層顕著になるのではないかと思われた。

4　長野県のリーガル・ニーズ

(1)　長野県のリーガル・ニーズの全体像

　図表2−7は、長野県において、2019年10月16日の相談開始から2020年1月31日までに実施された、弁護士による無料法律相談・情報提供活動の内容の分析結果である（日弁連報告書）。相談件数（274件）ベースでみると、「公的支援制度」（42.0％）が圧倒的に高い割合であり、これに「既往の借入金」（25.9％）が相当高い割合で続く。「保険」（11.7％）も高い割合である。「公的支援制度」のなかでは、「土砂等の撤去」「住家被害認定」「建物の修繕・解体」「被災者生活再建支援金」の相談割合が高かった。なお、集約された相談事例のほぼすべてが長野県弁護士会所属の弁護士による相談であった。

　長野県では、2019年10月13日に千曲川が決壊し、長野市の市街地をはじ

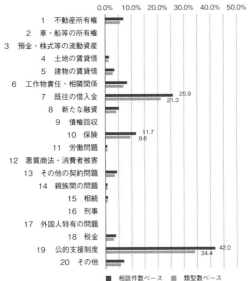

図表2-7　長野県のリーガル・ニーズ
（各相談類型の分母　相談件数ベース：n = 274 ／類型数ベース：n = 354）

め広域で洪水被害がおきた。長野県弁護士会は、10 月 14 日に災害対策本部を立ち上げ、日弁連、関東弁護士会連合会、各地の弁護士会及び日本司法支援センターなど関係諸機関と連携を始めた。10 月 16 日には、「復興支援ダイヤル」を立ち上げ、弁護士会会員の半数以上が関わり無料電話相談・面談相談・出張相談対応を開始するに至る。被災地域の公民館や民家等に赴いての被災者支援制度説明会などアウトリーチも積極的に展開した。「災害 ADR」も設置した。2019 年 10 月 17 日、11 月 1 日、12 月 27 日、2020 年 2 月 3 日の 4 回「弁護士会ニュース」を発行し、災害時 Q & A や自然災害による被災者の債務整理に関するガイドラインの解説等を掲載した。これらの精力的な長野県弁護士会の活動により、発災から 2 年となる 2021 年 10 月までに実施した無料法律相談事例は、360 件以上に上った。東日本大震災及び長野県北部地震（2011 年 3 月 12 日発生）の教訓を生かし、8 団体で構成する「長野県災害支援活動士業連絡会」を設立したうえ、長野県との間で「災害時における相談業務に関する協定」を締結し、災害時に各種専門家が連携しワンストップ相談業務を実施する体制を事前準備していたことが大いに寄与した。

(2) 長野県のリーガル・ニーズの特徴と分析

　深刻な住家被害の割合の高さが「公的支援制度」(42.0%) に関する相談割合を押し上げる要因になったと分析できる。令和元年東日本台風により、長野県で初の大雨特別警報が発表される記録的大雨となり、千曲川流域を中心に河川の氾濫や土砂災害等が発生。5 名が犠牲になった。災害関連死はこれを大きく上回る 18 名である。河川の氾濫と土砂災害により住家被害件数も全壊が 920 棟 (1,087 世帯) となった。半壊が約 2,500 棟、一部損壊が約 3,600 棟であることを考えると、全壊の割合は非常に高い。長野県のウェブサイト「令和元年東日本台風（台風第 19 号）への長野県の対応について」をみると、長野県がこのようなリーガル・ニーズを機微に汲み取っていたことが見て取れる。長野県は 2019 年 10 月 31 日には、「令和元年台風第 19 号災害復旧・復興方針」を策定し、被災者の生活再建に関わる情報や復興事業の見通しなどの情報を整理してとりまとめ、2021 年 9 月 21 日までに復旧・復興方針を 10 回も更新していた。時宜に応じて情報を更新することは被災者に寄り添う情報を逃さず発信しようという思いの現れといえる。更新前の情報も掲載されており、行政機関側や支援者側にとっても政策プロセスの見本として機能すると期待される。ウェブサイトの同じ場所に「令和元年東日本台風（台風第 19 号）災害による被災者の生活

再建のための支援の概要」と題して、住宅被害の程度、持家か賃貸か等に応じて、被災者が辿るべき生活再建の道筋を詳しく図解したペーパーを掲載するなど、情報整理や広報の在り方としても非常に参考になる。

　「既往の借入金」(25.9%) の相談割合が2番目に多い。財産が大きく毀損した場合に、新たな資金が必要になったり、貯蓄を使い果たしたりしてしまい、既往の借入金（住宅ローン）の毎月の返済にも苦慮するようになるのは、これまでの災害におけるリーガル・ニーズの分析でも同じ傾向がみられた。弁護士としては、これらのニーズをもつ被災者へは「自然災害債務整理ガイドライン」に関する情報提供が欠かせないものとなる。

　「保険」(11.7%) のリーガル・ニーズが高いのは、水害による自宅被害に対して損害保険や共済の支払ニーズが高まるなかで、被害認定の程度や、そもそもの保険契約の内容などを弁護士に確認する相談が多くなったためではないかと推察される。また、一般の一戸建て住宅向けの住宅総合保険等は、火災保険に加えて台風や暴風をはじめとする風水害を補償範囲に含んでいるので、被災者の多くが保険契約の当事者だったこともニーズを押し上げた要因と考えられる。

5　宮城県のリーガル・ニーズ

(1)　宮城県のリーガル・ニーズの全体像

　図表2-8は、宮城県において、相談開始から2020年1月31日までに実施された、弁護士による無料法律相談・情報提供活動の内容の分析結果である（日弁連報告書）。相談件数 (141件) ベースでみると、「公的支援制度」(46.8%) が非常に高い割合を占めている。「既往の借入金」「工作物責任・相隣関係」についても、15%以上の高い割合を占めている。集約された相談はほぼ仙台弁護士会所属の弁護士によるものである。

　仙台弁護士会は、2015年の関東・東北豪雨での水害支援経験も豊富であり、2019年10月11日から13日の豪雨においても、その直後から行政機関や他の専門士業と連携して、被災者への無料法律相談・情報提供活動をスタートしている。2019年10月21日から各地の無料法律相談活動をさらに拡大し、10月25日には被災者無料電話相談を開設した。11月5日に「仙台弁護士会ニュース〈災害時Q&A集〉」の第1号と第2号を発行、11月8日に同第3号を発行し、ウェブサイトに掲載するとともに、無料法律相談等に活用した。同時期

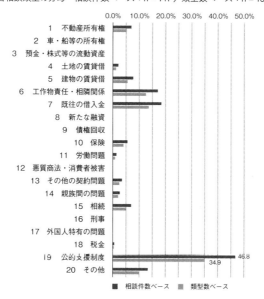

図表 2-8　宮城県のリーガル・ニーズ
(各相談類型の分母　相談件数ベース：n＝141／類型数ベース：n＝189)

	相談件数ベース	類型数ベース
1　不動産所有権		
2　車・船等の所有権		
3　預金・株式等の流動資産		
4　土地の賃貸借		
5　建物の賃貸借		
6　工作物責任・相隣関係		
7　既往の借入金		
8　新たな融資		
9　債権回収		
10　保険		
11　労働問題		
12　悪質商法・消費者被害		
13　その他の契約問題		
14　親族間の問題		
15　相続		
16　刑事		
17　外国人特有の問題		
18　税金		
19　公的支援制度	46.8	34.9
20　その他		

には仙台弁護士会による「災害ADR」の受付も始まった。仙台弁護士会は東日本大震災で「震災ADR」を開設しており、これがのちの各弁護士会の災害ADRの元祖となっている（災害復興法学第2部第1章）。仙台弁護士会ウェブサイト「復興支援情報まとめ」(2019年11月20日)にこれまでの活動が一覧化されている。弁護士会が災害直後に展開すべき支援活動が簡潔かつ網羅的に並んでいるため非常に参考になるポータルサイトである。

⑵　宮城県のリーガル・ニーズの特徴と分析

　宮城県で「公的支援制度」(46.8%)のリーガル・ニーズが突出している原因は、宮城県丸森町の被害と同地域に対する集中的な支援の結果に基づくものと推察される。東北地方では2019年10月11日以降激しい雨となり、宮城県では10月12日夜に大雨特別警報が発表される。降水量も各地で歴代1位を更新。丸森町では、阿武隈川本流の決壊こそなかったものの排水能力超過で内水氾濫が広範囲に起きた。また阿武隈川水系の内川10か所をはじめ合計18か所で堤防が決壊し大規模洪水が起きた。土砂災害は150か所に及び多数の住家を押し流した。死者11名（うち災害関連死1名）、行方不明者1名、住家被害は全半壊だ

けで約 1,000 棟となった（全壊 115、大規模半壊 248、半壊 633）。宮城県では 16 市町で 21 名（うち災害関連死 1 名）が死亡し、その半数は丸森町だった。丸森町は人口約 1 万 2,000 人（約 4,500 世帯）であるが、1,000 棟が全半壊に至っている。財産をすべて失った被災者から「公的支援制度」に関する情報のリーガル・ニーズがあふれ出たことは想像に難くない。仙台弁護士会は、被災の深刻さを受けて、災害直後から丸森町役場で週 1 回の出張の無料法律相談会を開催してきた。なお、これまでの大規模災害においても住家の全半壊率の高さと、「公的支援制度」のリーガル・ニーズの高さには正の相関関係があった（災害復興法学第 3 部第 2 章）。このほか、「既往の借入金」や「工作物責任・相隣関係」の相談も高いリーガル・ニーズだったことがわかる。住宅の全半壊棟数が多い地域の相談事例や、浸水被害・洪水被害・土砂災害といった水害時で特に顕著となる近隣紛争事例の多さが反映されている。

6　静岡県のリーガル・ニーズ

(1)　静岡県のリーガル・ニーズの全体像

　図表 2 - 9 は、静岡県において、相談開始から 2020 年 1 月 31 日までに実施された、弁護士による無料法律相談・情報提供活動の内容の分析結果である（日弁連報告書）。2019 年 10 月 12 日から 13 日にかけて、台風第 19 号（令和元年東日本台風）が伊豆半島に上陸し、静岡県内に暴風被害と大雨による浸水被害もたらした。静岡県伊豆の国市、函南町に災害救助法の適用が比較的早期に決定されていた。相談件数（115 件）ベースでみると、「公的支援制度」（67.0%）に関するリーガル・ニーズが圧倒的な割合となっている。これに次いで「保険」（約 18%）が多く、「工作物責任・相隣関係」（15% 以上）、「不動産所有権」（10% 以上）、既往の借入金（約 9%）と続いている。公的支援制度がここまで高い割合を示したのは、後述のとおり、「罹災証明書」の住宅被害認定に関する相談の多さを反映してのことである。

　令和元年東日本台風の被災を受け、静岡県弁護士会は、2019 年 10 月 15 日に「静岡県弁護士会〈災害時 Q&A 集〉台風 19 号水害編　第 1 号」を公開し、冊子「水害にあったときに」（震災がつなぐ全国ネットワーク、災害復興法学II第 1 部第 2 章）の紹介、罹災証明書、被災者の方への支援、住宅ローンなど支払の問題、紛失物の問題、事業者支援など、災害救助法や被災者生活再建支援法の適用が決まらない段階であっても利用できる即効性のある情報を発信している。静岡

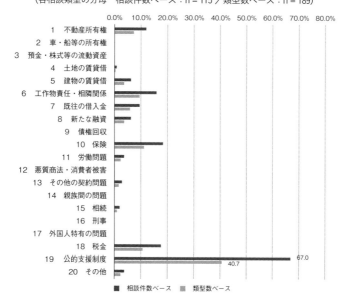

図表 2-9　静岡県のリーガル・ニーズ
（各相談類型の分母　相談件数ベース：n = 115 ／類型数ベース：n = 189）

1　不動産所有権
2　車・船等の所有権
3　預金・株式等の流動資産
4　土地の賃貸借
5　建物の賃貸借
6　工作物責任・相隣関係
7　既往の借入金
8　新たな融資
9　債権回収
10　保険
11　労働問題
12　悪質商法・消費者被害
13　その他の契約問題
14　親族間の問題
15　相続
16　刑事
17　外国人特有の問題
18　税金
19　公的支援制度　　40.7　　67.0
20　その他

■ 相談件数ベース　　■ 類型数ベース

県弁護士会所属の永野海弁護士からも次のようなメッセージが発信された。

――いまや、弁護士や弁護士会の災害時の支援活動は、法律相談にとどまりません。支援情報などの提供はもちろんのこと、被災された方と一緒に生活再建の問題を悩み、考えることが当たり前になっています。今回作成した支援情報集をご覧になっても、内容がよく理解できなかったり、まず自分が何からはじめたらいいかわからなかったりする方がたくさんいらっしゃると思います。そんなときには、「法律相談じゃないから」、と思わずに、迷わず、地元の弁護士会にご相談下さい。
（岡本 2019c より永野海弁護士のコメント抜粋）

　さらに、静岡県伊豆の国市は、2019 年 10 月 15 日の夕刻、静岡県弁護士会が「弁護士会ニュース」を公表した直後に、同ニュースや、弁護士の相談窓口情報をウェブサイトに掲載した。同市は静岡県弁護士会と「平時の災害対策及び災害時被災者支援活動に関する協定」を締結済みであったことが奏功したといえる。静岡県弁護士会は、県下の自治体と多数の協定を締結しており、災害時に不安になる被災者への支援活動を円滑に行う体制の整備に努めてきた（災害復興法学第 2 部 10 章、静岡モデル）。弁護士のみならず行政機関側から早期の被災者支援情報の発信があったのも日ごろからの自治体と弁護士会との連携の賜物といえる。その後、伊豆の国市及び函南町では、静岡県弁護士会を中心とし

た「静岡県災害対策士業連会」が、10専門家団体による説明会を行うなどアウトリーチ支援を行った。当時の弁護士会の取組は同弁護士会ウェブサイト「災害特設ページ（被災者支援情報）」にまとめられている。過去から現在の主な災害対応実績もアーカイブされているため、被災者支援の実践ノウハウを学ぶことができるだろう。

(2) 静岡県のリーガル・ニーズの特徴と分析

　「公的支援制度」（67.0%）の相談事例が圧倒的に高くなった理由は、住宅被害認定の是非を巡るリーガル・ニーズの高まりによる。静岡県全体でみると、一部損壊住宅が449棟に及んでいる。罹災証明書の被害認定区分は判明しないが、床上浸水が1,010棟、床下浸水が1,424棟と非常に多くなっている。これに対して全壊は7、半壊は9にとどまった。床上浸水（住家の床より上に浸水したもの及び全壊・半壊には該当しないが、土砂竹木のたい積により一時的に居住することができないもの、「災害報告取扱要領」昭和45年4月10日消防防第246号消防庁長官通知）は、「被災者生活再建支援金」を受けられる程度の被害（当時は大規模半壊以上）に至らない事例や、災害救助法の応急修理制度の利用要件（令和元年東日本台風以降は準半壊以上、第2部第4章）を満たさない被害を多く含む。床下浸水（床上浸水にいたらない程度に浸水したもの）は尚更である。そこで、罹災証明書に「一部損壊」や「床下浸水」等とのみ記述されていた被災者が、納得できずにより損壊程度の高い被害認定をした罹災証明書を求める事例が増加した。これらのリーガル・ニーズが「公的支援制度」の相談割合を劇的に押し上げるものになったと考えられる。静岡県弁護士会が、自治体が罹災証明書を最初に発行する一次調査の段階では住家被害が過小評価される可能性があることについて注意喚起をし、不服があれば二次調査や再調査も可能であることを啓発していたことが相談件数の増加に寄与したと考えられる。

7　福島県のリーガル・ニーズ

(1) 福島県のリーガル・ニーズの全体像

　図表2−10は、福島県において、令和元年東日本台風を踏まえた相談開始から2020年1月31日までに実施された、弁護士による無料法律相談・情報提供活動の内容の分析結果である（日弁連報告書）。相談件数（104件）ベースでみると、「建物の賃貸借」（22.1%）、「工作物責任・相隣関係」（17.3%）、「公的支援制度」

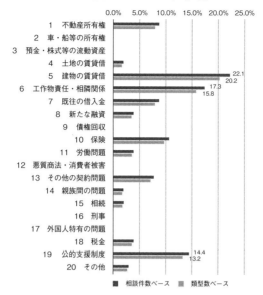

図表 2-10　福島県のリーガル・ニーズ
（各相談類型の分母　相談件数ベース：n = 104 ／類型数ベース：n = 114）

	相談件数ベース	類型数ベース
1　不動産所有権		
2　車・船等の所有権		
3　預金・株式等の流動資産		
4　土地の賃貸借		
5　建物の賃貸借	22.1	20.2
6　工作物責任・相隣関係	17.3	15.8
7　既往の借入金		
8　新たな融資		
9　債権回収		
10　保険		
11　労働問題		
12　悪質商法・消費者被害		
13　その他の契約問題		
14　親族間の問題		
15　相続		
16　刑事		
17　外国人特有の問題		
18　税金		
19　公的支援制度	14.4	13.2
20　その他		

（14.4％）が他の相談に比べて非常に高い割合のリーガル・ニーズとして現れている。これに「保険」（10％以上）も続く。「不動産所有権」（約 8％）、「既往の借入金」（約 8％）も無視できない割合である。このように、福島では、建物賃貸借契約に関する賃貸人と賃借人の間の契約紛争を中心に、ありとあらゆる類型の被災者リーガル・ニーズが顕現していたことがわかる。

　令和元年東日本台風（2019 年 10 月 11 日〜 13 日）により、阿武隈川流域を中心に各地で水害や土砂災害が発生。福島県弁護士会は、10 月 15 日に「福島県弁護士会ニュース　〈災害時 Q ＆ A〉台風 19 号水害編第 1 号」を公表、被災者の生活再建に役立つ情報の啓発活動を開始する。10 月 17 日には「令和元年台風 19 号災害に関する会長談話」を発表し、法律相談活動や自然災害債務整理ガイドラインの登録支援専門家としてのサポート等による支援を宣言した。2019 年 10 月 25 日には低気圧と日本の東海上の台風 21 号の影響で、福島県（及び千葉県）を中心に大雨となり福島県相馬市で親子が犠牲になった。福島県弁護士会は、11 月 15 日に「福島県弁護士会ニュース　〈災害時 Q ＆ A〉台風 19 号水害編第 2 号」を公表。県内で特に問題となっていた賃貸借契約紛争の深刻化を背景に契約紛争処理の指針や考え方を詳細に解説したものである。地域の

紛争の特徴を汲み取り、それに応じた相応しい対応を弁護士会が行ってきたことがわかる。活動は弁護士会ウェブサイト「令和元年台風 19 号災害で被災された方へ──福島県弁護士会は、全力で被災者の生活再建を支援します！─」においてまとめられている。

(2)　福島県のリーガル・ニーズの特徴と分析

　令和元年東日本台風と令和元年 10 月 25 日の大雨という「2 重の災害」で福島県内の被災地は疲弊を極めた。一連の水害による直接死者は 32 名に及び、犠牲者は、郡山市、いわき市、白河市、須賀川市、二本松市、南相馬市、本宮市、飯館村、相馬市、川内村など県内全域にわたる。福島県全体の住家被害は、全壊 1,395、半壊 11,800、一部損壊 6,933、床上浸水 157、床下浸水 284 と甚大である。加えて、2011 年の東日本大震災・福島第一原子力発電所事故の爪痕もまだ残っていた（朝日新聞朝刊 2019 年 11 月 2 日「被災、津波も台風も　相馬の宍戸さん、流失・浸水に募る不安」等）。阿武隈川の氾濫は郡山市中心街にも洪水被害を齎した。夏井川の氾濫でいわき市の住宅被害も広範囲にわたっている。小泉川や宇多川の氾濫は、相馬市の中心街を浸水させ、長期間の断水被害により多くの住民が日常生活に深刻な打撃を被ることにもなった。都市を巻き込んだ大規模な水害が、自然災害時に顕現するあらゆるリーガル・ニーズを呼び起こしてしまったように思われる。なかでも「建物の賃貸借」(22.1%) のリーガル・ニーズが非常に高い。これは、公営住宅や賃貸借物件の不動産管理業者が、物件の修繕等だけを理由として、居住する賃借人に建物退去を求めるという事件が発生していたことが大きな要因だったことが判明した。福島県弁護士会が、国等に対して不動産管理業者らに行政指導をするよう求めなければならないほどの事態であったことが、当時の声明から読み取れる。

> 「無料電話相談等の活動において受け付けた被災者からの相談には、賃借している住家やアパート等が本件災害により浸水し、修繕が必要などの理由で、賃借人が、賃貸人や不動産管理業者から住家等の明渡し（返還）を求められているという内容が少なからず含まれている。このような相談は、県内において住家の浸水等の被害が多く発生した地域に共通して見られており、同様の事態が広く生じているのではないかと危惧される。また、公営住宅の入居者が、同様に退去を求められているとの情報も寄せられている。」
> 「このように、修繕を理由にして、家主や不動産管理業者等が賃借人に住家等の明渡しを求めることは、賃貸借契約法理に照らし極めて不当と言わざるを得ない。また、災害に便乗して被災した賃借人の生活基盤を奪うに等しいものであって、決して容認されるものではない。」
> 「そこで、当会は、国及び福島県に対し、不動産賃貸業者・不動産管理業者等に対する監督権限を適切に行使し、かかる不当な取扱いがなされないよう指導を徹底するとともに、広

報等を通じて、被災者に対する注意喚起と正しい法律知識の教示・啓発に努めることを求めるものである。また、公営住宅の設置管理者である国もしくは地方公共団体に対し、災害で損壊した公営住宅について、修繕が可能である場合に、公営住宅入居者に対して公営住宅の明渡しをさせるような取扱いをしないよう求める。」
（福島県弁護士会「令和元年台風第 19 号災害による被災住家の賃貸借契約に関し国の行政指導等を求める会長声明」（2019 年 11 月 26 日）より抜粋）

　建物の賃貸借契約においては、建物が滅失等しない限り契約は存続し続ける。契約中に賃貸人に認められるのは、修繕に必要な場合に貸借人に一時退去を求める権限にすぎない。また、契約解除や解約申し入れをしてそれが認められるのは、「建物の賃貸人及び賃借人（転借人を含む。以下この条において同じ。）が建物の使用を必要とする事情のほか、建物の賃貸借に関する従前の経過、建物の利用状況及び建物の現況並びに建物の賃貸人が建物の明渡しの条件として又は建物の明渡しと引換えに建物の賃借人に対して財産上の給付をする旨の申出をした場合におけるその申出を考慮して、正当の事由があると認められる場合」でなければならず（借地借家法 28 条）、修繕だけを理由とした解除・建物明渡を求めることはできないはずである。

8　東京都・埼玉県・茨城県・栃木県のリーガル・ニーズ

(1)　東京都のリーガル・ニーズ

　図表 2 - 11 は、東京都において令和元年房総台風以降の相談開始から 2020 年 1 月 31 日までに実施された、弁護士による無料法律相談・情報提供活動の内容の分析結果である（日弁連報告書）。相談件数（99 件）ベースでみると、「工作物責任・相隣関係」（60.6％）のリーガル・ニーズが圧倒的に高い割合であり、「公的支援制度」（23.2％）も非常に高い。令和元年房総半島台風では伊豆諸島の町村が、令和元年東日本台風では 7 区を含む 29 市区町村に災害救助法が適用され、あきる野市、日の出町、檜原村、大田区、八王子市、世田谷区には被災者生活再建支援法が適用されるに至る。特に大田区は多摩川の氾濫により田園調布地域を含む住宅街に広く浸水被害があり、世田谷区は住宅の浸水被害に加え 2019 年 10 月 12 日の夕方までに世田谷記念病院が浸水被害に遭い入院患者の 3 階以上への垂直避難を敢行するに至った。住宅街に押し寄せた土砂の公的撤去の問題や、暴風による飛散物による損害賠償紛争などから「公的支援制度」及び「工作物責任・相隣関係」のリーガル・ニーズが高くなったと考えられる。

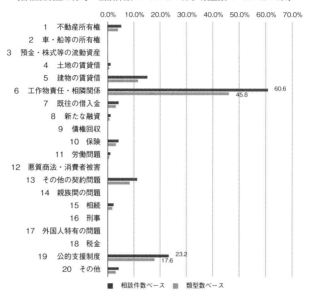

図表 2-11　東京都のリーガル・ニーズ
（各相談類型の分母　相談件数ベース：n = 99 ／類型数ベース：n = 131）

1　不動産所有権
2　車・船等の所有権
3　預金・株式等の流動資産
4　土地の賃貸借
5　建物の賃貸借
6　工作物責任・相隣関係　　60.6　45.8
7　既往の借入金
8　新たな融資
9　債権回収
10　保険
11　労働問題
12　悪質商法・消費者被害
13　その他の契約問題
14　親族間の問題
15　相続
16　刑事
17　外国人特有の問題
18　税金
19　公的支援制度　23.2　17.6
20　その他

■ 相談件数ベース　▨ 類型数ベース

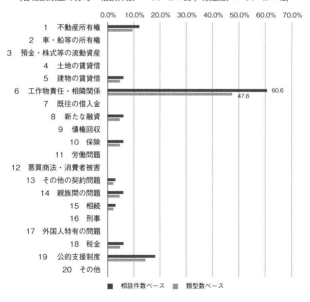

図表 2-12　茨城県のリーガル・ニーズ
（各相談類型の分母　相談件数ベース：n = 33 ／類型数ベース：n = 42）

1　不動産所有権
2　車・船等の所有権
3　預金・株式等の流動資産
4　土地の賃貸借
5　建物の賃貸借
6　工作物責任・相隣関係　　60.6　47.6
7　既往の借入金
8　新たな融資
9　債権回収
10　保険
11　労働問題
12　悪質商法・消費者被害
13　その他の契約問題
14　親族間の問題
15　相続
16　刑事
17　外国人特有の問題
18　税金
19　公的支援制度
20　その他

■ 相談件数ベース　▨ 類型数ベース

(2) 茨城県のリーガル・ニーズ

　図表 2 - 12 は、茨城県において、2019 年 10 月 23 日の相談開始から 2020 年 1 月 31 日までに実施された、弁護士による無料法律相談・情報提供活動の内容の分析結果である（日弁連報告書）。相談件数（33 件）ベースでみると、「工作物責任・相隣関係」（60.6％）のリーガル・ニーズの割合が圧倒的に高く、「公的支援制度」（約 18％）がこれに続いて目立つ類型になっている。2019 年 11 月から、茨城県弁護士会は、7 か所（水戸、鹿嶋、日立、土浦、龍ケ崎、守谷、下妻）の法律相談センターで面談の無料法律を展開した。茨城県では 2 名が亡くなり、住家被害は全壊 146、半壊 1,590、一部損壊 1,721、床上浸水 104、床下浸水 443 と甚大な被害が発生した。那珂川流域の水戸市は全壊住宅が、同ひたちなか市では床上浸水が特に多く発生した。久慈川流域の大子町、常陸大宮市、常陸太田市も特に全壊住家数が多くなった。都市部や住宅街が広域で浸水被害にあい、土砂や流出物を巡る損害賠償請求や妨害排除・予防請求などの相談事例が多発し、「工作物責任・相隣関係」の割合が多くなったと考えられる。また、県全域に被災者生活再建支援法が適用になり、支援金や被害認定を巡り「公的支援制度」のリーガル・ニーズも惹起されたのではないかと考えられる。

(3) 埼玉県のリーガル・ニーズ

　図表 2 - 13 は、埼玉県において、2019 年 10 月 17 日の相談開始から 2020 年 1 月 31 日までに実施された、弁護士による無料法律相談・情報提供活動の内容の分析結果である（日弁連報告書）。ほとんどの相談は埼玉弁護士会所属の弁護士らによる。弁護士会は埼玉県との間で「災害時における法律相談業務に関する協定書」を締結しており、電話無料法律相談の早期開始にはじまる精力的な支援活動を展開した。相談件数（35 件）ベースでみると、「既往の借入金」（31.4％）のリーガル・ニーズの割合が非常に高く、「公的支援制度」（25％以上）と「工作物責任・相隣関係」（25％以上）も相当高い割合である。東松山市は、荒川水系の都幾川、越辺川、九十九川がその合流地点などで多数箇所決壊、洪水被害等が直接の死者 1 名、全壊 129 棟、大規模半壊・半壊 402 棟、床上浸水 592 棟と大きな被害を受けた。埼玉県下の全壊住家のほとんどは東松山市の被害で占められる。これまでの災害では住宅被害の棟数は、住宅ローンの支払困難に関するリーガル・ニーズと強い相関性がみられた。埼玉県で「既往の借入金」のニーズが高いことはこの東松山市の相談事例が多く含まれたためではないかと推察される。

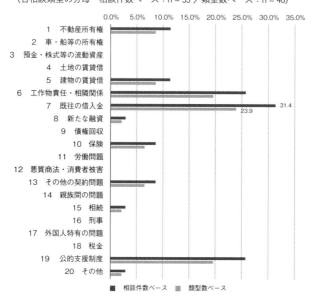

図表 2-13　埼玉県のリーガル・ニーズ
（各相談類型の分母　相談件数ベース：n = 35 ／類型数ベース：n = 46）

	相談件数ベース	類型数ベース
1　不動産所有権		
2　車・船等の所有権		
3　預金・株式等の流動資産		
4　土地の賃貸借		
5　建物の賃貸借		
6　工作物責任・相隣関係		
7　既往の借入金	31.4	23.9
8　新たな融資		
9　債権回収		
10　保険		
11　労働問題		
12　悪質商法・消費者被害		
13　その他の契約問題		
14　親族間の問題		
15　相続		
16　刑事		
17　外国人特有の問題		
18　税金		
19　公的支援制度		
20　その他		

■ 相談件数ベース　▨ 類型数ベース

⑷　栃木県のリーガル・ニーズ

　図表 2－14 は、栃木県において、2019 年 10 月 18 日の相談開始から 2020 年 1 月 31 日までに実施された、弁護士による無料法律相談・情報提供活動の内容の分析結果である（日弁連報告書）。ほとんどの相談は栃木県弁護士会所属の弁護士による面談相談及び電話相談である。相談件数（21 件）ベースでみると、「その他の契約問題」（38.1%）のリーガル・ニーズの割合が非常に高く、「公的支援制度」（19.0%）がこれに次いで相当高い割合である。「既往の借入金」（約 14%）も高い割合となっている。「その他の契約問題」が非常に高い割合を示しているが、具体的な内容は判明しない。一方で「公的支援制度」「既往の借入金」「不動産所有権」など、令和元年東日本台風等の各被災地で共通して高いリーガル・ニーズも現れている。県下の宇都宮市、足利市、栃木市、佐野市、鹿沼市、小山市、那須烏山市、茂木町に被災者生活再建支援法が適用され、住家被害の合計は全壊 83、半壊 5,252、一部損壊 8,744 に及んだ。那珂川や荒川水系河川が氾濫した那須烏山市では、全壊 41 棟の住家被害があった。永野川の決壊をはじめ多数の河川が氾濫した栃木市では、全壊 14、半壊 2,847、一部損壊 5,141 に及び住宅街被害が広範囲にわたった。秋山川の複数個所の決壊等で渡

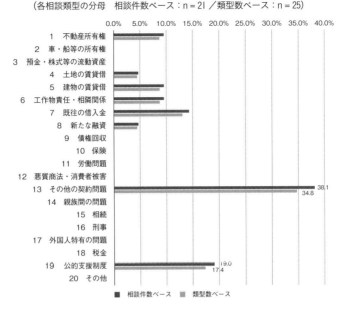

図表 2-14　栃木県のリーガル・ニーズ
（各相談類型の分母　相談件数ベース：n = 21／類型数ベース：n = 25）

良瀬川との合流地点付近が広範囲にわたり浸水した佐野市では、全壊 8、半壊 1,045、一部損壊 1,332 の住家被害があった。このように県内各河川の氾濫被害は、住宅街・市街地に大きな被害を齎し浸水範囲も広域で、損壊家屋が多数に及んだ。半壊未満の被害が非常に多いが、これらへの住宅再建や修繕への公的支援は乏しい。被災者らは自費再建を余儀なくされ、生活再建への道のりは非常に厳しいものになったと考えられる。

9　水害 10 か条と弁護士の存在感

　2019 年 10 月 14 日、広島弁護士会の今田健太郎弁護士が Facebook に「【水害直後　弁護士からの 10 か条】〜西日本豪雨の教訓を踏まえて」と題した長文を投稿した。瞬く間に 1,000 回以上シェアされ、他の媒体でも無数に拡散されるに至る。マスメディア、行政機関、政治家、多くの支援者、そして被災地域の方々の目にもこの投稿は届いた（今田弁護士は「令和 5 年梅雨前線及び令和 5 年台風第 2 号の大雨」を踏まえ 2023 年 6 月 3 日に再び最新版を投稿したが、本書は初投稿当時の内容を冒頭に掲載）。今田弁護士は、広島弁護士会会長、同災害対策委員長等

を歴任し、平成26年広島市豪雨土砂災害や西日本豪雨における被災者支援経験が極めて豊富な災害復興支援のエキスパートである。10か条は、多岐にわたり散在する情報をひとまとめにしたものであるが、被災者のリーガル・ニーズが高いものや、即効性の高いもの、知っていると知らないとでは天と地の差ができて死活問題になるような知識等を優先的に列挙している。この10か条の裏側にはその情報が得られないがために苦しんだ被災地の姿がありありと目に浮かぶ。被災地で被災者の声を聴き続け、災害復興支援に関わり続けた弁護士しかこの内容を記述することはできない。投稿は、災害復興支援における弁護士の役割と重要性を証明するマイルストーンであり到達点の一つの姿である。2020年7月3日から31日にかけて熊本県を中心に九州地方や中部地方ほか全国的に被害を齎した「令和2年7月豪雨」が発生した際には、NHKが、弁護士の活動の意義の周知と被災者の生活再建支援を意図して「大雨災害 覚えておきたい『10か条』」と題した解説番組を放送した。今田弁護士の冒頭の投稿をベースとした内容である。弁護士による災害時の無料法律相談活動等がマスメディアをはじめ支援者らに認知されてきたことを象徴するものとなった（NHK「暮らし解説」2020年7月9日放送）。

10 風水害と近隣紛争解決の難しさ

　大規模水害では、がれき混じりの土砂、流木等の漂流物、擁壁や造成地のがけ崩れ等に起因して、近隣同士で土砂撤去や損害賠償に関する紛争が多数勃発する。暴風や突風により屋根瓦が飛散し他の家屋等を損壊することもしばしば起きる（第2部第1章）。2019年9月9日、令和元年房総半島台風の影響により、千葉県市原市内のゴルフ練習場のネットを支える鉄柱13本が倒壊し多数の近隣住宅を破壊する事故がおきた。ゴルフ練習場オーナーと被害を受けた24棟27世帯（うち12棟は全壊）の住民との間で大規模な損害賠償紛争が起こりかねない様相を呈したのである。しかし、訴訟がおきてしまってもその解決は一筋縄ではいかないことが懸念された。「自然災害を原因とする場合、建築物所有者の責任を問うことが難しい場合もある。民法は屋根や塀などに欠陥（瑕疵＝かし）があって他人に損害を与えた場合は所有者が賠償責任を負うとしているが「自然災害の場合は判断が難しく、損害が減額される可能性がある」（災害時の法制度に詳しい岡本正弁護士）」（日経速報ニュース2019年10月8日「進まぬ修理、迫る新たな台風… 千葉・被害から1カ月」）からである。いずれにせよ倒壊鉄柱の早期

撤去が喫緊の課題となっていた。しかし、国、千葉県及び市原市は公費撤去について沈黙したままであり、ゴルフ練習場オーナー側の対応に任せる方針を貫いていた。台風第15号による非常に激しい暴風が寄与して現在進行形で住宅街に被害を与え続けているのであるから、オーナーの工作物責任の有無は別としても、行政機関が災害救助の一環としてこれらを撤去する判断をすべきだったのではないだろうか。千葉県が災害救助法に基いて障害物の除去として行う、環境省による災害廃棄物処理事業を利用する、国土交通省による堆積土砂排除事業を利用する、など周辺の関連制度を組み合わせたりすることで、公費撤去の知恵は捻出できたはずである（第2部第1章）。オーナー側に工作物責任の「瑕疵が認められても所有者が撤去費や修理費を払いきれないケースもある。岡本弁護士は「2018年の西日本豪雨では民家などに流れ込んだ土砂を公費で撤去した。鉄柱の除去などについても公費撤去の余地がないか検討すべきではないか」と話している」（日本経済新聞2019年10月9日朝刊「台風15号1カ月、自宅修理「見積もりもまだ…」、住民、費用の工面など苦悩」）。紆余曲折を経て、東京都江戸川区の大手解体事業者が無償撤去の支援を申し出、2019年11月13日にはすべての鉄柱の撤去が完了した。なお損壊家屋については公費撤去が実現している。無償で撤去作業に従事した会社は市原市の表彰を受けるほどに極めて大きな貢献をした。一方行政機関側は最後まで消極的な姿勢に終始したことは将来首都直下地震や東京都心の大洪水が発生した際に役立つ先例を行政が作れなかったことを意味し不安を残すものとなった。市原市長は後に「行政がどこまで介入していいかという迷いがある中で、申し出は非常にありがたかった。安全に撤去してくれて本当に感謝しかない」とコメントしているが（読売新聞2021年2月19日朝刊「市原の倒壊鉄柱無償撤去　市が解体会社表彰」）、この点はむしろ反省点としなければならないだろう。その後、ゴルフ練習場オーナーと被災住民らは、千葉県弁護士会が設置した「災害ADR」を利用して話し合いを進め、2020年12月27日には全住民と和解が成立した。工作物責任の瑕疵の判定や自然災害の寄与度を巡る訴訟を避け、1年4か月で解決できたのはADR（裁判外紛争解決手続）ならではと言える（朝日新聞2020年12月28日朝刊「全住民と補償額合意　市原のゴルフ練習場鉄柱倒壊」）。

11　特定非常災害特別措置法の適用に関する備忘録

　令和元年房総半島台風と令和元年東日本台風の連続襲来に際して、特定非常

災害特別措置法が適用されるタイミングでおきた政策上の混乱とその収束の顛末を記録しておきたい。2019年10月18日、令和元年台風第19号を「特定非常災害」に指定する政令と、総合法律支援法による法律相談等無償化措置を発動する政令とが閣議決定された。ところが、この政令をよく見ると、台風第19号で災害救助法が適用された自治体しか特定非常災害に指定されていないことがわかった。直前の台風第15号で災害救助法が適用されていた自治体（主に千葉県内の41市町村）は、台風第19号では改めての災害救助法適用がなされていないため、特定非常災害特別措置法の政令指定は、千葉県41市町村に及ばない事態となったのである。筆者は2019年10月19日日中にFacebookに「台風第15号を特定非常災害に指定する」か「台風第19号でも千葉県全域に災害救助法を重ねて適用する」ことで、すぐさま政策の不備を是正すべきと投稿した。投稿は、幸いにもすぐに与党国会議員や内閣府防副大臣らの目に留まり、日付の変わらないうちに内閣府防災担当から「令和元年台風第19号に伴う災害にかかる災害救助法の適用について【第13報】10月19日21時15分公表」が発信された（実際のウェブサイトへの掲載は深夜になった）。そこには、「【第12報】10月19日8時00分時公表」の際に記述されていなかった千葉県の41市町村が無事追加された。内閣府は、これについて千葉県41市町村は、2019年9月の台風第15号ですでに災害救助法が適用されており、特段の事情がない限りは令和元年台風第19号による被害でも災害救助法が適用されているとみることができ、特定非常災害の政令指定の閣議決定の効力もそれに及ぶものだと説明した。あくまで令和元年東日本台風を受けての特定非常災害の閣議決定だったのであるから、その際に千葉県の市町村が抜けていた以上、内閣府のこの解釈は相当苦しいと言わざるを得ないが、千葉県が令和元年東日本台風における災害救助法適用自治体にもなり、結果的に特定非常災害の効果を受けることができるよう措置が是正されたことには胸を撫で下ろした次第である。

第3章　義援金差押え禁止法恒久化

水害と感染症と恒久法への道のり

災害名	発生日	義援金額 （特に表示がない限り日本赤十字社分であり、実際の配分総額はこれより多い場合もある）	義援金 保護措置
東日本大震災	2011 年 3 月 11 日	3425 億 6935 万 4457 円	臨時法①
平成 26 年 8 月豪雨（広島市豪雨土砂災害等）	2014 年 8 月 17 日・14 日	広島市が最大 500 万円の義援金措置	なし
熊本地震	2016 年 4 月 14 日	296 億 5169 万 6629 円	臨時法②
新潟県糸魚川市大規模火災	2016 年 12 月 22 日	1 億 5753 万 5124 円	なし
九州北部豪雨	2017 年 7 月 9 日	26 億 6373 万 5333 円	なし
大阪府北部地震	2018 年 6 月 18 日	3 億 4686 万 8019 円	臨時法③
西日本豪雨	2018 年 7 月 5 日～ 7 月 8 日	243 億 6244 万 7854 円	臨時法③
北海道胆振東部地震	2018 年 9 月 6 日	57 億 338 万 8277 円	なし
令和元年 8 月豪雨	2019 年 8 月 28 日	3 億 7058 万 3851 円	臨時法④
令和元年房総半島台風	2019 年 9 月 9 日	11 億 4139 万 8954 円	臨時法④
令和元年東日本台風／令和元年 10 月 25 日の大雨	2019 年 10 月 12 日／ 10 月 25 日	97 億 1485 万 6519 円	臨時法④
令和 2 年 7 月豪雨	2020 年 7 月 4 日～下旬	50 億 5859 万 970 円	臨時法⑤
令和 2 年台風第 10 号	2020 年 9 月上旬	宮崎県椎原村に 1157 万 8067 円の義援金集まる	なし
令和 3 年福島県沖地震	2021 年 2 月 13 日	当時募集中	なし

（「主な災害に係る被害・義援金等の状況」（2021 年 3 月 31 日時点）」第 204 国通常国会「自然災害義援金の差押禁止等に関する法律案」説明資料より）

1　義援金は保護されていなかった

　義援金とは、災害や事故の被災者やその遺族を支援するために個人や法人が出す寄付金を指す。明治時代の読売新聞や朝日新聞を閲覧すると、火災・事件・

事故等に対して、新聞社が「義捐金」を募集する記事を多数見つけることができる。新聞上では 1980 年代になると概ね「義援金」の表記になる。近年の自然災害では日本赤十字社等に寄附金が集められ、そこから自治体等へ配分され被災者へ行き渡る。義援金は、受給者以外の第三者のためにそれが消費されてしまうことは社会的に是認されないし寄附者の感情とも合致しない。受給者自身が用途を自由に決定すべきお金であり、年金、生活保護給付、児童手当等と変わらない性質のものである。ところが、民事執行法が定める差押禁止債権に義援金に関する権利は含まれていない（同法 131 条、152 条等）。国税徴収法でも差押禁止となっていない（同法 77 条等）。公的な給付の根拠法の多くには差押禁止を定める条項が存在しているが（厚生年金保険法 41 条 1 項、健康保険法 68 条、生活保護法 58 条等）、義援金にはこのような根拠法がない。ということは、強制執行や保全等の準備が整っている債権者らは、義援金や義援金受給権の差押えが可能になるということだ。

2　東日本大震災と初の義援金差押禁止臨時法［1 度目］

　東日本大震災後、2011 年 6 月 23 日の日弁連「災害弔慰金の支給等に関する法律等の改正を求める意見書」を契機とした超党派の議員立法により、2011 年 8 月 23 日に、災害弔慰金法に基づく災害弔慰金法と災害障害見舞金、被災者生活再建支援法に基づく被災者生活再建支援金、及び東日本大震災関連義援金について差押禁止とする立法措置が講じられた（災害復興法学第 2 部第 11 章）。義援金については「東日本大震災関連義援金に係る差押禁止等に関する法律」が新規に立法されて、義援金が「被災者又はその遺族（以下この項において「被災者等」という。）の生活を支援し、被災者等を慰藉する等のため自発的に拠出された金銭を原資として、都道府県又は市町村（特別区を含む。）が一定の配分の基準に従い被災者等に交付する金銭」であるとはじめて法律上定義された。災害弔慰金、災害障害見舞金、被災者生活再建支援金は、いずれも根拠法令が存在していたので、法律改正によって一律に差押禁止条項を付加することで、将来の自然災害にも対応可能な恒久措置を講じることができた。義援金に関しては、東日本大震災・福島原子力発電所事故に限定した臨時法対応になった。超党派の国会議員の活躍と弁護士の提言が一つの成果を生み出したのだが、このときは義援金についてその後 10 年に及ぶ戦いが始まるとは誰も想像できなかった。

3　熊本地震と義援金差押禁止臨時法［2度目］

　2016年4月14日と4月16日に熊本地方で最大震度7の地震が発生した「熊本地震」。2016年5月9日、日弁連より「平成28年熊本地震に関し義援金差押禁止措置等を求める緊急会長声明」が発表される。同時に東日本大震災当時の立法ノウハウを持った国会議員らから義援金保護の要請があり、2016年5月27日には「平成二十八年熊本地震災害関連義援金に係る差押禁止等に関する法律」が成立した。義援金保護の対象は熊本地震のものに限られた。東日本大震災当時と同様、超党派の全会一致で成立した。再度の政権交代を経て与野党ともに義援金保護に感度の高い議員が多数在籍していたことも素早い立法に寄与した。しかし、東日本大震災から熊本地震までに5年以上の空白があったことを考えると、債務者が義援金を返済原資にしてしまうなどしたことで事実上義援金が保護されなかった事例が埋もれていた可能性は拭えない。例えば2013年10月16日の「平成25年台風26号による伊豆大島土砂災害」（災害復興法学第2部第10章）では6億円以上の義援金が配分されていたし、2014年8月20日の「平成26年8月豪雨による広島市の土砂災害」（災害復興法学Ⅱ第3部第3章）でも短期に27億円以上の義援金が集まっていた。全国的にニュースになると同時に弁護士らも精力的に被災地支援活動に従事していたのであるから、もっと早期の段階から義援金保護の重要性に気付き、差押禁止法の恒久化を訴える立法活動を活発化すべきであったと後悔するのである。

4　自然災害債務整理ガイドラインで顕著となった義援金保護の必要性

　2015年12月25日、「自然災害による被災者の債務整理に関するガイドライン」が誕生し、これまで東日本大震災限りだった被災ローン減免制度（個人債務者の私的整理に関するガイドライン）は、2015年9月2日以降の災害救助法が適用された自然災害の影響を受けたすべての事案が対象となり、恒久化された（災害復興法学Ⅱ第2部第2章）。ガイドラインのメリットの一つは手元に残せる財産が通常の破産より大幅に拡充することである。現預金500万円、保険金の一部、中古自動車等を残しながら、被災者生活支援金や災害弔慰金など差押禁止財産も当然手元に残せる。ただし、当時は義援金については原則として保護対象ではない。もし現預金が最初から500万円手元にある被災者がガイドラインを利用した場合、義援金は、貰っていれば貰っているほど、すべて金融機関等への

返済に充てるしかなくなる。これではガイドラインを利用するメリットが失われてしまう。2016年以降、法律家や被災地自治体からは、二度の巨大災害の教訓を活かし、すべての自然災害における義援金を保護する恒久法（一般法）を制定すべきという立法提言がこれまで以上に活発におきはじめた。

5　西日本豪雨・大阪府北部地震と義援金差押禁止臨時法［3度目］

　2018年6月28日から7月8日までの豪雨災害（西日本豪雨）を受け、超党派の国会議員の連携により、2018年7月20日に「平成三十年特定災害関連義援金に係る差押禁止等に関する法律」が議員立法でスピード成立した。西日本豪雨に加え大阪府北部地震（2018年6月18日）の義援金も保護対象に加えられた。与党が大阪府北部地震も不公平にならないように対象に含めるよう要望したことによる。実質的にもこれは大きな意義があった。大阪府北部地震は最大震度6弱、マグニチュード6.1の大地震であり、地震の犠牲者は4名で、うち1名は大阪府高槻市で登校中の9歳の小学生が、自らが通う学校のブロック塀の崩落で亡くなったという極めて痛ましい事例である。——1978年の「宮城県沖地震」で死者16名のうち11名がブロック塀倒壊で死亡したことが教訓となり、ブロック塀撤去や耐震基準の厳格化が進んでいたはずであったが、40年の歳月で風化していたことが悔やまれてならない——。住家被害をみると、全壊9、半壊87、一部損壊27,096となった。大都市を直撃した地震のため一部損壊が桁外れに多い。被災者生活再建支援金の対象にもならず、災害救助法の住宅応急修理制度の対象にもならない、法律上の公的給付支援をほとんど受けることができない被害住家が99％以上だったということである。このような被災者への給付支援は「義援金」をおいてほかにはない。大阪府ウェブサイト「平成30年大阪府北部を震源とする地震義援金の配分等について」（2021年2月26日更新）によれば、大阪府は第1次から第5次（最終）まで義援金配布を行い、そのなかには避難所避難をした世帯、住民税非課税で障害者のいる世帯、同ひとり親世帯等に、「一部損壊」でも義援金を配分した。総額は8億円以上に及んだ。これらが確実に保護される差押禁止財産であると宣言されたことは、自然災害の規模や被害の軽重と義援金保護の必要性は無関係であることを印象付けた。

6　忘れられた風水害と北海道胆振東部地震

2017年の「6月30日からの梅雨前線に伴う大雨及び平成29年台風第3号」による集中豪雨で、特に7月5日から6日に大分県と福岡県の各地で土石流やがけ崩れが発生。死者42名、行方不明者2名、住家被害は全壊325、半壊1,109、一部損壊88、床上浸水2,009という甚大な被害を齎した。「平成29年7月九州北部豪雨」と呼ばれ、日本赤十字社に26億円以上の義援金が集まった。しかし、この災害について義援金差押禁止法を成立させようという動きは起きなかった。

西日本豪雨と大阪府北部地震の義援金差押禁止法が成立した直後、2018年7月26日には与党で「義援金差押禁止法（恒久法）等の推進プロジェクトチーム」が発足し、恒久法案の議論がいよいよ収斂していくかと思われたが（日本経済新聞朝刊2018年8月22日「義援金保護を恒久化、自民・公明、法案提出へ」）、結局同年の臨時国会等への法案提出の動きはなかった。国会閉会中である2018年8月2日、参議院災害対策特別委員会が開会され、西日本豪雨に関しての内閣府防災担当大臣も出席しての国会質疑も行われていたが、義援金差押禁止法の恒久化に関する話題は一切登場しなかった。

2018年9月4日、「平成30年台風第21号」が大阪湾に接近して近畿地方を縦断した。中心気圧が低いことによる吸い上げ効果（1hPa下ると海面は1cm上昇）、満潮時刻の近接、関空島で最大瞬間風速58.1m/sの暴風が吹き荒れ、吹き寄せ効果が大きかったこと等から、歴代1位の高潮が発生。関西国際空港連絡橋にタンカーが衝突するなど近畿広域に甚大な被害を引き起こした。死者14名、住家被害は全壊26、半壊189、一部損壊50,083、床上浸水66に及ぶ。一部損壊住家が圧倒的に多く義援金が頼りになる災害と思われたが、平成30年台風第21号について義援金差押禁止法を成立させる動きは生まれなかった。

2018年9月6日の午前3時7分に発生した「北海道胆振東部地震」は、最大震度7を観測し、死者42名、住家被害は全壊462、半壊1,570、一部損壊12,600と極めて甚大な被害を齎す。地震発生直後の午前3時25分、日本初のブラックアウト（エリア全域におよぶ大規模停電）が発生し、最大時295万戸が停電となった。義援金は合計57億円以上になった。2018年10月10日、北海道議会は「平成30年北海道胆振東部地震災害関連義援金を差し押さえ禁止とする措置等を求める意見書」を決議し、臨時の立法措置を求めた。また、2018年10月12日、札幌弁護士会も「平成30年北海道胆振東部地震に関する義援金を差押禁止とする措置を求める会長声明」を発表した。ちょうど第196回通

常国会閉会（2018年7月22日）と第197回臨時国会召集（同年10月24日）の狭間であった。立法提言は臨時国会での超党派立法を期待する時宜に適ったものだったはずだ。しかし、国会議員らが超党派の国会対策を行うことはなく、臨時国会の開始後も義援金に関する大きな話題を作ることができないまま漫然と時が過ぎ去った。被災者支援活動や義援金保護に対する国会の無関心さもまた際立った。第197回臨時国会開催中の2018年11月21日、大阪弁護士会は、大阪府北部地震や台風第21号被害を受けて「全ての災害を対象とした義援金の差押えを禁止する法律の制定を求める意見書」を公表し、「義援金の差押えを禁止する趣旨は災害の大小を問わないのであり、「災害救助法の適用を受けた災害」では、差押禁止とする対象範囲が狭すぎるといえよう。……全ての災害に対する義援金を差押禁止の対象とするべきである」と全ての義援金を保護するよう明確に提言した。しかし臨時国会で更なる義援金保護の議論はおきなかった。大阪市会（市議会）も、大阪府北部地震等を受けて、国会閉会後ではあるが、2018年12月12日に「義援金差押禁止法の恒久化を求める意見書」を決議した。義援金が保護されないことへの理不尽さについて身をもって体感した自治体からのメッセージは重く受け止められるべきである。

7　令和元年東日本台風と義援金差押禁止臨時法 [4度目]

(1)　令和元年特定災害関連義援金の差押禁止臨時法

　　第2部第2章で詳述したように、2019年（令和元年）は、6月の山形県沖地震、8月の佐賀豪雨、9月の台風第15号（房総半島台風）、10月の台風第19号（東日本台風）、10月25日の大雨（台風第21号等）など、大規模災害が連続した。これらのうち、一連の台風・水害については超党派の議員立法により、2019年12月6日に「令和元年特定災害関連義援金に係る差押禁止等に関する法律」が成立した。差押禁止の対象となる災害は「令和元年八月二十六日から同月二十九日までの間の豪雨による災害」と「令和元年台風第十五号、令和元年台風第十九号又は令和元年十月二十四日から同月二十六日までの間の豪雨による災害」である。令和元年の義援金差押禁止臨時法の附則には、これまでにない「第3項」が加えられた。立法府からの明確な恒久法制定検討のメッセージである。義援金差押禁止（義援金保護）の恒久法に向けた議論が加速するのではないかと期待が高まった。

(2)　令和元年に取り残された災害

　山形県沖地震では山形県に1億1,200万円余りの義援金が集まった。建物被害が多い反面、被災者生活再建支援法の適用エリアは狭く、むしろ義援金による支援が重要であったにもかかわらず、令和元年特定災害関連義援金差押禁止法の範囲からは除外されてしまっている。

　2019年9月3日に発生した岡山県新見市の令和元年9月集中豪雨も義援金保護対象外である。住家の全半壊は19棟、床上浸水82棟に及び、土石流災害での農業設備被害が甚大に及んでいる。ところが災害救助法は適用されず、被災者生活再建支援法も適用要件を満たさなかった。令和元年の一連の大水害のなかで孤立して、支援から取り残された被災地になったのである。一方、義援金は1,500万円以上も集まった。新見市にとっては、これらがまさに虎の子の被災者個人への支援原資になる。しかし、義援金差押禁止の対象災害に含まれなかったため、その保護は確実とは言い難いままとなった。

(3)　2019年後半からの政策形成活動

　令和元年の臨時法の成立に前後して、危機感を強めた弁護士有志らは、それぞれのネットワークを駆使しながら、精力的に与野党国会議員を回り、確実な義援金差押禁止法の立法措置を求める動きに尽力した。筆者が作成していた説明資料には国会議員や内閣府（防災担当）らに活用してもらえるよう想定問答がセッティングされており、以下にその一部を示す。

問Ⅰ　　すべての自然災害では範囲が広すぎないか。特定非常災害、激甚災害、災害救助法適用災害など、一定の線引きが必要ではないか。

答Ⅰ　　○災害救助法は住宅や人の被害を前提として適用条件が定まる。したがって、住家被害が少数のときや、農地や設備、工場や商店街被害だけの場合、救助法が適用されないケースあり。救助法で線引きをすることは不合理（令和元年の一連の豪雨災害では、岡山県新見市、長野県南伊那郡等、埼玉県・千葉県の多数の自治体が対象外。平成30年では大阪を襲った「台風第21号」が対象外）。
○短期間で小規模災害と大規模災害が連続した場合、災害指定などで線引きすると、むしろ市町村の現場は連続して寄せられる義援金の扱いを区別できず混乱。
○被災者生活再建支援法や救助法の適用がない、公的支援の少ない自治体ほど「義援金」が

必要。広く義援金を保護することが恒久法の意義。

〇特定非常災害は、過去に、阪神淡路、新潟、東日本、熊本、西日本、台風第19号のみ。極めてレアケースであり、義援金差押え恒久法の意義が失われる。また、平成30年大阪府北部地震や令和元年佐賀豪雨など、特定非常災害ではない事案も立法例がある。

問II　被災者の「二重ローン問題」や債務整理・破産との関係は。

答II　〇「自然災害被災者債務整理ガイドライン」において、手元に残すことができる財産には、現預金500万円等のほか、「差押え禁止財産」がある。災害弔慰金や被災者生活再建支援金は恒久法によって差し押さえ禁止となり、保護される。しかし、義援金は特別立法がない限り保護されない。現預金の計算に組み入れて、場合によっては返済原資となってしまう。これまでの災害でも災害ごとに特別法の有無による格差が生じている。

〇もし現預金400万円の世帯が、200万円の義援金を受領した場合、そのうち500万円は残せるが、100万円分は、支払原資として計上したうえで「自然災害被災者債務整理ガイドライン」の返済計画をする必要がある。結局、このような世帯だと、義援金のうち100万円が、金融機関側に回収されてしまうことになる。

〇破産法による自己破産の際は、自由財産がさらに限定されるため「差押禁止財産」としない限り、義援金を手元に残すことがより一層困難。

問III　不透明なお金の流れや「濫用」がおきないか。

答III　〇過去の特別法案でも、義援金とは、あくまで県や自治体が基準を作って配布するものと定義しており、義援金の定義はすでに明確。必ず行政機関が関与して配布を決めるため公正さも確保され濫用もない（附帯決議などで自治体への公正な分配を国会として示唆することも可能）。そもそも義援金は税金ではないため、国が是非を強制することはできないはず。また、災害の程度によって不正が出る出ないが決定されるわけではない。

問IV　債権者や金融機関にとって義援金が差押え禁止であれば経営上問題ではないか。

答IV　〇そもそも金融機関は、不確実な義援金をあてにして融資していない。被災者生活再建支援金、災害弔慰金、過去の一部の義援金については、差押え禁止にすでになっているが、金融機関の反対などは聞かれないところ。

　2019年12月6日という臨時国会の閉会間際に、令和元年の災害についての義援金差押禁止臨時法が成立したこともあり、結局のところ同年のうちには与野党いずれからも恒久法に関する法案提出の動きがおきなかったのは残念であった。

8　対象災害を巡る攻防と日弁連意見書

　2019年の終わりから2020年初頭頃には、何らかの恒久的な義援金保護法を成立させること自体は概ね与野党で合意できそうな方向性が見えていた。ところが、全ての自然災害で保護するのか、「特定非常災害」や「災害救助法適用災害」などに限定して保護するにとどめるのか、について詳細な調整ができておらず、法案提出が棚上げになっていたのである。弁護士らは寄付者の意思の

反映や被災者の生活再建という立法趣旨からすれば、災害規模を限定する必要はない（すべきではない）旨説明を繰り返していたところである。なお、拙著『災害復興法学の体系』（2018年）で、義援金差押禁止法案の恒久法については「たとえば、大災害時に政令によって各種の期限延長や義務の免除・猶予などを一括で可能とすることを定めた「特定非常災害の被害者の権利利益の保全等を図るための特別措置に関する法律」に義援金差押禁止条項を追加するなどの法改正が望まれる」と記述した（同題の2017年の博士論文も同様）。これは明らかに対象災害が狭すぎる提言であったと猛省したい。2018年の西日本豪雨の頃には、既にこのような考えが間違いであることを記事等で明確にしているが（岡本2018）自戒を込めて記述しておく。

　2020年1月17日、ようやく日弁連も「災害を対象とした義援金の差押えを禁止する一般法の制定を求める意見書」をとりまとめて公表する。内容としては、2018年の時点で、大阪弁護士会が公表していた意見書と同趣旨で、すべての義援金を差押禁止対象にすべきという立法提言である。日弁連の意見書の公表がこれほどまでに遅れたことは猛省しなければならないだろう。意見書のとりまとめ段階になって自然災害の範囲を無限定にするのではなく、災害救助法適用災害などに限定すべきという意見が突如湧き出てきたのである。驚くべきことに、「感覚的に無制限にするのは限定できないのでは広すぎるのではないか」であるとか、「小規模な災害で義援金を保護すると、制度を悪用して不透明なお金の流れや、マネーロンダリングのようなものがおきないか」などというおよそ理解しがたい非論理的な論点が溯上に上がったのである。これらの指摘に全く理由がないことは先述したとおりであり、日本弁護士連合会災害復興支援委員会に所属する弁護士らの尽力によって、最終的には全ての自然災害の義援金を保護する恒久法を提言する日弁連意見書がとりまとめられた。

　ところが、2020年6月13日の朝日新聞朝刊「義援金差し押さえ、禁止へ公明が法案　次期国会で提出目指す」では、「案は、政府が「特定非常災害」に指定した場合に、義援金を差し押さえ禁止の対象とする内容。受給の権利を他人へ譲渡したり、担保に入れたりすることも禁じる。特定非常災害は、政府が「著しく異常かつ激甚な非常災害」と判断した場合に指定されており、東日本大震災や熊本地震など6例がある」との報道が飛び出した。直ちに関係者らへ確認を取り実際の与党の動きを確認したところ、これは衆議院法制局が作って議題に挙げた法案の内容を報道されたもので、法案の具体的内容については、まだ与党で議論中であるということが判明した。衆議院法制局が立法事実の把

握や評価が十分できていなかったことが推認される。これまで立法に取り組んできた国会議員らも、特定非常災害に限定した法案は狭すぎるという認識が大多数であることもわかり、この法案が国会に飛び出すことは避けられた。

2020年は、新型コロナウイルス感染症（COVID-19）が日本全国にまん延していた時期である。通常国会では、義援金差押禁止法の恒久法の法案提出の動きは起きなかった。多くの機会をとらえ有志弁護士らが与野党の検討会や勉強会に参加したものの大きなうねりに至る前に議論は立ち消えていたのである。なお、内閣府や法務省からは、義援金を担当する省庁は存在しないので、どの部署からも義援金差押禁止法の提出はできかねる、できるとしたら議員立法の手法で制定するしかないという説明に終始されてしまっていた。

9　令和2年7月豪雨と義援金差押禁止臨時法［5度目］

2020年7月3日から31日に西日本、東日本、東北地方を含む広範囲で大雨がおきる。特に7月4日から7日の九州地方の豪雨で球磨川をはじめとする河川の氾濫が各地で発生した。前線が極めて長期間にわたり同じ場所に停滞し、「線状降水帯」（次々と発生する発達した雨雲（積乱雲）が列をなした、組織化した積乱雲群によって、数時間にわたってほぼ同じ場所を通過又は停滞することで作り出される、線状に伸びる長さ50km～300km程度、幅20km～50km程度の強い降水をともなう雨域）も多数回発生した。「令和2年7月豪雨」である。山形県、長野県、岐阜県、島根県、福岡県、佐賀県、熊本県、大分県及び鹿児島県の98市町村に災害救助法が適用され、被災者生活再建支援法は、熊本県全域、福岡県大牟田市、大分県九重町含む4市町、島根県江津市、岐阜県下呂市に適用になった。2020年7月14日の閣議決定により、史上7度目の特定非常災害にもなった。2020年8月25日には激甚災害指定も行われた。令和2年7月豪雨による死者は84名、行方不明者2名であり、熊本県人吉では球磨川の氾濫による洪水被害等で20名が犠牲になった。住家被害は全壊1,621（熊本県1,490）、半壊4,504（熊本県3,092）、一部損壊3,503（熊本県1,940）、床上浸水1,681（熊本県329）で、被害は深刻を極める大水害となった。

第201回通常国会は2020年6月17日に既に閉会してしまっており、早期の差押禁止法案の成立は時期を逸してしまった。そこで、次の国会への期待を込め、2020年7月15日、日弁連は「令和2年7月豪雨災害を対象とした義援金の差押禁止法の制定を求める会長声明」を発出し、すべての義援金を差押禁止

とする恒久法の立法を求めながらも、「令和2年7月豪雨災害についても、被災地の状況を踏まえると、一般法の制定の審議を待つ時間的余裕はない。そこで、当連合会は、今般の令和2年7月豪雨災害において、早急に、被災者に支給された義援金の差押えを禁止する法律が制定されることを求める」とした。

2021年7月28日には201回通常国会閉会中審査による参議院災害対策特別委員会が開催され「義援金の差押禁止を恒久化する法律の必要性」について国会質疑が繰り広げられ、やや歯切れは悪いものの、内閣府防災担当大臣から「災害に関する義援金の差押えを禁止する法律を恒久化することについては、被災者の生活再建のために自ら使用することを期待されている義援金の趣旨等を踏まえると大変意義のあるものであると考えております」と恒久法に向けた前向きな答弁もあった。そもそも、義援金の差押禁止に関しては、先述のとおり、「令和元年特定災害関連義援金に係る差押禁止等に関する法律」の附則3項により差押禁止立法の恒久化の方針が示されていた。2020年後半の臨時国会での恒久法提出の機運は高まっているように思えた。

ところが、2020年10月26日からの第203回臨時国会で恒久法案の提出には至らなかった。2019年の終わり頃から課題になっていた対象災害の範囲について、1年近く議論が棚上げになっていたのである。結局、2020年7月の災害発生からかなり経過し、臨時国会閉会前日である2020年12月4日、「令和二年七月豪雨災害関連義援金に係る差押禁止等に関する法律」が超党派の議員立法で成立するにとどまった。令和2年7月豪雨限りの義援金差押禁止臨時法となったのである。

10　義援金差押禁止法恒久法の成立 [6度目の正直]

(1)　令和2年以降のコロナ給付金差押禁止法の影響

2020年2月頃から、自然災害でいえば令和元年東日本台風と令和2年7月豪雨の間の時期、日本でも新型コロナウイルス感染症（COVID-19）のまん延が起きた。全国民一律に10万円が支給される「特別定額給付金」などの直接給付金施策が相次いで決定された。これらの新しい給付金は、既存の法体系のなかでは差押禁止等の保護措置は手当されていないので、新規立法で対応するしかない。災害時の義援金差押禁止の臨時法の制定ノウハウが、新型コロナ関係給付金保護を目的とした超党派議員立法に活かされ、2020年4月30日に「令和二年度特別定額給付金等に係る差押禁止等に関する法律」、2020年6月12

日に「令和二年度ひとり親世帯臨時特別給付金等に係る差押禁止等に関する法律」が成立した（第1部第4章）。2020年12月4日には、令和2年7月豪雨限定の義援金差押禁止法が成立する。コロナ給付金で繰り返し実施された立法措置の経験が、義援金の保護だけでも恒久化しておかねばならないという機運を高めたように思わた。そのようななかでいよいよ、2021年1月18日に第204回通常国会が開会するのである。

(2)　自然災害義援金差押禁止法の成立

　2021年5月11日夜、与党が被災者の義援金が受け取る義援金の差押禁止を恒久化する法案の提出を内部了承したとの新聞報道が舞い込む。そこには「災害の規模の大小を問わず対象にする」と書かれていた（日本経済新聞電子版2021年5月11日「義援金保護の恒久法案、与党が了承」）。前後してこれまで議員立法の提出に尽力していた国会議員複数からもメッセージが入りそれが確かな情報であることを確認した。「自然災害義援金に係る差押禁止等に関する法律」がついに、後半戦に突入した通常国会に提出されることになったのである。紆余曲折あったものの、法律の最終案は、自然災害規模や法律適用条件などの限定がないものだった。大小を問わず全ての自然災害において義援金が保護対象となる。東日本大震災から10年にわたり、立法府へ、関係閣僚へ、メディアへ、学会等へ提言し続けてきた法律が実現するというのだ。

　2021年6月4日、「自然災害義援金に係る差押禁止等に関する法律」が参議院本会議にて全会一致で成立した。自然災害の義援金を、災害規模の大小を問わず差押え禁止にする恒久法である。東日本大震災から合計5回の臨時法を経て成立した。立法提言活動をともに行ってきた在間文康弁護士が法案成立の瞬間を傍聴した。以下は当時の議事録であり、写真は災害対策特別委員長による法案説明文（通称お経読み）の原稿である。

参議院本会議で災害対策特別委員長が法案説明を行う際の読み上げ文原稿（在間文康弁護士提供）

○**議長**　日程第五　自然災害義援金に係る差押禁止等に関する法律案（衆議院提出）を議題といたします。まず、委員長の報告を求めます。災害対策特別委員長⋯⋯。
　　〔登壇、拍手〕
○**災害対策特別委員長**　　ただいま議題となりました法律案につきまして、災害対策特別委員会における審査の経過と結果を御報告申し上げます。本法律案は、自然災害義援金に係る拠出の趣旨に鑑み、自然災害の被災者等が自ら同義援金を使用することができるよう、その差押えを禁止する等の措置を講じようとするものであります。委員会におきましては、提出者衆議院災害対策特別委員長より趣旨説明を聴取した後、採決の結果、本法律案は全会一致をもって原案どおり可決すべきものと決定いたしました。
　　　以上、御報告申し上げます。（拍手）
○**議長**　　これより採決をいたします。本案に賛成の皆さんの起立を求めます。
　　〔賛成者起立〕
○**議長**　　総員起立と認めます。よって、本案は全会一致をもって可決されました。（拍手）
（第 204 回国会参議院本会議第 28 号・令和 3 年 6 月 4 日より）

　　法律の全条文は次のとおりである。

自然災害義援金に係る差押禁止等に関する法律
（趣旨）
第 1 条　この法律は、自然災害義援金に係る拠出の趣旨に鑑み、自然災害の被災者等が自ら自然災害義援金を使用することができるよう、自然災害義援金に係る差押禁止等について定めるものとする。
（定義）
第 2 条　この法律において「自然災害義援金」とは、自然災害（暴風、竜巻、豪雨、豪雪、洪水、崖崩れ、土石流、高潮、地震、津波、噴火、地滑りその他の異常な自然現象により生じた被害をいう。附則第 2 項において同じ。）の被災者又はその遺族（以下この条において「被災者等」という。）の生活を支援し、被災者等を慰藉する等のため自発的に拠出された金銭を原資として、都道府県又は市町村（特別区を含む。）が一定の配分の基準に従い被災者等に交付する金銭をいう。
（差押禁止等）
第 3 条　自然災害義援金の交付を受けることとなった者の当該交付を受ける権利は、譲り渡し、担保に供し、又は差し押さえることができない。
2　自然災害義援金として交付を受けた金銭は、差し押さえることができない。
〔附　則〕
1　この法律は、公布の日から施行する。
2　この法律は、令和 3 年 1 月 1 日以後に発生した自然災害に関し、この法律の施行前に交付を受け、又は交付を受けることとなった自然災害義援金についても適用する。ただし、この法律の施行前に生じた効力を妨げない。

　　恒久法となった義援金差押禁止法は、災害の種類を「自然災害」に限定してはいるものの、災害の規模については限定せず、すべての自然災害における義援金が保護の対象になる。長年の自治体の現場や弁護士の提言を最大限反映したものと評価できる。ただし、効力が及ぶのは、2021 年 1 月 1 日以後に発生した災害に限られる。それ以前の災害は、あくまで臨時法が成立した範囲での

保護となる。災害の範囲が「自然災害」に限られるので、例えば、原子力発電所事故や自然災害の寄与がない大規模火災などは、仮に災害救助法が適用になっても、当然には対象には含まれない。災害対策基本法の「災害」は、自然災害に限らず、大規模事故や火災なども含んでおり（第1部第1章）、保護対象となる災害範囲のさらなる拡大については今後の課題である。それでも、自然災害のすべてを保護対象とする法律は一応の政策提言のゴールとして評価できるものになった。これをきっかけに、義援金への関心の高まりや、平時からの寄付文化の更なる醸成につながることを期待したい。法律はたったの3条だが、災害法制の歴史のなかでは大きな一歩となる3条だ。「義援金は被災後の生活再建に重要であり、確実に受け取れることで被災者の安心感につながる。困っている人を支援したいという、寄付者の思いにも沿っている。対象を自然災害に限定しているが、事故や火災も支援が必要になるという点では同じ。今後は拡大も検討すべきだ」（岩手日報2021年6月5日ほか共同通信配信「義援金差し押さえ禁止　災害時保護、恒久法成立／災害法制に詳しい岡本正弁護士の話　寄附者の思いに沿う」）。

　災害をきっかけにひとまずは「臨時法」や「時限法」として手当てされた法律が、将来に備えて「恒久法」や「一般法」へと昇華していくことは、大変意義がある。災害復興法学ではこれを「リーガル・レジリエンス」（法的強靱性）と表現している（災害復興法学Ⅲ第3部第4章）。全く同じ自然災害というものはない。つぎつぎ新しい課題や被害がおきる。「災害」の法制度こそ、教訓を受け止めて絶え間なく改善し続ける姿勢が重要である。

第4章　終らない半壊の涙・境界線の明暗

災害ケースマネジメントで申請主義の壁を乗り越えろ

　すべての人間の活動の目的は生きるということである。そしてこの生活の可能に対しては、自然によって生命を与えられたすべての人々は、同等に権利を主張することができる。それゆえ財産の分配は、まず第一にすべての人々が生存し得るように行わなければならない。生きよ、また生かしめよ。

（フィヒテ（Johann Gottlieb Fichte）、ドイツの哲学者）

　「生きよ、しかして生かしめよ」とは哲人フィヒテが十九世紀の初頭に喝破したことであるが、今日もなお燦然として光を失わざる不朽の真理である。我々は個人としても、また国家社会の一員としても、「生きよ、しかして生かしめよ」なる哲理の下に立って生を望むものである。この哲理は、決して個人主義思想の結晶ではない、社会国家における共存共楽の理法も、またこの哲理を仰いで普遍の統制者とするものである。生きた人から成る社会国家は、まずすべての人を生かしめ、しかして自ら生きなければならぬ。これがその先天命題である。文化価値の哲学というものが災前の日本社会の指導哲学であったとしても、それは今丸焼けとなってしまったこと、文化哲学の輸入元となる丸善書店のそれにおけるが如くならずんば僥倖というべきである。文化生活とかの主張は、文化住宅とか称する薄っぺらな建築物同様、今度の大震にひとたまりもなく倒壊してしまったにあらざれば、それは一つの僥倖である。これに対して私は、生存権の主張は大災を経て、いよいよその緊切さを証拠立てられた、不朽普遍の要求であると信ぜざるを得ぬものである。

（福田徳三『復興経済の原理及び若干問題』「七　営生機会の復興を急げ」より）

　ケースマネジメントとは、多様なニーズをもった人々が、自分の機能を最大限に発揮して健康に過ごすことを目的として、フォーマルおよびインフォーマルな支援と活動のネットワークを組織し、調整し、維持することを計画する人（もしくはチーム）の活動と定義される。こうした活動をとおして、ケースマネージャーは次のような目標の実行に努める。

1. これらの支援やサービスを見出して利用する間に、できる限り利用者の技能を向上させる。
2. 利用者の機能と健康が向上する間に、社会的ネットワークや関連する対人サービ

ス供給者の力量を拡充する。
3. 最大限に効果的な方法でサービスや支援を供給しようとする一方、サービスの効率を向上させる。

　ケースマネジメントの定義は、この実際の技術を使う上で手引きとなる理論から導かれる。要するにケースマネジメントは、対人サービスや機会や給付の調整を促進するための、利用者の立場に立つ方法である、と定義できる。ケースマネジメントの主要な効果は、(1) 機関の範囲を超えたサービスを統合することと、(2) ケアの継続性を達成することである。

(デイビッド・P・マクスリー『ケースマネジメント入門 THE PRPACTICE OF CASE MANAGEMENT』より)

1　罹災証明書の様式統一化

　罹災証明書は、災害による住家の被害程度等を証明する書面（災害対策基本法90条の2）である。東日本大震災を踏まえ2013年6月の災害対策基本法改正の際に法制度となった。市町村は、被災者の申請を受けた場合に被害状況を調査して6段階の被害区分（図表2‐15）を記述した罹災証明書を発行する法的義務を負っている。被災者の被害の有無や程度を把握して、それに応じた給付支援や救援救助を素早く選択するための行政手続の運用上の知恵から生まれた制度である。実務では「り災証明書」と表記されることも多い。

　関東大震災では罹災証明書の持参で鉄道料金を無償化していたし（朝日新聞1923年9月18日「廿一日以後の無賃乗車規定」）、戦争被災者への配給や鉄道料金無償化のためにも政府は罹災証明書を発行していた（朝日新聞1945年10月24日「罹災証明で2000円　住宅建設融資要領」）。現在でも災害時の市町村独自の支援施策の執行、金融機関、公共料金に関する各種支援手続で罹災証明書が使われている。多くの支援の起点となるため、災害後の早期発行は自治体の最大の課題の一つである。ところが、罹災証明書は長らく法制度ではなく、様式は不統一で、発

図表 2-I5　罹災証明書の被害認定区分（2020年12月4日施行）

被害の程度	全壊	大規模半壊	中規模半壊	半壊	準半壊	準半壊に至らない（一部損壊）
損害割合	50%以上	40%以上50%未満	30%以上40%未満	20%以上30%未満	10%以上20%未満	10%未満

行の有無も任意のままであった。2013年6月の災害対策基本法改正で罹災証明書が法制度に昇格したときですら、様式の統一化は見送られている。このことは、自治体応援職員らによる円滑な事務処理を少なからず停滞させた。また近年でも災害救助法の運用改善（準半壊）の様式への反映が遅れる自治体が多数あった。

　2020年3月30日、内閣府通知「罹災証明書の様式の統一化について」（府政防第737号）により、はじめて罹災証明書の統一様式が示された。世帯の情報、「罹災原因」（例：年月日や豪雨・地震などの原因）、「被災住家の所在地」（被災者生活再建支援金や災害救助法による応急修理等の対象となる住家）、「住家の被害の程度」等が必須記載事項として示され、災害態様に応じて「浸水区分」（床上又は床下浸水）や「住家以外の被害状況」（車両の全壊、等）等を記述できるよう任意の追加的記載事項欄も設けられた。2020年12月4日内閣府通知「罹災証明書の統一様式の改定について」（府政防第1747号）では、後述する「中規模半壊」区分を新設した法改正を反映させた。

2　令和元年房総半島台風と災害救助法支援の拡充――準半壊の創設

　令和元年房総半島台風に限定した住家被害の内訳は、全壊342、半壊3,927、一部損壊70,397である。一部損壊が桁外れに多いが、これが台風や豪雨の被害の特徴でもある。2019年9月23日、国土交通省及び総務省は、事務連絡「令和元年台風15号により被災した住宅の瓦屋根の補修に係る防災・安全交付金を活用した支援に関する取り扱いについて」を千葉県及び県下市町村へ発信する。これは「被災した住宅の瓦屋根の補修への支援について、災害救助法の応急修理の対象となる「半壊」に該当しない場合であっても、……一部損壊の住宅のうち、耐震性の向上等に資する補修について、（国土交通省の）防災・安全交付金の効果促進事業の対象として支援する」とともに、自治体負担分について総務省の地方特別交付税措置を併せて行うことで、実質的に自治体の1割負担で半壊未満住家の修繕事業が実施できるとするものである。2019年6月18日に発生した山形県沖地震で、住家被害が全壊0、半壊36、一部損壊1,245と、一部損壊のみが突出して多くなったこと受けて、政治主導と国土交通省の迅速な対応で半壊未満の住宅の修繕への補助制度を設けていたが、令和元年房総半島台風の千葉県でも同様の支援をすることにしたのである。

　罹災証明書の被災区分が大括に過ぎ、半壊被害に至らない一部損壊住家へも

修繕支援が必要になるとの指摘は被災地からも相次いでいた（読売新聞朝刊 2019 年 10 月 11 日朝刊「台風 15 号　独自の支援策　自民県連要望」等）。2019 年 10 月 14 日には、新しい被害認定区分の創設（区分の細分化）を見込んで、罹災証明書の被災区分の記述や被害認定方法について注意喚起するための内閣府事務連絡「令和元年台風第 19 号における住家の被害認定調査の効率化・迅速化に係る留意事項について」を発出。そして、2019 年 10 月 23 日、ついに災害救助法の住宅応急修理制度の支援対象の拡大が正式決定された。具体的には「災害救助法による救助の程度、方法及び期間並びに実費弁償の基準」（内閣府告示第 228 号、一般基準）を改正して、これまで「一部損壊」（損害割合 20% 未満）とされてきた被害区分を、「準半壊」（損害割合 10% 以上 20% 未満）と、新しい「一部損壊」（損害割合 10% 未満）とに細分化して、「準半壊」を住宅応急修理制度の支援対象に加え、遡って 8 月の災害から適用できるようにした。当初の一般基準金額は 30 万円に設定された（なお半壊以上の場合の一般基準額は当時 59 万 5,000 円）。

3　被災者生活再建支援法の改正──分厚い壁に一筋の光

(1)　民間支援団体の提言から全国知事会の提言へ

　被災者生活再建支援法の制定以来、日弁連は繰り返し、半壊への支援拡大と同一災害同一支援制度の実現を提言してきた。東日本大震災以降も、2011 年 7 月 29 日の「被災者生活再建支援法改正及び運用改善に関する意見書」、関東地方の竜巻被害を踏まえた 2012 年 6 月 21 日の「竜巻等の被害に関し被災者生活再建支援法施行令の改正を求める会長声明」、市民団体と連携した災害ケースマネジメントの法制化提言を含む 2016 年 2 月 19 日の「被災者の生活再建支援制度の抜本的な改善を求める意見書」等で、罹災証明書の区分のみに依拠した支援格差、行政単位で法適用されることによる支援格差、世帯単位から個人単位の支援への転換等を訴えてきた。また、専門家や支援者らで構成する「一人ひとりが大事にされる災害復興法をつくる会」や「災害ケースマネジメント構想会議」も精力的な政策提言活動を実践してきた（災害復興法学Ⅱ第 2 部第 6 章）。

　2018 年 11 月 9 日、全国知事会は「被災者生活再建支援制度の充実と安定を図るための提言」において「被災者生活再建支援制度の支給対象を半壊まで拡大すること」（提言第 1 項）や「一部地域が適用対象となるような自然災害が発生した場合には、法に基づく救済が被災者に平等に行われるよう、全ての被災区域を支援の対象とすること」（提言第 4 項）を明確に主張するに至る。提言第

1項は、『災害復興法学Ⅱ』において「半壊の涙」と名付けた論点である。当時の被災者生活再建支援法の支援対象となる「被災世帯」が「全壊」「大規模半壊」「長期避難世帯」「半壊等によりやむを得ず解体した場合」に限られ、「半壊」以下の被害の住宅が支援対象外であること（2018年当時の被災者生活再建支援法2条2号）の不合理の是正を提言するものである。第4項は『災害復興法学Ⅱ』において「境界線の明暗」と名付けた論点である。被災者生活再建法が適用されるのは「政令で定める自然災害」（法2条2号、被災者生活再建支援法施行令1条各号）に該当する場合に限られるため、同じ災害でも自治体内の被災世帯数によっては法適用の有無の格差が生じ得る。この支援格差を是正すべく「同一災害同一支援制度」を提言するものである。2018年11月の全国知事会の提言以降、「半壊の涙」「境界線の明暗」というフレーズが、メディアでも取り上げられるようになっていた（朝日新聞2018年11月26日朝刊「（社説）被災者支援「半壊の涙」をなくそう」）。

［被災者生活再建支援法の適用条件の概要］
○災害救助法施行令が定める基準。すなわち、市町村（施行令1条1号）と都道府県（同1条2号）の区域内で人口に応じて決められた一定数以上の世帯の住家が「滅失」した場合。全壊1世帯＝滅失1、半壊2世帯＝滅失1、床上浸水等3世帯＝滅失1と換算する（同2条）。人口が少なければ数棟の滅失でも被災者生活再建支援法は適用になる場合がある。
○自然災害により10世帯以上の住宅が全壊する被害が発生した市町村の区域
○自然災害により100世帯以上の住宅が全壊する被害が発生した都道府県の区域
○（人口の少ない市町村の場合）同じ都道府県の別市町村が適用になった場合、隣接都道府県で一定要件を満たしている場合、2以上の都道府県で一定要件を満たす場合の県内市町村には、全壊5世帯又は2世帯以上の被害が発生した市町村の区域（人口やその他詳細な要件は別途ある）
（被災者生活再建支援法施行令1条より）

---

(2) 国と自治体の協議の進展と残された課題

① 半壊の涙

　全国知事会の提言は政府にも大きな変革をもたらした。2018年11月9日「全国都道府県知事会議」（2018年10月9日閣議口頭了解）では、内閣総理大臣から、被災者生活再建支援法に関して「支給対象の拡大等のご提言については、国、都道府県の財政負担等の大きな課題があると承知をしておりますが、まずは事務方である内閣府において、ご提言の趣旨や考え方等を伺い、意見交換をしていきたいと考えている」との発言があった。また、2018年11月20日内閣府防災担当大臣記者会見では「支給対象の拡大等につきましては、国や都道府県の財政負担等の課題、これも結構大きな課題でありますけれども、これがござ

いますので、総理の発言を踏まえまして、今月中にも全国知事会と事務方との間で意見交換を開始する予定でございます。御提言の趣旨や考え方等も伺い、これはしっかりと実態調査をしなければならないと思っておりますので、その実態調査を行いながら議論を重ねてまいりたい」と具体的方針に踏み込んだ発言も聞かれた。結局 2018 年 11 月から 2019 年 4 月までの間に、内閣府と国との間で少なくとも 3 回以上の意見交換の場が持たれた。

　2019 年 6 月 28 日には、全国知事会と内閣府による「被災者生活再建支援制度の在り方に関する実務者会議」が設置された。2020 年 7 月 28 日までの 1 年以上にわたり合計 8 回もの実務者会議が開催され、2020 年 7 月 30 日、「「被災者生活再建支援制度の在り方に関する実務者会議」検討結果報告」が公表されるに至る。以下に概要部分を抜粋した。

▼損害割合が 20％（半壊判定の下限値）程度でも数百万円程度の保険金が支払われた世帯がある一方で、損害割合が大きくても保険に加入していないために多額の自己負担が生じている世帯もあるという状況であり、被災後の生活再建のためには、保険・共済に加入する等の「自助」の取組が重要であることを改めて認識した。
▼半壊世帯の実態を見ると、半壊と判定される住家が損害割合で 20％以上 40％未満と幅が広いこともあり、被害認定調査により把握した被害の実態や被災者から聴取した修理費等は、半壊世帯の中でも損害割合に応じて大きく異なる。具体的には、損害割合が 20％台の場合には、その多くで、被害の程度が比較的軽微で、補修費の平均も 200 万円未満であり、一定程度の補修を行えば元どおりに使用できるのに対し、損害割合が 30％台の場合には、補修費の平均も 500 万円弱であり、主要な居室、機能等を含む大規模な補修を行わなければ居住できない状況にある点では大規模半壊と類似している。
▼損害割合が 20％台の半壊世帯については、支援金の対象とはせず、引き続き災害救助法の住宅の応急修理制度等で対応していくことが妥当である。一方で、損害割合が 30％台の半壊世帯については、被災者生活再建支援法の対象とする「自然災害によりその生活基盤に著しい被害を受けた者」に該当し、同法の対象とすることが考えられる。その場合、支給額については、大規模半壊における支給額等と比較考量すると、加算支援金として、補修の場合で 50 万円程度とすることが妥当であると考える。（併せて、建設・購入の場合は 100 万円、賃借の場合は 25 万円が妥当であると考える。これにより、建設・購入、補修、賃借のいずれも全壊、大規模半壊等の加算支援金の半額となる。）

　実務者会議の結果報告を受け、2020 年 9 月 3 日、日弁連は「被災者生活再建支援法における被災者生活再建支援金の支給対象を、半壊、準半壊及び一部損壊世帯に拡げることを求める会長声明」を発表する。支援対象の中規模半壊への拡大自体は指示できるが、従来の半壊のうち程度が高いほうを「中規模半壊」とし、住宅再建時の「加算支援金」のみしか支援をしないことは、これまで散々「一部損壊」や「半壊」ゆえに涙してきた被災者を目の当たりにしてきた支援の現場としては、期待外れで不十分なものと評価せざるを得なかったの

である。また、実務者会議では「自助」による保険や共済への加入を促進する取り組みを行う方向が打ち出された。保険等の加入促進はまったくもって賛成だが、だからといって国の支援を不要と切り捨てるのは思考停止であろう。

② 境界線の明暗

「同一災害同一支援制度」を実現するための被災者生活再建支援法施行令1条各号の改正への切込みが全くなかったことは問題視せざるを得ない。これは「政令で定める自然災害」の定め方の問題であり、法改正すら無用であり政令の改正で足りる事項である。この問題に目を背けて「境界線の明暗」が放置されたことは極めて残念である。これに対しては、既に実施されているものであるが、「都道府県の被災者生活再建支援制度」により、被災者生活再建支援法適用災害と同一災害による被災世帯を有する都道府県が、支援法の適用対象とならない世帯に対する支援をする場合に半額を特別交付税の対象とするという対応方針が維持されることになった。2022年12月1日時点で、41都道府県が独自支援制度を策定し、うち28都府県で条例化などの恒久的制度として最大300万円の支援制度枠を設けている（内閣府「都道府県独自の被災者生活再建支援制度」）。都道府県が独自支援によって法の間隙を埋めることで実質的に「同一災害同一支援制度」を実現させようとしていること自体は歓迎すべきでもではある。しかし、この方針自体が、国がこの分野についての立法不作為を認めていることにほかならず、国の負担すべき施策を都道府県に押し付けていることの証明であることに気付くべきである（災害復興法学Ⅱ第2部第6章）。「同一災害同一支援制度」は未だ実現に至っていない。

(3) 被災者生活再建支援法の改正と中規模半壊

2020年11月30日、「被災者生活再建支援法の一部を改正する法律」が成立する。これまでの「半壊」の被災区分を「中規模半壊」と「半壊」へ細分化し、被災者生活再建支援金の支給対象をそのうち「中規模半壊」世帯に拡大するものである。中規模半壊世帯へは、基礎支援金は支給しないが、加算支援金を最大100万円支給する。令和2年7月豪雨において被災者生活再建支援法が適用された自治体にも「中規模半壊」支援が遡及適用されることになった。一部ではあっても、「半壊の涙」に苦しむ被災者を救う一歩となる風穴を開けた法改正となった。法改正後の住宅損壊程度と支援金の関係は図表2-16のとおりである。

「被災者支援制度に詳しい岡本正弁護士は「法改正は一歩前進だが、そもそ

図表 2-16　被災者生活再建支援法改正後の支援金額の内訳

被災世帯の区分	損害割合	支援金の支給額		
		基礎支援金	加算支援金	
			住宅の再建手段	支給額
全壊	50%以上	100 万円	建設・購入	200 万円
			補修	100 万円
			賃借	50 万円
大規模半壊	40%台	50 万円	建設・購入	200 万円
			補修	100 万円
			賃借	50 万円
中規模半壊	30%台	－	建設・購入	100 万円
			補修	50 万円
			賃借	25 万円

※世帯人数が 1 人の場合は各該当欄の金額の 3/4 の額

も十分な金額とは言えず、自宅の補修費をさらに拡充するなど今後も公助の枠組みを広げるべきだ」と主張する」（朝日新聞 2020 年 11 月 11 日朝刊「東日本大震災 10 年へ　3・11 の現在地　住宅ローン減免制度、頼ったが　再建、二重ローンを覚悟　集団移転先に新居、80 歳まで続く返済　災害続き、広がる公助」）。「災害法制に詳しい岡本正弁護士は「災害による生活基盤の被害は、仕事や心身の健康、家族関係なども考慮しなければならない。住宅の損壊程度だけで支援金を決める手法には限界がある。個別の被害を把握し、状況に適した支援ができるよう抜本的な見直しが必要だ」と訴えている」（共同通信 2020 年 11 月 30 日配信「被災者生活再建支援法改正「「中規模半壊」住宅被害支援対象に　豪雨に危機感　鈍い政府動かす　なお不満「抜本的見直しを」」）。

　被害認定が 6 つの区分にわかれ、10% 刻みに細分化されたことで、被害認定調査への労力と時間が懸念される。被災地への人的支援の強化や、これまでの災害でも活用された手法を活かしながら、より簡易な調査認定手法を検討していく必要があるだろう。被害認定への不服申立ての仕組みも整備されていない。住宅の被害認定が記載されるのは「罹災証明書」（災害対策基本法 90 条の 2）であり、被災者生活再建支援法でもこの罹災証明書が事実上活用される。仮に「中規模半壊」と認定されて罹災証明書が発行されたとして、その場合、本来は「全壊」又は「大規模半壊」ではないか、といって認定の是非を争うための法令上の根拠は整備されていない。運用としては、家屋被害認定について、第一次調査ののち、希望があれば、第二次調査、再調査、再々調査などが行われることになっ

ているが、これも多くの国民に周知されている事実とは言い難い。

　第2部第4章2で述べたように、準半壊以上の世帯へは、災害救助法の応急修理制度も利用できる。本来家屋の修繕は、現地で再びコミュニティを形成し、生活を再建していくことを意味するので、地域社会にとって歓迎すべき再建手法のはずである。そうであれば、新規建設などに比べて支援額を少なくしている傾斜配分を改め、修繕に対して建築再建や購入再建と同じ水準の支援をする方が、被災地全体の復興が加速するはずである。修繕費用が足りないがために、半壊住宅をやむを得ず解体し、その結果、被災者生活再建支援金は得られたものの、地域から転出して戻ってこない世帯も多くなってしまうだろう。修繕制度の拡充こそが急務である（災害復興法学Ⅱ第2部第6章）。

4　境界線の明暗はなくならない

　被災者生活再建支援法は、前述のとおり政令で定める自然災害の発生した市町村又は都道府県の単位で適用が決まる（被災者生活再建支援法施行令1条各号）。10世帯以上の住宅全壊被害の発生した市町村、100世帯以上の住宅全壊被害が発生した都道府県、などの条件が記述され、これを原則としながらも、隣接する自治体や県に法律適用がある場合には要件が緩和されたりして適用条件がパズルのように決まっていく（第2部第4章3(1)）。竜巻被害のように、総合計としての被害数は多くても、一つの自治体での被災家屋が極端に少ない場合や、隣接自治体ではなく飛び飛びで被災地になる場合は、全壊被害住宅が数件あっても、そこだけ被災者生活再建支援法の適用が漏れるケースがある（竜巻被害について、災害復興法学Ⅱ第2部第6章で詳述）。

　西日本豪雨では、12府県88市町村に被災者生活再建支援法が適用された。このうち広島県、岡山県、愛媛県の3県は全県に被災者生活再建支援法が適用されているため、境界線の明暗の問題はおこらない。それ以外の岐阜県、京都府、兵庫県、島根県、岡山県、広島県、山口県、徳島県、愛媛県、高知県、福岡県、佐賀県が問題になる。このなかで全壊や半壊以上の被害を抱える自治体でも被災者生活再建支援法の適用が漏れている自治体の例をいくつか指摘する。

岐阜県	関市（全壊11）には法適用があったが、高山市（全壊1）には法適用はない。
京都府	福知山市（全壊5）、綾部市（全壊8）には法適用があったが、宮津市（全壊2）には法適用はない。
山口県	岩国市（全壊13）と光市には法適用があったが、下松市（全壊2）、美弥市（全壊1）、周南市（全壊4）、周防大島町（全壊1）には法適用はない。

　特定非常災害にまで指定された西日本豪雨であるが、被災者生活再建支援法の適用対象は地域別のパッチワークになっていることがわかる。同一災害の同一県内ですらおきる支援格差は直ちに是正されなければならない。2018 年 7 月 25 日、岩手弁護士会は「平成 30 年 7 月豪雨災害に関する会長声明」をいち早く発信する。「現状早急に対応すべき問題点」として「今回の災害について、多数の自治体に被災者生活再建支援法が適用されています。しかしながら、同一の災害によって被災していながら、自治体内の被災世帯の数などから、その適用のない自治体が存在しています。同一の災害による被災であれば、全ての被災者が等しく支援を受ける機会が確保されるべきですから、国は、一刻も早く、法の適用条件を検討し、すべての被災者に同じ支援が可能となるように改正すべきです」と明記している。2018 年 8 月 1 日、四国弁護士会連合会は「被災者生活再建支援法施行令第 1 条の改正等を求める理事長声明」を発信し、「被災者生活再建支援法の適用の有無を、その規模や、都道府県・市町村ごとに限定する同法施行令第 1 条を直ちに改正し、同一の自然災害で被害を受けた全ての被災者に同法を適用し、公平な支援を行うよう求める」とした。背景として「香南市、宿毛市、大月町には支援法が適用されているものの、安芸市では全壊 3、半壊 32、床上浸水 2 の住家被害が生じているにもかかわらず（2018 年 7 月 27 日時点）、現段階において、支援法が適用されていない」との支援格差の例を挙げている。政令改正によって仮に適用自治体が増えたとしても、それによって増える公費は、もともとボーダーラインにある少数派に支援が行き渡るというものなので、復旧・復興予算の全体に比べれば微々たる金額にしかならないことも明白である。「境界線の明暗」への解消は国が直ちに実施すべきである災害復興政策であることを繰り返しておきたい。

　2022 年 8 月 3 日から 26 日にかけ、長期間日本列島にかかった停滞前線及び台風第 6 号や台風第 8 号の影響により、全国的に猛烈な大雨となり、各地で豪雨災害が発生した（令和 4 年 8 月 3 日からの大雨等）。全国で 2 名が犠牲となり 1 名が行方不明となる。住家被害は全壊 28、半壊 586、一部損壊 337、床上浸水 1,710 となった。福井県では全壊 7、半壊 72、床上浸水 84 という甚大な被害と

なり、2022年8月5日に九頭竜川水系鹿蒜川の護岸崩壊で大規模浸水被害のあった南越前町は全壊7、半壊51、床上浸水82と被害が集中した。大野市や勝山市にも半壊住家があり、福井市内も床上浸水があったが、最終的に被災者生活再建支援法の適用があったのは南越前町だけだった。当時の新聞も同一県内の支援格差を懸念する報道をしている（読売新聞2022年8月18日「南越前町罹災証明書発行　大雨　国支援金自治体間で差も」）。

　「同一災害同一支援制度」の実現を見送ってしまった2020年7月の「「被災者生活再建支援制度の在り方に関する実務者会議」検討結果報告」は、こうして境界線の明暗という格差を生み続けている。

5　半壊の涙は終らない

⑴　平成30年大阪府北部地震と台風第21号

　2018年6月18日の通勤通学時間帯に発生した大阪府北部地震は、最大震度6弱の内陸型地震であり、全半壊住家が約100棟であるのに対し、一部損壊が27,096棟にも及んだ。地震で災害救助法が大阪府の大阪市、豊中市、吹田市、高槻市、守口市、枚方市、茨木市、寝屋川市、箕面市、摂津市、四條畷市、交野市、島本町の13市町に適用になったが、被災者生活再建支援法は高槻市のみとなった。「「早く直したいのに、お金が足りない」。大阪府高槻市の自宅が「一部損壊」と認定されたパート女性（62）はため息をつく。地震で塀が壊れ、家の外壁には大小のひびがいくつも入った。今は塀をブルーシートで覆って生活を続けるが、「100万円以上」と見込む補修費用に支援を得られる見通しはない。「余震で崩れないか心配だけど、どうしようもない」と話す」（読売新聞2018年7月4日朝刊「被災家屋支援 乏しく大阪北部地震 一部損壊は制度対象外」）。2018年6月22日、大阪弁護士会は支援情報を整理したお知らせをウェブサイトに掲載した。内容は「1　災害救助法による応急修理」「2　住宅の被害認定と罹災証明書の発行」「3　火災保険（地震特約）」「4　自然災害被災者債務整理ガイドライン」である。そして「5　被災者生活再建支援法について」では「被災者生活再建支援法は、災害で住宅が壊れた場合、その程度に応じて、国が基礎支援金（50万円～100万円）と、再建方法に応じた加算支援金（50万円～200万円）を支給するとしています。ただし、この法律が適用されて支援金が支給されるのは、「全壊建物が10戸以上ある市町村」です。現時点（6月19日現在）では、この適用が決まった市町村はありません」との説明に止まらざるを得なかった。大阪弁

護士会濱田雄久副会長は「大阪府下で震度6弱の地震は初めてで、自治体も住民も当会も手探りではあるが、これまでの東日本大震災や熊本地震での支援の経験を生かしてがんばりたい。今回は人命も失われ多数の建物被害も出ているが、避難所へ避難されている方々はもちろん、避難せずに在宅で困難を抱えている『在宅被災者』への支援も必要であり、自治体等の関連機関とも積極的に連携して進めたい」とのメッセージを発信している（岡本2018）。大阪弁護士会は2018年6月25日に無料電話相談活動もスタートさせ、6月と9月の2回「大阪弁護士会ニュース」を発行して被災者支援情報の周知啓発を行った。弁護士会ニュースでは、賃貸借契約紛争（修繕義務や退去要求などの事例）についての解決指針を示したり、工作物責任による近隣どうしの損害賠償紛争への解決指針を示したりするなどした。金銭給付という明確な支援がほとんどないなかでも被災者のリーガル・ニーズをくみ取った情報整理提供支援活動をしていたことがわかる。

2018年9月4日に上陸し近畿地方を縦断した平成30年台風第21号は、猛烈な雨と猛烈な風、そして記録的高潮を引き起こし、関西国際空港や大阪湾に大きな被害を与え、住家の全半壊200棟余りに対して、一部損損壊は50,083棟に及んだ。しかし災害救助法及び被災者生活再建支援法は適用されなかった。

2018年の地震と台風で大阪府高槻市及び茨木市が発行した一部損壊の罹災証明書は48,298件に及んだ。当時の基準では損害割合が20％未満の場合である。仮に災害救助法及び被災者生活再建支援法の適用があっても、応急修理制度や被災者生活再建支援金の支援対象外である。高槻市も茨木市も一部損壊住宅の修理費の一部補助制度を独自に創設した。高槻市は最大5万円、茨木市は所得制限があるが最大20万円とした。約1年経過した2019年8月の時点でも、屋根にブルーシートがかかった住宅が多数残っていた。高槻市長は「今なお修繕できない恒例の被災者もいる。自治体独自の支援も限りがあり、国がもっと災害対策に力を入れないといけない」とメディアに語っている（朝日新聞2019年8月30日朝刊「一部損壊、4万8000件超　大阪北部地震・台風21号　高槻・茨木市が最終集計」）。「大阪府高槻市に住む60歳代女性は、自宅の壁にひびが入るなどの被害を受けた。補修には200万円以上かかるが、女性の自宅は半径とされ、支援金は支給されていない……地震後も長期間、屋根にブルーシートが張られた民家も多くみられた。府の担当者は「必要な支援が届いたとは言えない。制度を改めるべきだ」と話す。……札幌市の担当者も「多くの市民が支援の対象から漏れ、被災者支援の窓口として歯がゆさを感じる」と打ち明けた」（読売新聞

2018年11月9日朝刊「「半壊」200万円　支援ゼロも　30道府県被災者へ独自支援」）。なお、2018年9月6日の北海道胆振東部地震では、震度7を記録し全半壊住家は2,000棟以上となったが一部損壊は12,600棟とさらに膨大であった。

⑵　令和2年7月豪雨と半壊の涙

　令和2年7月豪雨では、中規模半壊世帯への被災者生活再建支援金の加算支援金支援（最大100万円）が遡って支給されることになった。しかし、共同通信社による取材調査結果では「法改正前に半壊と認定されたのは計4012世帯。このうち法改正後の追加調査により、事後的に中規模半壊と認定され、支援金の支給対象となったのは今年3月末時点で約3割の1378世帯だった」（共同通信配信2021年5月10日「昨年7月豪雨　半壊住宅7割支援なし　改正被災者生活再建支援法　対象拡大効果薄く」）。結局多くの半壊被災者は被災者生活再建支援法の適用対象にならない実態が判明したのである。関西大学の山崎栄一教授が「近年の住宅は性能が高く、昔なら大きな損壊につながったような災害でも半壊や一部損壊にとどまるケースが増えている。……被災者生活再建支援法は、壊れた住宅を修理して住み続けたいという被災者への支援が手薄という問題もあり、見直しが求められる」と同記事にてコメントしているとおり、現代の住宅事情や多発する風水害に対応した支援メニューや修理制度の大幅拡充の方向（第2部第5章5）へと支援法体系を抜本的に改善していく必要がある。

⑶　中規模半壊未満への支援拡充を

　中規模半壊の世帯へ加算支援金が支給されることになって以降も、多くの自治体が更なる支援拡充を要望している。「法改正後の制度について、さらに改善が「必要」と答えたのは25知事。「どちらかというと必要」は15知事だ。改善してほしい内容では、すべての半壊世帯を支給対象とするよう求めた25知事をはじめ、36知事が支給対象の拡大を求めた。すべての半壊世帯への拡大が必要とした知事の多くが理由として、修理費が高額なことを挙げた。内閣府によると、2016年の熊本地震や19年の台風19号では、支給対象外となる住宅の損壊割合20％台の場合、修理費の平均は162万8千円だった」「支援法の適用には、「全壊10世帯以上の市区町村」「全壊100世帯以上の都道府県」などの条件がある。同じ災害で被害が出ても、自治体によって支給と不支給に分かれる不公平感の是正は、過去の災害でも指摘されてきた。これらの適用条件について、29知事が「適用対象になる市区町村が一つでもある場合、その

都道府県内すべての市区町村に適用するべきだ」と回答した」（朝日新聞 2021 年 2 月 1 日朝刊「災害大国　いのちを守る　住宅再建支援、8 割の知事「改善を」昨年法改正」）。中規模半壊は損害割合 30％以上 40％未満である。とくに浸水被害の場合は、被害実感よりも損壊割合が小さく見積もられることも多い。損壊割合 29％となれば、もはや半壊と中規模半壊の区別などつかないし、修繕費も数百万円上となる。結局「半壊の涙」が繰り返されてしまうのである。

　前述した 2022 年の停滞前線と複数の台風の影響による「令和 4 年 8 月 3 日からの大雨等」では、「中規模半壊」の認定を巡る事例もおきた。青森県では 22 市町村で全壊 12、半壊 438、準半壊 14、一部損壊 285、床上浸水 2 という大きな被害があった。「……「畳や家具はほとんど水につかって廃棄した。床の修繕も必要だし、費用がいくらかかるのか」中村川が氾濫し、約 370 棟が浸水被害を受けた鰺ケ沢町舞戸地区。木造 2 階建ての自宅が被災した男性(69)は、不安な表情を浮かべる。……男性の手元にも罹災証明が届いたが、判定は「半壊」だった。……男性によると、40 畳ほどある自宅の 1 階がほぼすべて床上浸水した。だが浸水の深さが 20 センチほどだったため、「中規模半壊」の基準である 50 センチ以上に満たなかったという。男性は妻（70）と 2 人暮らしでこの 1 カ月、自宅 2 階で暮らしながら片付けをしてきた。泥出しや消毒作業は終わったが、1 階の床面積の半分近くを占める仏間や和室は修理が必要で、床板を外したままだ。……同じ床上浸水なのに、生活を立て直すのにこんなに支援の差があると思わなかった」（朝日新聞 2022 年 9 月 9 日朝刊「（大雨 1 カ月：上）住宅被害、支援金に「半壊」の壁　床上浸水、6 割 290 棟が対象外」）。

(4)　基礎支援金の拡充こそ生活再建の要

　住まいが大きく被害を受けた場合、支援が最も必要なのは災害直後期である。被災後に自由になる金銭の多寡が生活再建のスピードを左右する。被災者生活再建支援法の改正で創設された「中規模半壊」区分の給付支援内容は、修繕や建築・購入等の住宅再建フェーズではじめて支給される「加算支援金」だけである。被災時に被害程度に応じてすぐに支給される基礎支援金はない。2022 年 9 月 18 日夜に非常に強い勢力のまま鹿児島に上陸した「令和 4 年台風第 14 号」は、九州地方を縦断し、その後東に進路を変えて西日本や関東東北までに被害を及ぼした。宮城県美里町では総雨量 1,000mm となるなど九州各地で記録的大雨となり、複数地点歴代 1 位の最大瞬間風速を観測する暴風被害がおきた。全国で死者は 5 名、住家被害は全壊 10、半壊 136、一部損壊 936、床上浸水

659 に及んだ。宮崎県では死者 3 名、全壊 5、半壊 132、一部損壊 258、床上浸水 634 と被害が集中し、なかでも都城市や延岡市で被害が大きく、災害救助法に加え被災者生活再建支援法も適用になっている。延岡市では、「住居が中規模半壊・半壊した場合」と「床上浸水による被災の場合」について、いずれも市独自の「災害見舞金」と「延岡市災害安心基金」の合計 30 万円の給付支援制度を設けた。また、「準半壊・準半壊に至らない場合」と「床下浸水による被害の場合」には「災害見舞金」1 万 5,000 円を支給することにした。都城市でも、住居が中規模半壊又は半壊（床上浸水）の場合には、「都城市災害見舞金：20 万円」「都城市災害時安心基金支援金：10 万円」の合計 30 万円を受給できる独自支援をおこなった。再建までの道筋を描くためにも「半壊」「中規模半壊」「床上浸水」（ここでは半壊に至らないものも分類されているはずである）のように、早期に修繕見込みのある世帯へこそ、素早い現金給付による即効性のある支援が不可欠である。

2023 年 5 月 5 日に発生した「令和 5 年奥能登地震」は、石川県珠洲市で最大震度 6 強を記録し、死者 1 名、住家被害は全壊 36、半壊 243、一部損壊 917 に及び、被害は珠洲市に集中した。珠洲市や石川県は、被災者生活再建支援法とは別に上乗せで独自支援策を打ち出した。まず珠洲市は、①独自の基礎礎支援金として、全壊 100 万円、大規模半壊・中規模半壊・半壊 50 万円、準半壊 25 万円、一部損壊 10 万円の給付、②独自の加算支援金として国の被災者生活再建支援法の加算支援金と同額の給付、という手厚い支援を設けた。被災者生活再建支援法と合計すれば最大で 600 万円もの給付支援となる。次に石川県と珠洲市が折半で、加算支援金を「半壊」の場合にも国の「中規模半壊」と同額（建設等 100 万円、補修 50 万円）を上乗せ支給することにした。これまでゼロだった「半壊」世帯の再建でも最大 150 万円が支給される計算となる。被災者生活再建支援法の隙間を埋めるというだけではなく、従前の制度に大幅な上乗せも行うなど、極めて手厚い支援を実現させている。その背景にはふるさと納税制度を利用し財源を確保するという工夫があったものと推察される。なかでも中規模半壊以下の被害に 10 万から 50 万円の「基礎支援金」を支給する施策は、生活再建のスタートを切る被災者にとって極めて大きな支援になったはずである。被災者生活再建支援法については、このように一部損壊であっても基礎支援金を支給できる制度にすべきであり、珠洲市の施策が一つのモデルケースとなることを期待する。

⑸　災害救助を超えた住宅修繕支援制度が必要

　災害救助法の住宅応急修理制度の拡充の必須性は再三提言しているところであるが（災害復興法学Ⅱ第2部第5章）、現行の災害救助法の枠組みでは限界がある。被災者生活再建支援法の「補修」の加算支援金は最大100万円で、災害救助法と併用はできる。しかし、加算支援金の対象となる被害（中規模半壊以上）があれば応急修理で足りるはずもなく多くは解体に踏切るであろう。逆に応急修理を選択して他は自己資金で修繕する場合は、加算支援金適用外（半壊以下）であることが多いはずだ。2023年4月1日時点の災害救助法の一般基準の告示によれば、建設型応急住宅（いわゆる仮設住宅）は「677万5,000円」、住宅応急修理は半壊以上世帯が「70万6,000円」、準半壊世帯が「34万3,000円」である。建設型応急住宅については、東日本大震災時が「238万7,000円」で、2017年大幅改訂時が「551万6,000円」なので、徐々に改善がみられる。しかし、応急修理（半壊以上）は東日本大震災当時の「51万円」から大きな変化があったとまでは言い難い。

　2022年3月16日午後11時36分に発生した「令和4年福島県沖地震」は、マグニチュード7.4と巨大で宮城県と福島県で震度6強を観測した。死者3名、住家被害は全壊111、半壊1,285、一部損壊19,048に及んだ。宮城県と福島県全域に災害救助法が適用され（第2部第5章）、福島県6市町と宮城県山元町に被災者生活再建支援法の適用が決定された。2022年6月23日、仙台弁護士会は「令和4年3月16日発生の福島県沖地震に関する緊急提言書」により「当会災害復興支援特別委員会が戸別訪問等で相談・調査したところによると、罹災判定申請及び応急修理制度の申請期限が一部自治体で2022年（令和4年）5月末日で終了すると広報されていることがわかった。被災者からは、新型コロナウイルス禍による人件費の高騰及び人工の不足、並びにウッドショック及びウクライナ情勢等の下での資材費の高騰等の事情により、家屋の修理の予定が立っていないのに、応急修理制度の申請期限が終了するとの情報が自治体から広報されていて、対応に苦慮している」との事情を基に、「建設型応急住宅の設置のために支出できる費用は、1戸当たり628万5000円以内とすること、としている。応急修理のために支出できる費用に関する現行の上限額は、建設型応急住宅の設置費用と比較しても、余りにも少ない。よって、建設型応急住宅の設置費用並みとはいわないまでも、応急修理制度の費用価額の上限を現行の2倍程度に増額」すべきであるとした。ただし、本来は建設型応急住宅に匹敵する支援金を修理段階で給付できるようにすることが最も理にかなっている

（災害復興法学Ⅱ第2部第6章）。

　住まいの支援は災害救助法や被災者生活再建支援法などに点在し、それらは連動した制度設計にすらなっていない。住まい復旧は人の生活再建を象徴するものである以上、生活再建基本法や生活復興基本法に住まい関係の支援を統合し（災害復興法学Ⅱ第3部第2章、本書第3部7章）、選択肢が多くかつ十分な支援金額の修繕制度を創設することが不可欠である。

6　申請主義の壁

⑴　熊本地震と被災者生活再建支援金

　熊本日日新聞等の取材により熊本県から明らかにされた「被災者生活再建支援金の申請状況（令和4年3月末日時点）」によれば、熊本地震の被災者生活再建支援金の基礎支援金の対象は36,996世帯であり、申請済は36,929世帯である。67世帯は未申請のまま、既に2021年5月13日に全ての自治体で基礎支援金の申請受付は終了している。同じく加算支援金は、対象33,070世帯に対し、2022年3月31日時点の申請済は28,320世帯であり、14.4％が未申請になっている。2023年5月31日に全ての市町村で申請受付が終了している。熊本県は「親戚宅や福祉施設への転居などで生活を再建し、申請に至らなかったケースが多い」と述べるが（熊本日日新聞2022年4月14日「生活再建支援金14％が申請せず」）、その実態は明らかにされていない。基礎支援金の未申請者がいることは大いに問題であるし、行政機関からのアウトリーチが不十分であることも否定できない。

　公的給付手続は基本的に「申請主義」である。申請主義とは、給付や権利を受けようとする当事者から行政への具体的な申請があってはじめて行政がその給付等を実践するしくみを指す。2013年3月1日、総務省行政評価局は「申請手続に係る国民負担の軽減等に関する実態調査結果報告書（東日本大震災関連）」をとりまとめ、「申請手続に係る国民負担の軽減等に関する実態調査結果に基づく勧告（東日本大震災関連）」を行った。被災者支援の確実な実施のために内閣府に対して「被災者生活再建支援金に未支給がないかを把握し、該当者に支給申請の勧奨を行うこと」を勧告している。

　2013年6月には被災者生活再建支援法が改正され、市町村による被災者支援実施の基礎となる情報のポータルサイトとして機能するよう「被災者台帳」が制度化された（災害復興法学第2部第8章）。災害ケースマネジメントを十分に

実施し、法制度化を進めていくためには被災者支援の漏れを防ぎ、行政から実質的な職権主義で被災者にアウトリーチをするための基礎情報を整理しておく必要がある。その要が「被災者台帳」であることを再認識したうえで導入を完遂すべきである。現行制度はあくまで申請主義による運用であり、行政機関側は被災者への手続の勧奨をするという建前になる。しかし、これでは自治体の対応密度による被災者の情報格差の発生は是正しきれない。被災しながら金銭給付の支援を拒む動機などあり得ない。「世帯の呪縛」に囚われて支援から外れる虐待を受けた者やDV被害者もいるだろう（災害復興法学第2部第6章）。マイナンバー制度の導入により、申請主義による運用を撤廃し、完全な職権主義を前提とした「個人へのプッシュ型給付支援」への転換は急務である。

(2) 令和2年7月豪雨と被災者生活再建支援金

　令和2年7月豪雨（2020年7月3日発生）で大きな被害があった熊本県では、発災から1年経過した2021年7月2日の時点で、被災者生活再建支援金の基礎支援金について全体の2.2％（3,032世帯のうち65世帯）が未申請で残った。申請期限が37か月の加算支援金の申請率は46.0％にすぎなかった（熊本日日新聞2021年7月3日「被災者生活再建支援金　基礎部分65世帯未申請」）。基礎支援金ですら1年経過した段階でも65世帯が未申請というのでは、決して少ないとは言えない。基礎支援金は市町村によっては原則13か月の申請期限を更に延長する措置がとられているが、だからといって長期間の未申請が放置されてよいわけではない。発災2年以内には多くの市町村で期限が到来済となり、最長の八代市も2023年8月3日までとなった。なお、2022年7月1日の時点では、加算支援金について対象世帯の41.9％が未申請（申請率58.1％）となった（熊本日日新聞2022年7月6日「住宅支援金上乗せ対象4割超未申請」）。1年前から12ポイント申請が増えただけである。宅地復旧や公共工事が未了で再建手段が固まらないことから加算支援金申請率が伸びていないことがうかがえる。

(3) 生活再建を阻む申請主義の壁

　兵庫県弁護士会会長等を歴任する津久井進弁護士は、被災者支援のための公的給付やサービスがすべて申請主義であることの弊害について「初期救助は危機管理課、避難所運営は生活福祉課、仮設住宅管理は住宅課と分かれ被災者はたらい回しの渦中に置かれる。……罹災証明書から始まり、生活再建の支援制度もあっても被災者が申請しなければ『災害さえもなかった』ことになってし

まう」と現行法制の仕組みを憂う（日本経済新聞2020年3月2日朝刊「災害ケースマネジメントを標準に、被災者ごとに支援策を」）。西日本豪雨や新見豪雨で支援活動の中心にある大山知康弁護士も「公的支援は基本的に「申請主義」。罹災証明を発行しただけでは足りず、例えば「被災者生活再建支援金」も、基礎支援金と加算支援金それぞれ別の資料を提出しなければならない。手続きは複雑で、「制度説明」だけではなく、付き添いなどが必要な人もいる」と指摘する（毎日新聞2019年12月10日「つなぐ：西日本豪雨被災地から」）。2020年1月26日に岡山弁護士会が主催した災害ケースマネジメントに関するシンポジウムでも同趣旨の提言が繰り返された。

　支援制度を受けるための申請を支援する寄り添い活動は、中長期の弁護士による無料法律相談活動の重要な機能であるという認識が次第に広がってきている（災害復興法学Ⅱ第3部第1章）。複数専門士業の連携による「災害派遣福祉チーム」（DWAT：Disaster Welfare Assistance Team）の役割と目的もまた同様である。令和元年東日本台風でDWAT事務局を担った宮城県社会福祉協議会は、「公的支援制度は原則、申請主義。申請しないと支援が届きません。たとえば、罹災証明書がないと支援対象から漏れてしまう。そういう方々が、やがて孤立していくと思われる。一人一人に寄り添い、しっかり伴走するのが社協の役割だ」とする（朝日新聞2020年4月14日朝刊「洪水から日常守るには　台風19号半年」）。また、「令和4年8月3日からの大雨等」で大きな被害を受けた福井県河野地区赤萩集落では河野川氾濫により33世帯の半数が浸水被害にあった。修繕や土砂撤去に関する行政の公的支援が不可欠である。集落の行政区長は「複雑な行政の支援制度を理解できず、自ら申請しなければ援助を受けられない『申請主義』で見捨てられる被災者が出てこないか」と心配する。支援からこぼれる住民が出ないよう、申請時などはみんなで集まって手続きを進めることにしている」（朝日新聞2022年9月6日「行政支援どこまで、募る不安　記録的豪雨から1カ月」）。

(4)　罹災証明書は申請がなくても交付できる

　災害対策基本法は、市町村長は、被災者から申請があったときは被害調査のうえで罹災証明書を交付しなければならない旨を定めている（法90条の2第1項）。これは、あくまで「申請があったとき」の交付の法的義務を課しているのであって、市町村側から任意に、被災者の申請がない場合であっても罹災証明書を交付することを禁止したものではない。このことは、「令和5年7月7日からの大雨による災害」を踏まえての閉会中の国会審議（第211回国会衆議院

災害対策特別委員会第8号・令和5年8月8日）で、野党国会議員の質問に対する内閣府政策統括官（防災担当）の答弁によっても確認されている。プッシュ支援型の罹災証明書の交付という運用は、市町村長の意欲と政策判断によって実は可能であるということを改めて確認しておきたい。

7 間口は広く、支援はきめ細かく──支援法のさらなる柔軟化を

(1) 大規模火災への被災者生活再建支援法の適用再び

　2021年4月1日午後5時頃、島根県松江市島根町加賀地区で火災が発生。勢力の強い大陸の高気圧から吹き出す風の影響で、日中に最大瞬間風速16.5m/sの北東風が記録されていた。出火当時も海から北〜東よりの同10m/s程度の風が吹いており、瞬く間に住宅街に燃え広がり、全焼22棟を含む32棟の住宅と山林2,051.53平方メートルの延焼被害が発生した。火災で少なくとも47人が自宅を失い、松江市に災害救助法の適用が決定された。

　2022年2月15日、「令和3年4月1日に発生した強風による災害」のため少なくとも12棟が「全壊」認定を受けたとして、松江市に被災者生活再建支援法が適用される。火災に被災者生活再建支援法が適用されたのは史上2度目である。火災は本来人災であり、災害救助法とは異なり、「自然災害」（暴風、豪雨、豪雪、洪水、高潮、地震、津波、噴火その他異常な自然現象により生ずる被害）であることを要件とする被災者生活再建支援法は本来適用されない。そこで火災被害ではなく、火災を拡大させた「強風」災害による住家被害であると解釈することで、実質的に火災に対して同法を適用したものである。2016年12月22日の新潟県の糸魚川大規模火災では、これを強風による災害であると解釈して、史上初の火災への被災者生活再建支援法の適用を決定した（災害復興法学Ⅱ第2部第6章）。過去に先例をつくれたことが、時間がかかったとはいえ火災事案への被災者生活再建法適用という柔軟な法解釈を後押しした。なお、これにより災害救助法の適用された「自然災害」の発生が要件となっている「自然災害債務整理ガイドライン」も適用対象とすることができたのである。

(2) 長期避難世帯制度の活用

　2021年6月末から7月中旬にかけ梅雨前線が停滞し日本全国で記録的な豪雨が相次いだ（令和3年7月1日からの大雨）。特に静岡県、広島県、島根県、鹿児島県、鳥取県等で浸水被害が多発していた。7月3日午前10時30分頃、静

岡県熱海市伊豆山の逢初川上流で山の一部が崩壊し大規模な土石流となり、下流の熱海の市街地を破壊し押し流した。土砂災害で 26 名が亡くなった。違法な盛土も災害発生に大きく寄与しており規制強化の契機ともなる。熱海市には直後に災害救助法が適用され、2021 年 7 月 9 日には被災者生活再建支援法も適用になる。熱海市の伊豆山地区は土石流発生後も地区の安全性が確認できず二次被害のリスクは高いままであり、新たな砂防堰堤の建設や上流の違法盛土安全性調査なども不可欠となった。このため、2021 年 8 月 16 日、熱海市は同地区に災害対策基本法 63 条 1 項に基づく警戒区域を設定して原則立入禁止とした。これを受け、さらに 2021 年 12 月 16 日に静岡県は内閣府と協議のうえで同地区の世帯について「長期避難世帯認定」を行った。これにより被災者生活再建支援法における「全壊世帯」と同等の支援を実現させることができた。

　長期避難世帯認定は、熊本地震や平成 29 年 7 月九州北部豪雨等でも実績があり（災害復興法学Ⅱ第 3 部第 2 章）、一見すると家屋それ自体には被害がないようなケースでも、被災者の安全を確保しかつ周囲の全壊世帯との支援格差をなくすことができるメリットの大きな制度である。熱海市としては警戒区域を指定した以上は、当然長期避難世帯認定も視野に入れていたはずである。一方で、住宅自体への被害が少ないことが多い長期避難世帯の認定を、内閣府（防災担当）は極めて厳しく運用判断する傾向があり、国、県、市の協議がまとまって長期避難世帯認定があるまで 1 年以上かかるのではないかとの懸念も捨てきれなかった。土砂災害の二次被害防止のための立入禁止措置は、まさに「当該自然災害により火砕流等による被害が発生する危険な状況が継続することその他の事由により、その居住する住宅が居住不能のものとなり、かつ、その状態が長期にわたり継続することが見込まれる世帯」（被災者生活再建支援法 2 条 2 号ハ）に該当するものと判断すべき事案である。このようなときこそ、事実を適切に評価して法制度にあてはめて適用する能力を発揮できる弁護士・法律家の出番というわけである。静岡県弁護士会は、熱海市による警戒区域指定を見込んで 2021 年 8 月 3 日「熱海市伊豆山地区における住宅被害がない帰還困難者に対する支援措置の申入れ」を公表し、速やかな長期避難世帯認定を求める要望を行う。熱海市と弁護士会の支援が見事に相乗効果を発揮し、かつ静岡県をも事実上味方につけての内閣府との実践的な意見交換を可能とした結果、発災から半年未満での長期避難世帯認定を勝ち得たのである。

　その後、静岡県弁護士会は、2022 年 8 月 25 日の時点で、静岡県等に対して「長期避難世帯の解除に関する申入れ」を行い「長期避難世帯認定について、警戒

区域の指定が解除された後においても、伊豆山地区の復興事業が完了し、認定被災者が伊豆山地区に現実に帰還できるようになるまでは、解除しないこと」を提言した。「通常は、避難指示等が解除されると長期避難世帯の認定も解除することとなるが、避難指示等の解除後もライフラインの復旧に期日を要する場合には、ライフラインの復旧により、居住が可能となるまで、長期避難世帯として取り扱うことができること（内閣府通知「被災者生活再建支援法の運用に係るＱ＆Ａの送付について」（府政防第 520 号 2011 年 6 月 1 日）の「Q42 長期避難世帯認定の趣旨と避難指示等との関係如何」参照）」という法的根拠まで示す丁寧な提言である。これは、長期避難世帯認定が解除されてしまえば、やっぱりあのとき別の場所に再建したかったという状況になっても、必ずしも全壊認定を前提とした加算支援金申請はできない場合もあることから、そのような事態が発生しないように配慮すべしという提言である。また、長期避難世帯認定解除後は、住宅金融支援機構の災害復興住宅融資の申込の権利も失うことになる。そこで長期避難世帯認定の解除には慎重さと一定の猶予期間が必要であることを述べたものである。「警戒区域解除で戻れる方もいるんですが、戻れない方も半分ぐらいいるんですね。この先、何年というのは、予定としてスケジュールとして出ていないんですね。じゃ一体何年かかるんだという心配はあります」（静岡放送 2021 年 4 月 12 日「「小さな一歩だけど前進」熱海土石流災害　警戒区域　9 月解除「戻れない人も半分」の声も」）。

　2023 年 9 月 1 日に熱海市伊豆山地区の警戒区域は解除され、同時に帰宅可能となった 44 世帯は長期避難世帯認定も解除された。一部世帯については引き続き長期避難世帯認定が継続することとなった。

(3)　公費解体支援の格差

　被災者生活再建支援法は「当該自然災害により、その居住する住宅が半壊し、又はその居住する住宅の敷地に被害が生じ、当該住宅の倒壊による危険を防止するため必要があること、当該住宅に居住するために必要な補修費等が著しく高額となることその他これらに準ずるやむを得ない事由により、当該住宅を解体し、又は解体されるに至った世帯」（半壊後やむを得ず解体）という場合にも全壊世帯と同様に扱う規定をおく（法 2 条 2 号ロ）。一方で解体それ自体の公的支援については規定がない。きめ細やかな支援とは、再建手法の選択肢を多くすることに他ならないが、解体費用の負担が選択肢を閉ざし、半壊住宅に住み続け命と健康が常に危険に晒される状態の在宅被災者を生み出す（災害復興法学Ⅱ

第 2 部第 5 章・第 6 章）。

　2022 年 9 月 23 日午前 9 時、室戸岬の南で発生した台風第 15 号は、近畿から東海地方へ接近した後、翌 24 日には東海道沖で温帯低気圧に変わった。各地で大雨となり静岡県や愛知県では線状降水帯も発生した。静岡県では猛烈な雨が降り続き、記録的短時間大雨情報が多数発表になるとともに、24 時間雨量が平年 9 月の 1 か月分を超える 400mm 超の観測史上 1 位を更新した。この「令和 4 年台風第 15 号による大雨」により、特に被害の集中した静岡県では、死者 2 名、住家被害は全壊 8、半壊 2,219、一部損壊 3,312、床上浸水 5,643 と甚大な被害が起きた。被害はほぼ静岡県内のもので、23 市町に災害救助法が適用になり、静岡市に被災者生活再建支援法が適用になる。静岡県弁護士会や静岡県災害対策士業連絡会は、災害直後から被災者支援活動や無料法律相談活動を展開し、半壊にも至らない一部損壊の被災者への支援に苦心していた。被災者生活再建支援法が適用にならないケースでは、目に見える給付支援が圧倒的に乏しくなる一方、土砂撤去や浸水住宅の修繕等をはじめ生活復旧の道のりは相当厳しいため、支援と被害のギャップを抱えることになる。静岡県弁護士会は、罹災証明書の第 1 次認定では一部損壊になった住宅も、二次調査や再調査で準半壊や半壊に変更なるケースが多いことや、所得税雑損控除などは動産被害でも利用できるためそれなりの生活再建効果が現れることなどを精力的に説明していたことが印象的である（あなたの静岡新聞 2022 年 9 月 28 日「台風 15 号被災困り事、気軽に話して　電話相談開設」、高部地区連合自治会主催「経済的負担軽減のための画定申告・税務申告相談会」2023 年 2 月 15 日等）。2022 年 12 月 22 日、静岡県弁護士会は、静岡県及び災害救助法適用自治体へ「公費解体の対象拡大に関する要望書」を提出する。廃棄物処理事業による公費解体（第 2 部第 1 章）の対象がなぜか「全壊」住宅（わずか 8 棟しかない）に限られていたものを、過去の災害の例に倣い、全壊以外（半壊等）にも拡充すべきとするものである。弁護士らが対応した相談事例には「半壊の罹災証明の判定を受けた家屋では、修理費用について 800 万円前後の見積提示が多くみられており、築年数の浅さや建築した住宅メーカー等によっては 1,000 万円を大きく超える例も散見」されるなど深刻な事情も訴えた。制度改善には至らず、公費解体は全壊のみが対象のまま、2023 年 1 月 31 日で終了となった。令和 4 年台風第 15 号は、被災者生活再建支援制度や災害救助法上の救助における修繕制度の不備と、公費解体制度の不備の双方を一層明白にしたといえる。

8　行き詰る被災区分細分化──災害ケースマネジメントへ転換せよ

2021 年 5 月、災害対策基本法に基づく国の防災基本計画の第 2 編「各災害に共通する対策編」第 3 章第 4 節「被災者等の生活再建等の支援」の項目に「国及び地方公共団体は、被災者が自らに適した支援制度を活用して生活再建に取り組むことができるよう、見守り・相談の機会や被災者台帳等を活用したきめ細やかな支援を行うとともに、被災者が容易に支援制度を知ることができる環境の整備に努めるものとする」との記述が盛り込まれる。災害ケースマネジメントの概念と理念がしっかりと記述されたと評価できる。

2021 年 12 月 21 日、その年の国会日程の最終日となる参議院本会議で内閣総理大臣が「災害ケースマネジメントは、被災者が抱える多様な課題が解消されるよう、一人一人の被災者の状況を丁寧に伺い、関係者が連携して必要な支援を行う、こうした取組です。政府としては、これまでも、被災者の方が自らに適した支援制度を活用して生活再建に取り組むことができるよう見守り、そして相談の機会、さらには被災者台帳を活用したきめ細かな支援等を行ってきたところです。また、効果的、体系的な被災者支援を実施できるよう、先進的な取組を進めている自治体による災害ケースマネジメントの好事例について、本年度中に全国の自治体に共有を図ることとしております。このような取組を平時から行うことにより、今後とも、民間団体等を含めた多様な主体が連携した災害ケースマネジメントの仕組みづくりを進めてまいりたい」と、総理として初めて災害ケースマネジメントについて言及した（第 207 回国会参議院本会議第 5 号・令和 3 年 12 月 21 日内閣総理大臣答弁）。

2022 年 6 月 7 日、「経済財政運営と改革の基本方針 2022　新しい資本主義へ～課題解決を成長のエンジンに変え、持続可能な経済を実現～」（骨太方針 2022）が経済財政諮問会議での答申を経て閣議決定され、「第 3 章　内外の環境変化への対応　2　防災・減災、国土強靱化の推進、東日本大震災等からの復興」の項目に「……被災者支援等を担う人材の確保・育成、要配慮者避難や災害ケースマネジメントの促進等の地域防災力の向上や事前防災に資する取組を推進する」との記述が盛り込まれる。

これに前後して 2022 年 3 月、内閣府防災担当は「災害ケースマネジメントに関する取組事例集（令和 4 年 3 月）」を公表。仙台市（東日本大震災）、盛岡市（東日本大震災）、岩手県岩泉町（平成 28 年台風第 10 号）、鳥取県（平成 28 年鳥取県中部地震）、岡山県倉敷市真備地区（西日本豪雨）、愛媛県大洲市（西日本豪雨）、北海

道厚真町（北海道胆振東部地震）、佐賀県大町町（令和3年8月の大雨）などの先進事例が詳細に解説された。第一線の災害ケースマネジメント実践者の協力を経て作られた災害ケースマネジメントのノウハウが凝縮された事例集である。ここでは新型コロナウイルス感染症や感染症まん延一般の対策には触れられていないものの、再び大規模感染症がおきたときに経済困窮者や行動制限がある者へ実施すべき国民支援や住民支援の手本ともなるだろう。

2023年3月、内閣府（防災担当）「災害ケースマネジメント実施の手引き（令和5年3月）」の公表は一つの転機になると期待が持てる。実現させたのは内閣府に2022年6月27日に設置された「令和4年度災害ケースマネジメントの手引書作成に関する有識者検討会」の尽力によるところが大きい。災害ケースマネジメントを「被災者一人ひとりの被災状況や生活状況の課題等を個別の相談等により把握した上で、必要に応じ専門的な能力をもつ関係者と連携しながら、当該課題等の解消に向けて継続的に支援することにより、被災者の自立・生活再建が進むようマネジメントする取組」と定義し、平時の福祉政策や高齢者・障害者の見守り活動との連結も意識している。このため厚生労働省が積極的にオブザーバー参加していたことも画期的である。法制度の構築と並行してノウハウの共有化が一層進むことが期待される。感染症まん延時の在宅生活者の支援にも災害ケースマネジメントの適用ができるように法制度を構築していくことが必要である。

2023年5月30日には、国の中央防災会議による「防災基本計画」に「地方公共団体は、平常時から、被災者支援の仕組みを担当する部局を明確化し、地域の実情に応じ、災害ケースマネジメント（一人ひとりの被災者の状況を把握した上で、関係者が連携して、被災者に対するきめ細やかな支援を継続的に実施する取組）などの被災者支援の仕組みの整備等に努めるものとする」（防災基本計画「第2編第1章7　避難の受入れ及び情報提供活動関係」）、「国〔内閣府、厚生労働省〕及び地方公共団体は、被災者が自らに適した支援制度を活用して生活再建に取り組むことができるよう、災害ケースマネジメントの実施等により、見守り・相談の機会や被災者台帳等を活用したきめ細やかな支援を行うとともに、被災者が容易に支援制度を知ることができる環境の整備に努めるものとする」（防災基本計画「第4節　被災者等の生活再建等の支援」）、との記述が加わり、ついに災害ケースマネジメントの整備が国の基本方針として明記されるに至った。特に被災者台帳の利活用（災害復興法学第2部第8章）までもが謳われたことは大いに期待できるものと言える。

第5章　避難所 TKB と感染症対策

災害救助法の柔軟運用と限界

1. 避難所の生活環境の改善

○災害が激甚化する中で、被災者の避難生活は長期化する傾向にあり、健康被害や災害関連死が大きな課題となっている。また、災害経験のない自治体にとって、避難所の生活環境についての知見がなく、災害救助法の運用も定型的になりがちである。避難所の生活環境を改善するため、政府は被災者の立場に立ち、地方自治体と連携して、以下の取組みを進める必要がある。

▼「避難所運営ガイドライン」において、避難所は「あくまでも災害で住む家を失った被災者等が一時的に生活を送る場所」であり、「質の向上」という言葉が「贅沢」という批判には当たらない旨の記載は既にあるところ、この趣旨のさらなる徹底を図ること。さらに、災害により家や家族、大事なものを喪い心身ともに傷ついた被災者を受け止め、早期の復旧・復興につなげるための場であることを明らかにすること。

▼避難生活の長期化が想定される場合に、避難所において、快適で十分な数のトイレや温かい食事、それに段ボールベッドなどの簡易ベッドを提供することが標準的な避難生活であるというイメージを誰もが共有できるよう、優良事例を紹介する広報資料を作成し、認識の醸成を図ること。また、防災訓練の機会等を通じ、住民に対しても日常的にそうした避難所環境について周知を図ることや、設置に関する手順の確認や知識・ノウハウの普及啓発等に努めること。自治体が上記のような取組を進めるにあたり、具体的にどのような実現手段や連携先があるのか等、参考になる情報を政府においてとりまとめ、自治体に周知を図り、整備を積極的に勧奨すること。災害救助法においては、救助の程度、方法及び期間並びに実費弁償の一般的な基準が定められているが、災害の程度によってその基準では救助の適切な実施が困難である場合には、内閣府に協議の上その基準に上乗せを行うことが認められている。このため、災害救助法が適用された場合に特別基準が活用できることをあらためて地方自治体に周知すること。また災害の実例を踏まえつつ、必要に応じて災害救助法における基準の見直しに関する検討を行うこと。

▼指定避難所について、人口動態、交流人口の動向を踏まえ、地方自治体にその立地場所の体にその立地場所の適切な見直しを促し適切な見直しを促進すること。

行政での取り組みも視野に入れて検討すること。また、公共施設だけを指定避難所にするのでは数に限りがあるため、旅館などの民間施設についても積極的に活用するよう促すこと。大規模災害において、自宅のある地域の避難所で避難者を収容しきれない場合もあることから、都道府県等広域行政での取り組みも視野に入れて検討すること。

▼こうした取組みを、日常的に各自治体との連携を図りつつ強力に推進するため、内閣府防災の災害救助体制を抜本的に強化すること。

▼指定避難所となっている学校施設については、平時から空調設備やトイレ改修、給食施設の整備、自家発電設備の整備、体育館の多層化等の防災機能の強化が必要であるため、積極的に財政措置も含め支援すること。その際、駐車場等にもなるグラウンドは、学校施設と共に使用されることから、整備の一体化を図ること。また、全ての指定避難所の防災機能の整備状況について、定期的に調査を行い、現状を把握すること。

▼避難所の開設・運営において、対口支援方式による支援が有効であった例が報告された。一方、受援側での認知度不足や体制の整備等の課題も見られた。GADM（災害マネジメント総括支援員）派遣による支援も含め、自治体における災害時の受援体制整備について、政府が促し、必要な協力を行うこと。

▼避難所における防犯対策については、警察との連携の下、巡回や被害者への相談窓口情報の提供を行うとともに、被害者・支援者全体に対して、いかなる犯罪・暴力も見逃さない旨を周知すること。

▼本委員会で紹介されたイタリアの例をはじめ、海外における災害避難所への備えや実態等について、政府において十分な調査を行い、我が国の防災政策に反映するよう努めること。

▼政府において、避難所の生活環境改善の観点からも、管理栄養士の活用事例やキッチンカー、コンテナトイレ等の導入事例の紹介を行うこと。

▼政府は、調理師などプロによる災害ボランティア活動の事例を紹介し、市町村におけるこれら専門家団体との災害時の連携強化に努めること。

（自由民主党災害対策特別委員会諸課題対応に関する小委員会「大規模災害からのより迅速・円滑な応急・復旧対策に関する提言（第一次報告）～令和時代の防災減災強化策」（2019 年 5 月 28 日）より抜粋）

1　災害救助法の適用が躊躇されるまさかの事態

⑴　災害救助法の適用はまだか？

　2019 年 9 月 9 日午前 5 時頃に千葉県に上陸した台風第 15 号（令和元年房総半

島台風）により、午前 8 時頃には最大 64 万 1,000 世帯が停電する。ブラックアウト状態となり一部集落は孤立に陥ったが、千葉県は災害救助法を適用しなかった。千葉県と内閣府（防災担当）が協議して「多数の者の生命又は身体に危害を受けるおそれが生じ、避難して継続的に救助を必要とする」（災害救助法施行令 1 条 1 項 4 号）と判断し、停電が継続していた千葉県内 41 市町村に災害救助法の「4 号適用」を決定したのは、2019 年 9 月 12 日の夜になってからだった。東京電力が同日の日中に、9 月 27 日まで電力復旧の見通しが立たない旨の見解を示したからだという。台風上陸による大規模停電から災害救助法適用までに、実に 3 日半もの空白が生じた。電力復旧見込み時期がどうであれ、ブラックアウト状態が続いていながら長期間にわたり災害救助法を適用しなかったことは大問題である。医療関係の応援者は「災害救助法の適用の見込みの情報が全く入ってこない。さらに孤立した集落に進んで支援を行いたいが、様子を見ることになってしまい、現場に入れなくなっている」と漏らしていた。9 月上旬の猛暑も続く季節に大規模停電が起きるということは、エアコンはおろか扇風機さえ使えなくなることを意味する。屋内屋外を問わず熱中症の大量発生は必至であり、停電の瞬間から多くの被災地住民の命が直接的に脅かされる。「台風 15 号の通過からまる 2 日たっても、千葉県では事態が収束するめどがたっていない」（朝日新聞 2019 年 9 月 11 日夕刊）とメディアも県の対応に危機感を募らせた。災害救助法は県外や被災市町村以外から応援部隊を呼び込むための予算根拠としての意義がある（災害復興法学Ⅱ第 2 部第 5 章）。災害救助法を適用しないことは、支援の勢いを削ぐことになるわけで、被災者にとって文字どおりの死活問題であったはずだ。なぜ千葉県で 3 日半もの間、災害救助法の適用を躊躇してしまったのであろうか。

　伊豆諸島の東京都大島町では、令和元年房総半島台風の影響により、2019 年 9 月 8 日の時点で既に多数の全半壊住宅が確認されていた。ニュース画面からでもそれが容易に推察できるほどである。新聞も「台風 15 号による風雨で約 9000 軒が停電し、多くの住宅が壊れた大島町（伊豆大島）」とその惨状について報道を繰り返していた（読売新聞 2019 年 9 月 14 日朝刊「台風 15 号　停電、断水苦しみ今も　本紙記者が見た伊豆大島」等）。しかし、東京都が大島町と新島村に、「住宅に多数の被害が生じた」（災害救助法施行令 1 条 1 項 1 号）として災害救助法を適用したのは、2019 年 9 月 24 日になってからであった。一見して多数の住宅被害や大規模停電がありながら、2 週間以上も災害救助法を適用しなかったのである。

2019 年 10 月の令和元年東日本台風において、静岡県では、2019 年 10 月 14 日 15 時現在の被害報告に基づき、「住宅に多数の被害が生じた」として「伊豆の国市」と「函南町」の 2 自治体のみに災害救助法を適用するにとどまった（災害救助法施行令 1 条 1 項 2 号適用）。それ以外のほとんどの都府県は、「4 号適用」でかつ多数の市町村に災害救助法適用を早期決定していることと比べれば、静岡県はかなり異質な判断をしたことになる。静岡県では令和元年東日本台風上陸直後には、少なくとも県内 20 市町村に市街地を含む地域の床上浸水被害が確認されており、静岡が 2 市町にしか災害救助法を適用しなかったことについては、後日メディアからも疑問が呈されている（静岡新聞 2021 年 6 月 10 日「被害甚大台風 19 号、救助法適用少なく…他県と支援に差　2 市町のみ、件対応に不備」）。

　同じく令和元年東日本台風の栃木県の対応も不可思議である。栃木県では 21 市町で災害救助法が適用された。基本的には「4 号適用」により速やかに災害救助法適用したが、なぜか那須烏山市だけが 1 号適用、小山市だけが 2 号適用となった。なぜ那須烏山市と小山市について 4 号適用を躊躇したのか合理的理由はなかなか見いだせない。なお、災害救助法の適用基準は以下のとおりである。

【災害が発生した段階の適用（法 2 条 1 項）】
① 当該市町村区域内の人口に応じた世帯数以上であること（令 1 条 1 項 **1 号**）
② 当該市町村の区域を包括する都道府県の区域内の被害世帯数が、その人口に応じて示す数以上であって、当該市町村の区域内の被害世帯数が、その人口に応じて示す世帯数以上であること（令 1 条 1 項 **2 号**）※都道府県全体の滅失数が大きい場合は個別の市町村の滅失数が①より緩和される
③ 当該市町村区域を包括する都道府県の区域内の被害世帯数が、その人口に応じ示す数以上であって、当該市町村の区域内の被害世帯数が多数であること（令 1 条 1 項 **3 号前段**）
④ 災害が隔絶した地域に発生したものである等被災者の救護を著しく困難とする内閣府令で定める特別の事情がある場合で、かつ、多数の世帯の住家が滅失したものであること（令 1 条 1 項 **3 号後段**）。被災者について、食品の給与等に特殊の補給方法を必要とし、又は救出に特殊の技術を必要とすること（内閣府令 1 条）
⑤ 発生した災害の程度が、多数の者が生命又は身体に危害を受け又は受けるおそれが生じた場合であって、内閣府令で定める基準に該当する災害（令 1 条 1 項 **4 号**）。
　5-1　災害が発生し、又は発生するおそれのある地域に所在する多数の者が、避難して継続的に救助を必要とすること（府令 2 条 1 号）
　5-2　被災者について、食品の給与等に特殊の補給方法を必要とし、又は救出に特殊の技術を必要とすること（府令 2 条 2 号）
【災害が発生するおそれ段階の適用（法 2 条 2 項）】
　災害が発生するおそれがある場合において、国に災害対策基本法に規定する災害対策本部が設置され、当該本部の所管区域が告示されたときは、都道府県知事は、当該所管区域内の市町村の区域内において災害により被害を受けるおそれがあり、現に救助を必要とする者

(2)　災害救助法を早期に適用せよ！

　避難所・避難生活学会は、大規模停電により災害関連死が多数生じかねないことを懸念し、緊急の避難所整備や、多方面から支援者を呼び寄せるためにも災害救助法の適用を千葉県が宣言することが不可欠であると判断した。2019年9月12日の午前中のうちに、「令和元年台風15号　避難生活環境整備と災害救助法の適用を求める緊急声明」を発表する。災害救助法の速やかな「4号適用」を求めるものである。

> 　本台風では、千葉県や伊豆諸島等をはじめ、数十万世帯の停電、数万世帯の断水被害があり、長期化も見込まれています。店舗閉鎖等で水、食料、燃料等の確保も困難となっています。加えて、詳細は明らかではないものの、被災地域で熱中症により複数の方が亡くなった旨も報道されており、上記状況が継続すれば更なる被害も懸念されるところです。ついては、本台風被害について、必要な地域へ速やかに災害法が適用され、予算・物資・人員において十分かつ効果的な支援活動が、関係機関により円滑に実行されるよう求めます。なお、災害救助法施行令は、災害救助法適用基準として、「多数の者が生命又は身体に危害を受け、又は受けるおそれが生じた場合であって、内閣府令で定める基準に該当すること」（同法施行令1条1項4号）とし、内閣府令は、「災害が発生し又は発生するおそれのある地域に所在する多数の者が、避難して継続的に救助を必要とすること」（内閣府令2条1号）等の場合に災害救助法が適用できるとしています。過去にも本項目による多くの適用実績があり、本台風による停電等に伴う被害は、すでに要件を満たすものと思料いたします。

　過去幾多の被災地で、行政機関や被災者らを支援してきた弁護士らも危機感を強めた。災害救助法の適用があるかないかで、事業者や個人に対する支援の充実度合いに大きな格差が出る。というのも、災害救助法適用の災害であると所管省庁である内閣府防災担当と被災地都道府県が宣言することは、内閣府以外の省庁、公共機関、金融機関、民間事業者、その他専門誌業団体の支援が開始されるトリガーになっているからである（第2部第5章7）。まさに災害救助法の有無で支援のボリュームが劇的に変わるため、被災者にとっては死活問題である。2019年9月17日東京弁護士会、第一東京弁護士会及び第二東京弁護士会は、「台風第15号の伊豆諸島の被害に関し、災害救助法の適用を求め、弁護士による島嶼部相談等の取組みを積極的に実施することに関する東京三弁護士会会長声明」を緊急発信し、次のように災害救助法の早期適用を訴えた。

> 　本年9月8日から9日にかけて関東地方を襲った台風第15号は、同月7日から8日にかけて伊豆諸島を北上した際、同地域に甚大な被害を発生させた。大島町（伊豆大島）ではおよそ200の住宅が全壊もしくは半壊しており、新島村（新島、式根島）でも住宅などおよそ440軒が被害にあったという。停電、断水、修繕に必要な資材の不足も目立つと伝えられているが、インターネット回線が不通の状況もあり島嶼部被害の全貌を把握するまでには、さらに時間がかかることが報道でも伝えられている。こうした被害の状況と地域の人口及び

世帯数（大島町が人口 7595 人、4606 世帯。新島村が人口 2883 人、1395 世帯。）からすれば、少なくとも大島町及び新島村については災害救助法施行令第 1 条第 1 項第 1 号あるいは同第 4 号に定めた災害救助法の適用要件を十分に満たしており、伊豆諸島の他の町村も同様あるいはこれ以上の被害が発生していることが推測される。

(3) 災害救助法が適用されない!?

　2019 年 9 月 3 日におきた岡山県新見市の「令和元年 9 月集中豪雨」（第 2 部第 4 章）も、岡山弁護士会の大山康知弁護士らが中心となって災害救助法を適用するよう岡山県や内閣府へ提言したが、結局は適用されなかった。なお、弁護士らの提言から、被災者生活再建支援法と同等の支援を、新見市独自の被災者生活再建支援制度によって実現する施策が作られた。

　2021 年 5 月 1 日、静岡県牧之原市で突風・竜巻が発生し、住家は全壊こそなかったものの、半壊 8、一部損壊 94 の被害を受けた。非住家は 8 棟倒壊し、そのほか 38 棟が被害を受けた（令和 3 年 5 月 1 日牧之原市竜巻等被害）。上空からの写真でも吹き飛んだ屋根の痛ましい光景が目立っていた。しかし、災害救助法は適用されなかった。2021 年 5 月 29 日、静岡県弁護士会は「令和 3 年 5 月 1 日に発生した竜巻・突風災害を踏まえ、①静岡県及び被災市町に、同災害で被災した県民のために最大限の支援措置を講ずるよう求めるとともに、②静岡県に将来の自然災害に対する災害救助法の 4 号適用の積極的活用を提言する会長声明」を発表する。上記竜巻被害については「本件災害に対しては、4 号適用がなされておらず、このため、応急仮設住宅の提供や応急修理制度など災害救助法に基づく被災者に対する救助措置が行えない事態が生じている。本件災害では、特に牧之原市において風速 55 メートルともみられる竜巻の可能性のある突風被害により、多数の建物が全半壊し、また電柱等の土地工作物が倒壊するなどしており、「多数の者が、避難して継続的に救助を必要とする」状況は想定でき、上記内閣府令の定める（災害が発生した地域に所在する）「多数の者が避難して継続的に救助を必要とすること」を満たすものとして、4 号適用に踏み切るという判断もあり得た」と提言した。災害救助法の「4 号適用」について正確に解釈して事例にあてはめた優れた見解であり、今後の解釈指針として大きな役割を果たす声明だといえる。

2 災害救助法は「4号適用」を定着させよ

⑴ 北海道胆振東部地震とブラックアウト

　2018年9月6日午前3時7分、北海道胆振地方中東部においてマグニチュード6.7の地震が発生した。厚真町で震度7、安平町とむかわ町で震度6強、札幌市東区で震度6弱ほか北海道広域を強い揺れが襲う。史上6度目で熊本地震以来の震度7を記録した「平成30年北海道胆振東部地震」である。地震による直接の死者は42名（うち厚真町36名）。厚真町の大規模土砂災害の犠牲者が多い。住家被害は全壊462、半壊1,570、一部破損が12,600棟と甚大である。地震から17分後の9月6日午前3時25分に道内全域で最大約295万戸の大規模停電（ブラックアウト）がおき、電力が概ね復旧するまでに45時間かかった。もし猛暑や冬の季節なら想像を絶する災害関連死者を発生させたはずであり、背筋が凍る思いである。北海道と内閣府は、地震から約12時間後の9月6日午後3時までには、道内全域での大規模停電という異常事態を勘案して、北海道内全域179市町村に災害救助法の適用を決定、公示した。厚真町では午後2時30分には災害救助法適用が公示されたと記録されている。被災者生活再建支援法は、被害の大きな市町村から順次適用が決定され、9月26日には北海道全域が対象になった。

　全道への電気供給停止という前代未聞で予測不能な被害の発生が懸念されるからこそ、災害救助法を適用し各所からの応援や民間支援を呼び込む宣言をする必要がある。厚真町・安平町・むかわ町による記録誌では、北海道危機管理対策課応援受援班長が「最初の仕事は、災害救助法の適用に向けた内閣府との調整です。適用されなければ費用は市町村の負担になりますが、被災3町以外に各地で被害が出ていて、北海道全域での停電という状況もあり、全市町村に対して災害救助法の適用を、ということで調整し、発災したその日の午後3時頃、適用となりました」と語る。この災害救助法適用調整こそ都道府県や救助実施市の最重要任務なのである。被災市町村の被害やおきうるリスクを最大限考慮し「まずは災害救助法の適用」という対応が政策法務実務の先例として定着することが望まれる。同記録誌では、日本赤十字社北海道支部事業推進課長がDMAT（災害派遣医療チーム）の活動について「日赤などが協働・分担して避難所を巡回しました。避難所で救護班は簡易的な医療ケアを行います。医師も加わっているので薬の処方も行うことができ、災害救助法の定めにより医療費もかかりません。専門医療機関での治療が必要と思われた場合は、調整本部に

情報を伝え、受け入れ先の調整を依頼します」と初動対応を振り返る。前述の令和元年房総半島台風における救護現場の立ち往生等と比較しても、災害救助法適用という事実が現場に及ぼす支援効果がいかに大きかったかがわかる。

(2) 令和4年福島県沖地震における災害救助法適用

　2022年3月16日午後11時36分に発生した「令和4年福島県沖地震」では、翌3月17日の午前3時30分には宮城県と福島県の全域に、「多数の者が生命又は身体に危害を受け、又は受けるおそれが生じている」（災害救助法施行令1条1項4号）として、災害救助法の適用が決まった（4号適用、第2部第4章）。素早い決定を支えたのは福島県知事のリーダーシップだった。3月26日午前2時には宮城県と仙台市がそれぞれ災害対策本部会議を開催。地震被害に加え石巻市で50cmの津波も確認されていたことも報告されていた。真夜中の石巻市日和山にはサイレンの中で多くの住民が避難しており11年前を彷彿とさせる緊張感であったという。同会議では宮城県知事が「災害救助法を適用したい」と発言。直ちに内閣府と協議し、午前3時30分には災害救助法適用を発表した（読売新聞2022年3月18日朝刊「震度6強　ドキュメント宮城」）。直後のニュースも「知事は記者団に対し「空振りになるかもしれないが大事をとって災害救助法の適用を申請することにした。住民には落ち着いて行動してほしい」と述べました」と報道する（NHKニュース2022年3月17日午前4時21分「県内全市町村で災害救助法適用が決定」）。仙台市も救助実施市として同時に災害救助法適用を決定した。熊本地震の教訓を踏まえ、現場で実際に指揮を執る政令市等の権限と責任を法的に位置づけるため、災害救助法の実施主体に都道府県に加えて「救助実施市」を追加する災害救助法の一部改正法（2018年6月8日成立）が2019年4月1日より施行された。仙台市は、横浜市、川崎市、相模原市、神戸市、岡山市、北九州市、福岡市及び熊本市とともに救助実施市に指定されていた（その後救助実施市は随時増加している）。

(3) 千葉県検証報告と災害救助法4号適用

　千葉県は、令和元年房総半島台風・令和元年東日本台風・令和元年10月25日の大雨の対応検証のために外部有識者からなる「令和元年台風15号等災害対応検証会議」を2019年11月20日に設置し、議論を経て2020年3月24日に検証報告書を発表した。災害救助法の適用が遅れたことについては、「自然災害により再び停電が発生した場合、東京電力からの情報収集を積極的に行い、

停電の長期化の見通しや、これに伴い「多数の者の生命又は身体に危害を受けるおそれが生じた場合であって、避難して継続的に救助を必要とする状況（いわゆる『4号基準』)」の発生について、状況の把握・分析を速やかに行うとともに、国（内閣府防災担当）や被災市町村と協議し、災害救助法適用の見通しを立てる。また、庁舎の被災など、停電以外の「想定外の事態」の発生により防災情報システムが使用できない場合に備え、市町村の災害救助法担当職員と電話やFAX等による被害情報の報告について、平時から申し合わせておく」と教訓を記述した。4号適用のために災害救助法を解釈運用できる政策担当者の育成が同時に必要となるだろう。

(4) 内閣府による災害救助法の説明資料の一部改善

　2021年度になり内閣府（防災担当）ウェブサイトの「災害救助法」に関するページのレイアウトが大きく変化した。省庁のウェブサイトは当該施策にかかわる各種資料（PDF）が無味乾燥だが正確かつ網羅的に掲載されているのが常であるが、災害救助法のページだけがカラフルなバナーアイコンを並べて各項目が目を引くよう工夫されている。解説項目自体はこれまでどおりだが、わざわざポンチ絵を大量に作成している力の入れようだ。突然の大規模災害で災害救助法を初めて目にする自治体職員の政策法務対応のハードルを下げる狙いであろう。また、「災害救助法に係る被災者向けリーフレットポスター」を同ウェブサイトに掲載して随時更新するようにもなった。なかには「災害救助法の適用の判断」というポンチ絵も作られており、「法の目的である「被災者の保護」と「社会の秩序の保全」のためには、何よりも迅速な法適用が必要であり、災害時に迅速な法適用判断が可能な4号基準による適用を積極的に進めるべき」との説明が太字で記述されている。令和元年房総半島台風や令和元年東日本台風における千葉県、東京都島しょ部、静岡県等で起きてしまった、災害救助法の適用それ自体への躊躇という苦い教訓を国も重く受け止めた結果ではないかと思われる。

(5) 災害救助法の事前適用

　2021年4月28日、災害対策基本法の一部を改正する法律案が可決され、同時に災害救助法も一部改正があった。2021年5月20日施行となり、これまで災害発生後にしか適用できなかった災害救助法について、「災害等が発生するおそれがある場合」で国の非常災害本部等が設置されたときにも適用ができる

ことになった（災害救助法2条2項等の追加）。主に風水害などに備えた避難所の開設等が念頭におかれている。2022年9月18日の午後7時に鹿児島県に上陸した「令和4年台風第14号」では、前日の9月17日午後9時15分から9月18日午後4時にかけて、「令和4年台風第14号に伴う災害が発生するおそれがあり、災害対策基本法第23条の3第1項に規定する特定災害対策本部が設置され、同法により告示された所管区域内の市町村において、災害により被害を受けるおそれが生じている」とのことから、山口県、高知県、福岡県、佐賀県、長崎県、熊本県、大分県、宮崎県及び鹿児島県の286市町村に災害救助法を適用した。改正後の初の事前適用事例となり（なお災害発生後に宮崎県延岡市にも追加適用）、これにより交通機関運休や施設休館が早期に判断され住民避難も促進された（朝日新聞デジタル2022年9月18日「災害発生前の災害救助法、九州の5県で適用　昨年度法改正の新制度」、毎日新聞2022年9月19日大分版「台風14号最接近　大雨と暴風、最大限警戒　発生前に災害救助法　全市町村、県が適用「人命最優先」指示」等参照）。令和4年台風第14号は、非常に強い勢力により記録的大雨と暴風被害を齎し、死者3名、住家被害は全壊10、半壊136、一部損壊936、床上浸水659となり、特に宮崎県の被害は顕著で、これに鹿児島県や大分県が続く結果となった。台風については地震や火山等と異なり高精度で進路、降水量、風、河川、高波、高潮等が予測できるので災害救助法事前適用と親和性が高い。「空振り」を恐れることなく、解除後の撤収作業や事後処理を含めて災害救助費用が確実に予算措置されるよう適切に運用されることが望まれる。

(6)　令和5年梅雨前線及び令和5年台風第2号による大雨と災害救助法

　2023年6月2日から3日にかけて西日本から東海地方に最接近した台風第2号は、本州にかかる梅雨前線に湿った空気を大量に供給し、全国的に線状降水帯を多数発生させ大雨を齎した。静岡県磐田市では、6月2日午後7時15分に太田川水系敷地川の堤防決壊による氾濫がおきた。磐田市は現地の被害状況や避難見込み者数などを素早く調査して静岡県と調整して内閣府（防災担当）と交渉、6月3日午前2時には災害救助法の適用が公表された。令和元年東日本台風の教訓をもとに県と基礎自治体が素早く連携したことがスピード適用に繋がったと評価されている（静岡新聞2023年6月4日「救助法適用迅速に判断 台風15号教訓に静岡県と市町連携」）。これに対し、浜松市、静岡市、島田市、藤枝市では「4号適用」を求めながら、県と内閣府で調整ができずに早期適用が断念されるという悲劇もあった（静岡新聞2023年8月19日「6月の台風2号　県に適用求

めたものの……浜松など4市「救助法」見送りに」)。内閣府が4号適用の柔軟解釈を怠り、被災地自治体に被害件数報告を求めるという誤った運用も発生してしまったようである。静岡県沼津市でも床上浸水129棟に及ぶ浸水害を引き起こす激しい雨だったが、静岡県からの打診に対して市側は災害救助法適用を希望せず、適用が見送られてしまった(静岡新聞2023年8月19日「救助法適用見送り判断を住民疑問視　沼津市6月台風2号で広く床上浸水「被害真剣に考えて」要件分かりにくさも」)。少なくとも災害救助法が適用された場合の支援効果(第2部第5章7)を考えれば、基礎自治体側は法適用を要請する姿勢を積極的に維持し続けることが重要である。内閣府(防災担当)、都道府県、基礎自治体における災害救助法適用の有無を巡る調整の円滑化のためにも、災害救助法の趣旨を十分理解する政策法務研修の実践が不可欠である。

(7)　災害救助法を適用せよ！

　2023年8月31日、内閣府(防災担当)から全国の都道府県及び救助実施市に対して、事務連絡「災害救助法施行令第1条第1項第4号に基づく災害救助法の迅速な適用について」が発出された。災害救助法の「4号適用」を積極的に適用すべき場面の具体例を整理したものである。これまでの災害救助法の適用に消極的だった運用の反省点をふまえて柔軟な解釈を示す画期的な事務連絡である。①都道府県災害対策本部及び市町村災害対策本部が設置されていること、②災害により現に住家被害が発生しているか、発生する(発生している)蓋然性が高いこと、③原則として避難所が開設されるか大規模停電・断水や集落の孤立等が覚知され、避難生活等が継続すると見込まれること、のいずれかでも満たせば積極的に「4号適用」を検討すべきとした。特に②について「面的な広がりを持つ災害(地震、洪水等)の場合には、1棟でも住家被害が発生した事実があれば、その周辺の住家にも同様の被害が生じている蓋然性が高い」として「4号基準の適用を検討すべき」と記述している点は、自治体の災害救助法適用判断を大きく後押しするものと考えられる。

3　災害法制の適用と法律的思考力

　災害救助法の適用格差は、災害救助法という法律それ自体への理解(教育研修事業)不足に起因する。この事態を克服するためには、政策法務を実現するための法律的思考力ないしリーガル・リテラシーをもつ人材を自治体内に登用

するか養成するほかに道はない。災害救助法の適用基準は、災害が発生した場合には、先述のとおり①から⑤のパターンに分かれる（第2部第5章1）。このうち①から③までについては人口規模に応じた定量的な数値基準が定められている。④はかなり特殊な場合である。⑤については、一般に「4号基準」や「4号適用」と呼ばれている要件であり、いわゆる「バスケット条項」（個別具体的な要件や基準を限定的に列挙したのち、それだけでは規定しきれない場合や、柔軟な運用をすることができるように包括的な文言による条項を設けること）である。したがって、⑤の「4号適用」の場合は、災害救助法施行令や内閣府令の条文にある「多数の者が生命又は身体に危害を受け、又は受けるおそれが生じた場合」や「災害が発生し、又は発生するおそれのある地域に所在する多数の者が、避難して継続的に救助を必要とすること」といった条文の意義を適切に解釈したうえで、客観的におきている災害事象が上記文言に該当しているかどうかを見極める「あてはめ」作業が必要になる。ここに「法律的に物事を考える力」が必要になる。もし、保守的かつ厳格に基準を考えすぎれば、いかなる災害においても災害救助法を適用しないことになってしまい、支援機会を逸失して市民の命を一層脅かしかねない恐れがある。「4号適用」は一見すると柔軟性のあるバスケット条項に見えるが、いざ適用要件に該当するものと宣言して災害救助法適用判断に踏みきるためには、相応の説明責任が要求されることになり、必ずしも条項の適用に積極的になれないことも危惧されるのである。

　適用基準⑤の「4号適用」に対する消極的姿勢は、災害救助法施行令1条1項の条文構造それ自体にも原因があると思われる。少なくとも適用基準①から③までに該当すれば、定量的な数値基準のみで災害救助法適用の判断が機械的に可能となるため、災害救助法の適用を決定する理由説明が極めて容易になる。したがって、可能ならば①から③までを根拠に災害救助法の適用をしたいというインセンティブが自治体の担当者側にも出てくる。バスケット条項の適用には条文の意味を評価して事実をあてはめるという法解釈プロセスが必要であり検討に躊躇してしまうのである。また、そもそも①から⑤までの適用基準のパターンの1号、2号、3号……という並び順が、①から③までの定量的基準や、④の特殊な被害の発生による基準を優先的に検討し、どうしても都合が悪い時にのみ、⑤の「4号適用」を検討すればよいという誤解を招きやすい。以上を踏まえると、災害救助法適用という災害対策の入口の基本的な行政執務の場面においても、バスケット条項を適切に解釈し執行していくという「法律的に物事を考える力」を備えた政策法務職員の育成・研修が不可欠だと実感するので

ある（第3部第6章）。前述 2023 年 8 月 31 日の内閣府事務連絡は良い教材とし
て活用できるはずである。

4　繰り返される災害救助法運用の改善提言

　2019 年 5 月、自民党災害対策特別委員会諸課題対応に関する小委員会は冒
頭に掲載した「大規模災害からのより迅速・円滑な応急・復旧対策に関する提
言（第一次報告）〜令和時代の防災減災強化策」を、2019 年 2 月 18 日から 4 月
24 日にかけて全 10 回の会合における有識者ヒアリングと討議の末に取りまと
める。特に「避難所などの避難生活におけるエコノミークラス症候群等による
災害死を防ぐための避難所環境整備（トイレ、キッチン、ベッドの整備又は改善の必
要性について）」（第 1 回会合）、「西日本豪雨、北海道胆振東部地震の避難所及び
応急仮設住宅の状況分析と対応成功例について」（第 2 回会合）、「海外の避難所
運営事例（イタリア）、備蓄、災害関連法の運用について」（第 3 回会合）では、
筆者も理事を務める避難所・避難生活学会が中心となって避難所環境の改善と
そのための法整備について訴えた。避難所・避難生活学会は 10 回の全会合に
陪席して議論をサポートした。同学会が提唱する「避難所 TKB」に関わる政
策提言や学会発表が少しずつ国を動かし始めた。
　自民党提言は多岐にわたるが、特に避難所環境の整備について、「災害救助
法が適用された場合に特別基準が活用できることをあらためて地方自治体に周
知すること。また災害の実例を踏まえつつ、必要に応じて災害救助法における
基準の見直しに関する検討を行うこと」としており、災害救助法改正による一
般基準の底上げ、ナショナルミニマムの強化についてもかなり踏み込んで言及
する内容となった。避難所・避難生活学会もこれらの提言活動を総括し、2019
年 6 月 14 日に、改めて以下の提言を発表した。

1. 災害救助及び被災者支援における「TKB」（清潔で誰もが使える水洗トイレ、キッチンカー
   等による適温食の提供、簡易ベッド等による避難所環境の整備）の運用を我が国の標準と
   し、備蓄の推進と全国的に均てん化した供給体制及び受け入れ体制を、既存の災害法制度
   及び予算措置の大幅な拡充と底上げを図ることにより、国および自治体に置いて構築する。
2. 災害時の指導力強化と平時の減災準備及び訓練を目的とし、人員の確保と権限および機
   能の拡充を実現すべく、既存の防災・復旧・復興・生活再建支援機能を統合した、新たな
   省庁の創設とその地方実働組織を構築する。
3. オールジャパンの災害支援体制を確立するために、職能を活かした災害支援を組織的に
   行う登録制の職能支援者制度を関係各業界内に構築し、新たな省庁において一元的に志願
   する団体および個人を登録・管理・派遣・教育・訓練等する体制を構築する。

　「避難所 TKB」という単語はそれなりに浸透をみせ、段ボールベッドの導入による雑魚寝解消は少しずつ進み、メディアのフォーカスも増えた。段ボールベッド等の供給に関する業界と自治体の協定も進展中である。一方、与党からの災害救助法改正や一般基準の底上げが明確に提言されたことで、内閣府等で抜本的な災害救助法の改善の検討が始まるかとも思えたがその後大きな進展はなく、結局令和元年房総半島台風や令和元年東日本台風等が襲来する。その際には災害救助法の救助実施の基準上乗せどころか、災害救助法の適用それ自体への躊躇があり、行政機関の災害法制への理解不足が露呈してしまった。提言を活用できていなかったことは忸怩たる思いであると同時に、なぜこれほど明確な与党提言が空振りに終わったのかも検証が必要であるように思われる。

5　応急修理制度にみる災害救助法の綻びと運用改善

(1)　令和元年東日本台風と応急修理制度手続緩和の周知不備

　災害救助法の一般基準では、応急修理制度の対象者は、「災害のため住家が半壊、半焼若しくはこれらに準ずる程度の損傷を受け、自らの資力では応急修理をすることができない者又は大規模な補修を行わなければ居住することが困難である程度に住家が半壊した者」とされている。半壊以下の被災者については一応の資力要件があるが、その判定は、熊本地震を受けて、「災害のため住家が半壊若しくは半焼し、自らの資力では応急修理をすることができない者については、都道府県又は市町村において、所得証明書等により資力を把握し、客観的に資力がないことを確認するとともに、ある程度資力がある場合は、ローン等の個別事情を勘案し、判断する。資力要件については、制度の趣旨を十分に理解して運用すること」（2016 年 5 月 20 日付内閣府通知「災害救助法における住宅の応急修理について」）と定められるに至った。「災害救助事務取扱要領」もそのように改められたのである。なお、熊本地震発災当時までは、前年の年収額を客観的資料で厳格に判定し、世帯主が 45 歳未満で年収 500 万円以上の者は応急修理制度を利用できないとする等、意味不明な所得要件を課す運用になっており、被災者は当然のこと市町村窓口をも疲弊させていた。

　ところが、熊本地震を経た運用改善から 3 年以上経過したはずの 2019 年 10 月以降の東日本台風の被災地から、前年度収入が 500 万円以上だということで

応急修理制度を門前払いされてしまったという事案が埼玉弁護士会の無料法律相談に現れたのである。原因を探ると、上記事務連絡「災害救助法における住宅の応急修理について」は内閣府（防災担当）のウェブサイト「平成28年熊本地震について」の「関係通知等」の一覧に掲載がないことがわかった。公表もなくアーカイブもなく、国が周知啓発を全くといってよいほど怠ってきたのであるから、誤った過去の運用を繰り返す自治体が登場するのも無理はないといえる。また、そもそも「客観的に資力がないことを確認」という文言があったので、自治体窓口としては何らかの証明書類を被災者に要求し（通常は前年度収入になるであろう）、それが被災者にとって過剰な資料要求になってしまい、結局のところ運用改善には至っていないことも判明した。熊本地震を受けての対応は、必ずしも柔軟な適用とは程遠いものだったのである。

　埼玉弁護士会の弁護士らを中心にした精力的な政策形成活動により、与党国会議員らの協力を得て、内閣府（防災担当）への改めての運用改善や周知啓発の申し入れを実施した結果、2019年10月23日に、「災害救助事務取扱要領」の応急修理制度の資力要件の記述は、「災害のため住家が半壊、半焼若しくはこれに準ずる程度の損傷を受け、自らの資力では応急修理をすることができない者については、都道府県又は市町村において、「資力に関する申出書」（別紙様式2）を基に、その被災者の資力を把握し、ある程度資力がある場合は、ローン等個別事情を勘案し、判断する」と改められた。厳しい窓口運用の元凶になっていた「客観的に資力がないことを確認」という記述は削除された。なお、この件は国会質疑でも取り上げられ、与党議員から内閣府が厳しく追及される事態となった（第200回国会参議院災害対策特別委員会第3号・令和元年11月20日、同参議院災害対策特別委員会第4号・令和元年12月4日）。

(2)　油流出と障害物除去等を巡る災害救助法の弾力的運用

　2019年8月28日の「2019年8月の前線に伴う大雨」により佐賀県大町町では六角川に近接した工場に保管されていた油が流出した。被害住宅の内訳をみると2019年10月19日現在で全壊77軒、大規模半壊72軒、半壊1軒、床下浸水56軒に上った（西日本新聞2019年10月20日「油被害「家屋最大250万円補償」佐賀鉄工所、大町町で住民説明会」）。内閣府では、浸水被害と油汚損被害の二重被害に対応すべく、2019年9月11日に事務連絡「令和元年8月の前線に伴う大雨による油流出の被害に関する災害救助法の弾力運用について」により特別基準を示した。①油の除去が障害物の除去の対象になり救助費用の特別基準設定

も可能であること、②油による汚損が住宅の応急修理制度の対象になること、
③油流出事故の被災者に限っては、応急仮設住宅への入居と障害物の除去（油
の除去）との併用を認めること、を内容とする。内閣府「災害救助事務取扱要領」
では、障害物の除去は、応急仮設住宅の供与との併給は認められない旨明記さ
れている（法律上そのような限定は一切ないので、あくまで政府の独善的な見解にすぎな
いため、そもそも併用禁止の方針は改められるべきであるが、その議論はいったん置いてお
く）。当時の運用実務を前提とする限りにおいては、救助基準の拡充を認める
ものであり、内閣府事務連絡が③の見解を示した意義は極めて大きかったとい
える。

⑶　令和 2 年 7 月豪雨と仮設住宅及び応急修理の条件付き併用

　内閣府「災害救助事務取扱要領」では、応急仮設住宅制度と住宅の応急修理
制度は、併用することができないとする建前を貫いている。2019 年の令和元
年東日本台風等を踏まえた国会の議論で、野党国会議員から併用ができないこ
との不合理を指摘されても、政府は「災害救助法による住宅の応急修理は、住
宅が半壊等の被害を受けて日常生活が困難であるけれども、応急修理を行うこ
とで自宅における日常生活が可能になる場合、こういうことで対象としている。
一方で、応急仮設住宅というのは、住宅が滅失あるいは確保できない方に対し
て仮の住まいとして提供するものということで、応急修理とは基本的に対象が
異なるということで、併用することは認めていない」という答弁に終始してい
た（第 200 回国会衆議院災害対策特別委員会第 3 号・令和元年 11 月 21 日）。その 2 週間後、
再び与党国会議員からも応急仮設住宅と応急修理制度の併用ができないことの
不合理が指摘されたものの、同様に内閣府は「対象が異なるために両者を併用
することは認めていないという運用になっている」と答弁した。しかし同じ与
党国会議員による「被災者の立場からすると全く通らない話だと思います。対
象が異なるというのは、理屈上そうやって役所が整理しているだけであって、
被災者にしてみたら、自分たちの再建にとって何が必要かという、そういう寄
り添った思いで制度が運用できているかどうかというところだと思うんです。
そこはそういう論理だけで押し通していいものかどうかと。……応急修理はし
たけど、実際、じゃ大型のリフォームをするかとか、それとも、ここはもう取
り壊して別のところに住むかとか、そこはその後の再建で時間を掛けてゆっく
りと考えなければいけない。それを仮設住宅に入って二年間しっかり掛けて考
えてというような理解もした上での制度だと思う。だから、両方併存するのが

私は被災者の立場からだと思っております」との激しい追及を受け、内閣府は「工事業者の不足等でなかなか修理期間長期化するというような実態もあるところでございます。……御指摘のような原則あるいは実態、そういったものをよく踏まえて、この制度の併用の可能性については今後よく勉強して検討してまいりたいと考えております」との答弁をするなど態度を軟化させるに至った（第200回国会参議院災害対策特別委員会第4号・令和元年12月4日）。

　2020年3月31日の総務省行政評価局「災害時の「住まい確保」等に関する行政評価・監視—被災者の生活再建支援の視点から—結果報告書」は、「応急修理制度を利用して瓦を修理したが、結局住宅を解体した。市から賃貸型応急住宅を利用できると説明を受け契約したが、結局応急修理を利用しているとして入居できなかった。（熊本地震）」との事例を挙げ、その原因は、「内閣府告示では、住まいの損壊の程度に基づき、応急修理制度の利用及び応急仮設住宅への入居対象者の要件を規定しているが、近年の大規模災害における運用では、全壊であっても修理することで居住が可能であれば応急修理制度を利用することができるとされるなど、住まいの損壊の程度と応急修理制度の適用対象者及び応急仮設住宅への入居対象者が必ずしも対応関係となっておらず、被災者が自宅に住める状態か否かに着目されていることが考えられる。これらの状況を踏まえ、従来の住まいを失った者への支援は最優先としつつも、応急修理制度の利用を申し込んだものの修理完了までに長期間を要している被災者や、応急修理制度を利用したものの当初の想定どおりに修理できないまま損壊した自宅に居住している被災者への応急仮設住宅の供与について検討が必要と考える」として、「①住宅の応急修理について、一般基準により災害の発生から完了まで1か月以内とされている救助期間を見直すこと」「②応急修理制度の申込み後、修理完了までに長期間を要している被災者等損壊した自宅に居住し続ける者に対し、応急仮設住宅の供給を可能とすること」という所見を示し勧告した。2020年4月の国会では、上記総務省行政評価局の勧告についても議論され、内閣府防災担当副大臣より、「住宅の応急修理と応急仮設住宅の供与については、救助の対象が異なることから併用しないこととしていたところでありますけれども、……御指摘のありました修理業者の不足等の課題もあり、修理期間が長期化することも実態としてあるところと認識をしております。……3月31日に行政評価の勧告をいただきました。その内容を踏まえて、各制度の併用の可能性について、被災自治体や被災者の声も聞きながら、災害救助法の目的や趣旨、救助としての必要性を考慮しつつ、まさに今検討を進めている」と運用

改善に前向きな答弁があった（第 201 回国会参議院東日本大震災復興特別委員会第 4 号・令和 2 年 4 月 15 日）。

　その後、令和 2 年 7 月豪雨（2020 年 7 月 3 日からの大雨等）を受け、ここでも応急修理期間中の被災者の住まいの確保を求める切実な声が自治体から国へ寄せられた。2020 年 7 月 16 日、ついに内閣府は、事務連絡「令和 2 年 7 月豪雨に係る応急仮設住宅について」を公表する。「応急修理をする被災者のうち、応急修理の期間が 1 カ月を超えると見込まれる者であって、自宅が半壊（住宅としての利用ができない場合）以上の被害を受け、他の住まいの確保が困難な者」は、「災害の発生の日から原則 6 カ月（応急修理が完了した場合は速やかに退去）」に限って仮設住宅へ入居できるという運用の柔軟化を示した。

　内閣府の新しい見解では、応急修理制度と仮設住宅入居が「併用」できるとまでは表現し難いものの、原則併用禁止のなかで、例外的に「応急修理期間中における応急仮設住宅の使用」が「災害発生の日から原則 6 か月」に限り認められるとするものであり、最低限の被災地のリーガル・ニーズには応えるものになったのではないかと考えられる。一方で、実施に修理をする際の支援が現在では応急修理制度しかなく、その金額は、毎年若干の増額はあるものの、修繕費用としては微々たる金額に止まっている。「対象が拡大されれば、半壊世帯の被災者は建て替えや補修など選択肢が増え、画期的なことだ。補修費を負担できずに壊れた住宅に住み続ける「在宅被災者」が、補修に踏み切るケースも出てくるだろう。ただ、この額だけでは足りない。十分な被災者支援という意味では入り口と考えるべきで、今後も支援の拡充が求められる」（朝日新聞 2020 年 8 月 4 日「被災住宅、半壊も再建支援　一部対象、最大 100 万円　支援法改正へ　阪神大震災以降、拡充課題に　金額不十分まだ入り口：災害法制に詳しい岡本正弁護士の話」）。

6　避難所 TKB の進展と新型コロナウイルス感染症

(1)　新型コロナウイルス感染症と避難所環境整備

　2020 年以降に新型コロナウイルス感染症が世界中でまん延する。日本でも大規模な感染拡大が長期にわたり継続することになる。「避難所 TKB」の提唱は、もとより避難所におけるウイルスや細菌による肺炎感染の防止や公衆衛生の維持に目的があった。避難所 TKB の貫徹は新型コロナウイルス感染症感染防止対策に直結するのである。避難所・避難生活学会は連続して感染症の拡大を防止するための知見を発信する。

▼ **2020 年 4 月 5 日**「新型コロナウィルス軽症者隔離施設について　感染拡大地域の自治体の皆様へ」により施設における段ボールベッド活用を提言。
▼ **2020 年 4 月 15 日**「COVID-19 禍での水害時避難所設置について」により分散避難の推奨やハザードエリア設定と簡易ベッド（段ボールベッド等）によるゾーニング手法などについて、具体的な室内空間のレイアウト図とともに提言。
▼ **2020 年 5 月 7 日**「新型コロナウィルス感染拡大における車中泊の危険性について」により車中泊での肺塞栓症等（エコノミークラス症候群）リスクへの警鐘と対策を提言。
▼ **2020 年 5 月 30 日**「コロナ対策を考慮した避難所のパーティション／簡易ベッド導入に関する注意点について」により避難所に導入する簡易ベッドのパーティションについて十分に高さのあるものを利用すること等をイラストやレイアウトとともに提言。

　これらの多くは、2022 年 6 月 10 日の内閣府「避難所における新型コロナウイルス感染症への対応の参考資料（第 2 版）」に反映されるなどした。これまで避難所等の支援に関わる専門家や NPO は、体育館のような指定避難所以外の場所、すなわちホテルや旅館など住環境の整備された宿泊施設を避難所（みなし避難所）として利用することで、住環境を改善すべきであると提言していた。新型コロナウイルス感染症を受け、感染症対策の基本方針が「密を避ける」になったことを受け、内閣府も積極的にその方針を打ち出すようになったのは印象的である。例えば、2020 年 4 月 28 日付内閣府事務連絡「新型コロナウイルス感染症対策としての災害時の避難所としてのホテル・旅館等の活用に向けた準備について」は、これまでの硬直的な避難所運営を一挙に転換させるものとなった。

(2)　コロナで進んだ災害救助法の柔軟運用通知の改善

　災害救助法の適用が決定されると、内閣府から対象自治体の都道府県担当部署へ必ず発信される事務連絡「避難所の生活環境の整備等について（留意事項）」の項目や内容が、新型コロナウイルス感染症を境に大きく改善される。従前は「1. 避難所の設置」「2. 炊き出しその他による食品の供与」「3. 福祉避難所の設置」「4. 応急仮設住宅の供与」「5. 特別基準の設定」5 項目で構成されていたが（熊本地震当時のものは、災害復興法学Ⅱ第 2 部第 5 章）、新型コロナウイルス感染症のまん延を踏まえて、「1. 避難所の設置」「2. 避難所の生活環境の整備など」「3. 福祉避難所の設置」「4. 炊き出しその他による食品の供与」「5. 在宅避難者への物資・情報等の提供」「6. 特別基準の設定」の 6 項目になったうえ、従来の「応急仮設住宅の供与」に相当する部分は別の事務連絡で内容を詳述するようになった。

　「1. 避難所の設置」には、「新型コロナウイルス感染症の現下の状況を踏まえ、

あらかじめ指定した指定避難所以外の避難所を開設するなど、可能な限り多くの避難所の開設を図り、特にホテル・旅館、研修所、その他宿泊施設等の活用に努めること」と明記され、所謂「みなし避難所」の積極的な活用が明記された。一般基準が定める目安金額では到底このような対応は不可能であり、特別基準策定を促すこの通知がもつ意義は大きい。2023年6月には三重県鳥羽市と市内の27旅館・ホテルからなる鳥羽旅館事業協同組合がホテルを避難所として活用する協定を締結するなど（朝日新聞2023年6月28日「「ホテル避難所」いいことずくめ？」）、事前の災害対策にも繋がりはじめている。

　「5. 在宅避難者への物資・情報等の提供」の項目も新設され、「被災した方には、在宅避難や親戚や友人の家等への避難を検討していただくよう促したところであり、在宅等で避難生活を送っている場合も考えられる。避難所は、在宅避難者が必要な物資・情報を受け取る場所という役割もあり、避難所に取りに来られた在宅避難者に必要な物資・情報等を提供すること」と明記された。新型コロナウイルス感染症まん延下においては、できる限り避難所に行かずに過ごそうとする被災者も多いことで、本来物資供与の支援等が必要な被災者への支援に遺漏がないよう念を押すための助言である。これまで支援の網から見逃されてきた「在宅避難者」がよりフォーカスされ、一人ひとりにきめ細やかな支援をする「災害ケースマネジメント」の実践（第2部第4章）を促す根拠としてもこの事務連絡が意味を持つ。

　新型コロナウイルス感染症の感染拡大防止を軸とした災害救助法に基づく避難所生活環境の改善の動きは、これまでの数多の提言を一挙に国が正面から認める契機になったのである。まさに雨降って地固まるように国の通知も劇的に進化した。今後は、この通知を活用するリテラシーを自治体担当部局や支援者らに如何にして醸成するかが重要となる。

⑶　子どもでも大人でも「徹底活用術」ワークショップが不可欠

　災害救助法は、現場の創意工夫により柔軟な解釈を施し、かつ先例を研究したうえで徹底活用することで、救助予算拡充の根拠とすることが可能である（災害復興法学Ⅱ第2部第5章）。「避難所TKB」も理論上は現行の災害救助法の枠内で実現可能である。しかし、前述した自民党小委員会の提言のとおり、自治体職員や避難所環境整備に関わる保健所や医療チームのその時々のリテラシーによって運用に大きな格差を生む。そこで、避難所環境を改善する根拠たる災害救助法の政策法務実務を学ぶワークショップの展開が重要になる。2019年10

月、高知新聞社主催の中学生のための防災学習企画「防災いのぐプロジェクト」の一環で「避難所 TKB って何だ？　世界一わかりやすい災害救助法活用術」と題したワークショップを実施した。災害救助法を根拠にどこまで避難所を初期段階から「普通の生活」に近い環境に整備できるかを、マニュアルや先例などを調査することで考えていくのである。結論は、現在の災害救助法の特別基準の先例や内閣府「避難所運営ガイドライン」で十分対処可能だったということである。「ではなぜ大人たちはいつまでも雑魚寝をさせて、冷えた食事だけを提供し、パーティションやコンテナトイレを用意しないのか」と厳しい疑問を中学生たちから投げかけられた（高知新聞 2019 年 11 月 25 日「こども高知新聞　いのぐ『考えよう未来の避難所プロジェクト（上）』」）。その後、中学生たちは、高知新聞の紙面等を通じて高知県に対して、避難所で TKB は最初からフル装備できる、Wi-Fi 等を完備すべきである、専門家が常に相談にのれるような環境にすべきである、など本来あるべき避難所の姿を提言する。「【今の法で実現可能】避難所・避難生活学会理事、岡本正弁護士の話　まず核となる最低限の備蓄が必要。その上で災害発生後の不足分は、市町村が災害救助法をフル活用して要望する。「未来」の実現は十分可能だ。過去の災害で、災害救助法を柔軟に適用した例を見ても、決して夢などではない。一番よくないのは「避難所とはこんなもの」という考えで、現状を変えないことだ」（高知新聞 2020 年 2 月 24 日「こども高知新聞　いのぐ『考えよう未来の避難所プロジェクト（下）』」）。

7　なぜ災害救助法の適用が重要なのか

(1)　権限と責任、財政上の理由

　災害救助法が適用されない場合、災害における救助の実施主体は市町村である（災害対策基本法 5 条）。災害救助法が適用されると、都道府県が災害救助実施主体となる（災害対策基本法 2 条、なお救助実施市に名乗りを上げている政令市は、災害救助法適用では災害救助主体が変わらない）。災害救助法の適用があった場合は、市町村は費用負担がなくなり、都道府県にその責務が生じるとともに、国が大幅な予算支援を行う（災害救助法 21 条）。支援を周囲から呼び込むためにも、被災地市町村が疲弊しないためにも、そして何よりも市民の救援救護を行政が予算制約を理由に躊躇しないようにするためにも、大規模災害時の災害救助法適用は、被災市町村にとって死活問題の最優先課題なのである。

⑵　災害救助法の救援トリガーとしての意義

　災害救助法自体が定める効果は、前述の予算措置と、住宅の応急修理制度や応急仮設住宅など災害救助法が定めるメニュー（一般基準及び特別基準）が迷いなく実践可能になるという点である。ところが、法律の制定から長期間経過するなかで、災害救助法の適用が、他の行政機関や民間企業が各種支援制度を発動するためのトリガーとして機能するようになった。例えば、災害救助法の適用があったことが支援発動の合図になっている施策には次のようなものがある（もちろん災害によっては災害救助法適用にかかわらず独自支援が発動されるケースもあるので留意）。

○**災害時における金融上の特別措置**［財務省、日本銀行］
　：金融機関に通帳紛失時の対応や既往債務の支払猶予措置等を要請
○**被災中小企業支援の初動措置（通称5点セット）**［中小企業庁］
　：特別相談窓口の設置、災害復旧貸付の実施、セーフティネット保証4号の適用、既往債務の返済条件緩和等への柔軟な対応の要請、小規模企業共済災害時貸付の適用
○**契約照会制度や保険料支払猶予期間の延長**［生命保険協会、生命保険会社各社］
○**自然災害等損保契約照会センターの契約照会制度や保険料払い込み猶予措置**［日本損害保険協会、外国損害保険協会、損害保険会社各社］
○**携帯電話料金、電気料金、その他各種通信料金、放送料金、ガス料金、上下水道料金等公共料金の支払猶予や減免措置**［民間企業、自治体］
○**自然災害債務整理ガイドラインの適用**［一般社団法人東日本大震災・自然災害被災者債務整理ガイドライン運営機関］

　このほか、多くの民間企業の被災者支援措置が災害救助法適用をトリガーにしている。災害救助法の適用の有無には、もはや法が予定する以上の影響力があり、適用の有無は大きな支援格差を生むのである。

第6章　続・続・個人情報は 個人を救うためにある

災害と個人情報利活用

7月3日午前10時30分　　土石流発生。静岡県災害対策本部が安否不明者約20名と公表。

7月4日　　被害エリアを特定。熱海市が地図及び現地確認により被災棟数130棟を特定。熱海市が住民基本台帳と突合し128世帯217人の住民を特定し安否確認に着手。

7月5日早朝（災害発生から44時間後）　　静岡県と熱海市が安否不明者の公表方針を決定。熱海市と県警察が名簿作成に着手。熱海市は住民基本台帳の閲覧制限などでドメスティックバイオレンスで保護すべき者について特定。

7月5日午後8時30分（災害発生から58時間後）　　熱海市災害対策本部のデータを基に、静岡県災害対策本部が安否不明者64人の名簿を公表。

7月6日朝　　熱海市災害対策本部のデータを基に、静岡県災害対策本部が生存が確認できた住民を除く安否不明者25人の名簿を公表。家族の同意は条件としていない。

7月6日午後1時15分（災害発生から74時間後）　　静岡県災害対策本部及び県警察が安否不明者5人の名簿を追加公表。県警察に行方不明者として届出のあったもののうち、届出者から公表について同意を得た安否不明者5人を追加した名簿を公表。

7月6日　　救助・捜索活動に名簿を活用。安否不明者の住所地を地図上にプロットし、救助・捜索活動に活用（→多くの要救助者を住所地付近で発見→活動エリアを重点化）。以降、静岡県災害対策本部及び熱海市災害対策本部において、新たな行方不明者の情報や寄せられた安否情報等を基に名簿を更新して公表。この日までに41名の安否が判明。市の名簿には新たに2名分の氏名公表が追加。

7月10日　　熱海市災害対策本部のデータを基に、静岡県災害対策本部が安否不明者20人を行方不明者に認定。さらにその後の安否判明により27名の被災者が行方不明と認定。

（内閣府2021年9月16日通知「災害時における安否不明者の氏名等の公表について」別紙「静岡県熱海市で発生した土石流災害における安否不明者の氏名等公表にかかる経緯」、熱海市「災害時における安否不明者の氏名等の公表について（方針）」2021年11月12日添付参考資料を参照）

1　個人情報保護法制一元化への軌跡——2000 個問題の解消

(1)　いわゆる 3 年ごと見直しでも残された 2000 個問題

　　個人情報保護法制「2000 個問題」とは、個人情報の取扱いに関する根拠法が、国、独立行政法人、地方公共団体、一部事務組合、広域連合、地方開発事業団でバラバラであることを表現したものであり、新潟大学の鈴木正朝教授や明治大学の湯淺墾道教授らを中心にその課題が指摘されて以降、数々の提言と精力的な政策形成活動が展開されてきた。転機は随所で見られたが印象的なのは 2016 年 12 月 7 日、議員立法で成立した「官民データ活用推進法」、2017 年 5 月 23 日の規制改革推進会議「規制改革推進に関する第 1 次答申」、2018 年 6 月 4 日規制改革推進会議「規制改革推進に関する第 3 次答申」等であろう。特に 2018 年の規制改革推進会議では、2017 年の規制改革答申から各省庁（特に総務省や個人情報保護委員会）で個人情報保護法制 2000 個問題の課題解決に向けた議論が進んでいないことが厳しく批判され、「立法措置による解決という可能性」に明確に言及するに至った（災害復興法学Ⅱ第 2 部第 8 章）。しかし、その後は 2000 個問題解消への大きなうねりが起きた実感はなかった。

　　遡り 2011 年 1 月 31 日、「社会保障・税に関わる番号制度についての基本方針」で番号制度（マイナンバー制度）導入が決定され、社会保険分野及び税務分野における国民利便性向上や行政事務簡素化を目指すことになった。当初の基本方針では災害対策や被災者支援は目的に入っていない。2011 年 3 月 11 日に東日本大震災がおき、3 月 18 日の「第 3 回個人情報保護ワーキンググループ」で災害対応でのマイナンバー活用可能性が言及され、かつ当時の政治主導による怒涛の方針転換により、避難行動要支援者名簿、災害時の安否確認、医療福祉情報の活用、被災者生活再建に関する給付支援等の災害対策でも、マイナンバーの活用が決まったのである（但し、それぞれの施策について自治体が条例に定める必要がある）。2013 年 5 月 24 日には「行政手続における特定の個人を識別するための番号の利用等に関する法律」（マイナンバー法、番号利用法）と関連法案が成立した。2014 年 7 月 9 日にはベネッセ社からの大量個人情報流出事件が発生。2015 年 5 月 28 日には日本年金機構情報流出事件が発覚。これらを経ながら、2015 年 9 月 9 日に「個人情報の保護に関する法律及び行政手続における特定の個人を識別するための番号の利用等に関する法律の一部を改正する法律」が公布に至る（平成 27 年改正）。個人情報保護委員会への監督権限一元化、要配慮個人情報、匿名加工情報、第三者提供時のトレーサビリティ制度、個人情報デー

タベース等提供罪、オプトアウト要件の厳格化、いわゆる 5,000 件要件の撤廃によりほぼすべての事業者が法適用対象になる等が盛り込まれ、個人情報保護法制はわりと大きな転換期を迎える（2017 年 5 月 30 日までに順次施行完了）。この「平成 27 年改正」では、附則（平成 27 年 9 月 9 日法律第 65 号）で「政府は、この法律の施行後三年を目途として、個人情報の保護に関する基本方針の策定及び推進その他の個人情報保護委員会の所掌事務について、これを実効的に行うために必要な人的体制の整備、財源の確保その他の措置の状況を勘案し、その改善について検討を加え、必要があると認めるときは、その結果に基づいて所要の措置を講ずるものとする」（附則 12 条 2 項）、「政府は、前項に定める事項のほか、この法律の施行後三年を目途として、個人情報の保護に関する国際的動向、情報通信技術の進展、それに伴う個人情報を活用した新たな産業の創出及び発展の状況等を勘案し、新個人情報保護法の施行の状況について検討を加え、必要があると認めるときは、その結果に基づいて所要の措置を講ずるものとする」（同 3 項）との条項が盛り込まれた。「いわゆる 3 年ごと見直し」である。

　個人情報保護法一元化による 2000 個問題の解消を目指すには、2019 年までに方針を固め、2020 年で成果を実現するスケジュールである「3 年ごと見直し」のタイミングが勝負所になった。先述 2018 年の規制改革推進会議の強い意見もあって機運も高まっていたように見えた。ところが、2018 年 12 月 17 日の個人情報保護委員会「個人情報保護委員会の第一期を終えるにあたって」や、2019 年 1 月 28 日の個人情報保護委員会「公的分野の「いわゆる 3 年ごと見直しに係る検討の着眼点」」では、これまでの規制改革答申や議員立法は何だったのかというほどに、2000 個問題の解消に繋がる記述は一切見当たらなかった。これに対しては経済団体等や特に医療関係データを取り扱う学術研究界から強い批判がおこり、各所で 2000 個問題解消の声が上がり始める。国の消極的態度がかえって世論を喚起したかのようであった。

　2019 年 4 月 25 日、個人情報保護委員会は「個人情報保護法　いわゆる 3 年ごと見直しに係る検討の中間整理」を公表するが、「地方公共団体も含めた我が国全体で整合的な個人情報保護制度の確立に向けて検討を行う必要がある」との記述しかなく、個人情報保護法制の統合に向けた指針は示されなかった。「中間とりまとめでは、保護委員会による規制対象拡大の議論にほとんど踏み込まなかった。年内に最終案を出すが、難題が積み残された形だ……岡本正弁護士は「民間と自治体では個人情報の定義に相違があり医療や研究データの連携を阻んでいる」と指摘する。災害発生時には、行方不明者の安否確認の壁と

なる場合がある」(神戸新聞 2019 年 4 月 26 日「個人情報保護法改正難題積み残し管轄バラバラ定義不一致「忘れられる権利」に賛否」)。

　2019 年 10 月 25 日、個人情報保護委員会決定により「地方公共団体の個人情報保護制度に関する懇談会」の設置が決まる。また、2019 年 11 月 15 日の個人情報保護委員会では、官民統合等に先立ち「国・独立行政法人等の個人情報保護制度に係る検討の在り方について」が示され、少なくとも総務省所管の「行政機関の保有する個人情報の保護に関する法律」と「独立行政法人等の保有する個人情報の保護に関する法律」は統合したうえ所管を個人情報保護委員会へ一元化する方向性へと「主体的かつ積極的に、スケジュール感を持って、検討に取り組む」ものとされた。決定では「国・独立行政法人等の個人情報保護制度に関連しては、既に、具体的な支障が多く指摘されている。……特に、医療現場においては、国立大学病院、民間病院等、官民間での個人データのやり取りが多く、今後も増加が見込まれるが、根拠法が異なり、所管も異なるため、医療分野のデータ連携等に支障を来している」などこれまでの 2000 個問題の弊害が明確に記述されていた。

　これらの動きを踏まえ、2019 年 12 月 13 日、個人情報保護委員会「個人情報保護法いわゆる 3 年ごと見直し制度改正大綱」に滑り込むように次の方針が示された。

第 7 節　官民を通じた個人情報の取扱い
2．行政機関、独立行政法人等に係る法制と民間部門に係る法制との一元化
○行政機関、独立行政法人等に係る個人情報保護制度に関し、規定や所管が異なることにより支障が生じているとの指摘を踏まえ、民間、行政機関、独立行政法人等に係る個人情報の保護に関する規定を集約・一体化し、これらの制度を委員会が一元的に所管する方向で、政府としての具体的な検討において、スケジュール感をもって主体的かつ積極的に取り組む。
3．地方公共団体の個人情報保護制度
○地方公共団体の個人情報の取扱いについては、条例によって定められており、法律より早期に制定された団体も多く存在することから、その実態は団体ごとに異なる点がある。この点、地方公共団体の個人情報保護制度の中長期的な在り方については、これまで検討が十分になされている状況とはいいがたい。このため、まずは関係者による実務的な意見交換の場として、委員会と地方公共団体等から構成する「地方公共団体の個人情報保護制度に関する懇談会」の開催を本年 10 月に決定し、12 月から開催しているところである。
○今後、現在条例で定められている地方公共団体が保有する個人情報の取扱いについて、法律による一元化を含めた規律の在り方、地方公共団体の個人情報保護制度に係る国・地方の役割分担の在り方に関する実務的論点について地方公共団体等と議論を進めることとする。

　3 年ごと見直し制度改正大綱では、残念ながら個人情報保護条例の解消と法

律への統合は「検討が十分になされている状況とはいいがたい」と見送られてしまった。ここで改正されないとなればまた「3年先」なのかと暗澹たる思いが過る。しかし黙認するわけにはいかない。2020年1月4日、情報法制研究所（JILIS）は「『個人情報保護法いわゆる3年ごと見直し制度改正大綱』に対する意見」を公表し「個人情報保護条例は国の法律に統合し権限は個人情報保護委員会に一元化すべきである。個人情報保護法第5条の「区域の特性」の趣旨は、法律が許す範囲で上乗せ横出し条例を認める趣旨で改正すべきである」と意見を述べ、「基本的に個人情報等対象情報の定義や利用目的、安全管理、開示等の請求等の基本的な義務規定は本来的にナショナルミニマムの問題であり条例で規律すべきところではない」「……医療、介護、創薬、防災等のデータ流通の確保は、日本の今後の経済成長及び高齢社会への対応に向けて喫緊の課題となっている。そのためにも個人情報保護委員会に権限を移して全国統一的に法律でルールを定め、対外的交渉も一元化すべきである」と、あくまで個人情報保護法の改正のゴールは自治体の個人情報保護条例の廃止統合を含む官民一元化であると説いた。結局のところ、個人情報保護法の平成27年改正の附則第12条2項及び同3項による「3年ごと見直し」の第1弾は、2020年6月5日に成立した「個人情報の保護に関する法律等の一部を改正する法律」（令和2年改正）において、利用停止・消去等の拡充、不適正利用の禁止、外国（越境）移転に係る情報提供の充実、仮名加工情報の創設等の措置がなされるにとどまった。

(2) 個人情報保護条例の実態——バラバラな定義

　期待が見え始めたのは「地方公共団体の個人情報保護制度に関する懇談会」である。2020年5月25日の第3回懇談会では、個人情報保護委員会による「個人情報保護条例に係る実態調査結果」が公表された。調査対象は都道府県（47団体）、市町村（1,741団体）、一部事務組合・広域連合・地方開発事業団（1,562団体）の合計3,350団体分である。2000個問題と述べていたのが実は「3000個超問題」であったことに驚き、一部事務組合等については「条例の適用関係が明らかでない団体が少なくとも613団体存在する」ことにさらに驚愕せざるを得なかった。個人情報の定義について、個人情報保護法は、生存する個人に関する情報であって「当該情報に含まれる氏名、生年月日その他の記述等（文書、図画若しくは電磁的記録（電磁的方式（電子的方式、磁気的方式その他人の知覚によっては認識することができない方式をいう。次項第二号において同じ。）で作られる記録をいう。

以下同じ。）に記載され、若しくは記録され、又は音声、動作その他の方法を用いて表された一切の事項（個人識別符号を除く。）をいう。以下同じ。）により特定の個人を識別することができるもの（他の情報と容易に照合することができ、それにより特定の個人を識別することができることとなるものを含む。）」（個人情報の保護に関する法律2条1項1号）と定めている。これに対し、当時の行政機関個人情報保護法は個人情報の定義を「当該情報に含まれる氏名、生年月日その他の記述等（文書、図画若しくは電磁的記録（電磁的方式（電子的方式、磁気的方式その他人の知覚によっては認識することができない方式をいう。次項第二号において同じ。）で作られる記録をいう。以下同じ。）に記載され、若しくは記録され、又は音声、動作その他の方法を用いて表された一切の事項（個人識別符号を除く。）をいう。以下同じ。）により特定の個人を識別することができるもの（他の情報と照合することができ、それにより特定の個人を識別することができることとなるものを含む。）」（行政機関の保有する個人情報の保護に関する法律2条1項1号）と定めている。前者は「他の情報と容易に照合することができる」としているが、後者は「他の情報と照合することができ」としており、官民で定義が一致していないのである。

　当時の個人情報保護条例では、「他の情報と容易に照合することができる」としている自治体は圧倒的少数であり、多くは「他の情報と照合することができる」と定義し、「容易に」の有無でやはり定義の揺れが生じていた。他の情報との「照合性」すら要件としていない市町村も1割あり、一部事務組合等ではそれが約半数もあった。個人情報保護条例に関する調査は既に学術界が先行実施していたところであるが（立命館大学の上原哲太郎教授による全国個人情報保護条例調査等）、国が一部事務組合等を含む3,350団体の実態を明らかにしたことで、根拠法令の差異、個人情報の定義の差異、自治体ごとの解釈運用方針の格差などが、結果として医療や研究分野における官民データ連携を阻害しているという現状をより強く印象付けることになった。

　しかし、2020年6月24日の個人情報保護委員会決定「地方公共団体の個人情報保護制度に関する懇談会における実務的論点の整理に向けて」では、「地方公共団体の個人情報保護については、当初、先駆的団体によって国に先んじて導入された経緯や、現在、個人情報保護条例が存在するという事実も踏まえた議論が必要」「一方、個人の権利利益の保護という観点から見た際に、ナショナルミニマムの実現という視点も重要」等と記述されるにとどまり、国は未だ2000個問題解消を明言できていなかった。

⑶　2000 個問題の解消とデジタル庁の創設

　個人情報保護法の令和 2 年改正に前後し、内閣官房の各種会議等に 2000 個問題解消の議論が託されることになる。2019 年 12 月 25 日関係省庁申合せによる「個人情報保護制度の見直しに関するタスクフォース」（親会議、2019 年 1 月 25 日から 2020 年 12 月 23 日まで全 4 回）、2020 年 3 月 3 日個人情報保護制度の見直しに関するタスクフォース議長決定「個人情報保護制度の見直しに関する検討会」（2020 年 3 月 9 日から 2020 年 12 月 17 日まで全 12 回）、2019 年 10 月 25 日個人情報保護委員会決定「地方公共団体の個人情報保護制度に関する懇談会」（2019 年 12 月 2 日から 2020 年 7 月 3 日まで全 4 回）などで集中的な議論が行われた。2020 年になると医療情報等を含む学術研究分野におけるデータ連携を促進するために官民の法令根拠を一元化する方向性は概ね固まりつつあったように感じられた。一方で自治体の個人情報保護条例の全廃止のうえでの法律への一元化については、煮え切らない様子が続く。2020 年 7 月 31 日の個人情報保護制度の見直しに関する検討会第 5 回では同段階では非公表ながら「個人情報保護制度の見直しに向けた中間整理案（素案）」が登場し、2020 年 8 月 17 日の同検討会第 6 回で「中間整理案」の公表に至る。2020 年 8 月 28 日の個人情報保護制度の見直しに関するタスクフォース「個人情報保護制度の見直しに向けた中間整理」は、素案とほぼ同じであり、個人情報保護条例については次の記述があるにとどまった。

> 【4　その他の整理事項】（抜粋）
> 4-1　地方公共団体の個人情報保護制度との関係（今後の検討の進め方）
> 2. 今後は、有識者検討会において、地方公共団体の意見を十分聞きながら、同懇談会における意見交換の内容も参考としつつ、地方公共団体の個人情報保護制度の在り方について具体的な検討を行うこととし、国及び民間の個人情報保護制度に関する検討と歩調をあわせ、年内を目途にその結果を本タスクフォースに報告させることとする。
> 【示された論点】
> ○法の規定を直接適用する手法や、法の枠組みの下で条例を定める手法、国の指針や助言により条例の内容や運用の緩やかな統一を図る手法などが考えられるが、どのような手法が望ましいか。

　中間整理には「情報化の進展や個人情報の有用性の高まりを背景として、地域や官民の枠を超えたデータ利活用が活発化しており、地方公共団体における個人情報の取扱いについて、データ利活用を円滑化するためのルールや運用の統一を求める声が主として民間サイドから高まりつつある。特に、医療分野や学術分野等の官民の共同作業が特に重要な分野について、地方公共団体の条例を含む当該分野の個人情報保護に関するルールが不統一であることが円滑な共

同作業の妨げとなっているとの関係者の指摘がある。更に、地方公共団体における個人情報の取扱いについて一定のルールや運用の統一を図ることにより、災害対応や公衆衛生等の場面で生じうる全国的な課題に対する適切かつ迅速な対応に寄与できるとの意見がある」などと説得的に 2000 個問題解消が必要な背景を述べていたが、その結論部分では迫力が消えてしまい、「いわゆる 3 年ごと見直し制度改正大綱」からの進展は見られなかった。

そこへ来て、2020 年 8 月 28 日午後 5 時の内閣総理大臣辞任会見である。記者質問は具体的に 2000 個問題自体を指摘しておらず、広くデジタル政策の総括を問うものだった。これに対して総理は「日本の今の状況、IT 分野における状況、問題点、課題というのは明らかになったわけでありまして、反省点でございます。様々な課題があるのですが、まず、官の側に立てば、役所ごとにシステムが違うという問題もございますし、自治体ごとに違っているという、そういう課題もあります。今回、そういう課題が明らかになってまいりましたので、高市大臣を中心に一気に進めていくということにしているところでございます。もう一つは、個人情報に対する保護、この対応が自治体ごとに違うという課題もあります。しかし、今回そういう課題を乗り越えていく必要性というのは相当これは共有できたのではないかと思いますので、これは、私は辞めていくことになるわけでありますが、残りの期間、また次のリーダーも当然取り組んでいかれると思いますが、私も残余の期間、しっかりと頑張っていきたいと思っております」と回答したのである（首相官邸「令和 2 年 8 月 28 日安倍内閣総理大臣記者会見」）。2000 個問題の解消方針を述べて次に引き継ぐことを明確にした瞬間である。これまでのタスクフォース等の議論がしっかり根付いており総理の方針を固めるに至ったことが確認できたことは僥倖であった。

2020 年 12 月 23 日、個人情報保護制度の見直しに関するタスクフォース「個人情報保護制度の見直しに関する最終報告案」が決定に至る。ついに個人情報保護法制 2000 個問題解消へ向けた法制度の整備が決まったのである。

2021 年 2 月 9 日、学術界、経済界、そして多くの自治体にとっても悲願であった、個人情報保護法の改正案を含む「デジタル社会の形成を図るための関係法律の整備に関する法律案」（デジタル社会形成整備法）が国会に提出された。2021 年 5 月 12 日に成立し、5 月 19 日に公布となる。2022 年 4 月 1 日には「行政機関及び独立行政法人等に関する規律の規定や学術研究機関等に対する適用除外規定の見直し等（デジタル社会形成整備法第 50 条による改正）」の部分（国、独立行政法人、民間事業者の一元化）が施行され、2023 年 4 月 1 日には「地方公共団体に

図表 2-17　個人情報保護制度見直しの全体像

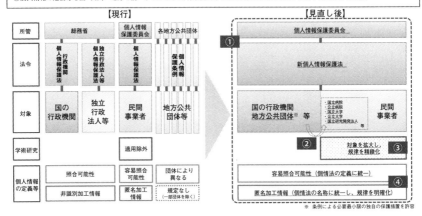

①個人情報保護法、行政機関個人情報保護法、独立行政法人等個人情報保護法の3本の法律を1本の法律に統合するとともに、地方公共団体の個人情報保護制度についても統合後の法律において全国的な共通ルールを規定し、全体の所管を個人情報保護委員会に一元化。
②医療分野・学術分野の規制を統一するため、国公立の病院、大学等には原則として民間の病院、大学等と同等の規律を適用。
③学術研究分野を含めたGDPRの十分性認定への対応を目指し、学術研究に係る適用除外規定について、一律の適用除外ではなく、義務ごとの例外規定として精緻化。
④個人情報の定義等を国・民間・地方で統一するとともに、行政機関等での匿名加工情報の取扱いに関する規律を明確化。

＊個人情報保護制度の見直しに関するタスクフォース「個人情報保護制度の見直しに関する最終報告（案）（概要）」（令和2年12月）より引用して筆者作成

関する規律の規定（デジタル社会形成整備法第51条による改正）」の部分（個人情報保護条例の廃止と個人情報保護法の公的部門への規律の一元化）が施行に至った。個人情報保護法制2000個問題解消、個人情報保護法制一元化と独立機関たる個人情報保護委員会による一元的監督体制がついに実現したのである。改正に当たり特に重要となったのは、自治体独自の「上乗せ」「横出し」による法律とは異なる個人情報の取扱いのルールを認めるかどうかである。2021年6月23日の個人情報保護委員会では、「公的部門（国の行政機関等・地方公共団体等）における個人情報保護の規律の考え方（令和3年個人情報保護法改正関係）」及び「学術研究分野における個人情報保護の規律の考え方（令和3年個人情報保護法改正関係）」が決定された。ここでは、個人情報保護条例は廃止され、個人情報保護法施行条例へと移行することになり、基本的に従来のような独自性を持った個人情報保護条例の制定は認められない方向性で固まった。「死者に関する情報は個人情報に含まれない」「地方議会は個人情報保護法の対象外」「法の規律を越えた個人情報の提供や取得に関する規律追加は許容されない」「オンライン結合制限は許容されない」「類型的一般的な個人情報保護審議会への諮問を条件とする

ことは許容されない」などが明確に示された。情報流通やセキュリティ分野におけるナショナルミニマム確立という法律の実効性を担保する上では非常に重要な決定だったといえる。

(1) 防災分野におけるナショナルミニマム制定の要請

2020年12月に内閣官房から示された個人情報保護条例を含む個人情報保護法制一元化とデジタル庁創設という大きな政策の動きを背景に、内閣府（防災担当）では「デジタル・防災技術ワーキンググループ（社会実装チーム）」を設置し、2021年1月18日から5月19日まで全5回の議論を踏まえて、以下の「デジタル・防災技術ワーキンググループ社会実装チーム提言」（2021年5月）を決定する。個人情報保護法制一元化の方針が決定したことで、国としても、自治体等が災害対応や、平時の災害準備において個人情報を適切に取り扱うためのナショナルミニマムとしての指針を積極的に示さなくてはならなくなったのである。

〈施策の方向性〉
　従来、自治体の個人情報保護条例において、生命・身体等を守るため緊急かつやむを得ない場合等であっても、自治体ごとにその取扱いの定めは様々であり、そもそもそのような例外規定を定めていない自治体もあるなか、複数の自治体において提供する行政サービスや、自治体をまたがる事務で個人情報を活用する場合には、個々の自治体に情報の取扱いを確認する必要があった（いわゆる「2000個問題」）。今般、デジタル改革関連法により、全ての地方公共団体等に適用される全国的な共通ルールが定められるとともに、個人情報保護委員会が、公的部門を含め個人情報の取扱いを一元的に監視監督する体制が構築され、個別に自治体に情報の取扱いを確認する必要がなくなることから、これを契機として、内閣府が中心となって、個人情報保護委員会をはじめとする関係省庁及び事業者の協力を得ながら、自治体等が災害対応や、平時の災害準備において個人情報等の取扱いに疑義が生じることが無いように個人情報の取扱いを明確化する指針を作成する。

個人情報保護法制一元化と、災害時のナショナルミニマム整備の要請という流れを受け、内閣府（防災担当）は、2022年3月に「防災分野における個人情報の取扱いに関する検討会」を設置（座長：早稲田大学の稲継裕昭教授、筆者も委員を務めた）。2022年3月8日から2023年1月30日まで全7回開催され、「防災分野における個人情報の取扱いに関する指針（案）」がまとめられた。内閣府が自治体にアンケートをとり、個人情報の取扱いについて課題となった事例を収集し検討会に提示、それらのなかから特に優先順位の高いものについて、個

別事例検討を行ったうえモデル事例化して、個人情報保護法の解釈指針や実務対応のノウハウを示すという、他に類を見ないほどの実務的・実践的な検討会の討議が行われた。

(2) 防災分野における個人情報の取扱いに関する指針の全体像

　2023年3月24日、内閣府は「防災分野における個人情報の取扱いに関する指針」（指針）を策定し公表した。指針には「本指針は、個人情報保護法及び災害対策基本法等の適切な運用等により、個人情報の適正な取扱いを図り、人の生命、身体又は財産の保護を最大限図るという前提に基づき作成した。災害の種別・規模や、地方公共団体職員が直面する災害に係る業務等によって、災害対応に必要な個人情報の活用範囲は変わりうることに加え、活用判断をするのは地方公共団体の機関であり、様々な場面において判断に迷う場合が想定される。本指針については、過去の災害における個人情報を取り扱った事例等も踏まえ、災害対応を行う地方公共団体の判断に資するような内容を記載することを目指している。地方公共団体においては、本指針を活用し、災害に係る様々な業務において人の生命、身体又は財産の保護が最大限図られるよう、適切に対応されたい」「発災当初の72時間が人命救助において極めて重要な時間帯であるため、積極的な個人情報の活用を検討すべきであること」等が明記された。個人情報保護法1条は「この法律は、デジタル社会の進展に伴い個人情報の利用が著しく拡大していることに鑑み、個人情報の適正な取扱いに関し、基本理念及び政府による基本方針の作成その他の個人情報の保護に関する施策の基本となる事項を定め、国及び地方公共団体の責務等を明らかにし、個人情報を取り扱う事業者及び行政機関等についてこれらの特性に応じて遵守すべき義務等を定めるとともに、個人情報保護委員会を設置することにより、行政機関等の事務及び事業の適正かつ円滑な運営を図り、並びに個人情報の適正かつ効果的な活用が新たな産業の創出並びに活力ある経済社会及び豊かな国民生活の実現に資するものであることその他の個人情報の有用性に配慮しつつ、個人の権利利益を保護することを目的とする」と定めており、あくまで法の目的は「個人の権利利益を保護」することであり、その手段として個人情報の保護をすべき場面と、個人情報の利用や提供をすべき場面とを規律している法律である。指針は、人命救助を最優先するという理念のもと、適切な「個人情報の取扱い」の手法を選択すべきとする法第1条の理念が正確に表現されている。なお、ここでいう人命救助には、災害初期のレスキューや応急医療だけではなく、避難

所生活や在宅避難における中長期の健康や福祉支援による、災害関連死防止についても含むものと解すべきであろう。

指針は全体的な考え方に加えて 14 のモデル事例を掲載している。

（指針の主要な目次項目）
第 1 章　本指針の趣旨等
第 2 章　個人情報の基本的な考え方
第 3 章　防災分野における事例ごとの対応方針
　事例 1：河川カメラを活用した避難誘導
　事例 2：災害対策本部室の大型モニターでの映像共有
　事例 3：ドローンの映像を災害情報共有システムで共有
　事例 4：一時滞在施設における受入者名簿の提供（施設管理者が民間事業者の場合）
　事例 5：一時滞在施設における受入者名簿の提供（施設の管理者が地方公共団体の場合）
　事例 6：応急仮設住宅の入居者への生活支援・見守り・心のケア支援等
　事例 7：外国人支援のための避難者名簿提供
　事例 8：安否不明者の氏名等の公表
　事例 9：被災した可能性のある方の名簿提供
　事例 10：車のナンバープレートから特定した安否不明者の名簿提供
　事例 11：ハザードマップと避難行動要支援者名簿に記録等された情報の重ね合わせ
　事例 12：災害時における避難行動要支援者の名簿情報及び個別避難計画情報の提供
　事例 13：平常時における避難行動要支援者の名簿情報及び個別避難計画情報の事前提供
　事例 14：都道府県と市町村間における被災者台帳の共有

「事例 8：安否不明者の氏名等の公表」「事例 13：平時における避難行動要支援者の名簿情報及び個別避難計画情報の事前提供」「事例 14：都道府県と市町村間における被災者台帳の共有」など、これまでにも国が自治体に対して、災害時における個人情報の積極的な利活用を推進していた事例を多く掲載している。本指針と関連する次の資料もあわせてフォローすることで個人情報の利活用への理解が進むものと期待される。

○内閣府「災害ケースマネジメント実施の手引き（令和 5 年 3 月）」
○内閣府通知「改正個人情報保護法の施行後の避難行動要支援者名簿及び個別避難計画の情報提供に関する『条例に特別の定めがある場合』の取扱いについて」（令和 4 年 9 月 2 日、府政防 1284 号・消防災 194 号）
○内閣府「災害ケースマネジメントに関する取組事例集（令和 4 年 3 月）」
○内閣府「避難行動要支援者の避難行動支援に関する取組指針（令和 3 年 5 月改定）」
○内閣府「避難行動要支援者の避難行動支援に関する事例集（平成 29 年 3 月）」
○内閣府「被災者台帳の作成等に関する実務指針（平成 29 年 3 月）」

3 個人情報保護法制一元化と忘れられた災害対策基本法の改正

(1) 災害対策基本法「未改正」問題の混乱

　かねてより先進的な自治体で作成が先行し、防災訓練等でも効果を上げていた個別避難計画（高齢者や障害者など、災害時に一人では避難することが困難な方（避難行動要支援者）について、誰が支援するか、どこに避難するか、避難するときにどのような配慮が必要かなど、あらかじめ記載したもの）を地域防災のしくみとして確立すべく、中央防災会議のもと複数のワーキンググループが結成された。2020 年 6 月から 2020 年 12 月に開催された「令和元年台風第 19 号等を踏まえた高齢者等の避難に関するサブワーキンググループ」の議論を経て、個別避難計画作成の法制度化が提言されるに至った。2021 年 4 月の災害対策基本法改正で個別避難計画作成の努力義務が法制化され、平時からの個別避難計画情報の共有が市町村に求められるようになった。法改正と時を同じくして「避難行動要支援者の避難動支援に関する取組指針（令和 3 年 5 月改訂）」も内閣府からリリースされた。

　「避難行動要支援者の避難行動支援に関する取組指針（令和 3 年 5 月改訂）」は、先述の個人情報保護法一元化の法改正の直前に作成・公表されており、新しい個人情報保護法を踏まえた国の解釈指針も随所で示された。なかでも、名簿情報や個別避難計画情報の取扱いに関しては災害対策基本法にも定めがあるので、新しい個人情報保護法の定める情報の取扱いの定めと競合する場面も出てくる。そこで、個人情報保護法と災害対策基本法の関係性について、現場の混乱がないよう国が見解を整理し、かつこれまでの施策が後退しないように対応策を示すべき旨を内閣府等に伝えていたところであった。しかし、リリースされた次の取組指針を見て愕然とせざるを得なかったのである。

(2) 条例による特別の定めについて

○避難支援等関係者に対する避難行動要支援者名簿の平常時からの提供は、より積極的に避難支援を実効性のあるものとする等の観点から、平常時から名簿情報を外部に提供できる旨を市町村が条例による特別の定めがある場合は、平常時からの提供に際し、本人の同意を要しないこととしているので、市町村の実情に応じ、必要な対応を検討されたい。なお、個人情報保護条例に規定されている一般的な個人情報の外部提供に関する規定を根拠とする場合も、「当該市町村の条例に特別の定めがある場合」に該当する（参考：平成 25 年通知Ⅳ 5（3）②エ）が、令和 3 年 5 月に成立した「デジタル社会の形成を図るための関係法律の整備に関する法律」による改正個人情報保護法の施行（公布の日から起算して 2 年を超えない範囲において政令で定める日）後は、一般的な個人情報の外部提供は、個人情報保護条例でなく、改正個人情報保護法で規定されることとなることから、一般的な個人情報の外部提供に関する定めをもって、災害対策基本法における条例の特別の定めとすることはできなくなることに留意されたい。

　取組指針は個人情報保護法と災害対策基本法の一般法と特別法という関係性を単純に整理して示しただけであるが、これがどれほど不合理な結果を招く解釈であるか、内閣府（防災担当）や個人情報保護委員会は理解していなかったようである。2020年12月までに議論を行っていた先述内閣府のサブワーキンググループでも、誰一人としてその問題を指摘した形跡はなく、勿論政府側から論点が示されてもいない。何が問題であるのか順を追って説明すると次のとおりである。

① 　災害対策基本法は、市町村が保有する個人情報である避難行動要支援者や個別避難計画に関する情報（名簿情報など）を、第三者である避難支援等関係者へ提供する場合のルールを定めている（災害対策基本法49条の11第2項等）。
② 　名簿情報など（＝個人情報）の取扱いについては、個人情報保護法と災害対策基本法の定めが形式上重複しているが、個人情報保護法が一般法、災害対策基本法が特別法という関係にある（政府解釈）。
③ 　特別法は一般法に優先する。つまり、名簿情報の取扱いについては個人情報保護法に優先して災害対策基本法のルールに従う（一般的な法理論）。
④ 　災害対策基本法では、市町村が個人情報である名簿情報を避難支援等関係者へ災害発生に備えて事前提供することを求めており、その方法として「本人の同意」と「条例に特別の定めがある場合」の2つを記述している。裏を返すと、名簿情報等の第三者提供の方法はこの2パターンしか選択肢がないことになる（災害対策基本法49条の11第2項等）。
⑤ 　「本人の同意」を取得することで名簿情報等を事前に提供するパターンは、ほぼ全ての市町村が実践していることである。しかし、名簿に記述のある者全員から同意を完全取得することは現実問題として不可能であるため、未同意者が残ってしまい、市町村はその者の情報を支援者らに提供できないことになる。そこで、一定の市町村では、「条例に特別の定めがある場合」のパターンによる本人同意がない場合での事前提供を実現する施策を採用してきた。この「条例に特別の定めがある場合」とは、【A】独自条例（同意を得なくても支援者に名簿情報等を事前提供できるようにする条例）を既存の個人情報保護条例とは別に市町村が自ら作り上げてしまうパターンと、【B-1】既存の個人情報保護条例の「個人情報保護審議会の意見（答申）を得たうえで相当性があると認められる場合」等の条項を使ってそれを根拠に事前提供する場合、【B-2】既存の個人情報保護条例の「事務に必要な限度で利用し、かつ、利用することに相当な理由があると認められるとき」等審議会を通さない類の条項を解釈してそれを根拠に事前提供する場合、の3パターンがある。
⑥ 　2023年4月から個人情報保護条例は廃止となり個人情報保護法に一元化される。このため、【B-1】パターンも【B-2】パターンも災害対策基本法が認める第三者提供パターン

の一つである「条例に特別の定めがある場合」ではなくなってしまう。2023年4月1日より、第三者提供の法的根拠規程が消滅するので、市町村はこれらの手法で新たに名簿情報等を避難支援等関係者へ第三者提供することができなくなる。例えば、これまで個人情報保護審議会を利用して、名簿情報等を災害に備えて避難支援等関係者へ事前共有していた自治体は少なく見積もっても百数十以上に及ぶ（災害復興法学Ⅱ第2部第8章）。個人情報保護条例が廃止されるので、2023年以降はこの【B–1】【B–2】の手法は使えなくなる（政府解釈の帰結）。

⑦ 【B–1】【B–2】の手法を利用していた市町村のなかには、2013年に避難行動要支援者名簿の作成義務が災害対策基本法に定められる前から、国の指針より遥かに先行して「災害時要援護者名簿」「災害弱者名簿」等を作成し、個人情報保護条例による個人情報保護審議会の答申を経て、未同意者の情報についても警察や社会福祉協議会等の支援者等へ第三者提供できるようにしていた市町村もある（『自治体の個人情報保護と共有の実務』や『災害復興法学』第2部第8章においても詳解。また、【B–1】の方式は、従来から推奨されており、この点は、鍵屋一『地域防災力強化宣言　進化する自治体の震災対策（増補）』も言及）。このような施策を採用していた市町村は、2023年4月になるとその道を閉ざされる。

⑧ これまで国は、災害対策や個人情報の取扱いに関する解釈を個人情報保護条例の独自の解釈によるものとして統一的な考えを示してこなかった。そのような中で、創意工夫で先進的な事例を創ってきた市町村があったにもかかわらず（しかも国は通知、事務連絡、各種指針でそのような取り組みを先進的事例として取り上げ啓発しておきながら）、国の個人情報保護法一元化に際して、災害対策基本法49条の11第2項の条文構造がそのまま維持されたことで、立法不作為で自治体の先進的取組の梯子を外す事態になったのである。

以上のうち①から⑤までは、改訂前の「避難行動要支援者の避難行動支援に関する取組指針（平成25年8月）」にも明記されていた。しかし改定後の「避難行動要支援者の避難行動支援に関する取組指針（令和3年5月改訂）」には上記「⑥」以降の状況への対応策や言及は一切ない。2021年5月時点では、国は既存の市町村の施策に与える影響に配慮できないままに取組指針を公表してしまったのである。

災害対策基本法49条の11第2項
　市町村長は、災害の発生に備え、避難支援等の実施に必要な限度で、地域防災計画の定めるところにより、消防機関、都道府県警察、民生委員法（昭和23年法律第198号）に定める民生委員、社会福祉法（昭和26年法律第45号）第109条第1項に規定する市町村社会福祉協議会、自主防災組織その他の避難支援等の実施に携わる関係者（次項、第49条の14第3項第1号及び第49条の15において「避難支援等関係者」という。）に対し、名簿情報を提供するものとする。ただし、当該市町村の条例に特別の定めがある場合を除き、名簿情報を提供することについて本人（当該名簿情報によつて識別される特定の個人をいう。次項において同じ。）の同意が得られない場合は、この限りでない。

災害対策基本法49条の15第2項
　市町村長は、災害の発生に備え、避難支援等の実施に必要な限度で、地域防災計画の定めるところにより、避難支援等関係者に対し、個別避難計画情報を提供するものとする。ただし、当該市町村の条例に特別の定めがある場合を除き、個別避難計画情報を提供することについて当該個別避難計画情報に係る避難行動要支援者及び避難支援等実施者（次項、次条及び第49条の17において「避難行動要支援者等」という。）の同意が得られない場合は、こ

名簿情報等の平時からの共有は、これまでは個人情報保護条例の外部提供条項が使えたのに、今後は、あくまで災害対策基本法の「同意」又は「独自条例」のみの選択肢に限定していることになる。特に問題なのは、災害対策基本法が名簿情報や個別避難計画情報の第三者提供を認める条件（法49条の11第2項）は、個人情報保護法が定める外部提供・目的外利用の条件（法69条2項）よりも相当限定的であるという点である。災害対策基本法が個人情報たる名簿情報の取扱いについて、個人情報保護法に準拠した条文を用意していれば（少なくとも2021年法改正でそのような条文に変更していれば）よかったのであるが、災害対策基本法が個人情報保護法より厳しい条文であるため「特別法は一般法に優先する」という法理論に従い、個人情報保護法の適用すら排除されることが決定的になり、個人情報の共有のための施策を大幅に減らすことになってしまった。なお、個別避難計画情報については、「心身の機能の障害や移動の際の持出し品、移動時に必要な合理的配慮の内容等に関する情報を他者に知られることにより、避難行動要支援者やその家族等が社会生活を営む上で不利益を受けるおそれもある」という観点があるため、名簿情報と区別する一応の合理的理由はあると思われる。一方、名簿情報まで個別避難計画情報のように選択肢を限定してしまってよいはずがない。

(2)　個人情報保護法制一元化後の名簿情報共有施策への影響

①　【A】独自条例により、同意がなくても平時共有している場合

平時から名簿情報を共有することができる独自条例を設けている自治体については、災害対策基本法49条の11第2項により「当該市町村の条例に特別の定めがある場合」が、独自条例を指すことが明らかなので、個人情報保護法制一元化後も、影響を受けることがない。ただし、独自条例を設けている自治体の数は、数十程度にすぎないのが現状である。代表例としては、神戸市、横浜市、千葉市、秋田市、渋谷区、明石市、津市、遊佐町、八幡浜市などがある（前掲『自治体の個人情報保護と共有の実務』、内閣府防災『避難行動要支援者の避難行動支援に関する取組指針（令和3年5月版）参考資料』などを参照）。このほか、独自条例の先例としては、令和3年3月30日の「『避難行動要支援者名簿』の作成及び平常時からの名簿情報の提供の推進等について」（府政防第405号・消防災第34号）が参考になる。当該通知には、「平常時からの名簿情報の提供の推進等」の項

目で「避難行動要支援者本人の同意の有無によらず名簿情報を提供できる根拠となる条例の制定について、市町村の実情に応じ、積極的に検討すること」との記述があり、山形県遊佐町、愛媛県八幡浜市、宮城県七ヶ浜町、兵庫県明石市、津市の先行事例を紹介している。また、内閣府による「避難行動要支援者の避難行動支援に関する事例集」(平成29年3月)にも個別条例・独自条例の先行事例として、北海道石狩市、千葉市、千葉県我孫子市、渋谷区、長野県茅野市、津市、大阪府箕面市、兵庫県明石市、宮崎市、宮崎県日之影町の紹介がある。条文だけではなく書式等も掲載されており、個別条例制定時には大いに参考になる。

② 【B-1】【B-2】一元化前の個人情報保護条例の外部提供条項により、同意がなくても平時共有していた場合

これに対し、個人情報保護条例における「個人情報保護審議会の答申を経て相当性がある」「事務を遂行するために必要不可欠な場合」などの、個人情報保護条例にもともと備わっている条文を生かして、同意なくして平時からの名簿情報共有を実現している自治体がある。なお、このようなタイプの自治体は、百数十程度で、ほぼすべてが個人情報保護審議会の答申を得るパターンである。代表例としては、長岡市、三条市、見附市、横須賀市などである（前掲『自治体の個人情報保護と共有の実務』ほか）。この点については、特別法である災害対策基本法の条文が優先され、個人情報保護法69条2項は適用されないという解釈が、内閣府の取組指針で示されてしまった。既存政策は完全に行き詰まりということになる。

③ 【C】これまで本人の同意のみで名簿情報等の事前提供をしていた市町村

これまで独自条例を設けず、個人情報保護条例の外部提供条項も用いず、平常時の情報共有は同意者のみに限っていた市町村であっても、災害対策の推進のために、同意がない場合でも平時からの名簿情報の共有を進める必要性は高い。この際【C】の自治体は【A】独自条例制定へと大きく舵を切り先進的な取り組みを進める機会にすべきである。これに対し「避難行動要支援者の避難行動支援に関する取組指針（令和3年5月改訂）」では「災対法第49条の11第2項に規定する条例に特別の定めがない場合、避難支援等関係者に平常時から名簿情報を外部提供するためには、避難行動要支援者の同意を得ることが必要であるため、担当部局が避難行動要支援者本人に郵送や個別訪問など、直接的に働きかけを行い、名簿情報の外部提供への同意を得ることに取り組むことが必要である」(指針第Ⅱ部　個別避難計画　第2・4(3)) とか、「個別避難計画情報の提

供については、心身の機能の障害や移動の際の持出し品、移動時に必要な合理的配慮の内容等に関する情報を他者に知られることにより、避難行動要支援者やその家族等が社会生活を営む上で不利益を受けるおそれもあることから、平常時から行うものについては、事前に避難行動要支援者等の同意を得ることを必要としている。避難支援等実施者についても自らの氏名又は名称、住所又は居所及び電話番号その他の連絡先が他者に知られることになるため、事前に同意を得ることを必要としている」（同第Ⅲ部　個別避難計画　第2・5(4)）などと記述しており、あたかも「同意」の取得だけを前提として施策を進めれば足りるかのような記述になっている。確かに、「同意」だけを名簿情報の平時共有の根拠にしている自治体が本書執筆時点では多数派ではある。しかし、それでは「未同意者」の存在が常に解消できない状態になってしまうので、災害対策を考えるとそもそも本人同意だけを名簿情報の提供根拠にするような施策はおよそ推奨できない。国としても独自条例を定めて未同意者の情報も提供できる環境を整備することがこれまでの方針であったはずだが、取組指針の記述は、非常に消極的であると言わざるを得ない。

(3)　災害対策基本法の改正が急務——新たな2000個問題固定化を回避せよ

　兎にも角にも、災害弱者の保護のために設けられた避難行動要支援者名簿制度の趣旨を全うするには、名簿情報を自治体内部に留めておくべきではなく、平時の段階から、漏れなく、避難支援等関係者に提供できる状態にしておく必要がある。そして、これを「本人の同意」だけで実現することは、随時名簿が更新されることや、何らかの理由で回答を得られない避難行動要支援者がいることなども考慮すれば、事実上不可能と考えなければならない。常に未同意者がいる前提で考えるべきなのである。したがって、すべての基礎自治体が、平時の段階から、法令上の根拠（独自条例での対応）をもって未同意者についても名簿情報を支援者に提供できる状態にしておくことが必要である。なお、実際に支援者となる担い手が地域におらず、名簿情報の提供に至らないケースも想定されるが、独自条例整備済みの自治体であっても、全員の名簿情報を支援者に提供しているわけではないことを付言しておく。将来に備えて、いつかやろうと思ったときにはそれがすぐにできるように前提条件の整備を今のうちに行っておくことが重要である。大規模な災害を身近に経験し記憶している世代が将来に一つの贈り物を託すと考えて欲しい。過去の大規模災害では、避難行動要支援者など「災害時要配慮者」は、そうでない者にくらべて圧倒的に死亡

率が高い。その際には、救助・捜索をしようとする者の命もまた危険な状態に晒されてきたことも考えておきたい。支援や救援にあたる者の命を守る意味でも、適切な情報が共有されるべきであるという視点も忘れてはならないだろう。

ところで、現在の災害対策基本法49条の11第2項は、避難支援等関係者に対して名簿情報を「提供するものとする」という記載をしている。この「するものとする」という表現は、行政機関に対する法的な作為義務を課すところまではいかないが、かといって、単なる努力義務というわけではない。行政機関に対して、あるべき施策の方向性を示し、法的な作為義務ほどではないが、一定の義務付け・方向づけを行うことを意図する表現である。行政機関であれば通常はその方向で対応するべきである、当該政策を推奨する、というような意味と考えればよいだろう。したがって、地方公共団体は、法的義務として避難行動要支援者名簿について保有情報を駆使して自動調製したのちに、平時から名簿情報を避難支援等関係者へ提供することが要求されているのである。災害が発生してからはじめて名簿を提供するのでは間に合わず、あくまで平時からの事前提供による情報共有があってこそ、いざ災害時にその情報を活用することができる。そうすると、名簿情報は住民の個人情報を含むので、個人情報保護法の特別法の災害対策基本法に従って、前述のとおり【A】の独自条例の手法によって、未同意者を含んだ事前外部提供を実現しなければならないというのが自治体が行うべき災害対策の政策法務なのである。

名簿情報の取扱いについて「新たな2000問題」が固定化する懸念がある。改正個人情報保護法施行後の災害対策基本法の規律に従えば、平常時から災害弱者の情報を適切な主体が共有する方法は、「同意」と「条例の策定」にのみ限定され、従前以上に平時からの情報共有のハードルが高まる。個人情報保護法制一元化によるナショナルミニマムの策定により「個人の権利利益を保護」するという趣旨に明らかに逆行している。災害弱者の生命保護を意図して個別避難計画を努力義務化する改正をした災害対策基本法の目的とも齟齬する。個人情報保護法制の一元化の完全施行（2023年4月）後も、長期にわたり災害対策基本法49条の11第2項や同49条の15第2項の条文構造が維持されるとすれば、結局のところ、同意していない災害弱者についての平時からの個人情報の支援者との共有の可否は、個々の自治体の条例制定にのみ委ねられることになり、自治体の個人情報利活用に足枷をはめることになる。これは、名簿情報に関する自治体間格差を助長し、「新たな2000個問題」を固定化するものと言わざるをえず、災害対策におけるナショナルミニマムの底上げを阻害する。

そこで、災害対策基本法を改正することで一挙解決を図るべきである。具体的には、市町村が避難支援等関係者に対して、平時の災害発生前の段階から「名簿情報を提供することができる」「個別避難計画情報を提供することができる」という「できる」という語尾の条文にすべきである。そうするとただし書き部分は無用となるので削除すればよい。改正個人情報保護法69条1項は「行政機関の長等は、法令に基づく場合を除き、利用目的以外の目的のために保有個人情報自ら利用し、又は提供してはならない」と定めており、上記改正が実現すれば、自治体としては「法令」に基づいて、同意していない名簿情報についても平時からの支援者との共有施策を進める根拠を得ることができる。当該法改正には直ちに着手することが求められる。

　なお、本人の同意がない場合でも、「法令」に基づいて、自治体の保有する個人情報の共有を認める法律としては、消費者安全法に基づく消費者安全確保地域協議会における「消費生活上特に配慮を要する消費者に関する情報の提供」等の例が存在している（消費者安全法11条の4第3項）。この規定自体が、そもそも自治体において先行していた災害弱者名簿の同意がない場合の平時共有を認める独自条例を参考に立法されたものである（災害復興法学Ⅱ第2部第8章）。そうであれば、災害対策基本法の名簿情報は、なおさら同様に、条例などなくても、同意などなくても、「提供することができる」と法律上整備しておくべきである。ほかの例としては、児童虐待の防止等に関する法律13条の4等も、提供「できる」とする文言をシンプルに採用している。なお、実際に共有施策を進めるか、進めるとしてどのような手続を実施するかは、あくまで自治体の判断に委ねられるのであり、法改正したからといって国が自治体の防災行政に過度な介入をするものではないことも明らかである。

⑷　個人情報保護委員会及び内閣府（防災担当）への緊急提言

　2021年4月の災害対策基本法改正と2021年5月の個人情報保護法改正は、それぞれの趣旨と目的からすれば極めて歓迎すべき大きな政策転換であった。しかし、そこに生じた綻びは非常に罪深い状況を作り出した。災害対策基本法49条の11第2項の条文をそのままにしたという立法の不作為によって、自治体がこれまで進めてきた手法が使えなくなるわけである。これは個人情報保護法一元化による一連の法改正のなかでの災害対策基本法の改正漏れだと言わざるを得ない。少なくとも個人情報保護法一元化が迫っているなかで災害対策基本法の情報共有に関する条項を放置したり、一般法と特別法の理論を単純にそ

のままあてはめるだけの解釈指針を作ったりしている場合ではなかったといえる。2021 年 2 月に個人情報保護法一元化を含む「デジタル社会の形成を図るための関係法律の整備に関する法律」（デジタル社会形成整備法）が国会提出、2021 年 3 月に災害対策基本法の一部改正法案が国会提出、2021 年 4 月に同法が成立、2021 年 5 月にデジタル社会形成整備法が成立というちぐはぐな流れをみても、両法案が個別に審理され、整合性をとろうとする各省庁の調整はなされなかったことが見て取れる。本来であれば、政府全体の肝いり政策であったデジタル社会形成整備法で改正する関連法案の一つとして、災害対策基本法の一部改正も名乗りを上げておくべきだったのである。そうすれば少なくとも個人情報保護法一元化がこれまでの市町村の名簿情報の共有政策を阻害する状況になることに気が付けたはずだ。2021 年 6 月以降、筆者は、機会をとらえて、再び先述したとおりの災害対策基本法改正提言を積極的に発信するよう心掛けた。また、法改正までの期間の対応案についても次のとおり提言した。

災害対策基本法改正前の緊急対応措置（解釈運用）の提言

1　地方公共団体の個人情報保護条例において個人情報の目的外利用又は外部提供を認める例外事由のうち「個人情報保護審議会の意見を経て、相当な理由がある場合」などの条項に基づき、本人の同意がなくても平時から「名簿情報」を「避難支援関係者」らへの提供することを認める施策を実施している自治体においては、個人情報保護法一元化（地方公共団体分）の以降においても、当該施策について、連続性をもって実施できるようにするため、災害対策基本法第 49 条の 11 第 2 項の規定にかかわらず、改正個人情報保護法第 69 条 2 項 4 号（前 3 号に掲げる場合のほか、専ら統計の作成又は学術研究の目的のために保有個人情報を提供するとき、本人以外の者に提供することが明らかに本人の利益になるとき、その他保有個人情報を提供することについて特別の理由があるとき。）などの解釈の範囲で、従来と同様の施策を継続できるものとすること。

2　地方公共団体において、今後新たに「名簿情報」及び「個別避難計画情報」を平時から「避難支援関係者」らへ提供する方法としては、災害対策基本法第 49 条の 11 第 2 項及び同第 49 条の 15 第 2 項の規定にかかわらず、改正個人情報保護法第 69 条 2 項 4 号などの解釈の範囲によっても実施できるものとすること。

　2021 年夏から秋頃は、内閣府（防災担当）から災害時の安否不明者や犠牲者の氏名公表について複数回ヒアリングを受けるなどしていた時期であり、図らずも内閣府やメディアに上記問題と提言を説明する機会が増えた。2021 年 8 月には、高知市の要望で政策勉強会を開催し、避難行動要支援者や個別避難計画の支援者への提供について、個人情報保護法廃止後の対応などを解説する機会もあった。個人情報保護法と災害対策基本法の同時期での改正で自治体現場もまた、今後の施策の進め方について混乱していた様子が見て取れた。2021 年 11 月 28 日、情報ネットワーク法学会第 21 回研究大会第 7 分科会「個人情

報保護法制 2000 個問題を考える—2021 年個人情報保護法改正は 2000 個問題を終わらせるか？」の報告「災害と個人情報を巡る法政策」でも同様に上記課題の提示と提言を行い学術界にも災害法制の改善を訴えかけた。学会参加者らからは「せっかく自治体が創意工夫で切り拓いた施策を国の法改正がつぶすような、梯子外しはあってはならないはずだ。このような問題を国は重く受け止める必要があり、災害対策基本法を改正するのがシンプルな対策である」旨の意見が得られたところである。2022 年 3 月 8 日、いよいよ「防災分野における個人情報の取扱いに関する検討会」の第 1 回が開催される。少なくとも現行法制度のなかで対応できる精一杯の対応を国が行うべきであると考え、「改正個人情報保護法が完全施行されると、その特別法である災害対策基本法の規定に従い、自治体は避難行動要支援者名簿について平時から第三者提供を実現するためには、同意のほかは、同意なくして個人情報の共有を認める独自条例を制定することが求められることになった。これまで個人情報保護条例の第三者提供条項（特に審議会を利用した規定）を利用していた自治体に対して、自治体施策の整合性を担保するための国の方針や、新規の条例策定に向けた方針を示すことが必要である」と述べる。検討会には担当省庁である内閣府（防災担当）のほかは、消防庁、警察庁、厚生労働省、デジタル庁、個人情報保護委員会がオブザーバー参加していた。特に個人情報保護委員会は上記課題を重く受け止め、緊急提言を含む対応策について個別意見交換の機会が得られた。これにより、災害対策基本法に基づく避難行動要支援者名簿の事前共有について、個人情報保護条例による個人情報保護審議会の答申等を経るスキームを利用していた市町村に対しては、特別の注意喚起が必要であることが、ようやく国に認知された。

(5) 内閣府による個人情報保護法一元化にともなう条例対応の緊急通知

　2022 年 9 月 2 日、内閣府通知「改正個人情報保護法の施行後の避難行動要支援者名簿及び個別避難計画の情報提供に関する「条例に特別の定めがある場合」の取扱いについて」（府政防第 1284 号・消防災第 194 号）が国から自治体に向けて発信される。2023 年 4 月の個人情報保護条例廃止の半年前というギリギリのタイミングであった。個人情報保護法一元化後は、個人情報の取扱いの全国一律を旨とすることから、従来の個人情報保護条例で多くの自治体が採用している目的外利用・外部提供の根拠条項である「個人情報保護審議会の意見を聴いて、公益上の必要があると認めたとき」などの定めは、新しい個人情報保

護法の下では基本的に許容されないことを前提にした対応方針である。災害対策基本法49条の11第2項と同49条の15第2項の法改正には至らなかったが、現行法制度を前提とする限りで市町村が留意すべき最低限の視点を、国の見解とて周知させるまでには漕ぎつけたといったところである。

　通知の内容は前述の第6章3(2)で記述したものとほぼ同じである（避難行動要支援者名簿について記述しているが、個別避難計画も同様）。注目されるのは、個人情報保護委員会にて知恵を絞って選択肢を増やしてくれたと思われる後掲内閣府通知「(2)　個人情報保護条例上の一般的な外部提供に関する規程を根拠としている場合」の「【対応例②】改正個人情報保護法施行を受けた個人情報保護条例の改廃に併せて、個人情報保護法に関する条例と一体となる形で、避難行動要支援者名簿及び個別避難計画の情報提供について審議会等の意見を聴いて実施する旨などを規定する」というパターンである（条文の例は、後掲別紙2(2)【イメージ例2】）。本来「避難行動要支援者の避難行動支援に関する取組指針（令和3年5月改訂)」によれば、個人情報保護委員会は、「地方公共団体の機関に置く審議会等への諮問について、個人情報の取得、利用、提供、オンライン結合等について、類型的に審議会等への諮問を要件とする条例を定めてはならない」（取組指針第Ⅱ部第2・4(2)、第Ⅲ部第2・5(3)）はずである。個人情報保護法一元化の趣旨を全うすべく、いわゆる横出し・上乗せ条例の制定を認めないのが原則である。しかし、今回の個人情報保護法一元化と「災害対策基本法の改正漏れ」を治癒するためには、現行法を前提とする限り、このような条例を制定して、少なくとも避難行動要支援者名簿情報の事前提供という限られた場面では、これまでの個人情報保護審議会の答申を利用したスキームを不意に消滅させないような対応策をとるしかない。技巧的な手法ではあるものの、2023年4月に個人情報保護法一元化による個人情報保護条例が迫ること、そのために災害対策基本法を改正している時間を設けることはほぼ不可能であること、個人情報保護法施行条例はいずれにせよ全ての自治体が整備する必要があるため、そこで同時に対応することが市町村にとっての過度の負担とならないこと等を考慮した上での個人情報保護委員会事務局のアイディアだったといえる。

(1)　個別条例において明文で根拠を設けている場合
　　災害対策基本法第49条の11第2項ただし書及び第49条の15第2項ただし書の「条例に特別の定めがある場合」であって個別条例において条例上明文で根拠を設けている場合については、改正個人情報保護法が全面施行される令和5年4月1日以降の法体系に適合するため、特段の改正を行う必要は無く、引き続き、そのままの形で運用を行うことができる。
(2)　個人情報保護条例上の一般的な外部提供に関する規定を根拠としている場合

改正個人情報保護法施行後は、目的外利用・提供を行う場合に類型的に審議会等の諮問を要する旨の規定について条例に置くことが許容されないこととなる。このため、「個人情報保護審議会の意見を聴いて、公益上の必要があると認めたとき」のように、個人情報保護条例上の一般的な外部提供に関する規定を根拠としている場合については、改正個人情報保護法施行後は、外部提供を行うことができなくなるので、以下の例を参考とした対応が必要となる。

【対応例①】
　個別条例を制定し、災害対策基本法に基づき外部提供に際して本人同意を不要とする旨などを規定すること。(別紙2(1)参照)

【対応例②】
　改正個人情報保護法施行を受けた個人情報保護条例の改廃に併せて、個人情報保護法に関する条例と一体となる形で、避難行動要支援者名簿及び個別避難計画の情報提供について審議会等の意見を聴いて実施する旨などを規定すること。(別紙2(2)参照)

【対応例③】
　条例による特別な定めを制定せず、避難行動要支援者等に対して外部提供に関する本人同意を得ること。

〈補足〉
○別紙1、別紙2及び参考資料は、便宜的に避難行動要支援者名簿に関して示しているが、個別避難計画に関しても同様である。
(内閣府・消防庁「改正個人情報保護法の施行後の避難行動要支援者名簿及び個別避難計画の情報提供に関する「条例に特別の定めがある場合」の取扱いについて」より抜粋)

別紙2(1)

【イメージ例1】個別条例(例避難行動要支援者名簿に関する条例)を定める場合
(名簿情報の提供)
第○条　市長は、災害の発生に備え、避難支援等の実施に必要な限度で、災害対策基本法(昭和36年法律第233号)第49条の11第2項に規定する避難支援等関係者に対し、同項に規定する避難行動要支援者名簿に記載した情報(以下「名簿情報」という。)を提供するものとする。この場合において、○○地区消防組合、○○市消防団条例(平成○年条例第○号)に規定する消防団、○○県警察、○○市の区域に置かれた民生委員法(昭和23年法律第198号)に定める民生委員、社会福祉法人○○市社会福祉協議会、○○市の区域に設立された災害対策基本法昭和36年法律第223号第5条第2項に規定する自主防災組織その他避難支援等の実施に携わる関係者として規則で定める者へ提供する場合に限り、名簿情報を提供することについて避難行動要支援者の同意を得ることを必要としないものとする。
※審議会等の答申に基づき運用を行っている場合、当該運用を個別条例の条文に落とし込むことを想定。
(前述内閣府通知より抜粋)

別紙2(2)

【イメージ例2】個人情報保護法に関する条例と一体となる形で規定を置く場合(審議会への諮問・答申を要件とする場合)
(審議会への諮問)
第○条　市の機関(議会を除く。以下同じ。)は、次のいずれかに該当する場合において、個人情報の適正な取扱いを確保するため専門的な知見に基づく意見を聴くことが特に必要

であると認めるときは、○○市個人情報保護審議会条例（令和○○年○○市条例第○○号）第○○条に規定する○○市個人情報保護審議会に諮問することができる。
　　一　この条例の規定を改正し、又は廃止しようとする場合
　　二　個人情報の保護に関する法律（平成 15 年法律第 57 号第 66 条第 1 項の規定に基づき講ずる措置の基準を定めようとする場合
　　三　前二号の場合のほか、市の機関における個人情報の取扱いに関する運用上の細則を定めようとする場合
2　市長は、災害対策基本法（昭和 36 年法律第 233 号）第 49 条の 11 第 2 項に規定する避難支援等関係者に対し、避難行動要支援者名簿に記載した情報（以下「名簿情報」という。）を提供することについて審議会の意見を聴いた上で、特に必要があると認めるときは、名簿情報を提供することができる。
※個人情報保護法を根拠とする規定と災害対策基本法を根拠とする規定がひとつの条例に併存することとなるため、条例の目的規定等の記載には留意されたい。
〈留意事項〉（抜粋）
○(2)で検討する場合、必要に応じ個人情報保護担当課と協議ありたい。
（前述内閣府通知より抜粋）

　通知を前提とすれば、避難行動要支援者名簿情報について、本人の同意を得ていない未同意者についても、事前に避難支援等関係者へ提供することができるような施策を実践している市町村では、【A】独自条例を制定済みの市町村は影響がない。【B-1】従来の個人情報保護条例の個人情報保護審議会条項や【B-2】それ以外の外部提供目的外利用第三提供条項を利用している市町村は、根拠を失うので、同じ施策レベルを維持するには、【対応例 1】＝【A】のように独自条例を新たに制定するか、個人情報保護委員会が新たに示す【対応例 2】の個人情報保護法施行条例への工夫によって対応することが不可欠になる。

　開き直って【対応例③】＝【C】にすることは、せっかく未同意者の名簿情報の事前提供施策を大幅に後退させるものであり、前述のとおりおよそ推奨できない。目まぐるしく入れ替わる避難行動要支援者名簿登載者の全員について、リアルタイムで支援団体への提供の同意を逐次とり続けることは至難の業であり、必ず未同意者が出てしまう。また、積極的に名簿情報の提供を拒否することはしなくても、何らかの理由で積極的な同意の回答ができていない者も多数現れることになるだろうが、それらの者も同意がない以上は、平時からは支援者が把握ができないのである（実はこのような者こそ平時から見守り対象にしなければならないのではないだろうか）。大規模な自治体であればあるほど、このような未同意者が不可避的に多数存在することになることも容易に想像できるところである。したがって、名簿情報の提供について本人同意だけを条件として避難行動要支援者名簿の施策を実行している自治体は、この問題を契機に、速やかに【対応例①】の個別条例策定の政策立案へと転換していくべきである。

かくして、2023 年 3 月 24 日に公表された前掲「防災分野における個人情報の取扱いに関する指針」においても、改めて「事例 13：平常時における避難行動要支援者の名簿情報及び個別避難計画情報の事前提供」というケーススタディが盛り込まれている。指針は「災害対策基本法第 49 条の 11 第 2 項において、平常時（災害発生に備えた場合）においての名簿情報の提供について規定されている。避難支援等関係者に対する名簿情報の平常時からの提供は、より積極的に避難支援を実効性のあるものとする等の観点から、市町村の条例において、平常時から名簿情報を外部に提供できる旨の定めがある場合は、本人の同意を要しないこととしているため、市町村の実情に応じ、必要な条例上の対応を検討することが望ましい」「災害対策基本法第 49 条の 11 第 2 項において平常時（災害発生に備えた場合）においての名簿情報の提供について規定されている（個別避難計画については災害対策基本法第 49 条の 15 第 2 項に基づくこととなる。）。避難支援等関係者に対する避難行動要支援者名簿の平常時からの提供は、より積極的に避難支援を実効性のあるものとする等の観点から、平常時から名簿情報を外部に提供できる旨を市町村が条例による特別の定めがある場合は、平常時からの提供に当たって、本人の同意を要しないこととしているので、市町村の実情に応じ、必要な対応を検討することが望ましい」と記載し、平時から市町村が独自条例を制定すべきことを求めている。もちろん「避難行動要支援者の避難行動支援に関する取組指針（令和 3 年 5 月改定）」でも同様の見解は示されている。

　以上が「個人情報保護法制一元化と忘れられた災害対策基本法の改正」の本書執筆までの顛末である。その後 2022 年 12 月には『自治実務セミナー』に内閣府通知を解説する緊急寄稿を行い、少しでも啓発に繋がればと願ったが（岡本 2022b）、どこまでこの論点が認知されたかは自信がない。現行法では各自治体の条例策定に任せるしかないのであり、これは災害対策施策の優劣を生むだけで「新たな 2000 個問題」を誘発するものに他ならない。個別避難計画の法制度化を実現した 2021 年災害対策基本法改正が災害対策基本法の最終形態ではないことは明白である。災害対策基本法を改正したうえで、市町村判断によって、災害に備えて平時から避難支援等関係者へ「名簿情報を提供することができる」「個別避難計画情報を提供することができる」という条文に改変すべきであることを繰り返しておきたい。

⑹　名簿情報共有のあるべき姿を目指して——奇跡ではなく制度活用で命を守る

　2014 年 11 月 22 日の午後 10 時 8 分、長野県白馬村と小谷村を中心に県北部を震度 6 弱以上の強い揺れが襲う。死者はなかったが、重傷者 8 名を含む負傷者 46 名、全壊 81 棟を含む 2,000 棟の住家被害があった。長野県は「神城断層地震」と命名した。白馬村堀之内区では 33 棟が全壊し、26 人が倒壊した建物に閉じ込められる事態が発生したが、主に近隣住民や地元消防団の活躍により夜のうちに全員が救助された。白馬村三日市場区では 6 棟が全壊する被害を受けたが、地震発生から 1 時間ほどで 41 世帯 118 人の安否確認が終わった。「白馬村の奇跡」として、あらゆるメディアがこれを称賛した（読売新聞 2014 年 11 月 24 日朝刊「犠牲ゼロ「奇跡」長野北部地震　住民一丸で救出」等）。「「住民同士の強い絆があるから犠牲者はゼロ。みんな顔見知りだから下敷きになった人を助けられた」神城地区内の堀之内区の区長はこう話す。安否確認もスムーズに進んだといい、「七十六世帯二百二十人全員の顔が分かる」と胸を張った」との事情もあった（東京新聞 2014 年 11 月 24 日朝刊「長野北部地震白馬村全員を救出」）。この奇跡の救出劇を都市のマンション防災等のコミュニティ醸成にモデルケースとして活かせるとの声も聞こえてきた（産経新聞朝刊 2014 年 11 月 29 日「長野地震 1 週間「白馬の奇跡」防災モデルに　住民連帯で死者ゼロ」）。しかし、目指すべき理想は必ずしも汎用性の高いモデルケースではない。コミュニティの自助・共助の絆を強化することを、全国の地域が目指すことは極めて重要であり大歓迎である。しかし実現できる地域どれだけあるだろうか。ましてや行政機関がこれをモデルに掲げて地域の自助・共助やコミュニティ醸成を謳うだけでもって減災効果を期待するのは筋違いである。白馬村でも奇跡は偶然におきるものではないとの認識で災害時要配慮者の把握や支え合いマップの作成を強化しているなど一過性にならないような対策をしている（朝日新聞 2017 年 11 月 23 日「震災の教訓、地域防災力に　神城断層地震から 3 年／長野県」）。

　災害対策基本法が定める、市町村による避難行動要支援者名簿作成の法的義務化、避難行動要支援者名簿情報の平時からの災害対策（見守り支援・孤立防止支援）のための名簿情報の共有こそが、たとえコミュニティが希薄な地域でも真の災害弱者を見逃さない、現時点では唯一の汎用性の高いモデルケースである。自主防組織、自治会町会、マンション管理組合等が平時から提供を受けている避難行動要支援者名簿を利活用して安否確認訓練を地道に繰り返すことで、少しずつ白馬村の区長のような存在に近づいていくしかないのである。行政機関が実施すべきは、その土壌を整備することである。市町村は直ちに独自条例

を整備しなければならない。国は、災害対策基本法を改正して市町村が条例を作らなくても名簿情報提供ができるようにすべきである。

2022年9月に「令和4年台風第15号」で被害を受けた静岡県のある被災地では災害時の在宅要介護者の情報を持つ民間福祉施設のケアマネージャーが災害ボランティアら外部支援者にその情報を提供できず、結局自ら奮闘して被災者の自宅などを回り生活維持や復旧支援を行ったという。静岡大学の岩田孝仁教授は「災害など緊急時には、利用者の個人情報であっても支援に必要な情報は、自治体や地域包括支援センターなど公的組織を通じて、災害ボランティアなどの支援活動に直接つなげる方策をあらかじめルール化しておくべき」と指摘する（静岡新聞2023年4月11日「時評：災害時の在宅要介護者支援　活動の「障壁」見直しを」）。災害時のみならずさらに進んで「平時から」先回りして名簿情報が提供されていなければ迅速な支援が実現しないことを印象付ける事例である。

最後に内閣府・消防庁による避難行動要支援者名簿の利活用に関する実態把握の課題について述べる。消防庁が毎年公表する「避難行動要支援者名簿の作成等に係る取組状況の調査結果等」によると、2022年4月1日時点の調査結果では「市区町村1,740のうち1,740が名簿作成済（100％）」「平常時からの名簿情報提供団体は1,557団体（89.5％）」「名簿掲載者に占める平常時からの名簿情報提供者の割合は40.1％」であったという。ただ、これらの数字はそのまま成果指標にできないことは『災害復興法学Ⅱ』第2部第8章でも詳述したところである。政策達成を評価する指標は、①そもそも地域防災計画でどのような避難行動要支援者を名簿掲載すべきと定めているか、避難行動要支援者名簿と呼ぶにふさわしいだけの要配慮者を適切にカバーする規定になっているのかを統計上の割合ともに視覚化すること（要するに「作成」というが災害対策基本法が意図するような正しい作成方法を取っているのかどうか）、②名簿情報の平時からの提供ができていない未同意者がどの程度いるのか、③同意者であったとしても、平時からの提供が実現できていない名簿掲載者がどの程度いるのか、などを詳細に調査していく必要がある。消防庁調査で「名簿掲載者に占める平常時からの名簿情報提供者の割合は40.1％」とあるが、そもそも①の段階で本来把握すべきものが把握できていない可能性もあるなかでこの割合だけをみても、施策達成の評価はしようがないのである（本来作るべき理想の名簿を分母にしたらよりこの割合は小さくなると予想される）。また、同意がないため提供できないのか、同意があってもなお提供をできない事情があるのか、これを見極める必要がある。筑波大学の川島宏一教授らを中心とする研究（JSPS科研費JP19H04419）に研究協

力者として筆者も参加して実施した調査（2020年実施）によれば、上記消防庁アンケートに正確に回答できていない市町村が多数に上っていたり、誤解して異なる選択肢を回答していたりする市町村が散見されたりした。現行の国のアンケートは施策成果指標としてはその正確性に相当疑義があることが再確認されたのである。

4　避難所における被災者支援と情報共有

(1)　いまから手帳が目指すパーソナル・ライフ・レコードの活用

　岡山県倉敷市真備地区は、2018年7月7日の西日本豪雨で大規模な洪水被害を受け最大の被災地の一つとなった。発災直後、高知県防災冊子『備えちょき』監修（災害復興法学Ⅱ第1部第2章）や災害看護学教育等をともに実践してきた神原咲子教授からのメッセージを受け取る。避難所などを訪問する民間支援者が、避難所避難や在宅避難している被災者、なかでも緊急の支援が必要なはずの障害者・難病者・妊婦・子どもといった災害時要配慮者の所在を知ることができないという。これは「避難行動要支援者名簿」が災害後にほとんど利活用されていないか、個人情報の利用による支援者とのマッチングに課題があるということを意味する。後の新聞報道は西日本豪雨被災地の広島県・岡山県・愛媛県の全70市町村への調査結果について「名簿を「活用できた」のは20市町村で、避難指示・勧告が発令された67市町村の約3割。12市町が活用方法の周知不足などのため「活用できなかった」。35市町村が活用状況の未把握などを理由に「どちらともいえない」。3市町は無回答だった。一方、名簿の提供先の検討など運用を「見直した」のは11市町にとどまり、「見直す予定」（23市町）と「見直さない」（34市町村）を合わせて約8割は約1年たっても見直していなかった」と当時の利活用不備と残る課題を厳しく指摘する（毎日新聞2019年7月13日朝刊「避難行動要支援者名簿：西日本豪雨後、運用見直さず　被災3県の市町村8割」）。なお筆者とともに内閣府「防災分野における個人情報の取扱いに関する検討会」委員も務めた神原教授は民間支援者への個人情報の提供促進の必要性を指摘し、「防災分野における個人情報の取扱いに関する指針」の「事例6：応急仮設住宅の入居者への生活支援・見守り・心のケア支援等」や「事例7：外国人支援のための避難者名簿提供」の記述の充実化に大きく寄与したことを付言する。

　これらを克服すべく神原教授が提案したのは「被災者の健康を支援するパー

ソナル・ライフ・レコードを実現するツールを配る」ことであった。医療従事者だけでも、多数の属性の支援者らが避難所に押し寄せて、都度被災者に質問をして支援をゼロから始めていくという「被災者のアセスメント（被災者の被災の程度などを判定すること）疲れ・アセスメント被害」ともいうべき状況がおきていた。神原教授によれば、西日本豪雨直後の倉敷市では、被災者への保険医療支援体制の場合、被災地の保健所を筆頭にして、被災地外の保健師による支援、DMAT（災害派遣医療チーム）、JAMT（日本医師会災害医療チーム）、JDA-DAT（災害支援栄養チーム）、JRAT（日本災害リハビリテーション支援協会）、近隣病院、NPO団体、薬剤師会、鍼灸・マッサージ支援、災害支援ナース、心のケアチーム等が2か月のうちに押し寄せ、個別に被災者へとアプローチをかけていたという。

　何度も同じことを医療従事者の問診や専門家相談（弁護士の無料法律相談も含む）で話す必要がないように「母子手帳」と同じ機能を持った被災者手帳を避難所等に配布しておくことが不可欠なことは一目瞭然であった。母子手帳は乳幼児のワクチン接種記録や健康状態を詳細に記録しており、どの医療機関でも履歴や子どものデータが一目瞭然となっている。同じように被災者自らが正確な情報を常に保持し、簡単に支援者に提供できれば双方負担は軽減する。「パーソナル・ライフ・レコード（PLR）」の概念である。こうして誕生したのがA4サイズのセルフケア手帳『いまから手帳』（図表2－18）である。「神原さんは実家近くの避難所などでボランティア活動に参加したが、被災者が被害状況や健康

図表2-18　いまから手帳

（企画・監修：高知県立大学減災ケアラボ神原咲子、協力：宮本純子・山岸暁美・岡本正、発行：CWA JAPAN、編集・デザイン：大橋由三子・高谷琴美・木村太一・大谷京香）

状態を色々な人から何度も聞かれている光景を目にした。「誰だって同じこと
を何度も聞かれれば疲れてしまうし、細かいことは忘れてしまう。なんとかな
らないか」。医療や支援の記録を残すカルテのような手帳をつくろうと思い立っ
た。そこで参考にしたのは母子手帳。「日本の乳幼児死亡率が低いのは母子手
帳のおかげ。被災者の健康管理に応用できるはず」。災害復興を専門とする研
究者や弁護士らと協力し、被災者向けの手帳をつくり上げた」（朝日新聞 2018 年
9 月 18 日朝刊「被災者の手元に「いまから手帳」真備出身の専門家ら考案」）。

　いまから手帳には、基本情報として氏名、所属、居住地、血液型などが最初
に記載され、「配慮が必要なこと」（持病、アレルギー等）、「生活必需品」（コンタ
クトレンズ、薬、子どもの衣類等）などを書き込んでおける枠があり、生活支援のニー
ズが視覚化されている。また、診療記録頁を設けており、個人カルテとして手
元でも参照できる工夫をしている。日記のように日々の薬や相談事項を自ら記
録できるカレンダーは、単に相手方に伝えるためだけでなく、一歩一歩被災者
が前を向いて歩いていく精神的支援機能をも果たす。さらに「生活再建」には、
健康情報のみならず、将来のお金の支援や住まい再建の支援、あるいは現在の
債務支払への対応などが重要になるという視点から、筆者監修により生活再建
支援制度の利用チェック一覧表も大きく掲載した。特筆すべきは、大山知康弁
護士にも協力を乞い岡山弁護士会の無料法律相談窓口情報を掲載できたことで
ある。PLR による健康支援（災害看護・ヘルスケア）と被災者の法制度情報支援（災
害復興法学）の取組みが融合した初の被災者支援ツールとなった。2018 年 10 月
4 日には、医療従事者の要請を受けて北海道胆振東部地震（2018 年 9 月 3 日）の
被災地でも北海道版『いまから手帳』を無料配布した。同時期には、2019 年 6
月までのカレンダーを収載した、いまから手帳の続編となる『これから手帳』
の配布を岡山県内で実施した。2018 年 11 月にはスマートフォンで利用できる
アプリ版もリリース。集積された情報を分析し災害関連死防止に役立つ知恵を
抽出するデータ利活用も進んでいる。

⑵　名簿乱立という実体──西日本豪雨と倉敷市真備の避難所事例
　西日本豪雨の真備地区の支援活動を踏まえ、2019 年以降とくに、情報法制
研究所（JILIS）や日本ユーザビリティ医療情報化推進協議会（JUMP）等でとも
に研究をしてきた KDDI 総合研究所の加藤尚徳研究員や神原教授らと、高知県
や岡山県の現地調査に飛び回ることになる。特に加藤研究員は真備地区のヒア
リング調査などを経て、避難所や被災者支援の現場の「名簿乱立」という実態

を明らかにした（加藤 2019）。すなわち、①複数種類の名簿が作成されているが紐づけを前提としてないため全容の把握が困難である、②名簿は基礎自治体単位で作成され自治体を跨いだ共有が困難で広域災害への対処に難がある、③統一的な名簿が作成されていないため支援側がそれぞれ名簿を作成し多数名簿が管理者も明らかでないまま利用されている、という課題である。医療関係者だけでも無数の支援主体が縦割りで避難所に入ってくる。その都度アセスメントが行われ、各団体が避難者名簿やリストを作るが、それらが外部共有されることもなければ、訪問が一度であればそれっきり放置されたままの名簿が出来上がる（しかも日中の調査では、夜間のみ滞在者や一時外出中の被災者が抜け落ちるという不正確な名簿も多い）。真備地区のある避難所では少なくとも 10 以上の名簿が存在し、管理者不明の名簿をそのまま利用し続けていた事例も存在した。この原因は、災害発生時に市町村が作成する（準備していた）名簿だけでも「避難行動要支援者名簿」（災害対策基本法 49 条の 10 以下）、「被災者台帳」（災害対策基本法 90 条の 3 以下）、「避難所名簿」（避難所で自治体職員が作成する避難所利用者登録票に代表されさる災害後に作成される名簿）の大きく 3 系統存在し、いずれも担当部署が異なることや利活用手続が事前に訓練されていないことで、相互に連結する発想が持てていなかったことによる。これを克服するには、基礎自治体を跨いでも個人と識別し捕捉し続けられる「ID」を避難所名簿や在宅避難者名簿を中心に付与していくことでトレーサビリティを確保することが最も簡便である。また、被災者台帳や避難行動要支援者名簿に関しては、自治体が条例を策定することでマイナンバーとの連携が可能であるため、マイナンバーの活用は急務である。しかしマインバー活用には条例の策定というハードルがあるため準備の有無で自治体間格差が生じる。大規模災害の支援は、災害救助法に基づき都道府県レベルが主体となり、広域自治体の連携支援が前提となっているのに、市町村レベルで条例の策定の差異があれば、マイナンバー連携は叶わない。条例の作成というハードルを消し去り、国が法律レベルでナショナルミニマムとして災害時のマイナンバー利活用を進める必要性は極めて高い。そうでない限り、ここでも「新たな 2000 個問題」が固定化されることになってしまうだろう。

5　安否不明者等の氏名公表・実名報道を巡る政策の軌跡

(1)　混乱収まらぬ災害時の氏名公表──西日本豪雨の自治体対応

　安否不明者と行方不明者について、内閣府は次のように定義している。過去

の行政資料や日常用語ではこれらが区別されていない場合もあるので留意が必要である。

安否不明者：	行方不明者となる疑いのある者
行方不明者：	当該災害が原因で所在不明となり、かつ、死亡の疑いのある者
安否情報：	当該都道府県又は市町村の地域に係る災害が発生した場合における当該災害の被災者の安否に関する情報

　災害対策基本法は自治体が住民関係者から安否情報について「照会があったときは、回答することができる」と定めており（法86条の15第1項）、そのために必要な情報については、保有している情報であれば目的外利用し、他の自治体が保有する情報については外部提供を受けることで、情報を集約して回答することもできるとしている（法第3項・第4項）。そうであれば、安否情報の照会に応えるその前提として、安否不明者の情報は、しかるべき行政機関や部署どうしでリアルタイムに共有できる体制を事前構築する必要があることになる（災害復興法学Ⅱ第2部第3章）。ところが現実問題として大規模災害であればあるほど、災害本部への情報集約は難しくなる。公的な通信回線ですら途絶するケースもあろう。結局、救援救護関係者や被災者関係者らが安否情報を正確に把握するためには、一刻も早く行政機関が安否不明者の氏名公表を行い、メディアがそれを実名報道するということに踏みきるしかないのである。当時の個人情報保護条例でも共通して、個人情報は緊急時や必要性があるときには本人同意の有無にかかわらず外部提供できるとしているのであり、自治体の現場は安否不明者の氏名の開示基準を事前整備することはいつでもできたはずである（岩手日報2017年1月8日「あなたの証匿名社会と防災」等）。

　2018年7月6日以降に特に大きな被害を齎した西日本豪雨では、県によって安否不明者の氏名公表対応の差異が目立った。

　岡山県は、7月10日までは県内市町村で氏名公表対応はバラバラだったが、7月11日午前11時に県知事の判断により、安否不明者32名全員の氏名を公表した。その後時間経過とともに順次公表者を増やし最終的な氏名公表79名中58名がその翌日までに生存が確認された。倉敷市真備町では、7月11日のうちに同町を含む43名の住所、氏名、年齢、性別が公表され、同日のうちに30名の無事が確認された。氏名公表の救助活動円滑化への寄与の大きさが際立った。

　広島県は、安否不明者氏名の非公表方針を打ち出していたが、岡山県の対応を背景に7月14日になってようやく2名の氏名公表に至った（直前段階での安

否不明者 20 名に及んでいたが、広島県によれば安否が判明したので氏名公表対象ではないという)。氏名公表まで災害から 1 週間以上を要したことを考えると、広島市豪雨土砂災害 (2014 年) で判断に躊躇してしまった広島市などの経験 (災害復興法学 II 第 2 部第 3 章) は、西日本豪雨までに教訓化されていなかったと評価せざる得ない。

　愛媛県は、災害発生直後から非公表方針を打ち出していた。7 月 13 日夜の時点で「家族の同意を得られた場合には公表する」という同意を条件とする公表方針を打ち出したものの、結局公表に至った事例はなかった。ただし「家族の同意がない」ことを理由に公表しない案件が 1 名あった。

⑵　氏名公表タイムラインを策定せよ

　「各自治体の個人情報保護条例が定める保護や開示のルールは最終的に個人の命や権利を保護するためにある。救援救護の資源を捜索が必要な方に振り分けるために公表を躊躇すべきではない。災害後のケースバイケースで氏名公表の時期や範囲を判断することは困難だ。各自治体で起こり得る災害を想定し、氏名公表タイムラインを策定してくことが不可欠。国は災害対策基本法を改正するなどし、行方不明者の命を救うことができる時間を考慮しながら、氏名公表ルールの策定を義務付けるなどの措置を検討すべきだ」(岩手日報 2018 年 7 月 15 日「不明者氏名公表進まず　西日本豪雨被災地　自治体対応割れる　合意形成と基準急務／ルールの策定を義務付けるべき　東日本大震災を機に『災害復興法学』を創設した岡本正弁護士の話」。なお行方不明者は安否不明者の意味で使用している)。当時の各自治体の個人情報保護条例では「個人の生命、身体又は財産の安全を守るため、緊急かつやむを得ないと認められるとき」等には自治体が保有する個人情報を外部提供できるという規定が備わっている。しかし、「緊急」や「やむを得ない」への該当性判断を災害の都度ケースバイケースで、規範的評価軸を立てつつ適用の是非の判断行い「あてはめ」をすることは、相当の法律的思考力を必要とし、必ずしも常に十分な対応ができるとは限らないという難点がある。したがって、過去の経験則を踏まえた明確なタイムリミット (24 時間以内に公表する、48 時間以内に公表する等) を設けることが重要になる。

　2023 年 4 月 1 日施行の個人情報保護法では、行政機関が保有個人情報を外部提供等できるのは「……本人以外の者に提供することが明らかに本人の利益になるとき、その他保有個人情報を提供することについて特別の理由があるとき」(個人情報保護法 69 条 2 項 4 号) の解釈問題となる。しかし、「明らかに本人

の利益」とか「特別の理由」という文言は、これまでの多くの個人情報保護条例以上に抽象的である。直ちに災害時を連想できないキーワードであるといっても過言ではない。ここに災害時の状況をあてはめてケースバイケースで判断を担当者に求めるのは無理難題と言わざるを得ない。このため法令解釈を補う意味で、災害発生と時間制限を設けた「氏名公表タイムライン」の事前策定がますます重要になったといえる。

(3) 熱海市伊豆山土石流災害がもたらした転機

　2021 年 7 月 3 日に発生した静岡県熱海市の伊豆山土石流災害では、安否不明者の氏名公表に至るまでの静岡県と熱海市の迅速な対応と、その後の氏名公表の効果の大きさに注目が集まった。冒頭記述のとおり、土砂災害被災エリアの被災建物 130 棟を人海戦術で炙り出し、住民基本台帳と突合して 128 世帯 217 人を特定した。昼夜を賭してローラー作戦により安否確認を急ぎ、安否不明者を絞り込んで、5 日夜、静岡県災害対策本部にて安否不明者 64 名の氏名公表に踏み切った。6 日朝には、安否不明者は 25 名に絞り込まれた。熱海市では、不明者情報を地図上にプロットし、より効果的な救助活動を開始する。10 日、残る 20 名の安否不明者は死亡した可能性が高いものとして「行方不明者」とした。

　この土石流災害の対応をきっかけに、安否不明者の氏名公表を巡る提言が収斂を見せ始めるのである。遡って、2019 年 7 月 23 日に全国知事会は「死者・行方不明者の氏名公表の基準を求める提言」で「死者・行方不明者の氏名公表の取扱いについては、円滑な救助・救急活動の実施や被災者のプライバシー保護の観点から、法令等によりその根拠を明確にしたうえで、全国統一的な公表基準を作成すること」を求めていた。ナショナルミニマムの策定を求める声は当然といえる。しかし、一方で当時の個人情報保護条例の目的外利用や外部提供の規定を正しく解釈活用していれば、安否不明者の氏名公表はいつでも都道府県レベル・市町村レベルで基準策定ができたはずである。このため、国に統一指針策定を求める姿勢は自治体側の「思考停止」ではないかという厳しい批判も出ていた（週刊新潮 2019 年 11 月 14 日特集記事）。2020 年 1 月公表の全国知事会「災害時の死者・行方不明者の氏名等公表の取扱いに関する調査」等では、安否不明者や死者の氏名公表には都道府県ごとに公表条件がバラバラであることがわかった。これを受け 2020 年 10 月の全国知事会危機管理・防災特別委員会「災害時における死者・行方不明者の氏名等公表に関する課題と今後の対応

についての検討・報告」では、国による統一基準の策定がむしろ困難ではないかという意見が見られていた。そこで 2021 年 6 月、全国知事会は自ら「災害時の死者・行方不明者の氏名等公表に係るガイドライン」を策定公表するに至る。ここでは、統一的な方針を定めるというよりは、これまでの各都道府県の基準を整理して統計データを示すという趣が強い。安否不明者の氏名公表に家族の同意などのプロセスが必要とする基準の策定も、一つの類型として掲げているのである。国が災害時の安否不明者に対する個人情報の取扱いについての態度を明らかにしないなかで、全国知事会を始め地方が独自の落としどころを探り始めていた様子が見て取れる。

そして 2021 年 7 月の熱海市伊豆山土石流災害である。災害後しばらく後、内閣府（防災担当）との意見交換の機会があり、安否不明者の個人情報の取扱いについてだけでも、国が先行して指針を示そうとして動き始めていことが判明した。2021 年 5 月には、個人情報保護法一元化を含む法改正が完了していたので（但し自治体部分の施行は 2023 年 4 月）、防災分野における個人情報の取扱いについてナショナルミニマムとなる指針の策定を国としても迫られていた時期だったのである。

(4) 内閣府による安否不明者氏名公表指針と静岡県の先行事例

2021 年 9 月 16 日、内閣府（防災担当）と消防庁は、通知「災害時における安否不明者の氏名等の公表について」（府政防第 972 号・消防災第 132 号）を公表する。熱海市伊豆山土砂災害の氏名公表対応が、人命救助活動の効率化・円滑化に役立ったことから、国としても方針を明確にした旨が通知に記述されている。これまで全国知事会等の提言になしのつぶてだった国が、成功事例をきっかけにやっと動き出したのである。指針は次のとおりである。

1　災害が発生した際、人命の救助活動の効率化・円滑化に氏名等公表が資する場合があることや、発災当初の 72 時間が極めて重要な時間帯であることを踏まえ、氏名等公表の可否や判断基準、氏名等公表及びその結果寄せられた安否情報の確認・共有に係る一連の手続き等について、市町村や関係機関と連携の上、平時から検討しておくこと。その際、旅行者等の一時滞在者についても、その家族や知人等から、所在が不明であるとして警察等に情報提供がある場合を想定し、これらの者の氏名等公表についても検討しておくこと。
2　氏名等公表については、被災地の居住者・一時滞在者を問わず、人的被害の数について一元的に集約、調整を行う都道府県が行うことが基本となるが、局所的な災害であるなどの事情により、市町村が行うことが安否情報の収集等に資すると考えられる場合においては、上記 1 で行った都道府県と当該市町村の事前調整に基づき、市町村が行うことも考えられること。
3　氏名等公表については、各地方公共団体がそれぞれの個人情報保護条例に照らしてその

可否を判断することとなるが、その際、安否不明者の氏名等公表を行うことにより安否情報の収集等を行い、救助活動を効率化することが重要な場合においては、氏名等公表は、人の生命又は身体の保護のため緊急の必要があるときの個人情報の提供と考えられることから、それを踏まえて個人情報保護条例に定める個人情報の利用及び提供制限の例外規定の適用を検討されたいこと。
4　氏名等公表の対象者について、配偶者からの暴力（DV）やストーカー行為の被害者等の所在情報を秘匿する必要がある者が不利益を被らないよう、都道府県関係部局及び域内市町村と平時から公表時の取扱いについてあらかじめ決めておくなど十分な調整を図るとともに、公表に当たっては、あらかじめ、関係市町村に確認すること。
5　上記4の確認を含め、氏名等公表の可否の判断に時間を要する対象者がいる場合には、それ以外の公表可能な対象者から段階的に公表することも考えられること。

　個人情報保護条例がまだ有効な時期の通知であるが、個人情報保護法一元化後でも条例部分を個人情報保護法69条2項4号に読み替えればよい。前述2023年3月公表の「防災分野における個人情報の取扱いに関する指針」の「事例8：安否不明者の氏名等の公表」に記述されている内容は、この通知を踏襲した内容であることがわかる。国による個人情報分野の全体的な指針策定に先行して安否情報に関する指針が飛び出したことには驚いた。それほどまでに災害救助現場において氏名公表をきっかけにした情報収集活動が不可欠であること、裏を返せば、国の自衛隊、都道府県警察、市町村消防等の救援関係を担う行政機関どうしの情報共有だけでは安否不明者捜索は不十分であって、メディアを通じた氏名公表がなければ行政機関や救援者どうしでも、安否情報の共有が困難であることが、やっと国に認知されたのだともいえる。
　特に通知の第1項に「安否情報の確認・共有に係る一連の手続き等について、市町村や関係機関と連携の上、平時から検討しておくこと」と記述していることは重要である。仮に市町村の担当者が、知識として個人情報の外部提供条項（2023年4月より個人情報保護法69条2項4号）の存在を知っているとしても、実際に災害時において「本人以外の者に提供することが明らかに本人の利益になるとき」であるとか、「その他保有個人情報を提供することについて特別の理由があるとき」といった、評価的・規範的な条文文言に事実をあてはめることに困難を伴うとわかっているからこそその記述である。どんな場面であれば「明らかに本人の利益になるとき」といえるのかを、ケーススタディや訓練を通じて養っておく必要があり、それには法律的思考力を鍛えることが欠かせないのである。「効率的な災害救助に不可欠、災害時の個人情報の取扱いに詳しい岡本弁護士の話：安否不明者の氏名公表は効率的な人命救助には不可欠だ。個人情報保護条例には、本人の同意なしで個人情報を外部に提供できる規定が例外とし

てある。災害はこの場合に該当すると考えられ、通知はこの点を明確にしたことに意義がある。過去には、例外規定の適用に消極的で氏名の公表を躊躇する自治体もあった。救助に役立てるには、公表は迅速にしなければいけない。自治体は平時から、時間経過ごとの対応を決めた「氏名公表タイムライン」を整備しておくべきだ」(北海道新聞 2021 年 9 月 17 日ほか共同通信配信「災害不明さ公表検討を「情報保護の例外」国が指針」)。

　2021 年 11 月 12 日に静岡県危機管理部が公表した「災害時における安否不明者の氏名等の公表について(方針)」は、先述の内閣府指針を踏襲するものになっている。注目すべきは、公表時期に関する記述である。「公表時期の目標」として「被災後 72 時間が人命救助に極めて重要な期間であることを踏まえ、公表は発災後概ね 48 時間以内を目標(目安)とする。なお、安否情報を円滑に収集するため、公表予定時刻の一定時間前(約 6〜12 時間前)までに、報道機関等に対し、公表の時期を予告するとともに、安否情報の伝達の必要性について、報道を通じて呼びかけてもらえるよう要請する(公表時期の早期化は、無事が確認されている者も誤って公表してしまい、後に苦情が出るおそれがあるが、公表の効果を理解し、早期の公表に努める)」「不明者多数の場合は、公表条件が整った者から、順次、公表する」などと定めた。48 時間というタイムリミットを明確にしており、「氏名公表タイムライン」を定めた都道府県としては全国初の基準となった。この記述からにじみ出るのは、災害発生直後の応急混乱期において、どの時期にどの担当者の際に災害が起きても、一律に最低限の対応がとれるように法律的思考力を補うという配慮である。

(5)　郵便局情報の利活用

　2021 年 7 月 21 日に総務省「デジタル時代における郵政事業の在り方に関する懇談会最終報告書」で、信書の秘密や個人情報保護を確保しつつ日本郵政グループの持つデータの有効活用を促進することが求められたことを受け、同省「郵便局データの活用とプライバシー保護の在り方に関する検討会」(2021 年 10 月から 2022 年 7 月まで全 5 回開催)の下に「データの取扱い WG」(2021 年 11 月から 2022 年 5 月まで全 7 回開催)と「データ活用推進 WG」(2021 年 11 月から 2022 年 5 月まで全 5 回開催)が設置され議論が交わされた。もとより日本郵政グループによる過去の多くの不祥事に加え検討会開催中にも顧客データの政治活動への流用事件も発覚するなど、保有するデータの活用以前に、組織全体のデータガバナンスの重要性も主要な会議テーマとなり、社会的注目を一手に集めながら議論

が進められてきた。筆者は「データ活用推進WG」の委員として参画していた。

　2022年7月29日「郵便局データの活用とプライバシー保護の在り方に関する検討会報告書」が公表されるが、ここには郵便局データは国民共通の財産として公益要請に応える形で利活用されるべきだという方針が打ち出された。そのなかに「災害対策」として以下の視点が盛り込まれたのである。筆者が同時期に前述の内閣府「防災分野における個人情報の取扱いに関する検討会」（2022年3月から2023年1月まで開催）の委員としても同テーマを議論していたことも相乗効果を与えることができたのではないかと考えている。

> **ア　大規模災害や事故等の緊急時に、被災者情報・負傷者情報等を地方公共団体等に提供する場合**
> ○大規模災害や事故等の緊急時において、住民登録をしていないが居住している、居住者の一部が住民票を異動せず転出している等、被災した家屋の住民基本台帳上の情報と実際の居住者が異なるなど実態把握が困難な場合がある。日本郵便が把握している居住実態を提供することで、より正確で迅速な安否確認や救助等が可能となり、被災者の生命、身体又は財産の保護に資する。
> ○この場合、被害を受けた家屋に居住している者の情報が地方公共団体等に提供されることになるが、これを提供しない場合、居住している者がいるのに救助が行われない等、迅速な救助活動や、被災者の生命、身体又は財産が損なわれる可能性がある。これを鑑みると、被災者の生命、身体又は財産といった具体的な権利利益の保護といった、情報を用いることの利益が上回ると考えられる。
> ○なお、DV・ストーカー・児童虐待の被害者に係る情報が加害者に渡る可能性については、提供先が地方公共団体等に限られていること、地方公務員法第34条による守秘義務が課されていることから、地方公共団体等において当該情報の目的外に利用される可能性は低いと考えられる（※）。
> 　※　「災害時における安否不明者の氏名等の公表について」（令和3年9月16日内閣府・消防庁通知）により、地方公共団体は、災害後の速やかな安否不明者の氏名等公表が人命救助に有効であることから、そのための手続を平時から検討するものとされ、さらに、実際の氏名等公表に際しては、地方公共団体においてDVやストーカー行為の被害者等の所在情報を秘匿すべきかどうかを確認することとされており、地方公共団体における情報の適切な取扱いが期待できるところである。
> （「郵便局データの活用とプライバシー保護の在り方に関する検討会報告書」3　郵便法に基づくデータ活用の制限と公的機関等へのデータ提供の可否　(2)　転居届に係る情報等の公的機関等への提供の状況と郵便分野ガイドラインにおける明確化の必要性　ア）

(6)　防災分野における個人情報の取扱いに関する指針と安否不明者の氏名公表

　2022年3月から始まった「防災分野における個人情報の取扱いに関する検討会」では、内閣府は早い段階から「安否不明者の氏名公表」を推進する方向性を示していた。検討会に先行して2021年9月に同テーマの指針を発表済みであり、都道府県の基準策定も進んでいた現状があったからであろう。災害がおきたときに安否不明者の命を守るためには、救援リソースを集中するため、

安否確認情報を最大限の速度で更新し続け、現場のあらゆる救援実施主体（消防、自衛隊、警察、消防団、家族、所属団体等）と共有していくことが不可欠である。しかし、大規模災害であるほど現場情報の統合には時間もかかる。そのため、安否情報を各機関が円滑に把握できるようにするためには、マスメディアを通じた氏名公表に踏み切ることが不可欠になる。検討会が始まった時点でこの方針はもう揺るがなかった。

　細心の注意を払って指針の文面について意見を述べていたのは、「家族の同意」についてどのように記述するかである。もちろん内閣府も安否不明者の氏名公表に家族の同意は不要であるという見解を示していたが、検討会の議論によっては、例外的に家族の同意を得るべきケースや、「家族の同意を得られるなら得られた方がいい」というトーンの記述がなされる可能性が払拭しきれていなかったからである。「防災分野における個人情報の取扱いに関する指針」では、「事例8：安否不明者の氏名等の公表」を典型事例として取り上げ、「個人情報保護法第69条第2項の規定のとおり、同項第4号「保有個人情報を提供することについて特別の理由があるとき」は、本人又は第三者の権利利益を不当に侵害するおそれがないと認められる限り（同項ただし書き）、利用目的外の利用及び提供をすることができることから、安否不明者の氏名等の公表が可能となる」と個人情報保護法の解釈を明記した。さらに、氏名公表に先立つ「家族の同意」については条件とする必要がないことも以下のとおり明記された。

> 　安否不明者の氏名等の公表にあたり、これまで地方公共団体によっては家族の同意を条件としていたが、個人情報保護法上においては、家族は第三者であって、家族の同意の取得は不要である。したがって、救助活動に必要な場合には、家族の同意の有無を確認することなく、速やかに安否不明者の氏名等の公表を行うべきである。
> 　なお、家族が未成年者等の法定代理人である場合には、第三者ではなく、その同意は法第69条第2項第1号の「本人の同意」として扱われるが、そもそも同項第4号に該当する場合においては、本人の同意及びこれに代わる法定代理人である家族の同意は不要である。

　また、指針は、都道府県と市町村が連携し、平時から準備しておくことの重要性が再認識されたことを受けて「都道府県は、市町村や関係機関と連携の上、災害発生時の具体的なタイムラインを想定し、安否不明者の氏名等の公表や安否情報の収集・精査に係る一連の手続等について、平時から整理しておくことが重要である」としている。これは「氏名公表タイムライン」を準備すべきという提言が一部反映されたものと考えてよい。氏名公表すべきタイムリミットとして時間を明記して設けておくことで、手遅れになる事態をできるだけ回避することが狙いである。都道府県と市町村の役割分担として、両者が連携の上、

都道府県が安否不明者の氏名等の公表を行い、市町村が安否情報の収集・精査を担うことが基本となる。なお、局所的な災害であるなどの事情により、市町村から公表することが安否情報の収集等に資すると考えられる場合においては、都道府県と当該市町村が調整の上、市町村から公表することも可能である。都道府県は、市町村や関係機関と連携の上、災害発生時の具体的なタイムラインを想定し、安否不明者の氏名等の公表や安否情報の収集・精査に係る一連の手続等について、平時から整理しておくことが重要である。「個人情報保護法の関連法制が一元化されたのに伴い、内閣府が 3 月、災害時の安否不明者の氏名は、家族の同意がなくても公表できるという指針を初めて示した。人命優先の観点からは当然の解釈だが、意義は大きい。国の統一指針に沿った自治体が増えたことも評価できる。ただ、公表までの目標時間を決めていない自治体が多いのは気になる。「できるだけ早く」などあいまいな表現ではなく数字で明記することが重要だ。災害ではさまざまな対応に追われる。タイムリミットを決めておかないと速やかな公表はできない。行政としてすべきことを時系列で定めた「氏名公表タイムライン」を作成すべきだ」(2023 年 7 月 1 日新潟日報ほか共同通信配信「災害死者の氏名公表、国が方針を　都道府県 7 割が求める／内閣府検討会委員など歴任岡本正弁護士　公表タイムライン作成を」)。

(7)　災害と死者の氏名公表・実名報道

　災害で犠牲となった方の氏名公表 (自治体による発表) の考え方については防災分野における個人情報の取扱いに関する指針の対象外になっている。この点について一般社団法人日本新聞協会は、2023 年 3 月 1 日に「内閣府「防災分野における個人情報の取扱いに関する指針 (案)」に対する意見」を公表し次のように意見を述べている。

> 今回の指針案は死者の情報については、個人情報の定義の範囲外であることから取り扱わないこととした。また安否情報が明らかな場合や救助の可能性がない場合については、個人情報を提供する特別な理由が認められない可能性があることを留意点に挙げた。しかし、これらの情報も公共的な関心事であり、公表の有無が引き続き各自治体の判断に委ねられれば、国民に資する情報流通が阻害されかねない結果となることを危惧する。……公共的な情報流通の価値を踏まえ、人的被害についても報道機関に対して迅速・詳細な情報提供が行われるよう貴府においてはさらに取り組みを進めるよう求める。

　背景には事故・事件のみならず自然災害の犠牲者氏名の匿名化が急増し、犠牲者数のみを公表する傾向が増えだしたことに由来する (日本新聞協会「災害発生時における被災者情報の報道発表に関する要望」2020 年 3 月 11 日、神奈川新聞 2020 年 3

月 14 日「残らない災害の記録　台風 19 号死者公表 3 割　相次ぐ氏名伏せる自治体」)。内閣府指針との関係性はいったんおくとしても、死者の氏名公表は、災害の詳細な経緯や被害の実態を記録検証するという、歴史的意義や検証的意義を考慮して議論すべきである。いつ、だれが、どのような場所で、どのような原因で亡くなってしまったのかは、将来の防災活動に活かすべく記録を残しておかなければならない情報であり（そのための研究調査活動も必須である）、氏名は唯一にして最大の端緒である。防災という公共的な意義を踏まえ、ブラックボックス化しないルールの策定が不可欠であろう。行政機関としては氏名を含み死者情報を淡々と公表すべきで、その後の報道によって生じる遺族負担はメディアが法的・道義的責任を負うという構図になるはずである。災害対応の検証と今後の対策への反映を旨とする「アフター・アクション・レビュー」(AAR) の実践や災害に起因した事故検証制度の創設などと関連させて、更なる議論の深化が求められる。2020 年 9 月 17 日、折田明子教授らによる「情報ネットワーク社会における「死」の再定義」の研究会でも、災害や戦争の犠牲者の「氏名」の持つ意義について提言を行った。氏名の記録は「生きた証」なのである。氏名が残されてこそ、時間と空間がそこに再現され、災害の記憶と臨場感が残り続けるのである。

　2021 年 12 月 21 日、「人と防災未来センター第 26 回減災報道研究会」では、筆者、静岡県危機管理課、読売新聞解説委員、防災分野の研究者等が登壇して、多数自治体やメディアの参加者らと白熱した議論が展開された。そもそも死者の氏名公表に際して、個人情報保護法制上は家族や遺族の同意承認は一切不要である。この点については未だに多くの誤解がまん延しているように思われた。また、災害時の犠牲者の方の実名報道はメディアスクラムなどのリスクに家族を晒す可能性が否定できないものの、それはあくまでメディア側への法的責任の追及で似て解決されるべき問題であることも重要な視点として示された（例えば、日本新聞協会編集委員会「メディアスクラム防止のための申し合わせ」2020 年 6 月 11 日等参照。但し、災害犠牲者の報道と犯罪被害者の報道は区別して考えるべきであろう)。

　「災害時の死者の氏名については理解や議論が進んでいない。そもそも個人情報保護法が扱うのは生存者の情報であり、死者の情報は対象ではない。遺族の同意を公表の条件とする自治体が多い。しかし、故人と遺族は別の人格であり、遺族だけで決めていいのだろうか。故人と遺族の思いは違うかもしれないし、遺族すべてが同じ考えとは限らない。故人が生きた証しである「氏名」の問題を遺族の心情だけで論じるのは無理がある。捜索活動上も、死者の氏名公

表が重要な場合がある。安否不明者の名前を出す流れができたのなら、亡くなった人の名前も出さないと現場では混乱が生じるだろう。災害の検証、調査を進める上でも死者の氏名は重要な情報だ。医療事故や鉄道事故のような、公的な検証の仕組みができていない災害では、学会や研究者、報道機関などの現地調査が欠かせない。それには死者の氏名が唯一にして最大の端緒となる。犠牲者の死を教訓に、今後の防災に生かさなければならない。災害大国の日本で、事例の蓄積を進めるため死者の氏名は公益性があり、欠かせない情報と言える。氏名があるからこそ、リアリティーをもって後世に伝わる。国は検討会を立ち上げるなど、この問題に関する議論を深めるように努めるべきだ」（西日本新聞 2023 年 8 月 8 日「災害死者名揺れる公表 7 月大雨九州 3 県で 2 人のみ「調査、教訓に生かせず」識者」。なお前掲 2023 年 7 月 1 日共同通信配信でも同趣旨の筆者解説を掲載）。

6 新型コロナウイルス感染症と個人情報保護法制への誤解

　2021 年 8 月 25 日、厚生労働省は事務連絡「感染症法第 44 条の 3 第 6 項の規定による都道府県と市町村の連携について（周知）」を都道府県、特別区、保健所設置市に発信する。その日の新型コロナウイルス感染症患者は 10 万人を超えるという情勢下であった。なお保健所は、疾病予防や衛生向上など地域住民の健康維持や増進に関する業務を行う公的施設で、都道府県、政令指定都市、中核市、特別区等に設置されており、2023 年 4 月 1 日時点で 468 本所 123 支所がある。つまり保健所のない市町村のほうが圧倒的に多い。事務連絡は、2021 年 2 月改正になった感染症法 44 条の 3 第 6 項が「都道府県が自宅療養者等に対する食事の提供などの生活支援を行うに当たっては、必要に応じて市町村と連携するよう努めなければならない」としていることを踏まえ、「感染症法における感染症対策の実施主体は、都道府県及び保健所設置市とされていますが、自宅療養者の生活支援などの住民サービスについては、住民に身近な立場である市町村の協力も重要であるため、連携規定に基づき、都道府県と市町村が連携して自宅療養者等に対する生活支援を行う」よう要請するものである。当然ながら保健所が把握する自宅療養者情報（個人情報）を保健所のない市町村と共有してこそ施策は実現できる。「しかし、読売新聞が 8 月 30 日〜9 月 1 日、全国 47 都道府県に対し、広域保健所が持つ自宅療養者の氏名や住所、連絡先といった個人情報を管内市町村に提供しているかどうかを尋ねたところ、34 都府県が「提供していない」と回答した。このうち、東京や福岡など 19 都府

県が、提供しない理由に「個人情報保護条例に抵触するか、その恐れがある」を挙げた。「市町村から要望がない」ことを理由に提供していないのは長野や岡山など5県。岩手と秋田、和歌山などの5県は管内に自宅療養者がいないため提供していない。また、「保健所で自宅療養者への対応ができている」といった県も複数あった」「提供しない理由として県側の多くは「個人情報の保護」を挙げるが、自前の保健所がない市町村では、どこに療養者がいるか分からず、健康状態の確認や生活面での支援が難航している」という実態を浮き彫りにした（読売新聞2021年9月3日朝刊「コロナ自宅療養者　34都府県「市町村に伝えず」個人情報保護　壁に」）。

　47都道府県すべての個人情報保護条例（当時）では、生命や健康の保護のため緊急性があるときは本人の同意なくして個人情報を外部提供することができる旨の条項がある。本人同意だけにこだわって、新型コロナウイルス感染症患者である自宅療養者への支援のための個人情報共有を滞らせるなど、断じてあり得ないはずの対応である。個人情報保護を理由として情報提供していないなどと都道府県の部署が回答するほどに、個人情報保護法制に関する政策法務リテラシーは浸透していないのかと絶望せざるを得ない。しかも直前に生活支援のための都道府県と市町村の連携を求める事務連絡があったのにもかかわらずである。

　事態の深刻さを受けて、厚生労働省は、2021年9月6日に通知「感染症法第44条の3第6項の規定による都道府県と市町村の連携について（自宅療養者等に係る個人情報の提供等に関する取扱いについて）」（健感発0906第2号・総行行第297号）を緊急発出する。通知は、「都道府県から市町村への自宅療養者等の個人情報の提供については、各都道府県がそれぞれの個人情報保護条例に照らしてその可否を判断することとなりますが、連携規定に基づき市町村が自宅療養者等の食料品、生活必需品等の提供などの生活支援を行うために必要な市町村への個人情報の提供は、一般的には、人の生命又は身体の保護のため、緊急の必要があるときの個人情報の提供と考えられることから、それを踏まえて個人情報保護条例に定める個人情報の利用及び提供制限の例外規定の適用の検討をお願いいたします」と明記する。個人情報の取扱いについて硬直的な解釈にならないよう、国がナショナルミニマムとなる見解を示し、自治体へ政策改善を促したのである。

　2021年11月末には、「新型コロナウイルス感染症の自宅療養者について、都道府県が設置する「広域保健所」から管内市町村に個人情報の提供が進んで

いなかった問題で、第6波に向けて情報共有の動きが加速している。読売新聞が調査したところ、今夏の第5波の段階では情報提供は15道府県にとどまっていたが、11月末で36都道府県が「提供する」と答えた」（読売新聞2021年12月3日朝刊「新型コロナ自宅療養情報進む提供 保健所から市町村へ）など状況は改善へ向かい始めた。

7 個人情報は個人を救うためにある

(1) 災害と個人情報に関する専門法務研修が必要

　災害対応は、個人情報保護法が目的としている「個人の権利利益の保護」をいかにして達成するかという問題を正面から突き付けられる場面である。最前線で任務を行う自治体や地域支援組織に法の理解が浸透し、法律的思考力をもとに条文を解釈できる力が醸成されていてこそ、個人情報は適切に利活用され、命を守り、健康を維持することに役立てられる。ところが、個人情報保護法は思いのほか難解である。法の趣旨や、個人情報の定義という入口段階でも、正確かつ平易に解説する教材や研修講義に巡り合うことは容易ではない。内閣府「防災分野における個人情報の取扱いに関する検討会」でも、筆者を含む複数委員から、「災害時に指針を活かすためには、教育の過程が重要である。特に災害に関連した個人情報のリテラシーに関する教育の場は極めて少ないのが実状。一方で、個人情報保護法については、基本的な知識だけでも触れる機会を与えると担当者の意識が一変した例も多く見てきた。自治体職員だけでなく、情報提供を受ける側の支援者にも教育の場を設けることが理想だが、一回二回の発信で簡単に根付く話ではないので繰り返し根気強く情報を発信していく必要がある。指針の作成と並行して、今後の教育体制についても検討してほしい」（第3回議事録）、「本指針の勉強会や研修について、例えば総務課がICTやDX、防災など様々な業務を行う必要がある自治体に対しては特に、実施方法を工夫する必要がある。自治体の規模に関わらず、全国1,700の自治体の担当者が正確に理解できるよう工夫をしてほしい」「個人情報保護法に関しては、大学教育や社会人向けのリカレント教育や学びなおしの場でも機会が少ないのが現状である。そのため、内閣府の研修等で、災害と個人情報に関する分野を必修科目として1コマ設けることや、他省庁で実施している研修等に組み込むように調整するなど、恒常的に実施できるようすることが望ましい。都道府県を巡る講演キャラバンという方法も考えられる」（第7回議事録）など個人情報保護法

研修の機会拡充を求める提言を行ったところである。災害と個人情報に関する政策法務についての公的機関による研修は少ない。恒常化した研修としては、本書執筆時点では公益財団法人全国市町村研修財団市町村職員中央研修所（市町村アカデミー）で年 1 回の頻度で実施している「情報公開と個人情報保護」クラスのなかの 1 コマ「災害と個人情報」だけではないだろうか。大学でのまとまった講座も慶應義塾大学『災害復興と法』や、岩手大学や神戸市看護大学の集中講座など数えるほどしかない。内閣府が 2013 年度より研究機関や民間事業者に委託して開催している「防災スペシャリスト養成研修」は、防災分野では第一人者の研究者や実務家が講師となって、災害対策に必要となる組織の構築や制度それ自体の紹介を網羅的行ってはいるものの、当該制度や法律を自治体職員や地域社会が使いこなすための政策法務に関する研修メニューは乏しいと言わざるを得ない。今後のブレイクスルーに期待したい。

(2)　地域向け情報講座の展開──個人情報を知ることが利活用を促進する

　西日本豪雨から 1 年経過した毎日新聞 2018 年 7 月 13 日朝刊「検証：西日本豪雨 1 年　避難なお課題　要支援者名簿に個人情報の壁」によれば、災害発生時の広島県安芸高田市では、作成済の避難行動要支援者名簿の情報を、情報提供に同意があった分も含め、民生委員や自主防災組織に事前提供できていなかった。西日本豪雨後に同意分だけでも市から地域へ提供をはじめたが、「個人情報の管理が怖い」「避難の責任を負えない」などと支援者側で受け取りをためらうケースがあり、80 の自主防災組織のうち 8 団体だけが同意した分の名簿情報を受け取ったにすぎなかった。広島県三原市でも避難行動要支援者名簿のうち提供に同意したのは 1 万人だが、提供が実現できているのはその 3 分の 1 にすぎない。

　利活用を阻む原因が、個人情報管理への懸念や恐怖である。これを払拭する唯一にして最大の方法は、市民にすべからく個人情報保護法の基礎知識に関する研修を実施することではないかと考える。「個人情報保護法の目的は？」「個人情報の定義は？」「要配慮個人情報とは？」「安全管理とは？」「第三者提供や目的外利用とは？」「個人情報の漏洩の原因はほとんどが防げた人為的ミス？」といった、ごくごく基本的な個人情報保護法基礎講座を実践するのである。個人情報保護法はわかりにくい。しかし、個人情報それ自体を全く知らないことは、未知への恐怖を増大させ、取扱いを拒む原因となる。個人情報という得体のしれないものの正体を、少しでも見えるようにする。これが意外にも

個人情報の利活用を促す近道であり、同時に安全管理措置向上への即効性ある取組になる。少しずつだが、このような考えに立って自主防災組織や自治会町会へ向けた個人情報保護法研修を実践する取り組みが必要である。2016 年 11 月には、鎌倉市主導により鎌倉市自治町内会総連合会で災害時の避難行動要支援者名簿の活用の意義と個人情報保護法の基礎を学ぶ研修を行った。2018 年 8 月には、高知市主導で東西南北の高知市内の自治会連合会 4 か所を巡り個人情報保護法の基礎研修を実施した。自治体政策法務研修としての「災害と個人情報」カリキュラムではなく、ごく一般的な個人情報保護法の基礎を学ぶことをメインにした研修である（高知新聞 2018 年 8 月 25 日「災害時個人情報扱い学ぶ　高知市『ミス防止でリスク減』」）。高知市からは自治会町会への名簿情報提供に対するハードルが下がったとの朗報を得たところである。

⑶　東日本大震災津波伝承館が伝える事実

　2023 年 5 月 3 日、岩手県陸前高田市にある「東日本大震災津波伝承館いわて TSUNAMI メモリアル」を訪れた。2019 年 9 月 22 日に開館した津波被害と教訓を伝承する巨大な施設である。常設展示の中央には、津波被害にあって原形を留めていない「田野畑村消防団」の名前が入った消防車両がある。解説パネルには「東日本大震災津波では、水門閉鎖や避難誘導などに対応した消防団員に大きな被害が及んだことも事実です。発災時に水門閉鎖に向かうことは、それ自体が危険を伴います。……また、直ちに避難しない住民への説得や、避難の介助を行う中で逃げ遅れた団員もいました。地域住民の安全とともに消防団員の安全をいかに守っていくのか。そのことが大きく問われることになりました」と記述されている。問題は、では問われてどうするのかである。その答えの一つに平時からの名簿情報共有施策の推進があることは間違いない。消防団員は公務員ではない。有志の地域住民なのである。救援者の命もまた最優先すべきであり、平時からの名簿情報共有や個別避難計画情報の共有は、法律レベルで担保すべきナショナルミニマムなのだと実感できる。

⑷　忘れられぬ津波被災地の光景

　2012 年 5 月 10 日、当時は亀田総合病院から南相馬市立総合病院へ出向していた原澤慶太郎医師の案内で、当時は警戒区域で自由に出入りができない南相馬市小高区以南のエリアに立ち入った。小高区沿岸部では消防団の消防車両が津波で無残な姿になっているのを複数例目にした。とても直視できなかったが

なんとか写真に残していた。災害では、助けを待つ者も、助けに向かう者も命を落とすのだという重たい現実がそこに突き付けられていたのである。少しでもこのような犠牲を減らすのが「避難行動要支援者名簿」であり未同意者についても名簿情報の平時共有を進める「独自条例」の存在のはずである。そして、災害

南相馬市小高区沿岸部。車両には「小高町消防団」とある（2012 年 5 月筆者撮影）

がいざ起きてしまったときには迅速な「安否不明者の氏名公表」で災害救助の可能性を少しでも上げ、救援捜索にあたる救援者や関係者のリスクを減らすべきなのである。

　社会貢献支援財団平成 24 年度東日本大震災における貢献者表彰「大槌町消防団第二分団　小國峰男『東日本大震災大津波を経験して』」の一節を抜粋する。『災害復興法学』、『災害復興法学Ⅱ』につづき本書で改めて「個人情報は個人を救うためにある」と述べておきたい。

　平成 23 年 3 月 11 日 14 時 46 分、かつてない大きな地震を経験した我々第二分団員は、津波襲来を直感し地震が収まらないうちに、自宅や職場からそれぞれ水門扉門の閉鎖に急行しました。15 時 04 分管轄地区内の水門扉門の閉鎖を完了し、その後、難誘導等次の任務に散って行きました。
　停電で屯所のサイレンが吹鳴出来なくなり半鐘を乱打していた団員、防潮堤上から海側の逃げ遅れ者の確認誘導をしていた団員、屯所に参集途上だった団員、屯所付近で避難誘導をしていた団員、寝たきり者の救助活動をしていた団員が、15 時 20 分過ぎに防潮堤を越流した大津波に呑みこまれ、11 名の仲間が帰らぬ人となってしまいました。
　11 名の仲間達には、逃げてもらいたかった、生きて又一緒に活動したかったと強く思いますが、我々消防団員は災害現場で逃げない人や逃げられない人が居れば、自らも逃げられないのです。そんなジレンマと闘いながら全国の消防団員は災害から国民を守っているのです。

第7章 救えた命、失われゆく声

命を守る災害関連死データの集積と分析

○**委員（国会議員）** ……国で、過去の災害関連死の事例というものは収集をされておりますか。

○**内閣府政策統括官政府参考人** ……復興庁において、東日本大震災の震災関連死について、市町村から報告を受けたものの原因等を整理したことはあると伺っておりますが、全国的に災害関連死の事例収集を行ったことはありません。

○**委員（国会議員）** 大臣、お聞きになりましたか。市町村による災害関連死の認定が適切に行われるように、過去の災害も含めた事例収集、それからそれを公表するということ、これが大変重要だというふうに思います。4月11日の衆議院災害対策特別委員会では、過去の災害の事例収集等については政府からの言及はありませんでしたけれども、改めてこの点について、今後、政府としてどのように取り組むのか、大臣にお伺いをしたいと思います。

○**内閣府防災担当大臣** ……災害関連死を減らすためにも、まずはその数を把握することが重要であるというふうに考えられることから、先日、災害関連死の定義を定め、関係省庁と共有するとともに、自治体に周知をしたところでもございます。お尋ねの災害関連死の事例収集については、東日本大震災や熊本地震等の過去の災害関連死の認定例、判例等を収集、分析し、整理した上で公表したいというふうに考えております。

（第198回国会衆議院災害対策特別委員会第4号・令和元年5月24日より一部省略の上抜粋）

○**委員（国会議員）** 東日本大震災から10年が経過をいたしました。……先日のNHKの報道によりますと、東日本大震災で災害関連死として認定された方は、3月9日時点で、福島で2320人など、合計3775人にも上るということであります。……令和元年の7月に、内閣府は全国の自治体に対して、災害関連死の事例を収集したいとお願いをしております。……この後の事例収集の進捗状況、これがどのようになっているのか、結果が出る頃だと思いますので、御答弁をお願いいたします。

○**内閣府防災担当大臣** ……現在、災害関連死の認定事例、不認定事例、判例を事例集としてまとめる作業を進めており、今月末から来月までの間において取りまとめたいと考えております。

○**委員（国会議員）** 来月までの間にという御答弁でございましたが、なかなか事

前のレクのときにお答えをいただけませんでした。……また、今、お手元の資料一を御覧いただけますと分かると思いますけれども、これはそのときに会議で配られました「災害関連死事例収集」というものの中の一枚でございまして、これ（※第198回国会衆議院災害対策特別委員会第4号（令和元年5月24日）の大臣答弁の内容）につきましてはこのように書かれているわけです。なのにもかかわらず、こちらは口頭でこの会議体で自治体にお願いをしているだけで、締切りも示しておりまん。それから、その後、メールで催促をしているというような状況でありますが、そのメールを資料要求いたしましたものが、その次のページに出ております。これを見ていただきますと、2019年4月以降の弔慰金支給決定分に限定をされているんです。……これは、2019年度の支給決定数、その後にも資料をつけておりますが、直接死を含めて僅か162件であります。これだけの数を集めるのに1年半もかかるということなのでしょうか。しかも、よく見ていただきたいのですが、……「災害関連死の事例収集については、東日本大震災や熊本地震等の過去の災害関連死の認定例、判例等を収集、分析し、整理した上で公表したい」と、わざわざ東日本大震災、熊本と書かれているわけなんですけれども、それをほごにするように、2019年の4月、支給決定数の中でというふうに限定をしている。これは大臣の言葉そのものののはごになるのではないでしょうか。こういうことでは、きちんとした事例集になるとは到底思えません。おざなりの調査であってはならない、それでは失われた命が教訓として生かされません。

○内閣府防災担当大臣　　東日本大震災における震災の関連死に関する事例等の調査は、復興庁において行われておりまして、平成24年には、当時の1632件の震災関連死のうち、死者数が多い一定の市町村等を調査分析対象として、1263件について実施をされたと承知しています。現在、内閣府において作業を進めている災害関連死の事例集については、他の自治体の参考になるように、まず復興庁による調査分析に加え、近年の災害における判定事例や、東日本大震災及び熊本地震の判例について、事例ごとに死亡までの経緯等がより具体的に分かる形で重点的に取りまとめることとして作業を進めているところであります。……

○委員（国会議員）　　……復興庁がやった調査は、これは数字だけです。中身を一つ一つつぶさに、どういった原因だったのかとかそういうところまではデータベース化されておりません。是非ここをやっていかないと、本当に、今なお避難所生活で苦しい思いをされて、我慢をして、そしてまた体調を崩していく方が、今も繰り返されているわけです。是非、大臣、そこの御認識、東日本大震災も含めて今後ともやっていただけるというようなことをお考えいただきたいと思います。更に申し上げれば、……大臣の号令の下、この答弁を踏まえて、この2019年4月以前の支給決定分も含めて、自治体には災害弔慰金の支給審査会が持つ議事録などが詳細にあります、こうしたものも収集をしていただき、医学、それから看護、介護、それから防災の有識者、こうした方々の研究チームを組織して、是非、亡くなられた災

害関連死の事例をデータベース化していただくように更なるお取組をお願いしたいと思いますが、東日本大震災も含めて事例収集のことを最後にもう一度お伺いしたいと思います。

○**内閣府防災担当大臣**　　関係省庁、そして自治体も含めて、現場の数字等々、しっかりと調査をする努力をしてまいりたいと思います。

（第 204 回国会衆議院災害対策特別委員会第 3 号・令和 3 年 3 月 18 日より発言一部省略の上抜粋）

○**委員（国会議員）**　　3 月 18 日の当委員会で大臣がお示しをしていただいた期限どおり、4 月の末に、西日本豪雨など、最近の災害関連死の事例集が取りまとめをしていただきました。……災害関連死の新たな一つの大きなモデルとなる事例集ができたわけですけれども、……10 年たちました東日本大震災と、それから熊本地震の事例集ということではまだ不十分なのではないかと思いますが、大臣に御所見を伺いたいと思います。

○**内閣府防災担当大臣**　　……事例集を作ること自体が実は大変な作業でもございましたし、その一つ一つにおいて、人様の命に関わる判定でありますので、その判定に関わった方々の御苦労も、これはもう並大抵じゃないというふうに思う中で、今回、正式に公表したところであります。この事例集における、市町村における災害関連死の認定が円滑、適切に行われることを目的としたものであり、自治体において災害関連死を防止する上でも参考になる内容であると改めて考えております。……自治体においては、今後の災害対応においても参考とし、役立てていただけるものと考えております。

○**委員（国会議員）**　　……復興庁が 2012 年に東日本大震災における災害関連死に関する報告書をまとめておりますが、この資料の方は、日弁連が意見書で評価をしております。この中では、1632 件の関連死のうち 1263 件のみが対象になっております。どうすればその命を救うことができたのかという視点から、課題の抽出、今後の対応の検討にはまだまだ具体性を欠き、不十分と言わざるを得ないということであると思います。そしてまた、福島県において発災から 1 年以上経過した後に亡くなった 35 件を対象とする調査を行っているものの、その検証はまだなされておりません。是非このことも踏まえてお考えをいただきたいわけですけれども、東日本から 10 年を迎えまして、毎日新聞の調査によりますと、この 29 自治体のうち、仙台市など 5 自治体、これは保存期限を過ぎた議事録の永年保存を決めている一方で、6 自治体は、規定に基づき、既に廃棄をしたり、廃棄を決めたりしております。また、18 自治体は廃棄か永年保存かも検討していないということであります。こうしたことも踏まえますと、大変重要な資料が散逸をしてしまう、なくなってしまうということにもなりかねません。今日は復興庁にも来ていただいております。設置期限が 10 年間延長された復興庁として、やはりこの東日本大震災の災害関連死を、その後

の、後世の教訓に生かすべきだと私は強く考えております。是非、復興庁として、ワーキンググループ、プロジェクトチームを組織して、今回内閣防災が取りまとめた事例集をお手本として、福島の原発事故被災者も含めた形で、また、裁判の判例なども積極的に収集をして、2012年以降に示された判例、そうしたものも収集していただいて、どうすれば命を救うことができたのかという視点から、もう一度課題の抽出、取りまとめをしていただく、そして、東日本大震災における災害関連死事例集として、内閣防災と連携をした形でお取りまとめをいただき、公表していただけないかと思いますが、いかがでしょうか。

〇復興副大臣　……平成24年に取りまとめられました東日本大震災における震災関連死に関する報告、これは、震災関連死の死者数が多い市町村と原発事故により避難指示が出された市町村の1263人を対象といたしました。市町村から提供いただいた死亡診断書、あるいは災害弔慰金支給審査委員会で活用された経緯書等を基に、市町村の職員や有識者からヒアリングも実施した上で、死亡時期や死亡原因等について調査及び分析を行ったものであります。……

〇委員（国会議員）　災害関連死事例集ということについてはなかなかお答えをいただけなかったわけですけれども、……それでは、せめて、取りあえず、今廃棄をしそうな自治体もあるわけですから、復興庁が内閣防災と連携をして、この書類の、自治体で今進めようとしている災害関連死関連の書類の廃棄を止めるように、こういうことも通知を出すなど御検討いただきたいと思いますが、いかがでしょうか。

〇復興副大臣　……災害関連死の審査資料の保存期間につきましては、文書の重要性等を踏まえて、各市町村の条例によって定められているものであります。期限後の取扱いについても、各自治体が、保存場所等の確保の観点も踏まえ、各々の状況に応じて判断されるべきものと考えております。

〇委員（国会議員）　……副大臣にお答えをいただきましたが、やはり、一度なくなってしまってはもう手がつけられないことになりますし、これまでも寄り添っていただいた復興庁として、更に寄り添いを深めていただきまして、こうした重要な資料の保存ということについても、やはり現地といろいろお話合いをしていただきたいと思います。……質問を終わらせていただきます。

（第204回国会衆議院災害対策特別委員会第6号・令和3年5月20日より発言一部省略の上抜粋）

〇委員（国会議員）　震災関連死と震災関連自殺の事例を後の防災の教訓に生かしていく必要があると思っております。内閣府が令和3年4月に、先ほど取り上げました災害関連死の関連文書の一部などを参考に、災害関連死事例集を公表したということは非常に評価しております。……災害関連死事例集の活用方法と今後の課題について教えてほしいと思います。

〇政府参考人内閣府官房審議官　……災害関連死の事例調査は、今後の防災対策、

被災者支援の検討を行う上でも必要であると考えております。現在、内閣府では、令和２年度そして３年度に市町村の審査会で審査された事例につきまして収集、分析を進めておりまして、その結果について事例ごとに要因となった事実を抽出するとともに、要因別の具体的なケースを参照できるようにするなど、自治体や医療、福祉関係者が対策を検討するための参考、手引としても活用いただけるよう工夫してまいります。

（第 211 回衆議院国会東日本大震災復興特別委員会第３号・令和５年３月 14 日より発言一部省略の上抜粋）

1　救えたはずの命を守れ──災害関連死を巡る論点総ざらい

　災害関連死を巡る公共政策上の課題ほど多種多様なものはない。災害関連死の定義、避難所環境整備による災害関連死の防止、災害救助法の徹底活用と避難所 TKB、進まない災害関連死事例の収集とデータ分析、災害弔慰金の認定をめぐる誤った運用、自治体の災害弔慰金支給審査委員会の構成を巡る問題、災害弔慰金の額の判定基準、災害弔慰金の不支給処分と理由開示、災害関連死を担当する国の部局の不存在等、論点をあげればきりがない（災害復興法学Ⅱ第２部第４章・第５章）。東日本大震災から年月が経過し関連報道が少なくなっても、節目になると必ず「災害関連死」特集が組まれるほどである。災害関連死とは、救えたはずの命が失われてしまったということであり、本来あってはならない概念のはずだ。今こそ災害関連死ゼロを目指し産学政官が総力を結集するときである。災害復興法学講座では当然のこと、2018 年 10 月の災害関連死ゼロフォーラム第１回全国大会シンポジウム（一般社団法人地域防災支援協会等）での「災害関連死とは、そもそも何か　災害関連死の認定と防止をめぐる法律・政策上の課題」や、2020 年 11 月の災害関連死ゼロサミット（助けあいジャパン）での「災害関連死を法律でゼロに！　〜災害復興法学」で課題解決に向けた提言を繰り返してきた。2022 年２月１日のシンポジウム「災害関連死の本質〜現場で感じるこれからの課題」（福島県立医科大学）は圧巻だった。福島県立医科大学の坪倉正治教授・医師、同澤野豊明研究員・医師、さいたま赤十字病院の坪井基浩医師、元岩手弁護士会の在間文康弁護士、仙台弁護士会の宇都彰浩弁護士、福島県弁護士会の渡辺淑彦弁護士らが登壇し、これまでの政策上の課題を総ざらいし、原子力発電所事故や避難生活が災害関連死へ与えた影響の分析を踏まえ、

誰もが「災害関連死事例の集積と分析」の推進を訴えたのである。

2　災害関連死とは何か

⑴　揺れる災害関連死の定義

　災害関連死とは「直接死以外で当該災害と死亡との間に相当因果関係が認められるもの」をいう。定義した法律は存在しないが、これ以外には表現しようがない（災害復興法学Ⅱ第2部第4章）。熊本市「平成28年熊本地震関連死認定基準（平成28年4月14日発災）」では「平成28年熊本地震の影響（地震及びその後の余震に起因する家屋・家財の倒損壊、医療機関や介護施設等の機能低下・停止、ライフラインの途絶や交通事情等の悪化、避難生活、ストレスやショック、その他生活環境の変化などによる肉体的・精神的影響をいう。）による負傷又は疾病、既往症の増悪などによる死亡で、地震と死亡との間に相当因果関係が認められるものをいう」と定義し、岡山市「平成30年7月豪雨災害関連死認定基準」も「平成30年7月豪雨災害の影響（豪雨による河川のはんらん、土砂崩れや土石流の発生に起因する家屋の倒壊や水損、医療機関や社会福祉施設等の機能の低下や停止、ライフラインの途絶や交通事情等の悪化、避難生活、その他生活環境の変化などによる肉体的・精神的疲労をいう。）による負傷や疾病、既往症の増悪などによる死亡で、災害と死亡との間に「相当因果関係」（災害により生じた事象から当該死亡という結果が生じることが相当であると認められる関係。以下同じ。）が認められるものをいう」と定義する。災害弔慰金の支給のための基準なので例示的な文言が記載されているが、総じて疑義のない記述である。

　2019年4月3日、内閣府（防災担当）被災者行政担当は、災害による直接死だけではなく災害関連死の人数を把握することを意図して、事務連絡「災害関連死の定義について」を公表する。災害関連死を「当該災害による負傷の悪化又は避難生活等における身体的負担による疾病により死亡し、災害弔慰金の支給等に関する法律（昭和48年法律第82号）に基づき災害が原因で死亡したものと認められたもの（実際には災害弔慰金が支給されていないものも含めるが、当該災害が原因で所在が不明なものは除く。）」と定義した。この定義は一見して明らかに誤っている。「……身体的負担による疾病により死亡し」としか記述していないため、災害と相当因果関係のある死亡のうち、さらに「身体的負担による疾病」だけに災害関連死を限定してしまっている。「身体的負担による疾病『等』」なら例示としてみられるので問題ないが、「身体的負担による疾病により」ではどう解釈しても狭すぎる。この過ちは有志弁護士らがすぐさま指摘し、かつ国会質

疑でも問題となる（2019年5月24日衆議院災害対策委員会）。政府参考人（内閣府防災担当政策統括官）からは「定義の疾病により死亡したものには、避難生活等における身体的負担によるものであれば、精神疾患による自殺も含まれると解しており、その旨は既に都道府県等にも周知しているところでございます」との答弁を引き出すことができた。しかし、定義自体は修正されなかった。「身体的負担による疾病により」を「身体的負担による疾病等により」に修正しないままで、ただ「疾病」に自殺なども含む旨の答弁をしたのである。やや無理があると言わざるを得ない。後述2021年4月30日に内閣府が公表した「災害関連死事例集」でも定義は修正されず、定義のあとに「なお、定義では、「当該災害による負傷の悪化又は避難生活等における身体的負担による疾病により死亡」とあるところ、避難生活等における身体的負担によるものであれば、精神疾患による自殺も含まれることとしている」と記述したり、資料の質疑応答部分に「災害による死亡であるかどうかは、いわゆる相当の因果関係により判断するものである」と記述されていたりするにとどまる。内閣府の認識（説明）と定義は依然矛盾したままである。将来月日が流れた折には未修正の定義だけが独り歩きをする危険が払拭できない。東日本大震災でも厚生労働省による災害関連死認定の「長岡基準」の誤った周知とそれを鵜呑みにした自治体による災害弔慰金申請の門前払が懸念された事例もあった（災害復興法学Ⅱ第2部第4章）。法の趣旨に沿わない災害弔慰金不支給決定を助長しかねない内閣府による災害関連死の定義は直ちに修正されるべきである。

　1995年1月17日の阪神・淡路大震災を受け、当時の厚生省が、「震災関連死」を「震災と相当な因果関係があると災害弔慰金判定委員会等において認定された死者」としたことで国でも公式に災害関連死概念が確立した。東日本大震災後の復興庁も「遺族等から市町村に提供された発災から死亡までの経緯書の中で、東日本大震災と相当の因果関係があるとして災害弔慰金の支給対象となられた方」を「震災関連死」だとした（復興庁「第3回震災関連死に関する検討会（議事録）」2012年8月21日）。災害関連死の定義としては「災害と死亡との相当因果関係」という単純で正確なものへと回帰すべきである。この点について、阪神・淡路大震災にて集中治療室で治療中に震災が発生し、その直後に患者が死亡したことについて震災と患者の死亡との間に相当因果関係があるとして災害弔慰金不支給決定が取り消された事例（大阪高等裁判所平成10年4月28日判決、災害復興法学Ⅱ第2部第4章）は、2002年（平成14年）12月19日に芦屋市の上告を棄却する決定で確定に至るが、その決定に関わった泉德治最高裁判事は退官後にメ

ディアの取材で「法律は「災害による死亡」とだけ書いてありますので、災害が原因で死亡したかどうかに尽きる。震災だから特に幅広く取るとか、そういうことは特段考えませんでした」と述べていることも忘れてはならない（奥山2015）。

⑵　阪神・淡路大震災以降、平成の災害関連死は約 5,000 人

　2019 年（平成 31 年）になると、4 月末で平成が終わることを受け平成の自然災害を総括するメディア特集が増えていた。2019 年 1 月 28 日朝日新聞朝刊はトップ記事で「災害関連死計 4958 人 95 年以降　認定基準ばらつき」「災害関連 5 千人「阪神」以降統一基準なし・審査非公開／祖父の死　検証したいのに／ばらつく認定率遺族提訴も」と報じた。2019 年 2 月 8 日河北新報ほか共同通信配信で、「平成災害関連死 4958 人　進まぬ改善、不認定も」「生きぬ教訓　課題山積　認定審査に遺族ら批判」など特集記事が掲載された。同記事では、災害弔慰金支給のための関連死認定が厳しすぎる点について、「岡本正弁護士は「避けられた事例の中にも、関連死と認めるべき事例が相当あるはず」と指摘する」。「災害が起きるたびに自治体から「国が統一した審査基準を示して」との声が出るが、岡本弁護士は「数字などが独り歩きしかねず、丁寧に個別の事例をみるしかない」と疑問を投げかける」。エコノミークラス症候群対策、食事やトイレ環境の改善も少しずつ進む。「避難所・避難生活学会理事でもある岡本弁護士は「ベッド・トイレ・栄養を改善すれば関連死は劇的に減らせる」と強調する。そのためには「国が事例を集め、避難所改善などの根拠にすべきだ。5 千人近くも亡くなったのに、教訓が生かされていないのはおかしい」と語った」。共同通信の調査による 2019 年 1 月時点の災害関連死者数とその割合を記述する（図表 2 - 18）。新潟県中越地震、関東・東北豪雨、熊本地震に至っては、災害関連死が直接死を上回る。ここに記述がない災害は災害関連死が 0 人だったわけではなく、被災地市町村で既に記録廃棄のため人数が判明しないものや、最初から公的な集計をしていないというものもあった。なお、2023 年 6 月 30 日発表の復興庁「東日本大震災における震災関連死の死者数（令和 4 年 3 月 31 日現在調査結果）」による東日本大震災の災害関連死者数は累計 3,794 人に及ぶ。

図表 2-18　災害関連死者数と割合（2019 年 1 月時点）

発生年	災害名	死者行方不明者総数	うち関連死	関連死割合
1995	阪神・淡路大震災	6,437	921	14.3%
2004	新潟県中越地震	68	52	76.5%
2007	新潟県中越沖地震	15	4	26.7%
2009	中国・九州北部豪雨	35	5	14.3%
2011	東日本大震災	22,132	3,701	16.7%
2011	紀伊半島豪雨（台風第 12 号）	98	6	6.1%
2014	広島市豪雨土砂災害	77	3	3.9%
2015	関東・東北豪雨	20	12	60.0%
2016	熊本地震	273	218	79.9%
2016	台風第 10 号	32	4	12.5%
2019	九州北部豪雨	44	1	2.3%
2018	大阪府北部地震	6	2	33.3%
2018	西日本豪雨	258	28	10.9%
2018	北海道胆振東部地震	42	1	2.4%
		合計 29,537	合計 4,958	平均 16.8%

3　災害関連死事例の収集とデータ分析

(1)　なぜ災害関連死事例を収集すべきなのか

　2018 年 8 月 23 日、日弁連は「災害関連死の事例の集積、分析、公表を求める意見書」により「国は、将来の災害関連死を減らすために、災害関連死の事例を全国の地方自治体から集め、多様な分野の専門家をもって構成される調査機関を設置した上で、当該調査機関をして、死亡原因、死亡に至る経過、今後の課題等を個別の事例ごとに十分に分析するとともに、分析結果を匿名化して公表すべきである」と提言した。主に東日本大震災や熊本地震の災害弔慰金支給認定に関する課題を受けてとりまとめに至ったものである（この直前までの政策の軌跡については、災害復興法学Ⅱ第 2 部第 4 章）。弁護士らは総力を挙げてこの課題に取り組み、学術界やメディアへの発信も精力的に行ったが、相変わらず国は、東日本大震災については 2012 年の復興庁報告書で対応済み、熊本地震は熊本県が取りまとめたもので十分との回答に終始していた。

　「災害による直接死以外で、災害との因果関係がある死を災害関連死という。避難生活の影響で心身の調子を崩したり、既往症が悪化したりして亡くなるケースが代表例だ。東日本大震災で 3,701 人、熊本地震では 218 人を数える。災害関連死に認定されることは、不可抗力の災害が原因で亡くなったという側

面がある点で、残された家族の心の負担が軽減される場合がある。直接死同様に災害弔慰金が支払われるので生活再建にもつながる。災害関連死は救えたはずの命だ。その数を減らすことは、防災・減災施策の中心に位置づけられなければならない。減らすためには、事例を収集し、分析し、教訓を抽出しなければならない。一人ひとりの命が失われたその過程は、事前の防災・減災施策の弱点を見抜くヒントになる。災害救助法が定める避難所の設置基準等の改善につながる資料にもなる。ところが、現在まで国や自治体において災害関連死事例の詳細な分析が実施されているとは言い難い。政府は2012年に「東日本大震災における震災関連死に関する報告」をまとめた。災害時要援護者対策、避難行動、広域避難、避難所等の生活、救命・医療活動、被災者の心のケア、緊急物資、物資の円滑な供給、ライフライン復旧等が災害関連死対策に効果的だとしている。ところが、将来の災害に備えて具体的に何を準備し、どう行動すればよいかという防災・減災の視点での言及はほとんどない。「避難所運営ガイドライン」等のマニュアルができても、災害関連死対策としての人的・物的体制の改善に必要な予算の根拠はあいまいだと言わざるを得ない。医療・看護従事者、防災研究者、弁護士、カウンセラー、社会福祉士、介護福祉士、民間団体、行政職員らが知恵を寄せ合い、徹底的な事例検討をして教訓を導き出していくことが必要だ。事例分析と公表を行う場合、自治体ごとの対応では、分析能力やプライバシーへの配慮に課題がある。そこで、国が全自治体から災害関連死認定を行った記録を収集し、分析し、匿名化したうえ、数百程度のモデルケースとして公表することが不可欠になる。いわば「災害関連死事例データベース」を構築するのである。だれもが利用できてこそ、防災・減災にとって真に役立つ資料となる。事例には個人情報が含まれるので、国が漏れなく収集できるよう、自治体の個人情報保護条例を正しく解釈運用する方針を示すか、事例集約のための立法措置も検討されなければならない。自治体ごとに管理している記録が、時間経過とともに散逸してしまうことを防ぐ効果も期待できる。国は、平常時から災害関連死事例を収集し、分析し、データベースを更新・公表し、各省庁や関係団体と連携して対策を推進する常設の部署を設置すべきである。これらの根拠となる「災害関連死対策基本法」の制定を目指すことが望まれる」（毎日新聞2019年2月21日「発言：災害関連死、事例データ化を＝岡本正」）。

2019年5月24日、衆議院災害対策特別委員会で内閣府防災担当大臣が冒頭記述のとおり、これまで国が災害関連死事例を分析してこなかったことを認めたうえ、「東日本大震災や熊本地震等の過去の災害関連死の認定例、判例など

を収集、分析し、整理したうえで公表したい」と明確に答弁した。しかし、その後内閣府や復興庁にて事例集策定の動きは全く見られなかった。プロジェクトチームや検討会、研究委託事業の影も形も見えてこないのである。こうしている間にも市町村の災害弔慰金支給審査委員会の記録が廃棄処分され失われていく恐れが顕在化してきた。東日本大震災でも特に災害関連死の多い福島県で「いわき市と石川町は、被災者の避難の経過や亡くなるまでの状況が記された書類など、遺族からの提出資料を一部で廃棄していた。「文書の保存年限（5年）を経過しているものは保存していない」（いわき市）という」（朝日新聞 2020 年 4月 6 日「「関連死」審査、見えぬ実態　公開範囲、市町村で差」）。災害関連死防止の司令塔部署の設置のための立法事実すら失われてしまうのか。何とも言えぬ無力感と焦燥感が襲い掛かってくるのである。

　「多くの命が災害後に失われたことを重く受け止め、将来の教訓とすべきだ。阪神淡路大震災以降、5 千人以上が災害関連死と認定されたが、時間経過とともに重要な資料が失われつつある。国は全国の市町村が保有する関連死事例の資料を収集しでデータベース化や調査分析を行い、プライバシーに配慮した上で事例公表に踏み切るべきだ。それは今後の関連死認定の参考になる。家族が災害に起因して亡くなったのかどうかを知りたいという遺族の思いに応えるためにも、関連死と認定されるべき人を取りこぼさないことが重要だ。さらに、事例分析により被災者支援の質の向上が見込まれる。「避難所環境が悪い」「持病のある高齢者が亡くなりやすい」といったことは既に言われている。どのような持病がある人が、そんな避難生活を送り、どう亡くなったか。詳細な経緯を分析することで、実効性のある再発防止の知恵が生まれるはずだ。さまざまな人の目に触れることで、現場の被災支援も改善され、法制度や予算措置がより実情に沿った内容に底上げされることも期待したい。市町村単位での事例公表は、プライバシー保護の観点から被災自治体がためらうことも考えられ、負担も懸念される。個人情報を含む関連死事例の集約と分析が可能となるよう、国のリーダーシップで法整備や専門部署設置を進めるべきだ」（長崎新聞 2021 年1 月 17 日ほか共同通信配信「国がデータベース化を　弁護士岡本正氏」）。

(2)　埋もれた記録・失われる記録

　災害弔慰金は政令で定める一定規模以上の災害により死亡した住民の遺族に対し支払われる見舞金の性格をもつ給付金である（災害弔慰金法 3 条 1 項）。金額は 250 万円又は 500 万円である。「災害により」は災害と相当因果関係がある

という意味であり、災害直接死は勿論のこと災害関連死も含まれる。直接死の認定は迷いなく行うことができるが、災害関連死となると相当因果関係があるかどうかについて事実認定と法律的な規範へのあてはめ作業が必要になり、弁護士実務家を必須とした専門家の関与が不可欠になる。なお、相当因果関係の有無だけを判断すべきことは法律の文言上明らかなのに、金額が比較的多いことも影響してか、災害の寄与度の程度を厳しく評価することで不支給決定に傾く誤った審査結果になりがちなことは、元宮古ひまわり基金法律事務所所長であり岩手県山田町災害弔慰金支給審査委員会副委員長だった小口幸人弁護士が指摘し続けている。災害弔意金の給付の是非を決定するのは市町村であるが、運用上は弁護士と医師が中心となる外部有識者で構成される「災害弔慰金支給審査委員会」にて申請事例を検討するプロセスを踏む。ここでは必然的に申請書や遺族のヒアリング内容、専門家の意見書、亡くなった方の診療情報、会議経過等の議事録が文書保存されることになる。既に述べたとおりこの文書記録こそが、犠牲になった一人ひとりの生きた証であり、死亡に至ってしまった経緯が事実として記録された資料なのである。決して失ってはいけないと同時に、埋もれさせてもいけない教訓の塊なのである。

　2021年3月を迎えるにあたり、毎日新聞は、東日本大震災で災害弔慰金等支給審査委員会を設置している岩手県（17市町村が審査委託）、宮城県（12市町が審査委託）、福島県双葉地方町村会（8町村で構成）、26市町村（各単独設置）の合計29事例を調査した結果を報道した。永年保存を決定しているのは仙台市、石巻市、気仙沼市、大河原町、飯館村の5自治体。当時決定してはいなかったが永年保存を検討する自治体は双葉地方町村会、多賀城市、鏡石町の3自治体。既に廃棄又は廃棄を決定したのは、福島市、郡山市、いわき市、相馬市、田村市、西郷村の6自治体。宮城県と岩手県を含む残りは、期限未到来で未検討か、都度延長を検討しているという状況が判明した。「既に破棄」という取り返しのつかない事態の発生に青ざめるとともに、文書保存と検証活用の重要性が浸透していないことに愕然としたのである。文書保存の必要性を強く訴えてこなかった認識の甘さについては猛省してもしきれない。

　2023年1月から2月、共同通信は、東日本大震災、熊本地震、西日本豪雨、令和元年東日本台風等、令和2年7月豪雨の5つの特定非常災害の被災地で災害関連死の認定に関わった岩手県、宮城県、福島県双葉地方町村会、ほか146市区町村の合計149自治体の災害関連死の審査認定に関わる文書保存状況を調査した。永久保存45、永久保存検討中20、一定期間保存決定7、期限後も保

存を検討 25、期限後は廃棄を決定 14、廃棄する方向で検討 7、未定 31 という結論を得た。約 3 割の自治体は「防災に活かす」趣旨で永年保存を決定したことになる。このうち熊本地震の被災地である熊本県大津町と同菊陽町は 1 期限 10 年で破棄、益城町は期限 10 年で破棄検討という回答だった。また西日本豪雨の被災地である広島県では、福山市が規定に基づく保存期間を経過後に破棄すると回答し、広島市と府中市は未定だという。2021 年と 2023 年を比較すれば、一応は文書保存が期待できそうな傾向が見えてきたのではないだろうか。とはいえ人の死亡に関わる原因究明の重要資料が、市町村の一存だけで失われることになってよいのであろうか。一刻も早く国が主導となって災害関連死事例の集約とデータベース化を進める必要性が高いことに変わりはない。

(3) 国の「災害関連死事例集」に対する評価

　2021 年 4 月 30 日、内閣府は「災害関連死事例集（令和 3 年 4 月）」を公表する。過去の災害関連死の認定を巡る東日本大震災と熊本地震の訴訟事例 15 事件（25 判例）と 2019 年（令和元年）の災害を中心にした「災害関連死審査個別事例（認定・不認定事例）」98 事例が掲載されている。弁護士らが再三にわたり提言し、国会質疑でも要望されていた関連死に至る事実関係の記述も含まれている。98 事例の内訳は、東日本大震災 17、平成 27 年関東・東北豪雨 1、熊本地震 20、平成 29 年台風第 21 号 1、平成 30 年 7 月豪雨 43、北海道胆振東部地震 7、令和元年台風第 15 号 2、令和元年台風第 19 号 7 である。このうち認定事例は東日本大震災ほか 8 災害で 73 名であるが、同 8 災害の災害関連死者数は 4,000 名を超える。事例集では、東日本大震災については、復興庁震災関連死に関する検討会「東日本大震災における震災関連死に関する報告」（2012 年 8 月 21 日）及び復興庁「福島県における震災関連死防止のための検討報告」（2013 年 3 月 29 日）をもって国の役割は終わったかのような記載ぶりである。しかし、復興庁の報告書は、項目と統計結果が示されているにすぎず、一つひとつの事例経緯は不明で、災害対策の教訓や減災・防災の知恵を読み取るには不十分である（災害復興法学Ⅱ第 2 部第 4 章）。内閣府自らも政府参考人が「復興庁において、東日本大震災の震災関連死について、市町村から報告を受けたものの原因等を整理したことはあると伺っております」と答弁する程度の認識でしかない。熊本地震についても、熊本県「震災関連死の概況について」（2018 年 3 月 12 日報道資料）と同 2021 年 4 月 9 日付報道資料から統計情報を抜粋掲載しているのみで、一つひとつの事例の事実関係はわからない。「公表は今回だけになりそうだ。内

閣府防災担当は「亡くなった経緯にも触れており対策に生かせるはずだ。これ以上の事例収集などは検討していない」との見解だ」（中國新聞 2021 年 7 月 9 日「災害関連死非公表の壁　分析へ共有求める声」ほか共同通信配信）。復興庁はといえば、2021 年 5 月 20 日に復興副大臣の国会答弁で「把握した結果を踏まえて、引き続き現在の取組を進めることが大事だというふうに考えております」と述べたように、2012 年以降の東日本大震災の災害関連死事例収集には消極的である。

　2021 年 7 月 20 日、岡山弁護士会「平成 30 年 7 月豪雨から 3 年を迎えての会長声明」は、「「平成 30 年 7 月豪雨から 2 年を迎えるにあたっての会長声明」において、今後の災害における災害関連死の防止に役立つよう死亡原因、死亡に至る経過、今後の課題等を個別の事例ごとに十分に分析するとともに、分析結果を匿名化して公表すべきことを国等に求めていた。本年 4 月に「災害関連死事例集」が内閣府から公開されたのは大きな成果であるが、令和元年度に災害関連死として審査された事例を中心に、災害関連死と認められた事例が 73 事例、災害関連死と認められなかった事例が 25 事例の合計 98 事例しか公開されなかった。災害関連死は、現時点で公表済みの人数で、東日本大震災では全体で 3,774 名、熊本地震の熊本県では 218 名、平成 30 年 7 月豪雨の岡山県では 34 名が認定されていることからしても 98 事例がいかに限定的な公開であるかがわかる。災害関連死の事例を多く集積していくことが、災害関連死の予防に役立ち、災害関連死の認定においても公開されている先例が多ければ多いほど認定が地域毎にばらつきがでることを防げるのであるから、国に対しては、全国の自治体から災害関連死の事例をまずは 500 事例を集め、分析と公開を求める」と国の事例集の不十分さを厳しく指摘する。認定分だけでも 4,000 以上の事案があるのだから、せめて 500 事例という岡山弁護士会の提言には頷かざるを得ない。

　特に問題が大きいのは東日本大震災である。復興庁がこれまでにまとめているのは発災から 1 年以内の岩手県・宮城県・福島県の 1,263 人を対象にしたものにすぎない。しかし、事例集公表時点の災害関連死者数は 3,700 人以上に増えている。東日本大震災では 2,400 人以上の事例を国が未収集かつ未分析なまま放置されている。災害看護を専門とする神原咲子教授は、内閣府事例集が取り上げている事例は、今後の避難体制の見直しや防災政策の資料としては、その事例数も分析も全く足りていないと評価する（朝日新聞 2021 年 11 月 29 日関連死の実態「もっと把握を」）。もし発災 1 年後以降の災害関連死認定事例が公表・分析に至れば、「一定期間たった後でも、周囲が高齢者などを見守れる体制づく

りにつながる」はずなのだ（前掲中國新聞2021年7月9日）。元いわて三陸ひまわり基金法律事務所（陸前高田市）の在間文康弁護士が指摘するように「これ以上、収集・分析しないなら、事例集は形だけで終わってしまう」（同中國新聞）。

　2019年5月14日の内閣府防災担当大臣答弁を踏まえ内閣府で「災害関連死事例集」を作成する方針になったことは間違いない。2019年7月24日には、「災害弔慰金の支給等に関する法律の一部改正に伴う地方自治体担当者会議」が開催され、内閣府（防災担当）被災者行政担当の参事官が「災害関連死にかかる事例収集について」と題して一件配付資料とともに災害関連死事例集作成にかかる説明を行っている。東日本大震災や熊本地震の事例について全事例は収集しなくてよいとか、期間を限定した事例収集にするとかの方針は見受けられないし、締め切りの設定もしていない。2020年8月になって、内閣府からある自治体に対して、災害関連死事例の調査票による照会事項への回答を催促するメール連絡がなされた（冒頭引用の国会答弁で「その後、メールで催促をしているというような状況であります」との部分）。ただし、その際に照会対象になっていた事例は、東日本大震災や熊本地震を含む全事例などでは一切なく、質問した委員が指摘するように「二〇一九年四月以降の弔慰金支給決定分に限定」されていたのである。令和元年度災害弔慰金決定件数は、関連死認定は福島県53件、岡山県19件、宮城県17件、千葉県11件、広島県11件等を含む162件だけだった。内閣府はこの程度の事例収集さえすればよいという認識だったのである。明らかに2019年5月14日の衆議院災害対策特別委員会での内閣府防災対担当大臣の「災害関連死の事例収集については、東日本大震災や熊本地震等の過去の災害関連死の認定例、判例などを収集、分析し、整理したうえで公表したい」との答弁を矮小化した施策対応である。確かに2020年は新型コロナウイルス感染症まん延により、自治体はどこも多忙を極めていた。しかし4,000件以上の災害関連死事例を直近の162件に絞ったうえで事例集作成を進めようとするのは、度を越して過少な方針転換ではないだろうか。もとより本来自治体の現場には一切負担をかけることなく、国（内閣府）が、災害関連死防止と事例収集分析のための専門部署を設置し、専門家等からなるプロジェクトチームを立ち上げ、必要に応じて法整備のうえで、各種文書の整理収集を実施すべきだったのである。国が調査票を使って自治体に事例照会するという旧来型のやり方自体が誤りなのである。

　2023年5月1日、内閣府は「災害関連死事例集（増補版）」を公表した。令和2年度から令和3年度に審査された事例104件を、2021年3月の「災害関

連死事例集」に追加収載したものである。これにより合計で認定事例127件、不認定事例75件の災害関連死事例が国によってまとめられたことになる。ただし、この事例集公表に先立ち行われた冒頭の国会質疑では、内閣府官房審議官が、東日本大震災、熊本地震、西日本豪雨の未分析のまま残る災害関連死事例の集約調査については、国としては今後事例集を作成しないという回答に終わってしまっている（第211回国会衆議院東日本大震災復興特別委員会・令和5年3月14日）。

⑷　研究者・メディア・弁護士による事例分析プロジェクト

　国が過去のすべての災害関連死事例収集と分析に消極的ななか、メディア、法学、医療、看護分野の実務者・研究者らが独自に教訓の抽出を始めていく。2021年3月15日、帝京大学大学院専門職課程でもあった坪井基浩医師と河北新報の共同調査により、275事例の東日本大震災後の石巻市災害弔慰金支給審査委員会等の資料を含む「石巻市震災関連死調書」の分析結果が公表された。①呼吸器疾患による肺炎が最多であったこと、②避難環境が肺炎による死亡に強い影響を与えていること、③在宅避難者の肺炎死亡リスクも上昇していたこと、④「ショック・疲労」と「寒さ」が死亡の最大要因であったこと、等が判明した。寒さや疲労などの具体的な背景要因は、これまでの復興庁報告書等では明らかではなかった。一人ひとりの災害関連死資料の分析が有益であることを証明する研究成果といえる。その後、日本弁護士連合会災害復興支援委員会、坪井医師、河北新報らの相互連携により、石巻市の災害関連死の認定・不認定の387事例（遺族の申立書、審査会議事録など約7,000枚）の分析にも着手している（河北新報2022年5月30日「事例分析に遺訓活かす　震災関連死に迫る第4部⑷」）。ただし、坪井医師報告書をみると、275人の記録の内訳は、震災から1か月未満の死亡が155人、1か月以上3か月未満が70人、3か月以上6か月未満が26人、6か月以上1年未満が16人、1年以上が8人であった。震災後6か月以上が全体の1割未満にすぎず、災害との相当因果関係さえあればよいはずの災害関連死の認定数としては少なすぎる。前掲小口弁護士が災害弔慰金申請に至っていない「埋もれた事例」が多いはずだと指摘するのも当然といえる。

　NHKウェブサイト「災害列島命を守る情報サイト："救えるはずの命"　災害関連死を防ぐには」（2023年4月14日）やNHK福岡WEB「特集 震災関連死〜福島で起きたこと〜シリーズ震災・原発事故12年第4回「震災関連死」」等に代表されるように、NHKは災害関連死に関する調査や減災対策の発信に非

常に積極的である。なかでも東日本大震災 10 年の 2021 年 3 月 13 日初回放送の ETV 大型特集番組「震災関連死　何が命を奪ったのか　福島 1995 人の "経緯書"」は当時福島県で 2,320 人に達していたうち 1,995 人の災害関連死事例を調査分析したドキュメンタリーである。「一度助かった命がいつ、どこで、何が引き金となって失われたのか。それを知る手がかりとなる記録がある。震災関連死を認定する自治体に遺族が提出する『経緯書』。死に至る経緯の詳細を日付ごとに記してある」と番組告知文にあるように、自治体の災害弔慰金支給審査委員会の災害関連死認定に関する記録開示を求めたのである。この NHK の作業こそ、国主導で徹底的に行うべきものであったはずだ。法律家たちの地道な提言がメディアを動かし大規模調査を促したわけで、番組制作に敬意を表する一方で、国の消極さに複雑な心境であった。ただし、番組を見るに「黒塗り」で開示された経緯書が目立ち、公的機関の立場で生の資料を分析すべき必要性はむしろ際立ったように思う。

　医療分野ではさらに前述の坪倉医師の調査研究が注目に値する。原子力発電所事故の影響により介護福祉施設が閉鎖となり避難を余儀なくされた 700 名以上について 1 年間の避難追跡調査を行ったところ、高齢者や障害者にとっては初期段階の無理な避難行動が災害関連死に大きな影響を与えていたことが分かった。また、避難回数が多い場合に死亡率が上昇することも明確になったのである。事故後に安住の地を与えられたなかった福島第一原子力発電事故避難者の深刻な実態が証明されたことになる。坪倉医師の活動に感化され毎日新聞も大規模調査に乗り出す。福島県内 26 自治体と双葉地方町村会の各災害弔慰金審査委員会に遺族が提出した書類を情報公開請求し、約 2,000 名のなかから亡くなるまでの経緯が判明した約 1,000 名について情報整理をしたところ、発災から 1 年を超えても災害関連死と認定される要因には、「生活環境の変化（転居、家族離散など）」「差別や偏見」「生活習慣の変化（運動不足、喫煙、飲酒など）」「故郷やコミュニティーの喪失」「精神的なストレス、うつ病」「支援策の縮小」「仕事の変化（失業、転勤、多忙など）」などがあることがわかった（毎日新聞 2022 年 5 月 17 日）。必ずしも直接死因である疾病の影響ではない生活要因が大きくかかわっているのである。

　災害看護を専門とする稲垣真梨奈看護師は、独自に 17 市町村から合計 472 事例の災害関連死に関わる資料を情報公開請求で収集し、関連死の 12 の要因カテゴリーと 137 の具体的要因カテゴリーを抽出する研究成果を論文発表した。医学的観点からの先行研究は既に明らかになっていた肉体的健康や精神的健康

が脅かされるような状況だけではなく、生活の再建の有無など「社会的健康」が脅かされているケース（【仕事・資産等の被害】【家族等の変化】）も災害関連死の主要因であると明らかにしたことは、これまでにない画期的な成果である。稲垣看護師のプレゼンテーションでも「生活再建への見通し、金銭的困窮、住まいの再建の有無」などが災害関連死に大きく影響すると強調されていたことが印象的である。災害関連死認定時の相当因果関係の判断には多種多様な要因の考慮が不可欠であることを示す重要な研究成果だと評価できる。

○関連死の 12 の要因カテゴリー
　【病院機能停止等による治療の遅れ・中断】【避難所等の生活】【地震・余震・津波のストレス】【電気・水道・ガスの停止】【仕事・資産等の被害】【在宅療養中断】【避難所等への移動】【家族等の変化】【社会福祉施設等機能停止による介護機能の低下】【交通事情等による治療の遅れ】【災害関連対応の激務】【多量の塵灰吸引】
○自殺以外のケースの上位要因カテゴリー
　【病院機能停止等による治療の遅れ・中断】【避難所等の生活】【地震・余震・津波のストレス】
○自殺のケースの上位要因カテゴリー
　【救護活動等の激務】【仕事・資産等の被害】【家族等の変化】
○自殺以外のケースでのクラスター（相互に影響や同時出現の要因）
　【電気・水道・ガスの停止】と【病院機能停止等による治療の遅れ・中断】
　【地震・余震・津波のストレス】と【仕事・資産等の被害】と【避難所等の生活】
　【災害関連対応の激務】と【家族等の変化】
○自殺のケースでのクラスター
　【災害関連対応の激務】と【家族等の変化】
　【在宅療養中断】と【避難所等の生活】
○137 の具体的要因カテゴリーのうち上位のもの
　〈電気・水道・ガスの停止〉〈医療サービスの低下・停止〉〈寒いまたは暑い環境〉
（稲垣 2020 の論文要旨より要約）

4　災害弔慰金法と申請主義

(1)　自治体の誤解による周知啓発の不備

　2018 年 4 月 9 日午前 1 時 32 分、島根県西部が震源のマグニチュード 6.1、同県大田市で最大震度 5 強となる「島根県西部地震」が発生。地震による直接の死者はいなかったが、大田市では住家被害が全壊 13 棟、半壊 44 棟、一部破壊 371 棟と大きな被害があった。発災同日のうちに被災者生活再建支援法の適用は決まったが、災害救助法は適用されなかった。大田市では、災害弔慰金等の支給要件を満たしていたが、誤って対象ではないと判断し、住民らに災害弔慰金の申請受付などを周知していなかったことが、2021 年 3 月に発覚した。

東日本大震災 10 年の節目でメディアが災害関連死事例について取材をしているなかで判明したという。「「災害救助法の適用が必要」などと基準を誤解したとみられる。関連死については市民の相談はなかったとしつつ、広報していないため「ないとは断定はできない」とした」（中國新聞 2021 年 3 月 9 日「島根 関連死も対象　周知せず　18 年地震　太田市、弔慰金で勘違い」）。

> **[災害弔慰金の支給対象災害]**
> 　自然災害であり次の条件のいずれかを満たす災害
> ○ 1 市町村において住居が 5 世帯以上滅失した災害
> ○都道府県内において住居が 5 世帯以上滅失した市町村が 3 以上ある場合の災害
> ○都道府県内において災害救助法が適用された市町村が 1 以上ある場合の災害
> ○災害救助法が適用された市町村をその区域内に含む都道府県が 2 以上ある場合の災害
> （災害弔慰金法 3 条 1 項、災害弔慰金の支給等に関する法律施行令 1 条 1 項、内閣府告示第 230 号「災害弔慰金の支給が行われる災害の範囲等」より）

　2018 年 7 月 5 日からの大雨（西日本豪雨）により、島根県では住家被害全壊 55、半壊 127、一部損壊 3 の被害を受けた。直接の死者はいなかった。江の川の氾濫の影響を受けた江津市と川本町に被害が集中し、災害救助法と被災者生活再建支援法が適用された。2020 年 7 月 13 日からの大雨（令和 2 年 7 月豪雨）により、7 月 14 日に再び江の川の氾濫がおきた。島根県江津市では、住家被害全壊 2、半壊 21 の被害があり、災害救助法と被災者生活再建支援法が適用された。ところが、江津市では、西日本豪雨でも令和 2 年 7 月豪雨でも、災害弔慰金制度を市民に周知していなかったことが、2021 年 3 月までに発覚した。「その要因を同市社会福祉課は、直接死がなかったからという。関連死は「避難所で亡くなるケースはなく、被災者から相談もない」と説明。ただ、周知をしていないため「なかったと明確に言い切れない」とした」（中國新聞 2021 年 3 月 11 日「島根にみる被災者支援　東日本大震災 10 年・下　制度周知自治体間で格差「申請主義」もネックに」）。平時から誰もが知っているとは言い難い「災害弔慰金」や「災害関連死」を捕まえて、周知しなかった理由について「相談が無かった」という釈明は不合理であろう。

　なお、制度はあっても周知されなかったり、自治体が利用を勝手に制限したりする事案は災害弔慰金法の他にもある。例えば、西日本豪雨では、紆余曲折あったものの、環境省と国土交通省が連携して災害廃棄物処理事業を拡充し、損壊した自宅を「公費解体」できるスキームが構築された（第 2 部第 1 章）。ところが、島根県江津市、同県三郷町、山口県光市、同県下松市などでこの制度を利用しない運用をしていたことが発覚した。約 380 棟が対象になったはずの

公費解体制度を使えなかったのだ。自治体が当該制度の存在を知らずに事前に制度利用のための予算措置をしていないことや、制度利用条件を誤解していたからである（中國新聞2020年2月14日「江津市167棟活用ゼロ　西日本豪雨で全半壊解体に公費」、同2月18日「光・下松市も制度使わず　豪雨で全半壊の公費解体　実は対象」、NHK 2020年10月20日「災害列島命を守る情報サイト：うちは自腹で隣は無料　解体費用は誰が出すの？」）。

(2) 被災者台帳の活用と事前の「知識の備え」

　現在の運用では災害弔慰金受給のためには「申請」が不可欠である。申請がないのに振込給付するプッシュ型支援は行われてない。だからこそ周知や広報だけは怠ってはいけない。きめ細やかな手続確認によって最後の一人に至るまで制度を理解してもらい、支援漏れを防がなければならない。被災者台帳（災害対策基本法90条の3、同90条の4）を整備していれば、未申請の場合のアラートが行政職員にも被災者にも届き、少なくとも周知をしないなどという対応は起こり得ないはずである（災害復興法学第2部第8章）。また、そもそも災害時にどのような被災者支援制度があるのか、それが災害の規模によってどう変わっていくのかなどを学習しておけば、支援制度の周知不足にも気が付ける。行政機関はもちろんのこと、いつどこでも被災可能性がある全国民に、被災後の生活再建等に関する支援の「申請」が必要だという知識を浸透させる防災教育が必要である。『被災したあなたを助けるお金とくらしの話』プログラム（第3部第1章、災害復興法学第2部10章、災害復興法学Ⅱ第1部第2章、第2部第9章等）の必須性は、このような事態を防止するためにある。災害対策基本法の罹災証明書はすべての災害を念頭においた制度であるが（災対法90条の2）、災害弔慰金法、被災者生活再建支援法、激甚災害法、特定非常災害特別措置法などは、それぞれ異なる要件で発動が決まる。平成30年島根県西部地震や令和2年7月豪雨の江の川氾濫など、必ずしも発動する法令どうしが連動しない場合があることを常に意識しなければならない。国も、内閣府（防災担当）のウェブサイトにお知らせを淡々と掲載するだけではなく、一歩進んでいつ、どの地域に、どの要件を満たし、当該法令が適用されているのかをより見やすく視覚化して提示し、メディアも駆使しながら確実に周知するように工夫すべきである。

(1)　成育基本法とチャイルド・デス・レビュー

　2012 年 7 月 20 日、愛媛県西条市で私立幼稚園のお泊り保育中に訪れた川で5 歳の男の子が流され亡くなった。園児達はライフジャケットを着用していなかった。県や市による検証委員会は設置されず死因究明は頓挫したという。母親の吉川優子氏が 2014 年 7 月に「吉川慎之介記念基金」を設立し、2015 年には「日本子ども安全学会」を発足させた。幼稚園園長の業務上過失致死の判決が確定したのは 2016 年 5 月になった。この事件を契機として 18 歳未満の子どもの全死亡事例を収集・検証して再発防止に活かす「子供の死因究明」（チャイルド・デス・レビュー：CDR = Child Death Review）の法制度化を訴える活動が展開されるようになった。吉川氏や NPO 法人 Safe Kids Japan の山中龍宏医師をはじめ医療福祉業界、子どもの権利に関わる支援団体、法律家らが法制度構築に尽力した。

　2018 年 12 月 8 日に「成育過程にある者及びその保護者並びに妊産婦に対し必要な成育医療等を切れ目なく提供するための施策の総合的な推進に関する法律」（成育基本法）が議員立法で成立した。法律本文には「記録の収集等に関する体制の整備等」として「国及び地方公共団体は、成育過程にある者の心身の健やかな成育に資するため、成育医療等に係る個人情報の特性に配慮しつつ、成育過程にある者に対する予防接種、乳幼児に対する健康診査及び学校における健康診断に関する記録の収集及び管理並びにその情報の活用等に関する体制の整備、当該情報に係るデータベースの整備その他の必要な施策を講ずるものとする」（法 15 条 1 項）。「国及び地方公共団体は、成育過程にある者が死亡した場合におけるその死亡の原因に関する情報に関し、その収集、管理、活用等に関する体制の整備、データベースの整備その他の必要な施策を講ずるものとする」（同 2 項）との規定が設けられた。わが国初のチャイルド・デス・レビュー（CDR）に関する条項である。

　2020 年度からは、厚生労働省子ども家庭局母子保健課による「都道府県予防のための子どもの死亡検証（Child Death Review）体制整備モデル事業」がスタートし、群馬県・三重県・山梨県・香川県・滋賀県・高知県・京都府が名乗りを上げる。「死亡事故は防ぐことができた」と評価された事例も多数明らかになり（読売新聞 2022 年 4 月 13 日「死亡防げた子ども　3 割　19 年 4 月〜昨年 9 月　県、予防策の策定検討＝群馬」、同 2023 年 3 月 28 日「子供 7 人「死亡防げた可能性」　県委員会、15

人を検証＝群馬」等参照）、その対策も予算措置とともに順次行われていく好循環も生まれ始めている。例えば雨天で増水していた歩道脇の側溝で転倒して流されて死亡した事例では、行政が危険箇所を再点検し転落防止措置を予算化して順次工事対応をするなどした（朝日新聞 2021 年 4 月 3 日「未来へ活かす Child Death Review：雨天の側溝　事故注意　浅い浸水・遅い流速でも危険」）。2023 年 4 月 1 日に発足した「こども家庭庁」にて子どもの死因究明政策が一層推進されることを期待する。

⑵　死因究明等推進基本法

　2006 年の給湯器一酸化炭素中毒死の表面化や、2007 年の相撲部屋力士暴行死事件を受けての死因究明体制強化、2011 年の東日本大震災の教訓としての身元確認体制強化を目的に、2012 年 6 月 15 日に議員立法で死因究明等の推進に関する法律が成立した。時限立法のため 2012 年 9 月の施行から 2 年で失効したが、閣議決定されていた死因究明等推進計画に基づき議論は継続され、2019 年 6 月 6 日、議員立法により「死因究明等推進基本法」が恒久法として成立した（2020 年 4 月 1 日施行）。2021 年 6 月 1 日には厚生労働省が中心となり各省連携のもとで新たな死因究明等推進計画が閣議決定に至る。法は、死因究明等の成果が、公衆衛生の向上・増進等のために活用され、災害・事故・犯罪・虐待等における被害の拡大防止や、予防可能な死亡の再発防止にも起用するよう、医療情報等のデータベース化を進めて広く活用できるようにすること等を基本理念として掲げており（法 3 条）、推進計画にもその旨明記されている。死因究明等推進基本法附則 2 条は「国は、この法律の施行後三年を目途として、死因究明等により得られた情報の一元的な集約及び管理を行う体制、子どもが死亡した場合におけるその死亡の原因に関する情報の収集、管理、活用等の仕組み、あるべき死因究明等に関する施策に係る行政組織、法制度等の在り方その他のあるべき死因究明等に係る制度について検討を加えるものとする」と次の目標を明記しており、内容としてもチャイルド・デス・レビュー（CDR）制度の確立への意思を読み取ることができる。

⑶　災害関連死に CDR 等のしくみを応用せよ

　CDR に関しては、成育基本法と死因究明等推進基本法を根拠に、体制の整備、事例の収集、データベース化、再発防止施策の実践・予算化等というサイクルを確立させようとする明確な動きがある。この仕組みを災害関連死事例の収集、

データベース化、検証と分析、その公表と共有、災害対策法制度の底上げという政策実現のサイクルを実現するお手本としたいところである。まず、国は、自治体の災害弔慰金支給審査会がもつ一切の関連資料（議事録、各種聴取記録経緯書、その他一切の資料）を収集すべく組織と人員体制を整備せよ。次に、収集した情報を医学・法学をはじめとする有識者で組織された研究チーム等で徹底的に分析して詳細事例を公表し、災害関連死防止施策を提言・答申させよ。さらに、公表事例や教訓については、それらの再発防止等を目的として、各省庁の所管する法律を見直し、必要なところはただちに是正せよ。特に内閣府は災害救助法の「一般基準」底上げと「過去の特別基準事例」の法制度への反映を直ちに実行してほしい。

第8章　首都直下地震発生、東京から脱出せよ

東京「仮」住まい

「都内三百七十万世帯のうち、約四分の一が住む所を失った。家屋の倒壊、半壊、焼失、流出は都内だけで約九十万戸、一都三県で百四十万戸におよび、都内で百九十万人、一都三県で三百万人近くが街頭にほうり出されたのである。──それでも大正大震災の時は、二百三十万人の人口に対して百五十万人、七割近い人が焼け出されたのにくらべればまだいい。当時の家屋の損害七十七万戸（うち焼失四十四万戸）にくらべれば、耐震耐火建築がすすんでいたので、人口が五倍強になっているのに、この程度ですんだのだ、という議論もあったが、現実問題として、都内で二百万人近い、家の無い人々を、どう処置するかは、大問題だった。」

（小松左京 1973 年『日本沈没　上』光文社カッパ・ノベルス。引用は文庫版『日本沈没　上』角川文庫 2020 年「第四章　日本列島」より）

──東京都福生市 在日米軍 横田基地 司令室

在日米軍大佐　　The start time for strike against Godzilla has been decided. Countdown will begin in 5 minutes.（ゴジラに対する核攻撃開始時間が決定しました。5 分後にカウントダウンスタートです。）

在日米軍司令官　　So it's too late to turn back now.（最早中断はあり得ないか。）

駐日米国大使　　Japan has been given a 2-week grace in order to evacuate remaining residents. That may seem long for the Allied Forces, but it's too short for Japan.（住民避難のために残された日本への猶予期間は 2 週間。多国籍軍にとっては長いが日本には短すぎる。）

──内閣総理大臣臨時代理の執務室

内閣総理大臣臨時代理　　避難とは、住民に生活を根こそぎ捨てさせることだ。簡単に云わないでほしいな。

与党政調副会長　　全くです。

──立川災害対策本部予備施設のオペレーションルームにて

関係省庁官僚　　360 万人の疎開？　あまりにも無茶です！　その規模では警察もオペレーション遂行は困難です。

関係省庁官僚　　都内だけでなく千葉神奈川も該当地区です。あまりに対象者が多すぎる。

関係省庁官僚　　都知事も東京がなくなると、反対しています。

内閣総理大臣補佐官　国の重要決定事項だ。自治体レベルの話じゃない。

内閣官房副長官補　しかし、受け入れ先の選定や許可だけでも困難です。2週間ではとても。

内閣総理大臣補佐官　巨大不明生物が活動を再開した時点で熱核攻撃の開始時刻は無条件に繰り上がる。その時は犠牲者もやむを得ないとし、速やかに戦略原潜の弾道弾による熱核攻撃を開始するというのが、安保理と多国籍軍の決定だ。

関係省庁官僚　クソっ！　遠いアジアの出来事だからって、無茶苦茶云いやがる！

内閣総理大臣補佐官　例え、ここがニューヨークであっても、彼らは同じ決断をするそうだ。

――東京都台東区　避難支援バス臨時乗車場

（「子供を優先します！　親御さんは絶対に手を離さないでください」との誘導職員の声、「お母さーん」「怖いよ」など子供らの声）

――東京都八王子市中央自動車道

（自動車が何キロにもわたり道路を埋め尽くす航空映像）

――神奈川県横浜市　横浜港

（バス等を大量に積載した海上自衛隊護衛艦いずも等の様子）

――千葉県木更津市　陸上自衛隊木更津駐屯地

（多数の大型輸送ヘリコプターに乗り込む都民の様子）

『全国に疎開分散した東京都避難民　計360万人強』とのテロップ

（庵野秀明脚本・編集・総監督（2017）DVD『シン・ゴジラ（本編）』東宝より）

　「応急住宅過不足数は、利用可能な賃貸空家数と仮設住宅建築可能量の和から、住宅喪失世帯数を差し引いたもので、市区町村内で賃貸空家と仮設住宅建設可能量が住宅喪失世帯数を上回ればプラス、下回ればマイナスとなる。マイナスの場合、市区町村内に応急仮設住宅が足りないので、応急住宅が余っているプラスの地区へ移る必要が出てくる。」「火災被害が最大となる冬夕方時の風速8m/sの条件では、東京都（区部）で応急住宅が約64万戸不足すると算定された。周辺4県の余裕分を差し引いても、約22万戸不足するという状態で、東京近郊では収まらず、圏域を跨いだ大量の仮住まいが想定される状況である。」

（佐藤慶一「想定首都直下地震後の応急居住広域化の可能性と政策的検討」地域安全学会論文集2017年より）

　「佐藤慶一教授は、国の（南海トラフ地震の）被害想定や住宅統計などのデータを組み合わせて、初めての試算を行いました。その結果、必要とされる仮設住宅は、プレハブと「みなし仮設」を合わせて約195万戸。それに対し提供できるのは、プレハブ住宅の5万8000戸に加え、各府県にある賃貸住宅です。家を失った人の仮設住宅をその府県内でまかなう前提で計算すると、全国で131万3900戸が不足する

という結果となりました。人数に換算すると、300万人もの人が、行き場をなくすという結果です。佐藤教授は、多くの人が住む場所を見つけられない深刻な事態は、全国にも影響を与えていくと指摘します。生まれ育った場所を離れ、「疎開」を余儀なくされる人が相次ぐというのです。」

(NHK「災害列島：「仮設住宅」に入れない？　巨大地震で家を失ったら…」2023年2月23日)

1　仮設住宅が足りない！──首都直下地震や南海トラフ地震の試算

　専修大学の佐藤慶一教授は想定首都直下地震と想定南海トラフ地震に基づき、住宅を失った被災者らの「仮住まい」のシミュレーションの結果、災害後に仮設住宅が大幅に不足するという研究成果を発表した。東日本大震災や熊本地震において実施されてきた各種対策（災害救助法による応急仮設住宅の入居要件緩和、同法による応急修理制度の対象拡大や要件緩和、賃貸型応急住宅の利用促進、独自の自治体による住宅修理制度支援等）、業界団体などへの調査で判明した賃貸や建設による仮設住宅供給可能数などから開発した予測モデルを利用して、不足する住宅数を算出したのである。首都直下地震では最大64万戸の仮設住宅が不足し、南海トラフ地震では最大131万3,900戸の仮設住宅が不足するとの試算になった。南海トラフ地震では「必要とされる仮設住宅は全体で195万戸だったのに対し提供できる数は大幅に不足し、最悪の場合、不足分は東海から九州にかけての12の府県で131万3900戸にのぼり、300万3000人が次の住まいを見つけられない可能性があることがわかりました。次の住まいを見つけられない人の数を府県別にみると愛知県が69万3600人と最も多く、大阪府が60万6400人、静岡県が41万700人、三重県が26万4600人などとなっています」（東海NEWS WEB2023年2月26日「南海トラフ地震仮設住宅不足の試算」）。

2　東京仮住まい──数百万人が疎開を余儀なくされる

　想定首都直下地震では最大64万戸の仮設住宅が不足──。これを受けて東京都による大学提案事業「首直下地震時の仮設住宅不足への対応準備事業」が採択に至り、佐藤教授を座長とする「東京都防災・仮住まい検討会」が設置された（2019年10月23日〜2020年7月27日全5回開催）。検討会では住宅が被災してしまった場合を想定して次の住まいについて選択肢を提示するとともに、都

民に対して被災後に仮に住まう場所についてあらかじめ検討を促すワークショップなども実施した。検討会では、災害後の生活を平時から検討しておくための啓発リーフレットの作成を目指して検討が重ねられた。検討会委員として参画した筆者は、①指定避難所─仮設住宅─公営住宅という単線型の流れにとらわれない多様な選択肢をわかりやすく示すこと、②生活再建への道筋をイメージしてもらうために関連する法制度や知識についてもリーフレットに記述すべきこと、その際に災害復興法学をベースとしたワークショップの経験が役立つこと、③監修協力した高知県の防災啓発冊子「備えちょき」でも生活再建に必要な法制度情報が解説されているコーナーがあり先例もあること（災害復興法学Ⅱ第1部第2章）、④マンション等集合住宅を意識した被災後の「籠城」の方針やそのための備えについても啓発すべきこと、⑤東京都においても「災害ケースマネジメント」の本格的導入を行うべきであること、⑥東京都ではみなし仮設住宅の家賃水準基準が高額なことや、家屋修理へのニーズが高いと予想され、災害救助法の上乗せ支援の見込みについてもワークショップなどで情報収集しておくべきこと、などの意見を提示した。検討会はその成果物として三つ折りタイプのリーフレット『東京仮住まい─今考えよう。地震後の暮らしを守るために─』を作成してデータを公表した。自治体窓口には冊子版も備え置かれた（2020年3月初版公表）。フローチャートを示しながら「被災後の住まい」や「生活再建」を考えてもらえるようなつくりになっている。特徴的なのは、図表2-19のように、これまでの防災啓発冊子等ではほとんど見受けられなかった被災後の生活再建に役立つ法制度についても列挙し、「知識の備え」を促している点である。罹災証明書制度の解説、災害救助法に基づく応急修理制度の解説、お金の支援としての被災者生活再建支援金、災害弔慰金、自然災害債務整理ガイドラインについてごく簡単に紹介している。これまでの高知県や和光市における実績（災害復興法学Ⅱ第1部第2章）や、検討会開催中に完成した書籍『被災したあなたを助けるお金とくらしの話』のノウハウを東京都のリーフレットに応用した形だ。

　検討会委員ら一同が最も重視したのは、東京都において住宅を失うことになる世帯がどれほどいるのかを数字で書き表し、「仮設住宅は不足する」ことを行政として正面から提示すべきとの点であった。東京都はこの点について明言を避け、リーフレットの表現も最終的に「不足する」とは記述していない。それでも本書執筆時の最新版では、比較的目立つ形で、2022年5月時点の東京都の想定都心南部直下地震（M7.3冬の夕方風速8m/s）では全壊・半壊・全焼が「40

図表 2-19　東京都住宅政策本部住宅企画部企画経理課「東京仮住まい」の裏面の一部

万棟」に及ぶことが明記され、そのうち「応急仮
設住宅」の供給は 2 〜 3 割にすぎず、「自ら住ま
いを確保」しなければならない世帯が「7 〜 8 割
程度」であるという点が明記されたのは画期的で
ある。被災後の仮住まいについて、現行法制度で

＊リーフレット全体「東京仮住まい」
（東京都住宅政策本部）

は東京都の支援外である「自ら確保する」「広域仮住まい」などの選択肢の存
在もイラストとともに記述されている。

3　かながわ仮住まい――住まいの再建に関する知識を普及せよ

　想定都心南部直下地震が発生すると、神奈川県内では、約 32 万棟が大きな
被害を受ける（全壊 64,500 棟、半壊 221,250 棟、焼失 37,600 棟）。また、相模トラフ
沿いの海溝型地震がおきれば、津波被害は甚大なものとなる。地震以外にも、
令和元年東日本台風等による被害をはじめ、台風や豪雨による被害は常に想定
しなければならない。2020 年 3 月公表の「東京仮住まい」に倣い、神奈川県
でも、不足する仮住まいについて県民が事前に検討することを啓発するリーフ
レットの作成が要望された。2021 年 6 月、佐藤慶一教授を中心に「かながわ
仮住まい研究会」が設置され、佐藤教授や筆者を含む有識者メンバーと神奈川
県、横浜市、川崎市、相模原市の自治体メンバーが参加した（2021 年 6 月 1 日か
ら 2022 年 2 月 28 日まで設置。研究会会合を 2 回開催）。研究会では、自主防災組織活
動が活発な地域で実施されたアンケートも参考にしながら議論をし、2022 年 3
月には、4 つ折りのリーフレット「かながわ仮住まい―今考えよう。災害後の
暮らしを守るために。―」が完成した（2022 年 3 月初版公表）。リーフレットでは、

かながわ仮住まいリーフレット
（神奈川県）

被災―避難―仮住まい―住宅再建という時系列に沿った「タイムライン」をチェック式で作成できるようにしている。東京都と同様に「り災証明書」の取得や仮住まいの選択肢、被災者の生活再建に役立つ情報として「被災者生活再建支援金」「災害弔慰金」「自然災害債務整理ガイドライン」の制度名も列挙されている。

4　帰宅困難者対策の更なる推進──外国人対応と DCP 推進

(1)　東京都における帰宅困難者対策

　東日本大震災当日、首都圏で膨大な人数の駅前滞留者や帰宅困難者が発生したことを受け、東京都は、2012 年 3 月に「東京都帰宅困難者対策条例」を制定し、2013 年 4 月に施行した。特に事業者に対して、従業員の一斉帰宅抑制、マニュアルや防災訓練といった備え、災害時の情報共有体制を義務付けた。これらは努力義務ではあるが、帰宅困難者や一斉帰宅抑制の対応の際に事業者が職員や顧客等の関係者へ損害を与えてしまった場合には、「事業者の安全配慮義務違反による損害賠償請求権の有無」が論点になる可能性があり、条例の記載事項は重要な検討項目になることは間違いないと思われる（災害復興法学 II 第 2 部第 7 章）。重要なのはやはり事業者経営層の意識改革と、職員一人ひとりへのきめ細かい教育訓練の実施であろう。この点についての事業者の心構えや教育訓練ノウハウについては『防災・減災の法務』（第 1 章）に詳述しているので参考にされたい。筆者は条例施行後に制度化された「民間一時滞在施設戦略アドバイザー支援事業」のアドバイザー等として企業や各地の駅前滞留者協議会等にて研修を繰り返してきたところ、少しずつ事業者が安全配慮義務の観点から帰宅困難対策に取り組み始めてきたという実感はある。東京大学の廣井悠教授や東京都立広尾病院の中島康医師らと取り組んだ「東京都令和 4 年度民間一時滞在施設戦略アドバイザー支援事業によるオンライン動画研修」では、24 ある動画コンテンツのうち「6. 企業防災とリーガルリスク」「7. 帰宅困難者対策と企業の法的責務」「8. 一時滞在施設におけるリーガルリスク」の 3 つについて、安全配慮義務の視点をもとに帰宅困難者対策の推進を経営戦略に生かすコンテンツを提供するに至っている。

(2) 外国人観光客と帰宅困難者対策

　商店街振興組合原宿表参道欅会は佐藤慶一教授監修のもと、日本語と英語を併記したリーフレット「原宿・表参道・竹下 BOSAI　MANGA　MAP」を4万枚作成して2017年4月28日より配布を開始した。ターゲットは外国人観光客である。同地区は小さなビルと商店が集積した街区が多く、六本木ヒルズを中心としたエリアや、大手町・丸の内・有楽町エリアのように、近隣に大規模な避難施設や滞在施設が存在せず、オフィスビル群が併設されたJR駅前のような場所もない。一方で表参道エリアの来訪者人口は最大25万人と試算されており、対策を講じない場合は地区全体が大混乱に陥るおそれが懸念された。大企業主導ではなく地元商店街が中心となり、帰宅困難者や一時滞在者の助けになる情報を事前提供しようと、タウンミーティング（このうち2016年12月「BOSAIタウンミーティング@原宿・表参道」は筆者も参加）等を通じてして地域全体のコンセンサスを得た成果である。

　2015年、東京スカイツリーを擁する地域町会、鉄道事業者、駅周辺事業者、防災関係機関等が参加して「押上駅前滞留者対策協議会」が作られた。2020年度事業により、同協議会と東京都墨田区は、英語・中国語・韓国語の3か国語によるリーフレット『押上駅周辺の帰宅困難者の皆様へ　大きな地震がきたら…』が作成された。筆者も支援事業者の株式会社イオタとともに作成に協力した。リーフレットでは、実際に一時滞在施設に滞在することになった外国人らへの説明内容として、「施設管理者の指示に従ってください」「事故、トラブル等については責任を負いません」「貴重品はご自身で管理してください」「施設が閉鎖したら移動の指示に従ってください」「けがの治療などは対応できないことがあります」「飲酒、喫煙は禁止です」との点を多言語で記述している。このようにリスクコミュニケーションのツールを事前に準備しておくことは、紛争予防機能を果たすうえで非常に有効である。災害時に直ちに日本語を理解できない外国人観光客らは災害時の要配慮者になることが確実である。外国人観光客の多いエリアは、多言語対応によって、避難場所への誘導やトラブル予防を含めた帰宅困難者対策等に取り組まなければならないといえる。

(3) 事業継続計画（BCP）から地域継続計画（DCP）へ

　東京駅の八重洲口から日本橋に広がる日本橋三丁目西町会は、「共助2015 〜大都会の再開発を越えて地域で助け合う命〜」の取組みにて、2016年度第21回防災まちづくり大賞総務大臣賞を受賞した。町会が主体となり、周辺企業等

の多様な組織による「震災対策防災協議会」を設置し、月1回のミーティングを重ねていることや、毎年のブラインド方式訓練（事前に訓練シナリオを与えず、想定のみでスタートする実践的な訓練）が高く評価された。再開発エリアで目まぐるしく町の様子が変化していること、大型タワーオフィスに入居する大企業から小規模なビルに入居する中小企業までありとあらゆる規模と業種が混在している大商業エリアであること等が同町会の特徴である。また、昼夜人口格差が極めて大きく、一般のオフィス従業員らは大規模災害時には帰宅困難者ともなり事業者による一斉帰宅抑制対策も必要になってくる。古くは江戸時代や明治時代から地元文化を形成してきた町会は、多種多様な事業者を連結する上でも重要な役割を果たしたと評価できる。町会では常に最新の知見を取り入れる研修や訓練を行っており、東京大学の廣井悠教授による帰宅困難者対策の最新知見をはじめ、筆者による「自然災害訴訟に学ぶ 帰宅困難対策と安全配慮義務 〜 BCP から DCP、そして『DLCP』〜」等の研修会開催実績もある。個社による事業継続計画（BCP）に加え、いわば地域全体の継続計画（DCP = District Continuity Plan）の理念を体現する先例として参考になる。

広島県熊野町（2018 年 11 月 18 日）

第3部 分野を超越する これからの災害復興法学
—— RESILIENCE FOR ALL HAZARDS

　ぼくがこの本で伝えたいのは「希望」です。

　地震、津波、台風、豪雨、土砂災害、竜巻、火山の噴火…。
　自然災害で大きな被害を受けたとしても、絶望することなく、前を向いて、最初の一歩を踏み出すための知識を備えてほしい。この本はそう願ってつくった防災の本です。
　大きな災害で被災すると、これからいったいどうやって住まいを再建し、生活全体を取り戻していけばよいのかといった悩みの声があふれます。そんなときこそ、この本の知識が役立つはずです。

　知識の裏付けとなるのは、法律です。
　法律は、ルールを破らないよう命令したりペナルティを課したりするだけではありません。困ったときに私たちを助けてくれる根拠にもなっているのです。この本では、災害後に私たちを助けてくれる知識を備えるための、30のお話と2つの「ワンポイント豆知識」、そして7つのコラムを用意しました。法律なんて難しい、なんて思わないでください。あんがい身近で頼りになるものです。
　紹介する30のお話は、大きく7つに分類しました。順番に「はじめの一歩」「貴重品がなくなった」「支払いができない」「お金の支援」「トラブルの解決」「生活を取り戻す」「被災地の声を見る」です。災害がおきてから、多くの人が直面する悩み。それらを解決するきっかけとなる法律や制度を、できるだけ時間の流れを意識して並べました。読み進めていくうちに、災害後に歩むべき道と希望の光が、少しずつみえてくるはずです。
　そして、この本は、被災する前にこそ読んでおいてほしいのです。災害がおきてしまって途方にくれないよう、できるだけその前に。この本が、被災するかもしれないあなたやだれかを助ける「知識の備え」となれば幸いです。

　——『被災したあなたを助けるお金とくらしの話 増補版』弘文堂「はじめに」

第1章　知識の常備薬をポケットに

いつでも、どこででも、だれでも学べる社会教育としての災害復興法学

【設問タイプA】　自分自身が次のような状況になったとき、または、被災者から次のような事情を聴いたとき、どのような情報が必要か、またはどのような情報提供をするべきか答えなさい（制限時間15分程度・自由記述式。資料やウェブサイトの参照は不可）。

「20XX年のある日、M8.5の南海トラフ地震がおきました。住んでいる地域一帯は、最大20m級の大津波の被害にあいました。所有していた自宅と仕事場は基礎を残して流出しました。夫婦共同で個人事業を営んでいましたが、今は仕事が全くできません。配偶者は津波で亡くなりました。同居の子供2名は無事でしたが、来年は私立大学進学と、私立高校進学が見込まれています。夫婦の個人事業資金のローンは3,000万円、夫婦の住宅ローンは2,000万円、合計で5,000万円以上の残額があります。夫婦の土地や預貯金ほかあらゆる財産の価値を合計しても1,000万円ほどにしかなりません。助かった家族3人は、小学校の体育館に開設された避難所で暮らしています。半月ほどが経ちました。いったいどうしたらよいのでしょうか……。」

【設問タイプB】　次の選択肢いずれかにチェックをしてください。
　【問1】罹災証明書を知っていますか。
　【問2】被災者生活再建支援金を知っていますか。
　【問3】災害弔慰金を知っていますか。
　【問4】自然災害債務整理ガイドラインを知っていますか。
（各設問共通選択肢）
□知らない。
□聞いたことはあるが内容は知らない。
□内容を知っている。

　南海トラフ地震がおきれば全壊・全焼する建物が230万棟超、死者は32万人超になるとされている（内閣府「南海トラフの巨大地震による津波高・浸水域等（第二次報告）及び被害想定（第一次報告）について」2012年8月29日報道発表）。また、首都直下地震（都心南部直下地震［M7.3］）では全壊・焼失する建物は19万4,431棟、死者は6,148人と再計算された（東京都「首都直下地震等による東京の被害想定（令和4年5月25日公表)」)。2012年4月18日公表の東京湾北部地震での全壊約30万棟・死者約9,700人という想定からすれば約10年間のうちに減災政策の効果があったといえるが、驚異的な数字に変わりはない。日本海溝・千島海溝沿いの巨大地震（日本海溝モデル）では、全壊・全焼建物は22万棟、死者19万9千人にもなる（内閣府「日本海溝・千島海溝沿いの巨大地震の被害想定について」2021年12月21日報道発表）。北海道や北日本太平洋沿岸部の低体温症死亡リスクは特に深刻である。津波、火災、建物倒壊等による災害の直接死をゼロに。これこそが防災教育の最大の目的である。津波から逃げ、地震から身を守り、火災から避難する技術と知恵が必要である。生命や公衆衛生を維持する備蓄も不可欠である。一方、災害を逃れて助かった直後から健康を維持し、困窮に陥らずに生活を取り戻さなければならない。そのためには、生活再建の達成へと向かう一歩を踏み出す力の源泉となる何かが必要である。ここで求められる支援は、レスキュー行為や物資支援ではなく、生活再建のための法律や制度の情報だったのである。ところが、情報は被災後になって自動的に頭に浮かんできたり、目の前に整理整頓されて伝達されたりすることは決してない。情報が伝わらないメカニズム（災害復興法学第2部第10章）は、完全に克服されることはないであろう。対策の一つは支援者側にて「災害ケースマネジメント」を実践することである（第2部第4章）。もう一つは被災者になるかもしれない全国民が、平時の段階から「知恵の備蓄」をし、情報を受信できるアンテナを備えることである。災害後に絶望することなく一歩を踏み出せる、そのきっかけとなる知識を、学校教育、図書館や公民館での生涯学習などを通じて、国民の教養として身に付けてほしい。企業や行政機関の職員研修として実施することで、事業継続計画（BCP）の実効性を高める効果も期待できる。自ら法制度に関する情報を得て、生活再建への見通しを立てられる人材が育つことは、事業継続を一層確実にし、レジリエント（強靱）な組織づくりに繋がる。生活再建に関する法制度をわかりやすく学べるツール、知恵をそのまま備蓄しておけるグッズが必要なのだ。

「防災バックに1冊備蓄する本」として開発を進めてきた『被災したあなたを助けるお金とくらしの話』は、2020年3月に初登場し、2021年には増補版となった。B6版で144頁の薄型コンパクトサイズのハンドブックである。表紙は比較的丈夫で持ち運びや配布を念頭に置いた。文字はユニバーサルフォントで大きい。イラストを多く配置し、1話の文字量は1,000文字程度しかない。主に30の話題を設定し、どの話題からでも、たった4頁読むだけで数分後には1つの知識がキーワードとして頭に備蓄されるようになるはずだ。ではなぜ「お話」なのか。分量も重量もある「書籍」形式なのか。例えば関東弁護士会連合会等は、カードサイズに小さく折りたためる「被災者支援チェックリスト」（災害復興法学Ⅱ第1部第2章）を用意している（筆者も常に財布に入れている）。被災者が利用できる法制度や各種団体の支援制度の名前と簡単な内容が列挙された優れものだ。備蓄や配布にはこのリストは効果的で効率的に思える。しかし、東日本大震災以降の災害で、これらのチェックリストやパンフレット類が、思いのほか情報支援ツールとして効果を発揮していないのではないかという体感があった。一度でも被災後の支援制度について学んでいれば、情報備忘メモ（いわば良い意味でのカンニングペーパー）になるのだが、知識ゼロの段階でいきなりこのチェックリストやパンフレット類だけを閲覧しても「知恵の備蓄」には至らないのであった。制度名や法律名の羅列では、具体的に利用する場面が想像できないからである。筆者監修の東京法規出版による冊子『被災後の生活再建のてびき』（2018年12月初版、2020年改訂版）は、行政機関や支援団体が自らの情報を名入れすることができるA4横インデックス付16頁のフルカラー冊子であり、これまでに、約3万部が発行された。薄型で軽いうえ、十分な制度解説の情報量のあるパンフレットである。冊子の紙端をページごとに幅を変更して目的別検索が簡単になるようデザインも工夫している。しかし、目に入る1頁分の情報量が多く、複数項目にわたっているため、落ち着いて1つの情報を探ろうというときは、どうしても目移りして検索が定まらない。必要な情報をインプットするものとしては、図表の状態では情報が整頓されすぎていて、かえってどこから読んで良いのか分からず、キーワードが見つけにくいし、記憶もしにくいのであった。一見整理されたように見えるパンフレットやポンチ絵は、初めての事柄について自分ごととして捉えながら必要な知識を学び取るには不向きだったのである。筆者の経験則ではあるものの、リアルタイムで行う講演・セミナーや勉強会こそが、最も学習効果の高い「知識の備え」を実現する方法だと感じた（具体的なワークショップや語り掛けの内容は、災害復興法学Ⅱ第1部第2章

や『図書館のための災害復興法学入門』等に詳しい)。そうであれば、現実に受講者に語りかけていることをそのままライブ感のある書籍にすればよいのではないかと考えた。災害が起きてしまって途方にくれないよう願って、知識を伝えようとする「語りかけ」そのものを再現すればよいのではないか。そして出来上がったのが『被災したあなたを助けるお金とくらしの話』だった。

2　法科大学院アンケートと知識の備え──認知されていない支援制度

　慶應義塾大学法科大学院で 2012 年度から開講している「災害復興法学」(災害復興法学プロローグ)第 1 回目授業冒頭で実施したアンケート結果を考察する。冒頭の【設問タイプ A】がそれであるが、災害で深刻な被害を受けた被災者らのリーガル・ニーズをもとにしたモデルケースである。これをもとに支援者(弁護士)らが被災者に対して最低限共有すべき情報(被災者であれば将来の生活再建のために知っておかなければならない情報)が何かを回答してもらう。被災後の生活再建に役立つ情報の根拠は法律である。しかも平時は適用されない災害時特有のものが多い。日頃から災害時の法制度に関心を払っていなければ、キーワードが浮かび上がることはない。模範解答(回答として想定するキーワード)を作るために、災害時の被災者支援活動に精通し経験豊富な弁護士 3 名(東日本大震災以降被災者支援や復興支援活動で中心的役割を果たしている仙台弁護士会の宇都彰浩弁護士、2014 年広島市土砂災害や 2018 年西日本豪雨などの被災者支援や復興支援活動で中心的役割を果たしている広島弁護士会の今田健太郎弁護士、2018 年西日本豪雨以降の被災者支援や復興支援活動で中心的役割を果たしている岡山弁護士会の大山知康弁護士)に同一条件にてアンケートを依頼し回答を得た。これらの回答と筆者が当初より想定していたキーワードを総合した結果、最終的に 7 つのキーワードを取り上げて指標とした。法科大学院生の回答結果は図表 3 - 1 のとおりである。

　アンケート結果から明らかなように、災害時に被災者支援のための各種制度知識は全く普及していない。全ての災害で必ず法律家らが話題にするはずの「罹災証明書」であっても、その制度に言及する者はほとんどなく、被災者に伝えるという発想を持っていない。一般的な大学教育や法学教育の過程において、災害復興に関する法律知識の修得機会は欠乏しているのである(なおこれを問題視する意図は全くない)。なお、回答には「住宅ローンの支払ができないことから破産すべきである」との記述もあったが、何ら落ち度のない被災者に対して破産手続きだけをいきなり進めることは誤りである。正しくは資産状況に応じて

図表3-1　法科大学院「災害復興法学」第1回授業時における「キーワード」回答結果

罹災証明書	3/47	4/21
被災者生活再建支援金	0/47	0/21
災害弔慰金	0/47	1/21
自然災害債務整理ガイドライン	1/47	0/21
仮設住宅	6/47	4/21
義援金	0/47	0/21
保険金	8/47	7/21

※ある連続した2年度の調査結果であり、分母は当時の回答者数。

「自然災害債務整理ガイドライン」の利用の是非に言及すべきである。また、回答には「今後の生活に困窮する可能性があるので支援や寄付を求めることが必要になる」旨の記述が複数見られたが、これは結果として被災者のニーズを繰り返しているだけで、リーガル・ニーズに真に応えたとは言い難い。「奨学金」や「保険」もそれなりに多く回答に見られたが、日常用語としても浸透しておりかつ学生にとっても当事者性があったからであろうと推察される。なお、法科大学院生らの名誉のために、「災害復興法学」15回（最終回）授業で全く同じ設問のアンケートを抜き打ちで出題をした際の結果を示す（図表3-2）。慶應義塾大学法科大学院「災害復興法学」の全15回の講義では、災害時における典型的な被災者のリーガル・ニーズを取り上げたモデルケーススタディを4回実施する。①都市部が被災して契約紛争が起きるケース、②津波被害により人が亡くなったり自宅が損壊したり住宅ローンが払えなくなるケース、③相続問題やがれき撤去などの紛争を想定したケース、④マンションが被災したケース、である。アンケートの評価基準とした7つのキーワードは、ケーススタディを4回実践するなかで複数回検討が必須になる。授業を通じて「罹災証明書」「自然災害債務整理ガイドライン」「災害弔慰金」については、過半数が言及できるようになっている。「被災者生活再建支援金」「仮設住宅」「義援金」についても、3割以上の学生は自発的に言及できるようにはなった。何も参照せずにこれだけの回答ができるなら申し分ない。

　以上の傾向は、法科大学院生のみならず、災害復興に関する法律に関わってこなかった弁護士をはじめ多くの法曹有資格者にとっても同様にあてはまる。一方で、災害時における被災者のリーガル・ニーズをもとにしたモデルケースを複数回学習することで、一応重要な制度については、ゼロから自発的に幾つかを言及できるようになることも分かった。特に【設問タイプA】は、資料の参照を禁じたうえ、短時間で要点のみを回答することを求める難問であり、複

図表 3-2　法科大学院「災害復興法学」第 15 回授業時における「キーワード」回答結果

羅災証明書	6.4%	79.5%	19.0%	81.3%
被災者生活再建支援金	0.0%	33.3%	0.0%	25.0%
災害弔慰金	0.0%	51.3%	0.0%	37.5%
自然災害債務整理ガイドライン	2.1%	71.8%	4.7%	50.0%
仮設住宅	12.8%	38.5%	19.0%	31.3%
義援金	0.0%	30.8%	0.0%	25.0%
保険金	17.0%	40.1%	33.0%	56.3%

※ある連続した 2 年度の調査結果

数の災害支援制度に言及できるようになっただけでも、災害復興法学教育の貢献があったとみて良い。2019 年 11 月 12 日の参議院法務委員会では、慶應義塾大学法科大学院の災害復興法学が「災害復興の実務のニーズに即応できる事例解決能力の修得を目的とする科目」として以下のとおり紹介された。

〇委員（国会議員）　……被災者の方に法律相談する上で一番大事なのは、先の見えない不安というものに対してどうやって寄り添ってゴールを見ながら法律のベストな選択を示していくのかというところであります。これは、ただ知識を知っているというだけでは何もできなくて、個々の方の事情が何であるかということを寄り添って、それにとってベストな選択は何かということをしっかりと真剣に考える、これこそリーガルマインドであるというふうに私は思っております。こういう意味でも、被災者支援のために弁護士等が生活再建のためのベストな選択肢をアドバイスすることが重要でありまして、そのようなことができる法曹人材を育成することが重要だと考えます……。

〇法務大臣　……被災者支援のための法制度は多岐にわたっておりますし、また、時間の経過とともに必要な支援が変わってくるという面がございます。そうした法制度に精通した弁護士による適切なアドバイスが極めて重要であると思います。……適切なアドバイスができる資質、能力を備えた法曹人材を育成しなければならないなと思っているところでございます。その上で、法務省としては、……法曹人材の養成ということにも力を入れてまいりたいと思います。

〇委員（国会議員）　法曹人材育成の必要性、…そこを育成する場所はやはり法科大学院というところがあるというふうに思います。災害が今非常に多発している中にあって、この法科大学院において災害法制を教え、学ぶということも非常に重要であると思います……。

〇文部科学大臣政務官　多様化する社会の法的需要に応えて様々な分野で活躍できる法曹の養成は重要でありまして、法科大学院には、委員御指摘の災害法制を始め、社会の様々な分野に対応できる、特色ある教育活動を展開することが期待されていると考えております。こうした期待を踏まえ、各法科大学院では先端的な法領域に関する科目の充実が図られておりまして、その中には、例えば慶応義塾大学法科大学院で行われております災害復興法学など、災害復興の実務のニーズに即応できる事例解決能力の修得を目的とする科目を開設している、そういった例もあると承知をしております。文部科学省といたしましては、各法科大学院が、社会の変化に対応しながら、それぞれの特色を生かして多様な教育を行い、有為な人材を育成、輩出できるよう、さきの通常国会で成立した改正法を踏まえ、めり張りある予算配分や好事例の普及などを通じまして、法科大学院教育の改善、更なる充実に取り組んでまいる決意でございます。

（第 200 回国会参議院法務委員会第 3 号・令和元年 11 月 12 日より一部省略のうえ抜粋）

3　法学部アンケートと知識の備え――罹災証明書を私達はまだ知らない

図表3－3は、慶應義塾大学法学部で2013年度に開設した「災害復興と法Ⅰ」の初回授業において、災害時の被災者の生活再建に役立つ4つの制度（罹災証明書、被災者生活再建支援金、災害弔慰金、自然災害債務整理ガイドライン）の認知度を調査する冒頭の【設問タイプB】のアンケートを実施した結果である（2021年度から2023年度）。受講生は学部3・4年生であり、例年法学部法律学科が全体の7～8割を占め、法学部政治学科、経済学部、商学部、文学部、総合政策学部、環境情報学部の学生らも多く受講する。「内容を知っている」と回答した学生は全ての制度で数パーセント程度であった。なお、授業最終回時のアンケート結果では、「内容を知っている」と回答した学生が全ての制度で8割を超えるまでになっている。授業は『災害復興法学』が教科書であり、概ね教科書の記述を中心に、主に被災者のリーガル・ニーズの解析、リーガル・ニーズを克服してきた復興政策の軌跡などを住宅ローン、賃貸借紛争、マンション防災、相続事例などのテーマごとに解説している。各テーマにおいて設問で明示している4つの制度は、必然的に登場することになるため事例検討を通じて認知度

図表3-3　慶應義塾大学学部上級生の支援制度認知度

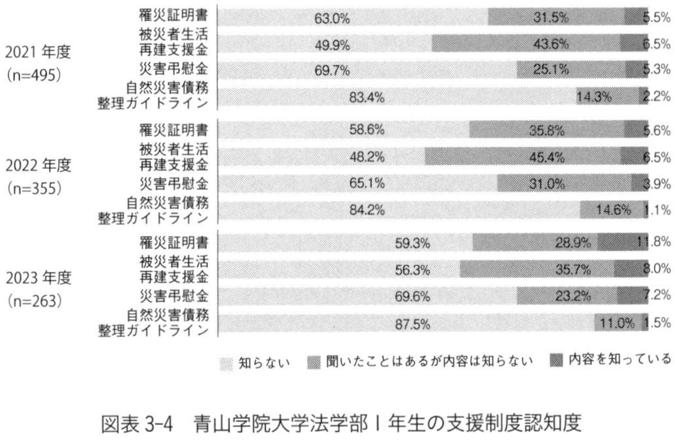

図表3-4　青山学院大学法学部1年生の支援制度認知度

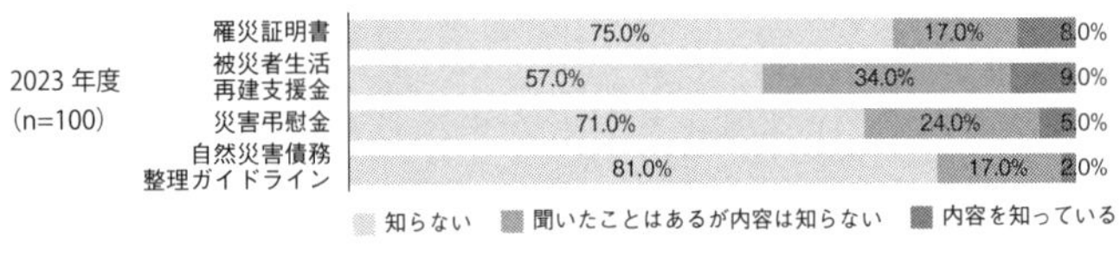

が向上したことが見て取れる。

　図表3-4は、青山学院大学法学部に設置されたオムニバス方式の講座「法曹入門」にて筆者が講師をした際に実施した支援制度認知度アンケート調査結果である（2023年度）。講座の受講生はほとんどが法学部1年生でありごく少数上級生が含まれる。4つの制度いずれについても「内容を知ってい」ると回答できた学生は数パーセントにとどまる。

　以上のように、大学生にとって災害分野の法律や支援のための制度の知識は皆無に等しい。被災後の生活再建に役立つ制度の知識を得る機会が極めて少なく、初等教育、中等教育、高等学校教育、大学や研究課程においても災害時における「法制度」や「お金や住まいのニーズに応える知恵」を習得する機会がほぼ無い以上は、当然といえば当然の結果となった。

4 『被災したあなたを助けるお金とくらしの話』を国民的教養に

⑴　生涯学習教育・社会教育と災害復興法学

　教養とは「単なる学殖・多識とは異なり、一定の文化理想を体得し、それによって個人が身につけた創造的な理解力や知識」（広辞苑第七版）である。被災後の生活再建に役立つ法制度の知識を学ぶことは、クライシスからの「人間のレジリエンス」を獲得するため心の豊かさを得ることに繋がる。何もその機会は学校教育に限る必要はなく、社会教育・生涯学習教育としても実践できるはずだ。『図書館のための災害復興法学入門─新しい防災教育と生活再建への知識』は、全15章で構成され、1章〜5章は災害復興法学や被災後の生活再建に関する法制度の基礎知識を概説、6章〜10章は実際に大きな災害がおきたときに情報コーディネーターとなるノウハウ、11章〜15章では社会教育・生涯学習として被災後の生活再建に役立つ法制度知識を学ぶワークショップや連携のアイディアを記述した、社会教育としての災害復興法学普及計画を示したハンドブックである。なお、このとき情報をどう扱うか、そしてどう伝えるかについて深く考察する機会を得たことが、備蓄する本『被災したあなたを助けるお金とくらしの話』を生み出す更なる原動力になった。

　社会教育という言葉を生み出したのは福澤諭吉先生だと言う。明治10年に三田演説館で「人間社会教育（学校の教育のみをいうにあらず）の要は、一事にても人をして早く実事に当たらしむるにあり」（福澤文集二編『空論止む可らず』より）と演説している。現在では社会教育とは「学校教育法又は就学前の子どもに関

する教育、保育等の総合的な提供の推進に関する法律に基づき、学校の教育課程として行われる教育活動を除き、主として青少年及び成人に対して行われる組織的な教育活動（体育及びレクリエーションの活動を含む。）」をいう（社会教育法2条）。また、文部科学省によれば生涯学習とは「人々が生涯に行うあらゆる学習、すなわち、学校教育、家庭教育、社会教育、文化活動、スポーツ活動、レクリエーション活動、ボランティア活動、企業内教育、趣味など様々な場や機会において行う学習」をいう（令和3年度文部科学白書）。福澤先生の「人間社会教育」とは、まさにこれらの意図を込めて使われていたのである。

(2) 主権者教育・法教育・金融教育・消費者教育

社会教育・生涯学習教育としての『被災したあなたを助けるお金とくらしの話』の実践の場として次の各教育現場とのコラボレーションを考えたい。

主権者教育：
「主権者として社会の中で自立し、他者と連携・協働しながら、社会を生き抜く力や地域の課題解決を社会の構成員の一員として主体的に担う力を育む教育」や「現代社会の諸課題を捉え、その解決に向けて、社会に参画する主体として自立することや他者と協働してよりよい社会を形成することについて、考察し、選択・判断する力を育む教育」をいう。（令和3年度文部科学白書）
法教育：
「法律専門家ではない一般の人々が、法や司法制度、これらの基礎になっている価値を理解し、法的なものの考え方を身に付けるための教育」。（法務省ウェブサイト「法教育」）
金融教育：
「お金や金融の様々なはたらきを理解し、それを通じて自分の暮らしや社会について深く考え、自分の生き方や価値観を磨きながら、より豊かな生活やよりよい社会づくりに向けて、主体的に行動できる態度を養う教育」であり「生きる力を育む教育」である。（金融広報中央委員会『金融教育プログラム—社会の中で生きる力を育む授業とは』2016年）
パーソナルファイナンス教育：
「個人の生き方が多様化するなか、一人ひとりの生き方にあったお金の知識や活用方法を身につけ、家計の適切な管理や合理的なライフプランを立てる」ための教育。（日本ファイナンシャルプランナーズ協会）
消費者教育：
「消費者の自立を支援するために行われる消費生活に関する教育（消費者が主体的に消費者市民社会の形成に参画することの重要性について理解及び関心を深めるための教育を含む。）及びこれに準ずる啓発活動」をいう。なお、消費者市民社会とは、「消費者が、個々の消費者の特性及び消費生活の多様性を相互に尊重しつつ、自らの消費生活に関する行動が現在及び将来の世代にわたって内外の社会経済情勢及び地球環境に影響を及ぼし得るものであることを自覚して、公正かつ持続可能な社会の形成に積極的に参画する社会」である。（消費者教育の推進に関する法律2条）

主権者教育は、選挙の仕組みや政治的見解を学習することに限られない。文部科学省がいうように主体的に行動する力全般を養うことが重要である。その

主体的行動の源泉は正しく法律を理解し、正しい法律や制度に辿り着き、あるべき法制度を提案していく力も含まれる。災害対策法制は災害の都度進化し、次の災害へ備える知恵をも提供している。この実感をもつことができるのは、災害復興法学が記録しつづける立法政策の軌跡と、そこで生まれた被災者の生活再建に役立つ法制度の知識を学ぶときに他ならない。

　法教育の現場では、法廷での裁判官、検察官、弁護人の役割を学ぶ模擬裁判や、対立した意見を示したケーススタディ事例をもとにルールメイキングや紛争解決の手法を学ぶカリキュラムが盛んである。一方、災害復興法学では、法律とは、いざというときに救いを求める「支援」の源泉であり、災害時に一歩を歩み出す道標となる「情報」であるという点が強調される。また、復興政策の軌跡を追いかけることで、法は決して不変・普遍ではないことを実感できる新しい法教育を提供する。

　金融教育と消費者教育は不可分一体である。文部科学省「学習指導要領（平成30年告示）」等では2022年4月1日からの金融教育の充実化が図られ、「高等学校学習指導要領（平成30年告示）解説」によれば「生涯を見通した生活における経済の管理や計画、リスク管理の考え方について理解を深め、情報の収集・整理」ができることが求められるようになった。ここに資産形成や投資信託などにも言及があり、金融教育・マネー教育が大きくクローズアップされた（日本経済新聞2021年4月24日朝刊「高校の家庭科に金融教育導入、「日本人の弱点」克服ヘマネー本一役」等）。しかしその本質は投資や株式取引の仕組みの学習にはもちろんなく、学習指導要領解説にもあるように「世の中に大量にあふれる生活情報の中から、短期的・長期的な経済の管理や計画に関連した適切な情報を収集し、ICTや統計資料等を活用して整理」することが主眼といえる。災害復興法学に基づく『被災したあなたを助けるお金とくらしの話』はまさに災害後に大量に溢れだす支援情報（災害復興法学第2部第10章）の整理をするためのノウハウである。2013年6月28日閣議決定（2023年3月28日変更）「消費者教育の推進に関する基本的な方針」では、「金融リテラシーは、自立した消費生活を営む上で、必要不可欠であり、消費者教育の重要な要素であることから、金融経済教育の内容を消費者教育の内容に盛り込むとともに、金融経済教育と連携した消費者教育を推進」することを謳う。災害復興法学はその懸け橋となるはずだ。図表3-5はファイナンシャルプランナー（ほとんどが1級又は2級FP技能検定合格実績のあるCFP又はAFP）へ実施した冒頭【設問タイプB】アンケート結果である。いずれの支援制度についても認知度は低く、特に「自然災害債務整理

図表3-5　ファイナンシャルプランナーの支援制度認知度

	知らない	聞いたことはあるが内容は知らない	内容を知っている
罹災証明書	4.0%	56.0%	40.0%
被災者生活再建支援金		36.0%	64.0%
災害弔慰金	48.0%	48.0%	4.0%
自然災害債務整理ガイドライン		76.0%	24.0%

2023年7月
（n=25）

＊　2023年7月日本ファイナンシャルプランナーズ協会のある
　支部における継続教育研修受講者に対するアンケート

ガイドライン」は名前も知らない者が多い。金融教育や消費者教育の担い手側の育成にも『被災したあなたを助けるお金とくらしの話』による研修が不可欠だといえる。

　2022年4月1日から、2018年6月13日に成立した改正民法の完全施行により成年年齢が20歳から18歳に引き下げとなった。2022年4月1日時点で18歳、19歳の者は2022年4月1日に成人となり、2022年4月1日以降に18歳になる者（2004年4月2日以降生まれ）は、18歳の誕生日から成人となる。ノーベル経済学賞のダニエル・カーネマンによれば、人間が大人になり熟考システムによる「遅い思考」により重大な意思決定をする能力は25歳くらいまで成長するという。つまり、18歳という思考システムが未熟な段階で法律上は単独で契約ができ様々な法的責任を負う主体となるということを意味する。法教育、主権者教育、金融教育、消費者教育のいずれもが、子どもたちを守るためにその存在意義を持っており、『被災したあなたを助けるお金とくらしの話』がその学習の一助になることを期待している。

第2章　知識を伝えるのはあなた

命を繋ぐ災害ソーシャルワークと災害復興法学

　われわれ社会福祉士は、すべての人が人間としての尊厳を有し、価値ある存在であり、平等であることを深く認識する。われわれは平和を擁護し、社会正義、人権、集団的責任、多様性尊重および全人的存在の原理に則り、人々がつながりを実感できる社会への変革と社会的包摂の実現をめざす専門職であり、多様な人々や組織と協働することを言明する。われわれは、社会システムおよび自然的・地理的環境と人々の生活が相互に関連していることに着目する。社会変動が環境破壊および人間疎外をもたらしている状況にあって、この専門職が社会にとって不可欠であることを自覚するとともに、社会福祉士の職責についての一般社会及び市民の理解を深め、その啓発に努める。われわれは、われわれの加盟する国際ソーシャルワーカー連盟と国際ソーシャルワーク教育学校連盟が採択した、次の「ソーシャルワーク専門職のグローバル定義」（2014年7月）を、ソーシャルワーク実践の基盤となるものとして認識し、その実践の拠り所とする。われわれは、ソーシャルワークの知識、技術の専門性と倫理性の維持、向上が専門職の責務であることを認識し、本綱領を制定してこれを遵守することを誓約する。
（日本社会福祉士会「社会福祉士の倫理綱領」2020年6月30日採択　前文）

＊＊＊＊

　われわれ精神保健福祉士は、個人としての尊厳を尊び、人と環境の関係を捉える視点を持ち、共生社会の実現をめざし、社会福祉学を基盤とする精神保健福祉士の価値・理論・実践をもって精神保健福祉の向上に努めるとともに、クライエントの社会的復権・権利擁護と福祉のための専門的・社会的活動を行う専門職としての資質の向上に努め、誠実に倫理綱領に基づく責務を担う。
（日本精神保健福祉士協会「精神保健福祉士の倫理綱領」（2013年4月21日採択／2018年6月17日改訂　前文）

1　ソーシャルワーカーのための災害復興法学

　日本社会福祉士会と日本精神保健福祉士会の倫理綱領前文に共通しているのは人間中心主義である。法律に基づき運用されている制度側の目線でそれに当てはまる人を探すのではなく、対象となる人間がおかれた状況を見極めたうえで個人の尊厳を維持・回復するために制度を活用するという理念である。IFSW（国際ソーシャルワーカー連盟）がソーシャルワーク専門職のグローバル定義について、「社会変革と社会開発、社会的結束、および人々のエンパワメントと解放を促進する、実践に基づいた専門職であり学問である。社会正義、人権、集団的責任、および多様性尊重の諸原理は、ソーシャルワークの中核をなす。ソーシャルワークの理論、社会科学、人文学、および地域・民族固有の知を基盤として、ソーシャルワークは、生活課題に取り組みウェルビーイングを高めるよう、人々やさまざまな構造に働きかける」としていることにも合致している。生活課題に取り組みウェルビーイングを高めることは「健康」の維持回復と同義である。世界保健機関（WHO）憲章前文のとおり、良好な社会的福祉である社会的健康がなければ健康とはいえない（災害復興法学II第2部第9章）。ソーシャルワークはこの社会的健康に寄与することなのである。そうすると「災害ソーシャルワーク」のミッションとは、災害後に被災者が生活再建を達成することができるよう、ソーシャルワーカーが社会資源たる法制度手続へ被災者を誘導し、行政や支援者に繋いでいくことにあるのではないだろうか。この点、同志社大学の上野谷加代子名誉教授が、災害ソーシャルワークを生活再建のための社会制度や資源を被災者の立場からとらえて不調和や欠陥、あるいは制度の結果に注目し、評価・調整・装置・開発・保護を行うこと、と定義することも至極納得できるものである。現に災害関連死を引き起こす原因に、生活困窮の苦しさ、災害後の住まい再建不全への不安、家族の抱える問題等があることが判明しているのであれば尚更である（第2部第7章3）。

　災害時に被災者を必要となる法制度手続へ誘導することは、社会福祉士及び介護福祉士法2条1項が、社会福祉士を「専門的知識及び技術をもつて、身体上若しくは精神上の障害があること又は環境上の理由により日常生活を営むのに支障がある者の福祉に関する相談に応じ、助言、指導、福祉サービスを提供する者又は医師その他の保健医療サービスを提供する者その他の関係者との連絡及び調整その他の援助を行うこと」を業とする専門職としていることそのままといえる。『災害復興法学』第2部第10章では、災害時の専門職（とくに弁

護士を想定)は、「政府セクター」「市場セクター」「地域セクター」の間にある壁を越えて各セクターからセクターへと「泳ぎ回り」、必要な情報を被災者らに伝達する役割を担うべきだと述べたが、その実態は災害ソーシャルワークあるいは災害ケースマネジメントであったと再確認できる。同志社大学の立木茂雄教授らは大分県別府市の村野純子氏を中心とした「だれ一人残さない防災」を担う人材「インクルージョン・マネージャー」に関する研究で、支援の鍵は「越境」にあるとして、行政職員であっても庁内・庁外の様々なところに出向いてこそ支援者どうしの連結と連携が可能であるとしている。滋賀県野洲市でかつて生水裕美氏を中心に構築された庁内体制や野洲市くらし支えあい条例（災害復興法学Ⅱ第2部第8章）もまた越境と連結が支援の鍵だと改めて教えてくれる（なお野洲市の取組に関する政策実施関連の資料は同市ウェブサイトで入手可能）。これらの先行事例に共通するのは、平時と災害時を同じ理念のもとに連結させて考えていく「全天候型」（立木 2023）のソーシャルワークの視点である。

2　社会福祉士・精神福祉士の養成と「災害復興のための制度と法」

　ソーシャルワーカーの担うべき「災害ソーシャルワーク」のスキルをいかにして習得するか。その最初の一歩は「被災するとはどういうことか」を個人の被災者の目線から想像し、過去の支援経験があるならそれを総括してしっかりと言語化して表現できるようになることである。第3部第1章冒頭【設問タイプA】のような被災者の声を、先回りして想像しながら被災地へ赴く必要がある。そのうえで、それらの声を細分化し、利用できる法支援制度やその他の支援制度の利用の是非を検討し、できる限り被災者個人の目線で丁寧に伝達していくことが災害ソーシャルワークの基本であり、支援の入口部分で最大限の効果を発揮する。このような考えに注目してくれた日本福祉大学の山本克彦教授の尽力もあり、2021年度から日本福祉大学福祉経営学部の通信講座として、「災害復興法のための制度と法」が誕生した。社会福祉士や精神保健福祉士の養成課程では日本で初めて本格的な災害法制を学ぶ講座である。開講から3年間での総受講者数は1,000人に迫る。カリキュラムは単に法制度を解説することに主眼が置かれているのではなく、現実の被災者の声や悩みを前提としながら、災害ソーシャルワークの担い手としての倫理と確かな知識と技術ノウハウを身につけることを目指している。「災害復興法学」講座の超実践版と表現してよいだろう。テキストには『被災したあなたを助けるお金とくらしの話』（2022

年度からは増補版）を指定し、補助教材たる学習指導書『災害復興のための制度と法』（本文約130頁）を書き下ろした。目の前の困った被災者を支援する、今一番必要とする情報を提供する、という目線で、被災者生活再建のための法制度や民間事業者による各種支援を解説したものである。実務書としても活用できる教科書としては、現行唯一のものといえるだろう。災害ケースマネジメントの制度化が叫ばれるなかで、その担い手を育成するためにも、このような講座の設置は今後さらに重要性を増すように思われる。

3　DWATへの期待──ソーシャルワーカー災害専門研修の確立を目指す

　『災害復興法学Ⅱ』第2部第9章では、被災後の生活再建に役立つ情報を必要としている被災者らに提供するための専門家派遣制度を確立すべく「DLAT」（Disaster Legal Assistance Team）や「DSWAT」（Disaster Social-Work Assistance Team　岩手弁護士会吉江暢洋弁護士による）を提唱したところである。前後して、2018年5月31日、厚生労働省通知により「災害時の福祉支援体制の整備に向けたガイドライン」が都道府県へ周知される。これをきっかけに全国の福祉支援活動のうち、特に長期避難者の生活機能の低下や要介護度の重度化など二次被害防止のために避難所で災害時要配慮者への福祉支援を行ってきたソーシャルワーカーら福祉専門職による活動が、「災害派遣福祉チーム」（DWAT：Disaster Welfare Assistance Team）として認知を一層強めることになった。2023年1月の群馬県社会福祉協議会のヒアリングによると、2014年から県内18の福祉団体及び2広域団体が参画する「災害福祉支援ネットワーク構築のための検討会」を設置し、2018年3月からは群馬県地域防災計画に基づく「群馬県災害時保健医療福祉活動指針」でDWATの位置づけが明確になっている。この指針には「連携」という言葉が繰り返し使われているのが印象的である。指針では市町村には「生活再建に必要な新たな活動のための施策化・予算措置」を求めているが、さらに国の予算措置で「生活再建」の支援活動を推進することが望まれる。DWATがプロフェッショナルとして「災害ソーシャルワーク」を担うためには、「W」（Welfare）の部分はより具体的な行動に繋がる「SW」（Social-Work）であると捉え直すべきである。その時々の社会資源を正確に把握したうえで適時の被災者へ情報提供を行う専門性が欠かせないのである。災害救援法務あるいは災害対策法制に関する知識のベースが全員に備わっていなければ、思わぬところで支援漏れや申請漏れ（第2部第4章）を引き起こしてしまうだろう。

具体的には、①災害時要配慮者の個人情報の取扱いに関する基礎知識と情報利活用の推進、②災害救助法の徹底活用による避難所環境整備、③被災したあなたを助けるお金とくらしの話といった研修の実施がDWATの担い手に不可欠となるはずである。2015年度と2016年度に、日本社会福祉士会の「災害支援活動者養成研修」において、災害復興法学をベースとした研修プログラムを提供した。その後アドホックではあるが各県で弁護士らによる災害法制の研修が増加し始めた。日本社会福祉士会の上記研修が各都道府県福祉士会へ移管されたことを受け、2017年度から「神奈川県社会福祉士会災害支援活動者養成研修」にて災害救助法の徹底活用に関する実務ノウハウ（災害復興法学II第2部第5章）や「被災したあなたを助けるお金とくらしの話」を学ぶプログラムが提供できるようになった。また、2017年以降、「日本赤十字社全国赤十字医療ソーシャルワーカー協議会」との縁でMSW（Medical Social Worker）研修も増加する。現在の災害復興法学とソーシャルワーカーとの繋がりもこの全国赤十字医療ソーシャルワーカー協議会に由来するものが多い。日本赤十字社のソーシャルワーカーは災害医療派遣チーム（Disaster Medical Assistance Team）のメンバーとして災害直後から被災地や避難所を訪れる者が多い。研修を受けた社会福祉士や精神福祉士からは、災害直後の現場であっても、即時に被災者に直接貢献して健康の支援をする知識として『被災したあなたを助けるお金とくらしの話』プログラムが寄与したことを報告いただいた。医師や看護師以外の者でも急性期の被災地で活動できるというアイデンティティになったという。災害救援法務に関する研修が全国隈なく根付いて定期的に実施されるような環境の整備を期待したい。

第3章　その時メディアは何を伝えるか

被災者支援報道と災害復興法学

Q1　自宅が（床上）浸水しました。まずは何をしたらいいですか。

Q2　自宅に流入した土砂や使えなくなった家具はどうすればいいですか。

Q3　罹災証明書とはどんなものですか。

Q4　罹災証明書の判定結果に疑問があります。どうすればいいですか。

Q5　被災証明書という言葉を聞きました。罹災証明書とは違うのですか。

Q6　自宅を修理したいのですが、公的支援はありますか。

Q7　被災者生活再建支援金とは何ですか。

Q8　生活再建のためのお金がなくて困っています。

Q9　自宅を解体したいのですが、公的な支援はありますか。

Q10　高齢なので住宅修理や購入、建築のためのローンは難しいですか。

Q11　家具や家電が浸水で壊れてしまいました。利用できる制度はありますか。

Q12　自動車が浸水して使えなくなりました。廃車や買い替え時に使える制度はありますか。

Q13　今回の災害の影響で借入金の返済が難しくなりました。何か支援はありますか。

Q14　隣地から土砂やがれきが流れてきました。誰が片付けるものですか。

Q15　隣地の山が崩れそうです。誰にどのような対応を求めたらよいですか。

Q16　住んでいる賃貸物件が床上浸水しました。借主の私も罹災証明書の申請が必要ですか。

Q17　住んでいる賃貸物件が床上浸水しました。修繕は誰がすることになりますか。賃料はどうなりますか。

Q18　事務所や車、商品が浸水していまいました。何か支援はありますか。

Q19　業者に修理を依頼したのですが、高額の請求を受けました。支払わなければならないでしょうか。

Q20　このQ＆Aを読んでも、自分が何をすればよいかわからない場合はどうすればよいですか。

(静岡新聞 2022 年 11 月 22 日「被災者支援 Q＆A―県弁護士会作成保存版―」より質問項目を抜粋)

　2022 年 11 月 22 日の静岡新聞の総合面に「被災者支援 Q＆A―県弁護士会作成保存版」というフルカラー全面記事が掲載された。静岡県弁護士会の永野海弁護士と静岡新聞の武田愛一郎記者のコラボレーションに端を発する。「9月の台風 15 号を受け県弁護士会が開設した電話相談や、同会、県司法書士会、県建築士会などの専門家でつくる県災害対策士業連絡会が静岡市の各区役所に開設した「生活なんでも相談」には、開設以来 1,000 件に迫る相談が寄せられている。特に多かった相談について県弁護士会がまとめた Q＆A を交流サイト（SNS）風に紙面で紹介する」との頭書きに続いて、冒頭の 20 問の質疑応答が掲載されている。前半 13 問は SNS の LINE のメッセージのやり取り風のデザインになっている。後半 7 問はふせんの張られたホワイトボード風のデザインだ。カラフルで親しみがあり法律実務書の解説や専門家向けの Q＆A 集のような堅苦しさはない。何よりも全面を使った記事でインパクトがある。ここに記述された「Q」は、いずれも 2022 年 9 月 23 日の「令和 4 年台風第 15 号」による浸水被害（第 2 部第 4 章）の被災者が、弁護士や専門士業に相談した事例をもとにまとめられている。全半壊被害が集中した静岡市には既に災害救助法と被災者生活再建支援法が適用されている。そのため「Q3　罹災証明書とはどんなものですか」「Q7　被災者生活再建支援金とは何ですか」など多くの被災者が初期段階で通過儀礼的に行政の手続を体験した（する予定である）ことが前提になっている。これを平時の被災経験のない者の災害前の「知識の備え」とする場合には、「そもそも被災してしまったらまず何から始めたらいいのでしょうか」「何か住まいの再建に助けになるものはあるのでしょうか」という問いに変換することで、防災ツールとして「永久保存版」の価値を高めることになるだろう。「Q8　生活再建のためのお金がなくて困っています」のような漠然とした不安に関する設問もあることは高く評価できる。秀逸なのは「この Q＆A を読んでも、自分が何をすればよいかわからない場合はどうすればよいですか」という問いがあり、その答えとして弁護士等専門家の無料法律相談へ適切に誘導していることである。誰一人取り残さないという災害ソーシャルワークないし災害ケースマネジメントの理念がここに明確に現れている。マスメディアのみならずコミュニティメディアや NPO による被災者支援情報冊子などに被災者支援活動に精通した弁護士が積極的にコミットすることで、これまでにも数多くの情報提供支援ツールが作られてきた（災害復興法学第 2 部第 10

章）。なかでもこの静岡新聞の特集は、オピニオン欄でもなく、インタビューのまとめ記事でもなく、連載や寄稿でもなく、広告料の発生する全面広告記事でもなく、徹頭徹尾新聞社側の主導と責任で書き切った全面を使った記事であり、画期的な先例になったといえる。

　地方新聞のみならず、全国紙や NHK 等テレビ報道でも、被災地で今を生きる被災者の生活再建に資する、希望を与える「被災者支援報道」を展開してほしい。災害後にくらしを支える知識と情報をメディアは伝えるべきなのか。伝えるとすればどのように伝えるのか。また、これらの知恵をいかに平時から普及啓発や防災・減災教育に反映させていくのか。2023 年 1 月 19 日、人と防災未来センターにて第 27 回減災報道研究会「命とくらしを守る被災者支援報道について考える」が企画された。同センター河田慈人主任研究員、同福本晋悟特別研究調査員（毎日放送）、静岡新聞武田愛一郎記者（後に人と防災未来センター特別研究調査員）、筆者が登壇し、聴講する全国のメディア関係者へ「被災者支援報道」の意義を訴えた。メディアがまずもって『被災したあなたを助けるお金とくらしの話』の防災教育プログラムにより、被災者の声には何があるのか、被災者のニーズは何か、それを助ける支援に何があるのか、を学ばなければ、被災者に有益な情報が積極的に報道されることはないのである。2023 年 3 月10 日、一般社団法人マスコミ倫理懇談会全国協議会「メディアと法」研究会で同趣旨の提言を繰り返す。この点については NHK 放送文化研究所のオンライン記事でも「こうした知識を知っておくだけで、「素早い避難」につながり命を守ることができる。その上で、必要な制度や知識を知っておくことで、被災後を生き抜くことができる」と評され、マスコミ倫理懇談会全国協議会の機関誌「マスコミ倫理」の 2023 年 4 月号でも紙面の大部分を割いて講演記録が掲載された。全国的なマスメディアにも、「災害報道」のなかに「被災者支援報道」が明確に位置付けられることを願う。かつて京都大学の林春男名誉教授は、被災者の生活再建に資する情報の伝達とは「被災地内の人から被災地内の人へ」という伝達パターンであり、典型例は自治体広報やローカル FM 放送等であって、「いずれも受け手の規模が小さく報道になじみにくいパターンである」と分析していた。しかし、これまで述べてきた「被災者支援報道」は、決してマスメディア報道になじまないものではない。先述のとおり、静岡新聞が

自らの責任と権限で被災者支援報道を内容とする全面記事を書き、それを「永久保存版」としていることは、そこに被災者支援に加えて「防災」の意義を見出したからだと言える。被災者支援報道はその根拠が災害対策基本法、被災者生活再建支援法、災害救助法等「法律」であるため、いつ、どこで、誰が発信しても不朽の情報として使える。経年変化による多少の金額や適用条件の法改正はあっても、しばらくは大きな枠組みは維持されるであろうことを考えれば、「被災者支援報道」は長く利用価値があり防災教育にもなる、全国的な報道としても取り上げる価値のあるテーマだといえよう。これらの活動を更に進めていくには、災害報道に関して広告費や視聴率を勘案しないで済む持続可能な災害報道（関谷 2021）の手法をより充実させる必要がある。

3　NHK 防災動画「被災に備える豆知識」

　2023 年 7 月、NHK 佐賀放送局で防災動画「被災に備える豆知識」制作企画が立ち上がり、同放送局の竹野大輝アナウンサーらとともに、「り災証明書申請や活用のポイント」「通帳・カード　なくしても大丈夫」「保険証　なくても受診を」「公共料金　できる限り見直しを」「被災ローン減免制度を知る」という、1 つあたり 1 〜 2 分の防災動画を 5 本制作した。いずれも『被災したあなたを助けるお金とくらしの話増補版』をもとにして台本が作られ、全動画に筆者によるワンポイントアドバイスが収録されている。これらは関連ニュース報道（NHK 佐賀放送局「ただいま佐賀」2023 年 7 月 22 日〜 7 月 26 日放送）を経て 2023 年 8 月までに NHK の防災動画ポータルサイト「水害から命と暮らしを守る」で全動画の公開に至る。これまで「被災したあなたを助けるお金とくらしの話の防災教育」については、映像コンテンツやマスメディアの報道に必ずしも馴染まないという評価も根強かったが、それらの懸念を押しのけての防災動画の誕生は画期的な成果と呼べるのではないだろうか。動画コンテンツが今後の被災者支援報道や新しい防災教育の展開への礎となることを期待したい。

4　メディア必修の被災者支援報道研修プログラムを確立せよ

⑴　被災者支援に役立つ法制度とメディアの認知度

　第 3 部第 1 章冒頭【設問タイプ B】のアンケート結果をメディア関係者（全国紙とテレビ関係者が多い）に限定して示したのが図表 3 − 6 である。

図表 3-6　メディア関係者の支援制度認知度

＊　2023 年 1 月減災報道研究会参加メディア関係者に対するアンケート

　分母が 12 名と少ないため必ずしも一般化できないが「罹災証明書」と「被災者生活再建支援金」については多くが「内容を知っている」と回答した。これに対し「災害弔慰金」はやや認知度が減少したが、逆に「知らない」とする者はいなかった。災害弔慰金は法制度的にも「災害関連死」と不可分一体であるため、社会問題としての認知度も高いためと推測される。「自然災害債務整理ガイドライン」は「内容を知っている」者がゼロであり、大半が「知らない」と答えている。

(2)　新聞報道にみる「4 つの支援制度」の情報提供実績

　図表 3 - 7 は、「罹災証明書」「被災者生活再建支援金」「災害弔慰金」「自然災害債務整理ガイドライン」が登場する 1 年あたりの新聞記事数の推移である。読売新聞と朝日新聞の 2011 年 1 月 1 日から 2022 年 12 月 31 日までのデジタル記事以外の紙面掲載の全記事を対象とした。制度名称が使われていなくても同じ支援を説明しているとおぼしき記事は散見されたが、それらは必ずしも正しい制度への誘導ができる記事とは限らないと考え除外している。「罹災証明書」は「り災証明書」となっていたり「書」がないケースも考慮した。「自然災害債務整理ガイドライン」は日弁連が周知のために通称を「被災ローン減免制度」としていることや制度の正式名称が長いことで記事独自の略称や表記揺れが激しいが、それらも捕捉できるようできるだけ工夫して記事を抽出した。災害弔慰金と被災者生活再建支援金は他の名称では制度特定が困難であり正確な制度名の記事だけを対象にした。なお、検索結果の全記事は精査し調査趣旨と無関係なものをは除外した。

　まず当然の傾向として、大規模災害に連動して 4 つの単語の使われる記事数が多くなった。2011 年は東日本大震災、2016 年は熊本地震、2018 年は西日本豪雨、2019 年は令和元年東日本台風で、いずれも特定非常災害の政令指定があった。2020 年の令和 2 年 7 月豪雨は特定非常災害だが記事数の目立った上昇がみられないが、これは被害範囲が熊本県を中心にやや限定されていたこと

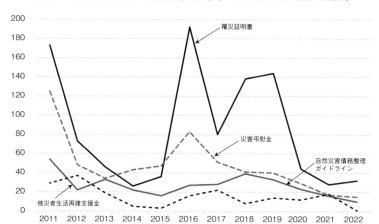

図表 3-7 制度名が登場する年間記事数の推移（読売新聞と朝日新聞の合計数）

や水害が前年から連続したことが影響している可能性がある。一方、熊本地震の記事数が多いのは東日本大震災から 5 年が経過していたことや、2 度の震度 7 の地震への社会的関心の高さが影響しているのかもしれない。ここで注目したいのは、大規模災害時に記事数が跳ね上がるとしても、全体的には 4 つの支援制度の報道数が年々増加しているなどの傾向は読み取れないことである。中長期スパンでみると結局前述の「4 つの支援制度」の報道頻度はここ 10 年横ばい状態で、決して多くないということである。罹災証明書に関する記事が最も多くそれ以外は低調である。災害弔慰金は「災害関連死」への課題提示（第 2 部第 7 章）で多数記事が登場することでやや記事数が多い。被災者生活再建支援金と自然災害債務整理ガイドラインは両紙の記事ではほとんど登場してこないという印象である。減災報道に関心を寄せるメディア関係者の支援制度に対する認知度調査の傾向に重なるところがあるように思われる。記者が詳しく知らない制度が、災害報道のなかで特に注目を浴びて報道されてこないのも無理はない。そもそも年間の情報総量に上限がある紙の新聞媒体だけでは、今後劇的に支援制度に関する報道が増えることも期待できないだろう。

(3) 被災者支援報道研修プログラム素案

　メディア関係者に対する被災者支援報道研修プログラムを構築したうえで各社や業界団体で必修コンテンツにしていただきたい。以下に独断と偏見によるメニューを提示する。

［総論］　「災害報道」とは何かという全体像を明確にする講座。学術的な分類などを参考にしながら、災害報道の意義や各フェーズにおける項目を、客観的な報道実績をデータと共に学ぶ。また、ジャーナリズムとしての倫理を学ぶ。いわゆる「災害とメディア」に関する各種先行研究を担う専門家の登壇が期待される。

［情報伝達ノウハウ］　気象（風水害）情報の伝達、津波避難情報の伝達等についての実践的ノウハウの研修。急性期のアナウンスの方式やメディアの役割を具体的な事例とともに学ぶ。これは被災者支援報道というよりは被災しない（命を救う）ための報道ともいえるが、災害報道の全体像を学ぶ上では被災者支援報道との役割分担を明確にするためにも、同時に学ぶべき分野である。毎日放送の福本晋悟人と防災未来センター特別研究調査員の活動などが注目される。

［災害と個人情報］　『災害復興法学III』第２部第６章で詳述したような災害と個人情報に関する各種論点を学ぶ講座である。特に手薄となる個人情報保護法についての正確な理解を目的とするものである。また、メディアとして情報開示などを行政に求めることもあるため、災害報道やその根拠資料収集の意義を学ぶことも重要である。

［被災者支援報道・知識編］　『被災したあなたを助けるお金とくらしの話　増補版』や『図書館のための災害復興法学入門』で示したような被災者支援報道の前提となる被災者の生活再建の役立つ法制度知識について学ぶ。前提となるのは、行政が制度にもとづく支援情報を発信したからそれをそのまま報道する、というのではなく、自ら被災者の被災後の生活再建に関わるニーズを取材・調査・検証し、それに対応する制度を学び、メディアとして情報発信することが重要だという姿勢を身につけることである。

［被災者支援報道・実践編］　静岡新聞やこれまでの大規模被災地の地方紙による実践を学び、被災者支援報道のノウハウを習得する。防災教育としての側面を考慮すれば、その取り組みは全国的なテレビや新聞メディアでも十分に実践可能であることを概説する。

［被災者支援報道研修プログラムの実践の場］　各個社の研修メニューへの採用、マスコミ倫理懇談会全国協議会での統一研修講座設置、人と防災未来センターにおける減災報道研究会の拡大的実践、マスメディア等との産学連携による社会人向け大学講座設置、など研修チャネルを創設していくことが重要になる。

第4章　災害看護の力の源泉

健康支援・医療支援としての災害復興法学

"I use the word nursing for want of a better. It has been limited to signify little more than the administration of medicines and the application of poultices. It ought to signify the proper use of fresh air, light, warmth, cleanliness, quiet, and the proper selection and administration of diet-all at the least expense of vital power to the patient"

私は他に良い言葉がないので看護という言葉を使う。看護とはこれまでせいぜい薬を服ませたり、湿布剤を貼ったりすること、その程度の意味に限られてきている。看護とは、新鮮な空気、陽光、暖かさ、清潔さ、静かさなどを適切に整え、これらを活かして用いること、また食事内容を適切に選択し適切に与えること——こういったことのすべてを、患者の生命力の消耗を最小限にするように整えること、を意味すべきである。

(Florence Nightingale "Notes on Nursing: What It Is, and What It Is Not"、フロレンス・ナイチンゲール『看護覚え書—看護であること看護でないこと—』序論より)

前　文

人々は、人間としての尊厳を保持し、健康で幸福であることを願っている。看護は、このような人間の普遍的なニーズに応え、人々の生涯にわたり健康な生活の実現に貢献することを使命としている。

看護は、あらゆる年代の個人、家族、集団、地域社会を対象としている。さらに、健康の保持増進、疾病の予防、健康の回復、苦痛の緩和を行い、生涯を通して最期まで、その人らしく人生を全うできるようその人のもつ力に働きかけながら支援することを目的としている。

看護職は、免許によって看護を実践する権限を与えられた者である。看護の実践にあたっては、人々の生きる権利、尊厳を保持される権利、敬意のこもった看護を受ける権利、平等な看護を受ける権利などの人権を尊重することが求められる。同時に、専門職としての誇りと自覚をもって看護を実践する。

日本看護協会の『看護職の倫理綱領』は、あらゆる場で実践を行う看護職を対象とした行動指針であり、自己の実践を振り返る際の基盤を提供するものである。また、看護の実践について専門職として引き受ける責任の範囲を、社会に対して明示するものである。

<blockquote>
16

　看護職は、様々な災害支援の担い手と協働し、災害によって影響を受けたすべての人々の生命、健康、生活をまもることに最善を尽くす。

　災害は、人々の生命、健康、生活の損失につながり、個人や地域社会、国、さらには地球環境に深刻な影響を及ぼす。看護職は、人々の生命、健康、生活をまもる専門職として災害に対する意識を高め、専門的知識と技術に基づき保健・医療・福祉を提供する。
　看護職は、災害から人々の生命、健康、生活をまもるため、平常時から政策策定に関与し災害リスクの低減に努め、災害時は、災害の種類や規模、被災状況、初動から復旧・復興までの局面等に応じた支援を行う。また、災害時は、資源が乏しく、平常時とは異なる環境下で活動する。看護職は、自身の安全を確保するとともに刻々と変化する状況とニーズに応じた保健・医療・福祉を提供する。
　さらに、多種多様な災害支援の担い手とともに各々の機能と能力を最大限に発揮するよう努める。
(公益社団法人日本看護協会『看護職の倫理綱領』2021 年 3 月 15 日より抜粋)
</blockquote>

<h2>　１　災害看護と災害復興法学の連携</h2>

(1)　災害看護の本質と災害復興法学

　看護とは何かについては、フロレンス・ナイチンゲール師が記した定義が、科学的・理念的に極めて明快に本質を言い現わしている。外科的内科的な医療技術だけでは人の健康を維持する良好な環境は作れず、環境が整備されなければ、災害時では災害関連死を招く結果になる (第２部第７章)。兵庫県の人と防災未来センターには、阪神・淡路大震災後に被災者支援や仮設住宅の見守り活動を担った故・黒田裕子看護師の活動が常設展示されている。黒田看護師は、「人間」「地域」「暮らし」の一体化により、被災者の最後の一人までを支えられる社会を実現するために、医療機関に限らない様々な専門家を「繋ぐ」ことの重要性を説いてた。地域包括ケアやコミュニティナースなどの概念を打ち出し、人に寄り添い、地域に持続可能性を与え、希望を支えるものが「災害看護」だとしている。日本災害看護学会によると災害看護とは「災害に関する看護独自の知識や技術を体系的にかつ柔軟に用いるとともに、他の専門分野と協力して、災害の及ぼす生命や健康生活への被害を極力少なくするための活動を展開する

こと」で「防災から初期及び中長期的活動を含む」としている。被災者の暮らしを守り「個人の尊厳」を維持することに寄与することを災害看護の使命だとしているのである。それはまさしく「災害復興法学」が目的とする被災者の生活再建の達成に資する社会制度を構築する活動と同じだったのである。1994年1月17日午前4時30分にアメリカ合衆国カリフォルニア州ロサンゼルス市ノースリッジ地方で発生したマグニチュード6.7の「ノースリッジ地震」は、死者61名、全壊家屋1万6,000棟に及ぶ甚大な被害を齎した。避難者は4万人となり、34の災害救援センターが設置された。アメリカ連邦緊急事態管理庁（FEMA）の助成を受けロサンゼルス郡精神保健局はノースリッジ地震後の心のケア対策「リバウンド・プロジェクト」を実施した。精神科看護師デビッド・モロがまとめた『ハンドブック 災害と心のケア』によれば、70万人超が抱えた問題のうち「社会資源についての情報不足」が約35万件と最も多く報告された。他の問題とは桁違いの多さだった。提供された援助は「アウトリーチ・紹介」約25万件、「個人カウンセリング」約16万件であった。既に災害看護従事者らは被災者の生活再建の達成に役立つ社会資源へ被災者を繋ぐことの重要性を認知していたのである。

　問題は、では具体的にどのような知識を事前に学ぶべきなのか、そのための教材はあったのか、という点である。そこで医療従事者の養成課程に『被災したあなたを助けるお金とくらしの話』プログラムを取り入れることを災害復興法学は提案したい。看護学の教科書「新体系看護学全書」シリーズの『災害看護学』では、2020年の改訂時に「第4章 慢性期の災害保健医療と看護実践 Ⅰ慢性期の医療・福祉ニーズ C生活再建の構築」の項目が新設された。ここでは前半の「コミュニティーづくり」の項において、①デビッド・モロによるコミュニティー回復プロセス（災害直後期、ハネムーン期、幻滅期、再建期）を示しつつ、留意点として幻滅期や再建期は、実は災害直後から併存するという視点を記述し、②WHOの健康の定義のうち「社会的健康」にも寄与するのが災害看護の領域である旨を確認し、③東日本大震災を例に被災者のリーガル・ニーズの高い「賃貸借等契約紛争に関する相談」「行政の公的支援に関する相談」「住宅ローンに関する相談」「相続に関する相談」等の傾向をグラフで解説した。また後半の「社会資源の活用」の項において、①生活再建支援に必須となる知識として、罹災証明書、被災者生活再建支援金、災害弔慰金、自然災害債務整理ガイドライン、災害ADRを紹介し、②看護師は、被災地において、コーディネーターとして、弁護士を始めとする専門職と連携して被災者を適切に社会的

資源に誘導する役割があることを説いた。

(2) 看護学分野における支援制度の認知度

　図表3-8と図表3-9は、災害看護を学ぶ学生たちに第3部第1章冒頭の【設問タイプB】のアンケートを実施した結果である。4つの制度のいずれも「知らない」が圧倒的に多い。「罹災証明書」「自然災害債務整理ガイドライン」については特に認知度が低い。「知っている」経緯について分析すると、過去に自分や親族が被災した経験があって覚えていた、実際に被災地で被災者の声を聴いた経験がある、という者がほとんどであり、被災経験や支援経験のない者にとって、4つの制度はいずれも未知の単語だったようである。災害看護の書籍には、災害時の法制度に関する章は従前から存在していた。しかし、災害関連の法制度を法律ごとに概説するにすぎず、被災者のニーズを踏まえて必要な制度を解説するという視点での記述は、主に利用されている看護の教科書にはまだまだ少ない。災害看護人材育成のためには、特別に『被災したあなたを助けるお金とくらしの話』プログラムを必修カリキュラムとして組み込んでおかなければならないことが痛感される。

図表3-8　公立看護大学学生の支援制度認知度

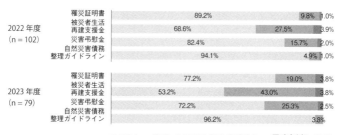

図表3-9　国立大学看護学科学生の支援制度認知度

⑶　看護職の倫理綱領に災害からの生活再建の理念

　2021年3月15日、日本看護協会による「看護職の倫理綱領」が13年ぶりに改訂となった。看護職全体の行動指針と倫理を示したもので、いまもなお多くの看護教育で取り入れられている。これまでの15項目の綱領に、「災害看護」に特化した「16項」が追加された。地域における多職種連携が明示され、「生活をまもる」という言葉が表題と本文に登場する。健康とは別に敢えて「生活」という単語を明記して、看護職が生活再建支援にも貢献しなければならないことを宣言している。生活再建支援に必要な社会資源・法制度知識を被災者へ伝えることは、被災者の肉体的健康・精神的健康を守ることにも直結する、命を繋ぐ看護技術そのものなのである。災害看護領域はますます災害復興法学を含むものになったのではないかと感じられる。

⑷　災害看護人材育成と災害復興法学の協働

　2014年度から2020年度にかけて高知県立大学（南裕子学長・当時）を代表として博士課程の「災害看護グローバルリーダー養成プログラム」（DNGL：Disaster Nursing Global Leader）が開始された。高知県立大学、兵庫県立大学、東京医科歯科大学、千葉大学、日本赤十字看護大学の5大学による共同災害看護学専攻である。2017年以降、高知県立大学の神原咲子教授や、東京医科歯科大学の佐々木吉子教授らとの連携により、災害復興法学による『被災したあなたを助けるお金とくらしの話』を中心に、被災者の生活再建支援や避難所環境改善という課題解決のための災害救助法の実務運用を学習する講義プログラムを提供してきたところである。日本災害看護学会、日本がん看護学会、福井大学医学部看護学科や同大学院災害看護専攻等においても、災害復興法学に基づくプログラムを紹介・提供する機会を得た。2023年には、神戸市看護大学（南裕子学長）に移った神原咲子教授らの主導で、「看護基盤開発学領域グローバルヘルス・災害看護学特論」が、修士の災害看護のAPN（高度実践看護師：Advanced Practice Nurse）教育課程に認定され、CNS（Certified Nurse Specialist）としての災害看護専門看護師の養成が始まった。災害看護のCNS認定には「災害に関連した法律や制度をふまえ、災害対応政策の現状と課題が含まれていること」というこれまでの災害看護論だけではややハードルの高い条件設定がある。そこで災害復興法学分野の知見を取り入れて「災害に関連した法律や制度をふまえ、災害対応政策の現状と課題について明らかにする。人々が被災に対する制度や情報を用いて生活を維持する方法について検討し具体的な提言ができる知識と

能力を習得する」という特論講座「災害関連法制度と情報」を開発・設置することで対応した。カリキュラムの概要は次のとおりである。

神戸市看護大学大学院［特論：災害関連法制度と情報］のカリキュラム

1 自然災害と被災者の生活再建(1) 生活支援ニーズの傾向
2 自然災害と被災者の生活再建(2) リーガル・ニーズ分析
3 被災者の生活再建支援に役立つ法律(1) 住まいの再建
4 被災者の生活再建支援に役立つ法律(2) 災害救助法と関連支援
5 大規模災害を踏まえた災害復興法制度の変遷(1) 罹災証明書、被災者生活再建支援法等
6 大規模災害を踏まえた災害復興法制度の変遷(2) 二重ローン対策、義援金等の保護
7 海外事例から見る災害復興法制度
8 個人情報保護法に関する課題 連携支援システムの構築
9 専門家連携による情報支援 他職種との連携支援システムの構築
10 NPO・ボランティアによる災害支援に関する制度と連携の課題
11 被災した家族に関わる災害制度の課題
12 労働環境・企業における災害制度の課題
13 過去の災害の事例からみる生活再建の課題と今後の対応（『被災したあなたを助けるお金とくらしの話』プログラムのワークショップ）
14 災害救助法と避難所環境整備の課題と情報連携システム（『災害救助法の徹底活用による避難所TKBの実現を目指すワークショップ』）
15 健康支援と生活支援を共同実施するための情報共有

---

2 地域医療と災害復興法学の連携

(1) 地域包括ケアシステムと福祉を支える医師

　第1次ベビーブーム(1947年～1949年)で出生した団塊の世代は、2025年に揃って75歳以上となる。少子高齢化に拍車がかかり医療・介護の施設や担い手の逼迫は避けられない。そこで、重度の要介護状態となっても住み慣れた地域で自分らしい暮らしを人生の最期まで続けられるよう、住まい・医療・介護・予防・生活支援が包括的・一体的に提供される「地域包括ケアシステム」体制を構築することが自治体に求められた。施設型の医療・福祉サービスから、在宅医療・在宅介護へと転換が迫られたのである。筆者も2016年度から東京都病院協会慢性期医療委員会委員に就任しており現場の変化は近くで感じるところである。

　「福祉も支える医師」が強く望まれる。避難所・避難生活学会理事の福井大学医学系部門医学領域地域医療推進講座の山村修教授のもと、2021年に医学部に臨床実習集中講座「地域包括ケア実習」が設けられた。高齢者福祉の座学だけではなく地域包括支援センターや高齢者福祉施設での実習も行う。外科医や内科医ほか様々な分野を目指す100名の医学生が参加する（福井新聞2022年7

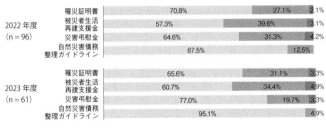

図表 3-10　国立大学医学部上級生の支援制度認知度

		知らない	聞いたことはあるが内容は知らない	内容を知っている
2022 年度 (n = 96)	罹災証明書	70.8%	27.1%	2.1%
	被災者生活 再建支援金	57.3%	39.6%	3.1%
	災害弔慰金	64.6%	31.3%	4.2%
	自然災害債務 整理ガイドライン	87.5%	12.5%	
2023 年度 (n = 61)	罹災証明書	65.6%	31.1%	3.3%
	被災者生活 再建支援金	60.7%	34.4%	4.9%
	災害弔慰金	77.0%	19.7%	3.3%
	自然災害債務 整理ガイドライン	95.1%	4.9%	

■ 知らない　■ 聞いたことはあるが内容は知らない　■ 内容を知っている

月 11 日「福祉も支える医師に　福井大医学部生が介護の現場見学」)。地域包括ケアシステムは、災害ケースマネジメント（第 2 部第 4 章）と連続して実施されるべきものである。既に災害公営住宅へのアプローチも地域包括ケアに含まれているなど、災害時と平時のシームレスな関係は一層強調されるだろう。2022 年度以降の福井大学の地域包括ケア実習には、「地域包括ケアと災害ソーシャルワークのための『被災したあなたを助けるお金とくらしの話』」と題した講義が追加されたところである。

(2)　医学部教育における災害復興法学のすすめ

　ソーシャルワーカーや看護師のように、医師もまた災害時の社会資源を把握し、適切に被災者に伝達できるコーディネーターの役割を担うことが望まれる。図表 3 - 10 は、国立大学医学部の上級生に対する第 3 部第 1 章冒頭の【設問タイプ B】のアンケートの結果である。いずれの制度についても「内容を知っている」はごくごくわずかであり、大半が制度自体を「知らない」。自然災害債務整理ガイドラインでは 9 割近くが耳にしたこともなく、内容を知る学生はゼロである。医師から自発的に生活に関わる各種制度に誘導するコーディネーターになっていただくことを期待し、慢性期医療、地域包括ケアシステム、在宅医療、地域医療、災害医療などのキーワードと連結させて、被災者の生活再建に関わる法制度知識の習得ができるカリキュラムがさらに広がることが必要になる。

■ 3　災害歯科医学と災害復興法学の連携

　災害と歯科保健医療分野の初の教科書として 2018 年発刊の『災害歯科医学』

が 2020 年に改訂される際、筆者のショートコラム『災害法制を知る』が「①災害対策基本法と罹災証明書」「②災害救助法と一般基準・特別基準」「③被災者生活再建支援法と被災者生活再建支援金」「④災害弔慰金法と災害弔慰金」の合計 4 本挿入された。編者の中久木康一歯科医師との連携の成果である。歯科医師は被災地での歯科診療支援、口腔衛生対策、疾病予防対策等で活動し、急性期のみならず中長期での公衆衛生の維持向上に関わる。また大規模災害時には災害犠牲者の身元確認でも歯科医師による支援が欠かせない。特に栄養相談や口腔形成相談のなかで、被災者のくらしや生活再建にかかわる悩みやニーズにも接する機会は多い。これまでのテキストでは、災害法制については当該法律ごとにその概要を解説するのみであった。被災者目線や、被災者に相対して公衆衛生支援をする歯科医師の目線で、被災者支援に必要な法制度を解説したものとして初めて災害復興法学分野と災害歯科医学分野の連携が生まれた。

この動きと連動し、2020 年度以降の厚生労働省と日本歯科医師会による「災害歯科保健医療チーム養成支援事業」の講座カリキュラムに、「歯科医師のための災害復興法学のすすめ」が加わった。2021 年 12 月に発刊された『災害歯科保健医療標準テキスト』にもその内容が組み込まれている。当該講義要旨として、「災害復興法学分野のなかから「被災したあなたを助けるお金とくらしの話」というテーマを取り上げて、お話をさせていただきます。災害復興法学とは、東日本大震災を契機として災害時における法制度の知識の重要性を広めたり、法制度自体の改善を求める公共政策的な活動を記録し教訓化することを目的とした学術分野です。なかでも、被災後に絶望の淵にある被災者の「生活再建」に寄与する制度やしくみの構築を目指す立法提言活動や、生活再建に役立つ情報支援ノウハウを習得するための防災教育活動を重視しています。災害の最前線で医療・福祉に関わる専門職の方々には、被災者一人ひとりの「生活再建」の悩み声を知っていただき、その生活再建を助ける情報のコーディネーターになっていただくことを期待しています」とのメッセージを記述した。

第5章　会社は人でできている

組織のリスクマネジメントと災害復興法学

福島県地域医療課によると、福島第1原発の事故の際、同県の初期被ばく医療機関6施設のうち、20キロ圏内にあった3施設で、医師や看護師が避難し、機能を失った。
(毎日新聞 2011年7月15日静岡より要約)

2011年3月、東京電力福島第1原発が爆発した。突然の事故は、原発から約50キロ離れた福島県いわき市の産婦人科医院を大きく揺さぶった。県外への転院希望者が続出し、患者は半減した。その一方で、医師や看護師が避難して不在となる病院が市内で相次いだ。同医院もスタッフが不足するなどぎりぎりの状態だったが、可能な限り妊婦の診察にあたった。院長は「当時は妊婦を受け入れ続けることで必死だった」と振り返る。断水のために朝5時に起きて給水所に並んだこともあった。
(毎日新聞 2016年6月17日宮城より要約)

高台の自宅は無事だった。しかし、翌12日に入院する予定だった病院から「大きな病院で出産した方がいい」と入院の変更を求められた。看護師が避難するなどしたため人手不足になったという。そこへ、原発事故が追い打ちをかけた。
(朝日新聞 2011年03月25日山形より要約)

（広野町の）高野病院は第一原発から22キロ。事故後も避難せず、町内にとどまって診療を続けていた。だが、20人いた看護師と准看護師が避難したため、一時、9人にまで減っていた。「夜勤の後も働き、48時間寝られなかった」「気づけば壁にもたれて眠っていた」「深刻な人手不足に悩んでいた」。
(朝日新聞 2012年11月18日福島より要約)

（南相馬市では）原発事故で医師が避難したり、迅速に避難できるように入院患者の数が制限されたりして医師が減少した。特に緊急時避難準備区域となった市内の原町区では、震災前に市立総合病院など4つの総合病院に勤務していた45人の医師がほぼ半分に激減している。このうち市立総合病院では、麻酔科や眼科、産婦人科、耳鼻科の4科が休診中で、麻酔科は専門外の医師が対応している状態だ。
(読売新聞 2011年9月3日東京より要約)

1 組織のレジリエンスと職員の生活再建

(1) BCP から BLCP へ

　災害復興法学は、東日本大震災の津波犠牲者訴訟の裁判例を検証的視点で調査し教訓を抽出した関東弁護士会連合会等による研究成果をもとに、その知見をBCPに取り込んで経営戦略の強化と見直しを行うチェックポイントを提示してきた。企業や行政機関のBCM（Business Continuity Management）を全うするためには、組織がその構成員や顧客等の生命・身体・精神を健全にケアして「安全配慮義務」を果たしているかどうかをチェックすることが不可欠である（災害復興法学Ⅱ第2部第7章）。この点をさらに深掘りすると、危機にあっても、職員らが組織の「フォロワー」として自発的に組織運営に協力するという危機管理意識や防災意識を醸成することが求められる。そのためには、企業は、職員に計画を遵守させる訓練をするというだけではなく、職員一人ひとりと向き合う「職員ケア」の姿勢を常に見せ続けなければならない。

　災害時には職員やその家族が被災し、自宅や資産が損壊することもある。お金やくらしへの将来の不安が一驚に押し寄せてきているはずなのだ。被災地企業の職員は同時に被災者となる蓋然性も高い。企業はそのことを無視してBCPに沿って淡々と職員を勤務させることができるのだろうか。まず自分と家族の安全、そして将来のお金や住まいの再建への見通し。これらが明瞭になってこそ、初めて人は会社のために働くことができる。組織にいる一人ひとりが経済的困窮や深刻な悩み等から解放され、社会的健康（Social Wellbeing）を維持できているかどうかについても十分な配慮が必要であり、BCP（Business Continuity Plan）は、必然的にBLCP（Business & Living Continuity Plan）でなければならない。

　アクサ生命保険株式会社は、企業活動のBCPの実効性を担保するために従業員の「FCP」（Family Continuity Plan）という概念を打ち出し防災意識向上を目指している。災害時に自分と家族の生命の安全を確保することができなければ、事業継続（BCP）に当たることができないという考えから職員に携帯版の災害対応マニュアルを配布している（危機管理カンファレンス「外資生保のBCPに学ぶ　生保だからこそ取り組む被災者支援とBCP」2017年9月27日）。「生活再建」に関する研修などを実施しているというわけではないものの、FCPの目指す理念は、『被災したあなたを助けるお金とくらしの話』を職員へ浸透させて、少しでも「希望」の知恵を抱いて歩み始められる支援を企業がすべきであるという災害復興

法学の目指すところと合致する。半導体製造装置メーカーの株式会社ディスコは、「災害復興法学」の視点を BCP に取り入れ、事業継続計画の成功には従業員一人ひとりの意識向上が重要であるとし、会社の継続だけではなく、今まで従業員まかせとされてきた、従業員本人やその家族の「生活再建」に関する制度支援情報のサポートをすることが重要であるという会社方針を明確にしているが（株式会社ディスコ「事業継続セミナー：家族を守る 生活の糧を守る」2016 年）、その後の大規模災害時において、影響のある事業所や関係者の職員らに向けて、住まいの再建や個人への公的支援に関する情報を提供した実績がある。

⑵　社員研修に『被災したあなたを助けるお金とくらしの話』

　「被災するということを一個人目線で、組織の人間を守る為、予防策として福利厚生的にしっかりと教える、知識を与えておくということは、組織の環境として非常に良くなっていくのではないか」（リスク対策ドットコム 2017 年 11 月 16 日「危機に強く、常に成長するための法則 BCP 策定推進フォーラム 2017」）。「私が重要と考えているのは、被災後の生活再建に関わる"知識の備え"を従業員一人ひとりにもってもらうことです。……従業員の防災への意識を高め、BCP を自分事として考えてもらうことにも役立つ。知識の備えは災害に遭っても希望を見出し、立ち直る力となります。それは従業員の"レジリエンス"を高めることになり、事業継続の強化につながるはずです」（へるすあっぷ21 2021 年 9 月号「従業員の命 3.11 の教訓から学ぶ企業に求められる対策」）。災害直後に企業に人が再び参集し、経済活動や復旧活動をするためには、企業における従業員一人ひとりの生活や、その家族の生活が安定していなければならない。もちろん一定規模の企業であれば、給与や手当などが急に不支給となる事態は想定されないであろうが、「自宅が全壊してしまったが、まだ住宅ローンが 2,000 万円以上残っている」「借りていたアパートが一部損壊してしまったが、オーナー側の修繕はまったく期待できないし、修繕を立て替えても任意の支払見込がまったくない」「家族が亡くなってしまったが、生命保険金などはなく、家計が厳しくなってしまった」という「生活再建」に向けた声を数多く聞くことになるはずだ。これを、企業とは無関係の個人のことだと捉えるのは、企業にとても大きなマイナスであり、事故要因ともなるだろう。優秀な人材であっても企業活動に従事するどころではなくなる可能性すらある。災害復興法学をベースとして、「被災者のニーズは何か」「そのニーズに対応する法的な制度は何か」を体系的に整理して学ぶ『被災したあなたを助けるお金とくらしの話』プログラムを実践

することが求められる。従業員一人ひとりが再生してこそ、企業において真に貢献できる人材となる。災害後を一人ひとりが生き抜く知恵を持ってこそ、企業の事業継続マネジメント（BCM）の強化も達成できる。

　リスクコミュニケーションの理念は、組織の外部向けのアカウンタビリティや相互理解のための技術・方針というにとどまらず、組織内部においてこそ活用されるべきである（第 1 部第 6 章）。内部リスクコミュニケーションの課題を強く突き付けられたのは、東日本大震災における福島県の医療機関の状況ではないだろうか。冒頭に示したいくつかの報道だけでも、当時の医療機関の惨状と残された医療従事者の過酷な就労環境がはっきりとわかる。放射能や被ばくの被害を過度に恐れるなと言うだけなら簡単で、もしかしたらそれが医学的・科学的には十分根拠のある主張であったとしても、放射能リスクや原子力発電所事故の拡大リスクについては、当時の知見からすれば多くの医療従事者にとっても未知数であったはずだ。きわめて詳細かつ丁寧に職員らに説明をしなければ、未曾有の大災害と未知の被害の被害への恐怖に起因しての離職や避難を防ぐことも、それを責めることも到底できない。東日本大震災・原子力発電所事故において不可避的にとはいえ実際に起きてしまった医療従事者の退職は、組織が平時から職員に対して、当該医療機関で起きうるリスク（津波、地震、水害、土砂災害等の自然災害リスク、原子力災害発生後の被ばく患者受入れ対応リスク、新型感染症発生時に従事者が置かれる環境リスク）を分析した結果を十分に説明しておくことの重要性を教訓として残したように思える。同様の教訓は、東日本大震災を経験した看護管理者の多くが、業務多忙や人間関係を理由とした退職意向を示していたにもかかわらず、それに対する心理支援は 1 割程度であったという実情（山﨑 2022）からも読み取ることができる。

　原子力規制庁の「放射線安全規制研究推進事業」に基づく研究である「原子力災害拠点病院のモデル BCP 及び外部評価等に関する調査及び開発研究」（2018年度〜2020 年度）では、永田高志医師（当時九州大学病院）、有嶋拓郎医師（当時鹿児島大学病院）及び筆者を中心に、全国 15 の原子力災害拠点病院において、原子力災害時の被ばく患者受け入れ事例を想定して、BCP ワークショップ及び研修を実践しながら、BCP 研修プログラムのブラッシュアップを狙った。筆者は『原子力災害拠点病院の BCP と病院経営〜安全配慮義務・内部統制シス

テム構築義務と組織・職員のリスクコミュニケーションの視点〜』と題するプログラムを提供し、病院が安全配慮義務配を職員に対して果たすためには、職員の理解を得て安心して事業に従事してもらうための、内部に向けたリスクコミュニケーションの視点が重要であることを提言した。未知の新型感染症や放射線被害等に向き合わなければならないエッセンシャルワーカーに対して、組織が十分な説明責任と納得ある対応を行い、職員の心身をケアすることが安全配慮義務を果たす前提条件になることを医療機関に印象付けるものとなった。

3 豪雨災害と被災病院に学ぶ職員を守る知恵

⑴ 豪雨災害と職員の被災、生活再建の視点

　2021 年度から 2022 年度の「厚生労働省令和 3 年度厚生労働科学研究費地域医療基盤開発推進研究事業」による「大規模災害発生の事前予測を踏まえた医療機関における事前避難の方策の検討及び災害医療訓練の質の向上に関する研究」では、自衛隊中央病院に移った永田医師、気象学専門の九州大学の西山浩司助教、国際 NGO ピースウィンズ・ジャパンの稲葉基高医師、九州大学病院で精神科を専門とする大橋綾子医師、厚生労働省の西竜一医師らと連携し、中国地方、九州地方、関東地方等で浸水被害により病院内での患者垂直避難や病院外への患者避難を敢行した病院をヒアリングし、病院避難の見極め判断のポイントや現行の BCP に上乗せすべき視点を抽出することになった。ここでは、病院が「安全配慮義務」を果たすうえでの新しい視点として、職員やその家族に対する生活再建のケア（特別手当などの金銭給付ということだけではなく、法制度上の被災者支援に関する情報提供や支払いや住まい再建に関する専門家相談への紹介などを想定）が、病院の事業継続にとって重要になるとの研究成果を得ることができた。とくに大規模な水害などが発生したことで、病院が被害にあっているということは、そこに勤務する職員らも地域住民として高確率で被害にあっており、自ら被災したり、被災した家族・親戚関係者がいながら、病院に従事し続けたりするという環境下におかれるのである。このような医療従事者が、家庭の事情などで心身耐えられなくなり離職するケースは、水害被災地においても複数事例が確認できたところである。

⑵ 気象情報にみる安全配慮義務の新たな視点

　企業等が安全配慮義務を全うし、関係者の命を自然災害から守るためには、

災害発生の前後で出来得る限りの「情報収集義務」を果たし、判断権者がその情報に基づいてその時々で正しい判断を実施し続けることが不可欠である。この視点はいかなる危機に直面した場合でも応用可能なオールハザード・アプローチとして提示された（災害復興法学Ⅱ第2部第7章）。とはいえ、地震や火山噴火と異なり、大雨や台風等の気象情報はある程度予測が可能である。気象庁のウェブサイトでは、「気象防災」の一覧として「気象警報・注意報」「早期注意情報（警報級の可能性）」「大雨危険度」「キキクル（危険度分布）土砂／浸水／洪水」「雨雲の動き」「今後の雨」「気象情報」「台風情報」「指定河川洪水予報」「土砂災害警戒情報」「竜巻注意情報」「熱中症警戒アラート」「今後の雪」が掲げられている。そうであれば、これらの防災気象情報について、組織が特にどのような情報に感度よく反応していくべきかについて踏み込んだ考察が必要になるはずだ。「防災気象情報がわかりにくい」という課題は常に意識しながらも最低限のリテラシーは欠かせないように思われる（山﨑 2023）。警報や特別警報の発令はメディアを経由して入手できる基本情報であるが、それだけでは防災行動指針とはなり得ない。先述の西山助教からの示唆や水害で被災した病院からのヒアリング結果を踏まえると、結局のところ、次の情報については、専門家でなくてもリアルタイムで積極的に情報収集をしていくことが、最低限実施すべきことであるとの実感を得るに至った。

① 「土砂キキクル」「洪水キキクル」「浸水キキクル」が示す、土砂災害、洪水害、浸水害の各危険度（黒、紫、赤、黄色、白（水色））を地図で確認する。

② 「今後の雨」（降水短時間予報）と「雨雲の動き」（高解像度降水ナウキャスト）の動画を確認することで、自身の所在地に影響のある地点の雨雲の移動速度、強さ、範囲、新たな降雨域、線状降水帯などに注目し、「特定の場所に強雨域が何時間にもわたってとどまっている」かを確認する。

③ 「停滞前線」の動向について梅雨と秋雨の季節には特に注視して南北上下移動が少なく文字どおり停滞してしまっていないか等を確認する。

④ 「寒冷前線」の接近を地上天気図で確認し、発達した積乱雲による急な大雨、突風、落雷、ひょう等に警戒する。

⑤ 「台風情報」を注視し、台風本体やそれを取り巻く雲の動向について逐次情報を入手する。特に気象庁による事前の記者会見があったり、気象庁ウェブサイトが事前にお知らせを掲載したりするような場合（第2部第1章）は、一層警戒を強め具体的な防災行動をとる。

以上の典型的な気象防災情報の収集を怠り、あるいは収集した情報に基づく

判断（避難の有無等）を見誤ったりしたことで施設利用者（病院であれば特に入院患者等）や職員が被害を受ければ、「安全配慮義務」違反であり損害賠償責任を問われる可能性は高まるといえよう。

　気象防災情報に関心を持つ動機付けも必要である。そのためには現地の見分が欠かせない。当該事業所のある地域の河川の形、側溝の状況、がけや山地の場所、ため池、堤防の状況、水門の有無などを実際に見聞するとより実感がわく。当然ながら前提として「ハザードマップ」を国、都道府県、市町村のウェブサイトで確認することは必須であろう。なかでも「要配慮者利用施設の利用者の避難の確保のための措置に関する計画」（避難確保計画）が義務化されている病院、福祉、教育、地下街等に代表される各種施設（水防法 15 条の 3、土砂災害警戒区域等における土砂災害防止対策の推進に関する法律 8 条の 2、津波防災地域づくりに関する法律 71 条）にとっては、気象防災情報の適切な学習が喫緊の課題になるのではないだろうか。この「避難確保計画」は、「平成 28 年台風第 10 号」により岩手県今泉町の高齢者グループホームの被害を受けて 2017 年 5 月施行の改正水防法により作成が義務付けられた。その後「令和 2 年 7 月豪雨」で熊本県球磨村の高齢者施設が被害に遭ったことを受けて、2021 年 7 月施行の改正水防法や関連法令により市町村による助言勧告制度が追加されたものである。安全配慮義務を果たすうえでも、職員らに理解が浸透した実効性のある避難確保計画作成とブラッシュアップが期待される。

(3)　病院 BCP 策定研修と災害復興法学の協働

　厚生労働省「事業継続計画（BCP）策定研修事業」は、2017 年度の事業開始から 2022 年度までのうちに 1,926 施設に対し大規模災害を想定した病院 BCP 策定研修を展開してきた。研修メニューのなかに 2023 年度から「⑤医療機関における安全配慮義務等、災害や BCP 関連の法律についての内容を含むこと」というの視点が加わった。安全配慮義務の視点を BCP 研修や避難訓練に取り込むべきという災害復興法学からの提言が結実したのである。①津波犠牲者訴訟等の判例から抽出した教訓を踏まえ、情報収集義務や責任権限自動移譲の視点から BCP の見直しを行うこと、② BCP の担い手たる職員のケアとして被災後の生活再建に関わる支援制度の知識を事前に研修しておくこと、の 2 点を強調した研修プログラムである。全国に病床 20 以上の「病院」は 8,300 施設以上、「有床診療所」は 6,200 施設以上ある。そもそもなぜ事業継続計画（BCP）を策定し訓練すべきなのかを「安全配慮義務」というリーガルリスクを含む視点か

ら伝えることで、レジリエントな組織運営に主体的に取り組む経営層が増えることを願う。地域の中核施設である病院が維持継続されることは、大規模災害の発生した地域にとっても大きな希望となるはずだ。なお、これらの視点は当然ながら介護施設や他の要配慮者利用施設にも当てはまる。

厚生労働省「事業継続計画策定研修事業」の概要
① 地震や風水害、電子カルテ等のシステムの通信障害等多様な災害等を想定した内容とすること
② 地域防災計画等のマニュアルと整合性のある地域における関係機関との連携を考慮した内容を含むこと
③ 災害発生時における EMIS の入力、平時から EMIS に最新の情報を入力することを啓発する内容を含むこと
④ 災害急性期だけではなく復旧期までの対応を含むこと
⑤ **医療機関における安全配慮義務等、災害や BCP 関連の法律についての内容を含むこと**
（厚生労働省令和 5 年度事業継続計画（BCP）策定研修事業仕様書より）

4　津波被災訴訟と学校防災

　2019 年 11 月 10 日、最高裁判所は、児童 72 名と教職員 10 名が避難中に津波の犠牲になり内 23 名の遺族らが提訴した大川小学校津波被災訴訟事件で、宮城県と石巻市の上告を棄却する決定をした。遺族の国家賠償請求を認める 2018 年 4 月 26 日の仙台高等裁判所の判決が確定する（経緯や判決内容についての安全配慮義務からの考察については、災害復興法学Ⅱ第 2 部第 7 章）。筆者はこれまでの分析どおり「二審判決は自治体や学校が災害を見越して適切な事前防災体制を築くべきだったとする画期的な判断を示しており、最高裁で確定したことは大きな意義がある。大川小の地理的な状況など個別事情を踏まえた判断ではあるが、災害の多い日本では、学校現場だけでなく企業などあらゆる組織が司法からの一つのメッセージだと受け止めることが大切だ。例えば大川小のように被災時にトップが不在だった場合、誰に権限を移すかなど検討すべき課題は多い。命を守るために必要な防災体制の充実や、組織内の人材教育を進める必要がある」とのコメントを発した（共同通信 2019 年 11 月 11 日配信）。前後して「日本災害情報学会 20 周年記念大会・日本災害復興学会 10 周年記念大会合同大会記念シンポジウム：災害における『検証』とは何か？」（2018 年 10 月 26 日）や、「日本私法学会第 82 回大会拡大ワークショップ：震災・原発事故と不法行為法」（2018 年 10 月 13 日）の前後で約 1 年にわたり開催した「不法行為法研究会」（筆者は末席を汚し、京都大学の故・潮見佳男教授、神戸大学の窪田充見教授、北海道大学の瀬川信久

名誉教授、東京大学の米村滋人教授、早稲田大学の大塚直教授、成城大学の渡邉知行教授、一橋大学の下山憲治教授等が参画）の成果などで、裁判例の検証的活用や安全配慮義務の視点の抽出について考察が深まったことも付言しておきたい。

　2020年2月5日から10月29日にかけ「宮城県学校防災体制あり方検討会議」が開催された（座長：東北大学今村文彦教授、筆者も委員を務めた）。大川小学校に関する最高裁判決をふまえ、2011年以降改善してきた学校防災の取組を改めて検証して見直すことを目的とした検討会議である。大川小学校に関連して宮城県が設ける検討会としては当面これが最後になるということもあり注目を集めた（河北新報2020年2月6日、同2020年12月15日等）。実務的な視点として筆者が特に重視したのは「責任者や担当者が不在」になったときを想定した計画の策定と訓練の実施である。この点についてはアンケート調査も行われた。その結果によれば、宮城県下の学校で、管理職や担当者不在時を想定した訓練を実施している学校は、一部実施をふくめても5割程度にとどまっており、検討会開催時点では、まだまだ課題を残していったこともわかった。責任者や担当者に依存した事業継続マネジメントや危機管理対策の危うさは古くから指摘されていることである。フロレンス・ナイチンゲール師はその経験と裏打ちされたデータをもとにして「ところ、これらすべてに気を配るといっても、それは、自分ひとりですべてを実行するという意味ではない。「私はいつも窓という窓を開けておくのですが」と責任者たちはよく弁解する。もしあなた方がそれを実行しているとしたら、それは確かに、まったく実行しないよりは、はるかにましであろう。しかし、あなた方は、自分自身で行なわないときにも確実にそれが行われるようにできないものであろうか。あなたがその場を離れたとたんに事態が逆もどりするようなことが、絶対にないようにできないものであろうか。これこそ「責任を持っている」ということなのである。そしてこれは非常に重要な意味を持っている。前者は、たんにあなたが自分自身の手でできることだけが行われることを意味しており、後者は、しなければならないことが、あなたがいようといまいと、いつも行われるということを意味している」と警告しているのである（『看護覚え書』第2章12節）。

　2020年12月14日、同検討会はとりまとめ報告書となる「子供たちの命を守る　新たな学校防災体制の構築に向けて」を公表。教職員の大川小学校の現地視察を組み込んだ防災教育の強化、専門知識の習得や専門家との連携、児童へのマイ・タイムライン作成教育の推進、ブラインド訓練や管理者不在を想定した訓練の実施等が具体的に提言された。筆者が検討会議で常に強調していた

のは、命題として、教職員の防災意識向上や専門知識習得を目指す方針を掲げること自体は歓迎すべきことであるが、結局それがもとより多忙な教職員に過度の負担となって対策が形骸化してはならないという点である。「学校の防災担当者や安全担当主幹教諭の先生方の負担軽減の必要性について以前より申し上げてきたところです。……人的支援の必要性を述べる点につきましては、確実に進めていただけるようお願いしたいと思います」「リスクアドバイザーのような人材を学校内に確保することについては、模索し続けていただきたいと思います」「安全担当主幹教諭の先生方には、他の業務を削減したり免除したりして、自ら学べる場であるとか、ネットワークの構築や大学の相談窓口になったりであるとか、自発的な学習の機会を確保できるようにしていただければと思います」など、しつこいほどに学校現場に負担を一方的に押し付けないように述べた。また、報告書が提言する学校と地域が一体となって防災意識を醸成すべきとの点については、「中等教育・高等教育、大学教育または生涯学習や消費者教育など、復興や生活に関する防災教育という所も、防災活動への参加者を広げる意味で実践の余地があると思います」と防災教育のアイディア（第3部第1章）を提示した。

5 地域、企業、家族をつなぐ災害復興法学

　防衛省本省、自衛隊駐屯地、赤十字を始めとする医療機関、自治体の消防局等で『被災したあなたを助けるお金とくらしの話』をテーマにした職員研修を実施していると、共通して「仮に家族が被災しても自分は出勤・出動しなければならない可能性が高い。そのとき家族も知識の備えをしておけば幾分か安心材料になる」という反響があった。組織等が従業員らにかかる防災教育を行うことは家族ケアの側面があることを再認識することになった。また、自衛隊や消防局からは、「災害直後に救命できた被災者を避難所や病院に送り届ければいったんミッションは終了するが、その後の生活についても法制度や支援のネットワークがあることを知ることで、救援救護の任務に対するモチベーションが上昇する」という意見もあった。ことに災害現場に関わる専門職はその倫理観と使命感の高さもあいまって職務負担が増大し精神的負担も重大なものとなりがちである。岩手、宮城、福島の病院の看護管理職16名による手記にも、自らや家族が被災しその行方すら分からない者もいるなかで、避難生活を送りながらも医療現場の最前線へ向かう看護職の姿が生々しく記録されている（山

﨑 2011)。このような事態を想定しながら、職員やその家族のケアの手法の一つとして、事前に『被災したあなたを助けるお金とくらしの話』をテーマとした職員研修を実践することが精神的負担の緩和になればと願う。

　経済産業省が推進する「健康経営」とは「従業員等の健康管理を経営的な視点で考え、戦略的に実践することです。企業理念に基づき、従業員等への健康投資を行うことは、従業員の活力向上や生産性の向上等の組織の活性化をもたらし、結果的に業績向上や株価向上につながると期待されます」と説明されている。従業員個人や家族が経済的に再生していくことは、まさに従業員の活力向上につながり、社会的健康（Social Well-being）を実現することになるだろう。健康経営の理念は大企業だけのものではない。中小企業さらには小規模事業者であっても、職員一人ひとりが安心して勤務できる環境をつくることができれば健康経営の理念は達成できるし、それは同時に「BLCP」や「LCP」（Living Continuity Plan）の訓練にもなるのである。それらは職員を支え、家族を支え、地域経済の活性化を下支えすることになる。さらにこの健康経営や BLCP の視点を広く地域社会に向けて、企業から地域（あるいはクライアントでもよい）に向けて『被災したあなたを助けるお金とくらしの話』の防災教育プログラムを実践できれば、それは企業の社会的責任（CSR = Corporate Social Responsibility）に止まらない、共通価値の創造（CSV = Creating Shared Value）にも寄与するのではないだろうか。

第6章　災害法務の専門人材を創れ

公共政策学としての災害復興法学

　法学教育の目的は広い意味における法律家の養成にある。必ずしも裁判官や弁護士のような専門的法律家のみの養成を目的としてはいないが、広義の法律家、即ち「法律的に物事を考える力」のある人間を作ることを目的としている。

　しからば「法律的に物事を考える」とは、一体どういうことであるか。これを精確に初学者に説明するのは難しいが、要するに、物事を処理するに当って、外観上の複雑な差別相に眩惑されることなしに、一定の規準を立てて規則的に事を考えることである。法学的素養のない人は、とかく情実にとらわれて、その場その場を丸く納めてゆきさえすればいいというような態度に陥りやすい。ところが、長期間にわたって多数の人を相手にして事を行ってゆくためには、到底そういうことではうまくゆかない。どうしても一定の規準を立てて、大体同じような事には同じような取扱いを与えて、諸事を公平に、規則的に処理しなければならない。たまたま問題になっている事柄を処理するための規準となるべき規則があれば、それに従って解決してゆく。特に規則がなければ、先例を調べる。そうして前後矛盾のないような解決を与えねばならない。また、もし規則にも該当せず、適当な先例も見当らないような場合には、将来再びこれと同じような事柄が出てきたならばどうするかを考え、その場合の処理にも困らないような規準を心の中に考えて現在の事柄を処理してゆく。かくすることによって初めて、多数の事柄が矛盾なく規則的に処理され、関係多数の人々にも公平に取り扱われたという安心を与えることができる。法学教育を受けた人間が、ひとり裁判官、弁護士のような専門法律家としてのみならず、一般の事務を取り扱う事務官や会社員等としても役立つのは、彼らが右に述べたような法学的素養を持つからである。

　世の中にはよく、「大学で法律を習ったけれども今では皆忘れてしまった、法律など覚えているうちは本当の仕事はできない」など言って得意になっている人――例えば中年の実業家など――がいるけれども、彼らが忘れたと言っているのは法典法条に関する知識のことであって、彼らが法学教育によって知らず識らずの間に得た法律的に物事を考える力は、少しも失われているものではない、否、むしろ実務取扱い上の経験によって発達しているのである。のみならず、その力が全く身についてしまったため、自分では特にそれを持っていると意識しないほどになっているのである。これを要するに、法学教育は一面において、法典、先例、判決例等すべて

法律的に物事を処置する規準となるべきものの知識を与えると同時に、他面、上述のごとき「法律的に物事を考える力」の養成を目的とするものであるにもかかわらず、とかく一般人にはこの後の目的が眼につかないのである。
（末弘厳太郎『新たに法学部に入学された諸君へ』昭和12年4月より）

1 法律的思考——災害復興でこそ試されるリーガル・マインド

(1) 自治体行政における災害政策法務

　自治体が災害対策執務を実行しようとする場合、あるいは国がそこに助言や支援をしようとする場合、いかなる政策法務上のノウハウとスキルが必要になるであろうか。災害対応分野は事前準備、初動、応急、復旧、復興のあらゆる段階が重なり絡み合って進んでいくが、およそ全ての場面に法律上の根拠を明確にした上での政策執務遂行が求められる。なかでも被災者一人ひとりへの救援や生活再建へ寄与する政策法務の場面では、拠り所となる解説やマニュアルの集積が特に不足していることは否めない。自治体職員でもある中村健人弁護士との共著『改訂版　自治体職員のための災害救援法務ハンドブック—備え・初動・応急から復旧・復興まで』では、自治体の災害対応分野を担う上で最低限必要になる政策法務の知識やノウハウについて、災害発生前から復興期の時系列を意識した項目（目次）を設定したが、まだまだ試行錯誤が必要である。

(2) 災害政策と法律的思考力

　災害対応分野において特に「法律的に物事を考える力」が求められると思われた場面をピックアップしたのが図表3-11である。ここで「法律的に物事を考える力」（法律的思考力）とは、末弘厳太郎先生が説明するように「物事を処理するに当って、外観上の複雑な差別相に眩惑されることなしに、一定の規準を立てて規則的に事を考える」能力である。目まぐるしく変化し、全く同じ状況は二度とない災害対応場面であればこそ、法律条文の知識や定量的な基準だけをもとに行政実務を単純執行していくにとどまらず、事実関係を適切に把握し、それに応じた法律を定性的な基準においても適切に解釈運用できる力が必要になる。かかる力（素養）は、法学の専門的な教育やトレーニングを受けるなかで醸成されていく能力、価値観、バランス感覚ともいえる。裏を返せば、形式的定量的なもののみを拠り所にした判断に固執しすぎたり、法制度自体へ

図表 3-11　災害対策において法律的思考力の発揮が期待される分野と論点の代表例

事例	政策法務における論点・課題	政策実務の方向性
①安否不明者等の氏名公表 　［第2部第6章］ 　［災害復興法学Ⅱ第2部第2章］ 　［災害復興法学第2部第7章］	例外規定の活用への消極性と解釈あてはめの困難性	個人情報保護法が認める第三者提供等の規定を正確に理解・解釈して柔軟に活用することで必要な氏名情報の開示を行うべきである。またそのためには「氏名公表タイムライン」の事前整備が不可欠である。
②災害救助法の適用判断 　［第2部第5章］	いわゆるバスケット条項の活用への躊躇や理解不足	災害救助法の適用に当たっては、定量的な基準のみならず、定性的な基準（バスケット条項）を満たすかどうかを柔軟に解釈することで、機を逸しない速やかな判断による法適用決定を行うべきである。
③災害関連死の判定基準 　［第2部第7章］ 　［災害復興法学Ⅱ第2部第4章］	災害関連死の判断における「相当因果関係」という法律的判断事項への理解不足と誤解	災害関連死の判断は相当因果関係であり、医学的鑑定とは異なるものであるという正しい理解の促進と法律家の更なる活用のうえでの災害弔慰金支給審査委員会の構築を行うべきである。

の誤解に基づいたりして運用に不備が生じていた分野も多くあったということである。

　これらの論点に共通するのは、事実をあてはめる基準となる法律の条文が抽象的で適用の有無を決めるのに評価が必要な「規範的要件」を含む点にある。①安否不明者の氏名公表に関しては、「本人以外の者に提供することが明らかに本人の利益になるとき、その他保有個人情報を提供することについて特別の理由があるとき」（個人情報保護法 69 条 2 項 4 号）であるかどうかの評価が求められる。②災害救助法の素早い適用のためには、「多数の者が生命又は身体に危害を受け、又は受けるおそれが生じた場合」（災害救助法施行令 1 条 1 項 4 号）や「災害が発生し、又は発生するおそれのある地域に所在する多数の者が、避難して継続的に救助を必要とすること」（災害救助法施行令 1 条 1 項 3 号の内閣府令で定める特別の事情等を定める内閣府令 2 条 1 号）かどうかの評価が求められる。③災害関連死が災害弔慰金の支給対象かどうかについては、「相当因果関係」（当該原因から死亡という結果が起きたことが社会通念に照らして相当と認められ関係）があるかどうかの評価が求められる。これらは定量的なチェックリストだけでは直ちに判断が困難であり、まさに法律的思考をフル回転させて、適切なバランス感覚に基づいた比較衡量によって結論を導きつつ、執務対応すべき事柄と言える。なおこれらの判断を補助したり、最低限のラインを担保したりするために一定の指針などを設けておくこと自体は有用であることは言うまでもない。

2 被災者のリーガル・ニーズに応える行政であるために

　『災害復興法学』及び『災害復興法学Ⅱ』では、東日本大震災及び熊本地震を踏まえて、被災状況や被災者のリーガル・ニーズに応じた「復興政策モデル」を提示してきた。リーガル・ニーズで言えば、都市地震型（C型）では、「工作物責任・相隣関係」や「賃貸借契約（借家）」に関連する紛争事例の解決にニーズが集中し、「大都市大規模地震型」（L型）、「都市津波被害型」（A①型）、「人口高密度都市津波型」（A②型）では、「住宅ローン」に関する支払困難の事例への対応ニーズが頻出し、「津波型」（T型）では、相続関係のリーガル・ニーズが突出する傾向がみられた。そして、どの類型においても、「公的支援・行政認定」という被災者の生活再建に役立つ公的支援制度に関わる相談事例が常に高いリーガル・ニーズを示す傾向が分析されてきた。この傾向は、西日本豪雨や令和元年東日本台風等といった大規模な風水害におけるリーガル・ニーズにおいても同様であったことが確認できたように思われる（災害復興法学第3部第1章、災害復興法学Ⅱ第3部第2章、本書第2部第1章・第2章）。結局のところ、被災者の生活再建に役立つ公的支援制度の周知と確実な利用は常に高いリーガル・ニーズなのである。

　図表3-12は、自治体職員らに対して実施した、第3部第1章冒頭【設問タイプB】のアンケート結果である。分母が25名で、もともと防災関係業務に関わりの深い部署のメンバーが参加する勉強会でのアンケートのため偏りがあることは否めないが、「罹災証明書」「被災者生活再建支援金」「災害弔慰金」についての認知度は相当に高いことが判明した。一方で、「自然災害債務整理ガイドライン」については半数以上が制度自体を「知らない」ということも判明した。被災者の抱えるリーガル・ニーズと行政機関側の情報発信にギャップが出ないようにするためにも、行政機関の職員に対する『被災したあなたを助けるお金とくらしの話』プログラムの研修の実践が不可欠であろう。

図表 3-12　行政機関職員の支援制度認知度

2022年5月 （n = 25）	項目	知らない	聞いたことはあるが内容は知らない	内容を知っている
	罹災証明書	12.0%		88.0%
	被災者生活再建支援金	12.0%	8.0%	80.0%
	災害弔慰金	8.0%	16.0%	76.0%
	自然災害債務整理ガイドライン	60.0%	20.0%	20.0%

■ 知らない　■ 聞いたことはあるが内容は知らない　■ 内容を知っている

＊　減災報道研究会 2023年5月15日「全国防災関係人口ミートアップ vol.113・石川県能登地方地震等・被災地支援企画　被災者と支援者を助ける法制度～生活再建のための知識の備え～」アンケート結果

3　行政機関内の法律的思考力の醸成と人材育成

(1)　法務人材の育成と登用

　2011 年 3 月 11 日の東日本大震災をきっかけに、岩手県、宮城県、福島県、及び沿岸部を中心とする被災地市町村に歴史上初の法曹有資格者の任期付職員が次々誕生した（災害復興法学第 3 部第 1 章）。例えば石巻市では、2013 年から 2016 年に初代、2016 年から 2021 年に二代目、そして 2021 年から三代目と、法曹有資格者の任期付職員が連続して採用されているなど、自治体の採用プロセスに定着していることがうかがえる。また、2016 年 4 月の熊本地震をきっかけとして、熊本市で 2 名の弁護士が非常勤職員として災害対応専門員に委嘱されたのち、2017 年 4 月 1 日から 2 名の弁護士が熊本市任期付職員として初採用されるに至る（災害復興法学Ⅱ第 3 部第 2 章）。災害の種類を問わず被災者の救援や復興のフェーズでは法曹有資格者の役割が存在感を増しているように思われる。弁護士や法曹有資格者が災害対応のような、いわば非日常のイレギュラーな場面で有効なのは、実務先例が乏しい中で新たな施策を行う必要があるからである。法律の制度趣旨に立ち返り、そもそも論から物事を考察していく力、すなわち、「法務人材」に要求される「法律的に物事を考える力」が一層重宝されるのである。もちろん法曹有資格者でなければこのような能力を習得できないというわけではない。およそ行政機関で働く公務員であれば、法律的思考力を常に意識した対応ができるよう、先述のような災害対応場面のケーススタディを通じた思考訓練を繰り返しておく価値は非常に高い。単純な法理論上の知識の差異については法曹有資格者と相互補完すればよいだけである。

(2)　公務員による災害政策法務のリスキリング・リカレントのために

　「災害復興法学」を創設してから十数年間の実践のなかで特に政策法務上即効性が高いと感じた研修メニューを図表 3 - 13 に示す。

　2022 年 10 月から 11 月にかけて「AI 防災協議会」の主催により「〈災害復興法学 × AI 防災〉自治体担当者必聴！［連続セミナー］知っておきたい災害対応法務」と題して 4 回にわたる自治体職員向けの研修会を実施した。参加者からは「4 本をセットにした形で、できるだけ多くの都道府県・区市町村の首長や自治体職員に届けるようなセミナーを展開していただきたいです。いろいろな機会での開催を期待します」「全自治体の首長や防災危機管理関係者、要支援者当事者や家族や支援者・団体が知っておくべき重要な内容だと思うので、

図表 3-13　災害政策法務に関するリスキリング・リカレント研修メニューの例

災害救助法を使いこなす ～災害関連死をなくす避難所環境整備	災害法制としてよく出てくる「災害救助法」とは一体何か。なぜそれほど災害救助法が重要なのか。災害救助法が適用されるとされないとでは何が違うのか。災害救助法を知ることがなぜ災害関連死を防いだり、避難所環境整備に役立つのか。災害法制の最初の一歩として災害救助法の基礎とその徹底活用術を「避難所 TKB」の実現、男女共同参画の視点、福祉支援の視点などを交えて解説します。
災害対策と個人情報利用 ～名簿情報や安否確認の政策法務	災害時や平時のうちから個人情報を共有することによって被害を軽減したり、被災者支援を円滑化することが求められています。そのためにはどのような準備が必要なのでしょうか。個人情報保護法制に対する正確な理解と判断の勘所を養い、自治体が他の自治体や民間支援団体と協働して災害対策や被災者支援をするためのノウハウを学びます。とくに「安否不明者等の氏名公表」「避難行動要支援者名簿や個別避難計画の情報の共有」に焦点を充てて、いま講ずべき政策を解説します。
BCP とリスクマネジメント ～裁判に学ぶ組織の安全配慮義務	東日本大震災の津波訴訟に代表されるように、自然災害に起因して企業の損害賠償責任、行政機関の国家賠償責任が争われてきました。多くの訴訟で「安全配慮義務」について示唆に富む判断が示されています。これらの裁判例や報告書を読み解くと、組織の事業継続計画や事業継続マネジメントの見直すべきポイントが見えてきます。大企業でも中小企業でも個人事業者でも、共通して備えて欲しい BCP のポイントを解説します。
被災したあなたを助けるお金とくらしの話 ～災害ケースマネジメントの実現のために	「全てを失った。一体どうしたらよいのか」。大きな災害で甚大な被害を受けた被災者の苦悩は計り知れません。それらの実態について生の声を体感していただきたいと思います。被災者のリーガル・ニーズの実態を東日本大震災、熊本地震、西日本豪雨、令和台風豪雨、など約 6 万件の事例から学びます。そのうえで、事前にあらゆる国民が「知識の備え」としてほしい法制度知識『被災したあなたを助けるお金とくらしの話』について解説します。自治体法務強化や情報発信力の向上、そして企業では人材育成の切り札になるプログラムです。

継続しての発信に期待します」「被災者支援の仕組みについて以下に無知であったか痛感した。改めて、制度を確認していきたい」などの反響があったところである。さらに、2023 年 6 月 20 日に可決した「玄海町避難行動要支援者名簿情報の提供に関する条例」（2023 年 7 月 1 日施行）は、本人が名簿の提供を拒否する場合を除いて平時から未同意者の名簿情報の提供を可能とする条例（第 2 部第 6 章）であるが、上記セミナーを受講した玄海町役場職員の獅子奮迅の活躍で企画から成案まで 1 年未満というスピードで施策が実現した。公務員向けのリスキリングプログラムやリカレントプログラムについては、公共政策や法学を始めとする学際的な大学講座、研究機関、行政機関等が主体となり、災害政策法務の研修を実践できる環境を一層多く整備することが求められる。

第7章　災害復興法学が目指す生活復興基本法

被災者のリーガル・ニーズから基本法を創る

　本書は震災に依つて起つた各種の法律問題の質問に對し本社審査部顧問法學博士岩田宙造氏が懇切に回答されたものゝ集録で、減免税に關するものは東京税務監督局税務相談部が特に責任を以つて回答したものであります、なお一般に最も要用な法令をも收めました。

1　人間の復興──生活再建の達成

(1)　生活再建の視点はオールハザード・アプローチで

　あらゆる危機を想定して対策を立てる危機管理の在り方をオールハザード・アプローチ（All Hazard Approach）と呼び、多種多様な危機（Hazard）が時期を選ばず押し寄せる現代社会では欠かせない視点になっている。自然災害や新型感染症はその代表例であり、自然災害だけをとっても、様々な種類や態様があって、何一つ同じ自然災害はない。一方、何らかの事象によって被害を受けた個人に目を向け、その者の日常生活への復帰や生活再建の達成というプロセスの支援に目を向けると、少なくとも支援すべき事柄と、その根拠となる法制度スキームの創り方・在り方・予算措置等は共通していた。そうであれば今こそ、「生活再建の達成」を目指すフェーズに関しては、全てのハザードに対して共通する法制度を定め、いかなる危機においても、まずは最低限の支援や予算措置を行政機関が行えるようにしておくべきではないだろうか。オールハザードで共通の「生活復興基本法」を制定すべきときが迫っている。関東大震災で福田徳三先生が「人間の復興」こそ復興の本質であり、営生の機会の回復にこそ国が予算を支出して支援すべきであると説いてから 100 年が経過しているが、この理念は今こそ再統合される時ではないだろうか。

(2)　研究者らによる被災者総合支援法案の提言

　2019 年 8 月 29 日、関西学院大学災害復興制度研究所は、長年にわたる研究成果として「被災者総合支援法案」をまとめて発表した。災害発生後からのフェーズを時系列で区分し、第 1 編「総則編」、第 2 編「応急救助編」、第 3 編「生活保障・生活再建編」、第 4 編「情報提供・相談業務・個人情報編」、第 5 編「権利保障編」、第 6 編「その他項目　附則」を設け、具体的な条文や詳細な逐条解説なども策定した力作である。災害救助法の仮設住宅の供給、災害弔

慰金法に基づく見舞金の支給、被災者生活再建支援法に基づく被災者生活再建支援金の支給などを一本化し、住宅の修理制度をより拡充した規定を創設した。「事前の備えから被災後に生活再建するまで切れ目のない被災者支援」という理念で貫かれている。災害救助法の特別基準の過去の事例の公表と一般基準化も法制で担保しているなど、将来の災害への教訓化も重視されている。阪神・淡路大震災からの各種提言を統合した成果物としては一つの到達点を示すことになったのではないかと考える。

(3)　災害対策基本法と激甚災害法に不足する被災者当事者の目線

　1959 年の伊勢湾台風を契機として 1961 年に災害対策基本法が成立してから本書執筆時で既に 60 年以上が経過した。2011 年の東日本大震災後には国や自治体のみならず民間ボランティアの役割が法令で明確に言及された。雪害や大規模水害の教訓から復旧対応や車両撤去に伴う私的財産補償の議論も進んだ。では、災害対策基本法が今後目指すべき方向性や残された課題には何があるのだろうか。あえて大きな視点だけ述べるとしたら、①災害ケースマネジメントを実現するための専門職派遣システムの整備と予算措置、②被災者個人の生活再建の達成を軸とした「生活復興基本法」の視点の付加、の 2 点であろう。

　災害ケースマネジメントとは、被災者一人ひとりの状況を把握し、実情に応じたきめ細やかな情報提供や支援メニューを選択できるようにしながら生活再建を達成しようとする考え方である（第 2 部第 4 章）。災害対策基本法は、国、自治体、特定の民間主体についてはその責務と役割を明記している。しかし、各主体が個々の被災者に対しどのようにアウトリーチし、復興や生活再建を支援すべきかという手法論は明確にしていない。アウトリーチの担い手は、資格等を有する専門職が中心となる。ところがその専門職の法的地位（言ってしまえば事前の人的派遣体制の構築や活動予算の措置）は明確になっているとは言い難い。任意で参加して復興支援を行う、いわゆる一般市民ボランティアと、専門職として関わるべき知識技能的ボランティアを区別し、後者においては国が采配する人的派遣制度を構築し、中長期の専門家活動を支える予算措置を講じることが必要だと考える。例えば、災害関連死を防ぐための環境整備には、医療・看護・福祉のあらゆる専門職の関与が不可欠である。避難所運営では栄養士や調理師の存在も必要であろう。弁護士などの法務の専門家は、生活再建に役立つ法制度情報をきめ細やかに提供し、情報支援漏れを防ぐ役割を担うだろう。これらの専門職が災害対策基本法のなかで、より明確な立ち位置を与えられてこ

そ、担い手が育ち、災害ケースマネジメントが実効的なものとなる。この点、岩手弁護士会会長等を歴任する吉江暢洋弁護士は、災害対策基本法第1条の目的に「個人の尊厳」という視点が欠如していることを指摘し、法第2条の2の基本理念において、基本的人権が尊重され支援を受けられることが明記されるべきだとする。その上で被災者支援主体に民間組織を明記し、被災者に対する相談支援を法的支援制度として明記するべきだと説いている（吉江2023）。

　生活復興基本法の基軸となるのは、先述のとおり「人間の復興」の視点である。現行の災害対策基本法や災害救助法などの行政機関の責務を規律する法令は、緊急・応急的な対応という時間的に狭い領域を主眼においているとともに、ハード復旧が強調されていると思われる側面が否めない。個人の生活再建の達成への総合的な視野は、必ずしも明確になっていないのである。東日本大震災を契機に、被災者の災害直後からの「リーガル・ニーズ」が大量に分析され、そこからどのような生活再建手法が最も有益であるか、どのような法整備を行うべきかといった議論もだいぶ整理されてきた。災害対策基本法を軸として、災害救助法、被災者生活再建支援法、災害弔慰金法、特定非常災害特別措置法、自然災害義援金差押禁止法、激甚災害法、自然災害債務整理ガイドライン、政府の事務連絡や通知等の中に散らばる被災者の生活再建の達成に役立つ先例情報等を参照し、発災から「人間の復興」に至るまでの時系列を意識して、「生活再建の達成」に至る道筋を隙間なくシームレスに整理・体系化していく作業が必要である。そこに感染症対策のノウハウも盛り込むことで、より一層オールハザード・アプローチの要請に応えられるしくみが構築されるはずだ。東日本大震災から10年が経過して改めて「復興とは何か」を問い直した日本政策投資銀行の蛭間芳樹氏が、時代によって価値観の異なる多義的な定義を内包する「被災者一人一人の人間の復興」が創造的復興の目的だと報告していることにも希望が持てる。

　1962年には「激甚災害に対処するための特別の財政援助等に関する法律」（激甚災害法）も成立した。国から被災自治体に対する財政支援の根拠法である。高度成長期を迎え公共事業により被災自治体の復旧（まさしく物理的にも「Build Back Better」といえるものだった）を支援することが政策上マッチしたのである。東日本大震災以降は大規模な災害では例外なく激甚災害法の適用がなされているが、そのなかでも雇用保険に関する特例措置の発動（第1部第6章）は、個人の生活再建に密接な関連性を有する。新型コロナウイルス感染症のまん延によっても明確になったが、危機のときにまずもって困窮するのは非正規労働者

や中小企業労働者だったのである。激甚災害法に定められた雇用保険の特例は労働者保護の目線で再構築して生活復興基本法に統合するほうが自然である。

⑷　関東大震災と「罹災者必携」

　本章冒頭には、戦後に司法大臣や日本弁護士連合会会長も歴任した弁護士の岩田宙造先生が、関東大震災直後の 1923 年 11 月に出版した被災者支援冊子『罹災者必携』の目次を掲載した。冊子の表紙にはキーワードとして「地主」「家主」「借家人」「保険」「抵当」「商品切手」「小切手」「株券証書」「會社」「人事関係」「モラトリアム」「納税」「其他一切の相談相手」「勅令」「省令」「警視廳礼」「其外雑件」という単語が目を引くように列挙されている。建物賃貸借紛争の解決、工作物責任に基づく損害賠償紛争の解決、各種ローンに関する問題、焼失した証券や契約証書類に関する問題、保険契約を巡る問題、相続問題や行方不明者に関する問題等について、被災者の質問事項と岩田先生の回答とが生々しく記述されている。関東大震災直後の混乱期の被災者個人のリーガル・ニーズが詳らかとなる貴重な資料である。例えば「其他の問題」の項目にある「九月一日の震災に當宅の煉瓦塀崩壊して隣家の屋根を破損しました。煉瓦は當方で取片付けましたが隣家の屋根は當方にて修繕の義務がありますか（青山生）」という問いに対し、岩田先生は「煉瓦塀が危険の状態にあつてそれがために崩壊したのでない限り修繕の義務はありません。然し義務がなくても多少何とかして上げたら結構です」と回答している。何とも人間味のある問答であり現代の『災害 ADR』を彷彿とさせる（第 1 部第 5 章、第 2 部第 1 章）。関東大震災から今日に至るまで、被災者の目線に立ち寄り添う姿勢が災害直後は必要であることが問答から読み取れる（『罹災者必携』は国会図書館でオンライン閲覧可能）。『災害復興法学』研究や『被災したあなたを助けるお金とくらしの話』の防災教育プログラムも、百年前の岩田先生の取り組みを糧に将来に活動を繋いでいきたい。

2　被災者のリーガル・ニーズを重視して制度を再構築する

⑴　災害復興法学による『生活復興基本法』の提言

　とことん被災者目線に立ち、現時点では必ずしも行政機関による支援ではないメニューを含め、まずは災害後に被災者が生活再建をするためのステップとして何が必要であるか、という目線から必要な情報を書き出してみることが重要である。そして、実はそれがそのまま「生活復興基本法」の条文の要綱とな

り、目次になるのだ。支援を実施する担い手が国であるかもしれないし、都道府県かもしれないし、市町村かもしれないし、指定を受けた民間事業者かもしれないし、事前登録され有償支援を行う職能ボランティア・専門ボランティア・民間各種支援団体等かもしれないし、はたまた都度臨時でパートナーシップを組む支援団体かもしれない。既存法律か新規制度か、行政主体か民間主体か、という枠組みすらいったんは捨象して、災害後に被災者に必要となる支援メニューを書き出し、一つの法律に統合するのである。『被災したあなたを助けるお金とくらしの話』は、まさにそのような視点で書き上げた。実はこれこそがオールハザード・アプローチの視点を念頭においた「生活復興基本法」の原型なのである。

(2) 強制的統制ではなく差し迫る不安からの解放が基本

　日光で焦げた古い書籍を手に取る。『大正大震災大火災』。表紙には燃えて崩れ落ちる大都市が赤と黒の筆で絵が描かれている。近代日本画の巨匠横山大観によるものだ。本をめくると織り込みの達筆の題字群。かの後藤新平や澁澤栄一による。序文には文豪幸田露伴の名前も見える。1923年（大正12年）9月1日の関東大震災から1か月も経たない「大正十二年九月二十七日　印刷」で「大正十二年十月一日發行」と驚愕すべきスピード出版である。A5サイズで400頁になろうかという分厚い本だ。序文をめくると約80頁にわたり被害詳細を示す地図や被災地の写真がこれでもかと掲載されている。膨大な情報量をまとめた書籍が短期間で発刊されたことに敬意を表したい。混乱期こそ被害の実態や政府当局等の施策推進状況を国民に知らせることが重要で、混乱を収め復興を歩み始める原動力となることを先人たちが教えてくれる。発行部数は通常のベストセラーが数千部の時代で40万部という前代未聞の域に達した。同書には、1923年9月6日に、政府が三大緊急勅令を公布し、そのなかに「支払猶予令」が「特に記述するほどのことはない」ほどに当たり前に発出されていることにも言及されている。いかなるときも目先の支払、差し迫った期限から人々を解放することが「人心が安定」することに貢献するのである。また、通俗教育普及會編『大震災と其教訓』(通俗教育普及會出版局)は、外函付きでハードカバーの立派な装丁であり、題字は後藤新平の手による。1923（大正12）年11月10日出版で、手元にあるのは同年12月25日付第7版なので、これも驚くべきスピード出版でかつベストセラーだったことがうかがえる。豊富な写真と説明図の掲載に加え、政府の対応、自治体の対応、諸外国の対応等が時系列でわかり

やすく記述されており、各地域の被災状況の描写も実に詳細である。大震災直後の生々しい状況を記録し、そこから得られた教訓を形に遺そうとする編者の強い気概を感じる書籍である。政府が災害直後に緊急勅令を発して国民と経済の混乱を収めたことを絶賛しその内容を詳しく記録している。なお、大規模な危機の際の支払猶予措置は、現在でも、「被災者の公的徴収金の減免等」（災害対策基本法85条）、「金銭債務の支払猶予等」（新型インフルエンザ等対策特別措置法58条）、「金銭債務の支払猶予等」及び「被災者の公的徴収金の減免等」（武力攻撃事態等における国民の保護のための措置に関する法律（国民保護法）130条）等に受け継がれている。但し、災害時や感染症対策では直接これらの条文が発動されたことはない。

支拂延期令

朕兹に緊急の必要ありと認め樞密顧問の諮詢を經て帝國憲法第八條第一項に依り私法上の金銭債務の支拂延期及手形等の權利保存行為の期間延長に關する件を裁可し之を公布せしむ

第一條　大正十二年九月一日以前に發生し同日より同年卅日迄の間に於て支拂を爲すへき私法上の金銭債務にして、債務者が東京府、神奈川懸、静岡懸、埼玉縣、千葉縣及び震災の影響に因り經濟上の不安を生する虞ある勅令を以て指定する地區に住所又は營業所を有するものに付ては、三十日間其の支拂を延期す、但し債務者が其地區外に他の營業所を有する場合に於て該營業所の取引に關する債務に付ては此の限りに在らす

震災の影響に因り必要あるときは勅令の定る所に依り前項の規定は大正十二年十月一日以後に支拂を爲すへき私法上の金銭債務に付之を適用することを得

第二條　左に掲支拂に付ては前條の規定を適用せす

一、國、府、懸其の他の公共團體の債務の支拂

二、給料及勞銀の支拂

三、給料及勞銀の支拂の爲にする銀行預金の支拂

四、前號以外の銀行預金の支拂にして一口百圓以下のもの

第三條　手形其の他に準すへき有價證券に關し大正十二年九月一日より同年同月卅日までの間に第一條に規定する地區に於て權利保存の爲に爲すへき行爲は其の行爲を爲すへき時期より卅日以内に之を爲に因りて其の効力を有す

第一條第二條の規定は前項の場合は之を準用す

附　則　本令は公布の日より之を施行す

（大日本雄辯會講談社編纂『噫！　非絶凄絶空前の大惨事!!　大正大震災大火災』大正12年10月1日發刊。本文294頁以下『大震災に就いて發布さられたる諸法令』の『支拂延期令』を片仮名を平仮名に変換して抜粋）

　債務の支払猶予措置は国民の経済活動を、行政の裁量によって制約するものでありハードルはそれなりに高い。一方、行政上の義務の履行や給付の猶予措置は、行政執務の運用の延長にあるため比較的柔軟に対応しやすい。阪神・淡路大震災を契機として1996年に「特定非常災害の被害者の権利利益の保全等を図るための特別措置に関する法律」（特定非常災害特別措置法）が制定され、政

令によって各種延長や支援策を発動できるスキームが誕生したことは画期的である。しかし、「特定非常災害」の指定に至るための条件は非常に厳しく、令和2年7月豪雨までに過去7回しかない。国民一人ひとりの生活に影響するこれらのスキームの一部は、生活復興基本法に取り込むことによって発動のハードルを下げ、柔軟に各種支援を使えるように整備できないだろうか。

(3) 生活復興基本法案

　法律の条文形式で提示できなかったことは一重に筆者の能力不足であるが、生活復興基本法案（そのうち「個人生活再建編」）に盛り込むべき要素を以下に示す。なお、分譲型のマンションの防災と再生については、建物自体が棄損した場合には個人レベルでの対応が不可能であることから、さらに別次元での支援スキーム構築が必要になることも今後の検討課題である。

生活復興基本法案（個人生活再建編）の概要

［基本理念］―人間の復興―
□個人の生活再建の達成を目的とする
□世帯ではなく個人の尊厳を維持するための個人に対する個別支援であることを明記

［基本スキーム］―同一災害同一支援制度・申請主義からの決別―
□災害救助法、被災者生活再建支援法、災害弔慰金法、激甚災害法、特定非常災害特別措置法、新型インフルエンザ等対策特別措置法、国民保護法等が想定する事態に共通した被災者（国民）支援策として整備
□生活復興基本法の支援メニューについては、すべての災害において柔軟に適用の是非を決定でき、かつ一定規模以上の災害では必ず適用が決定されるという法支援メニュー発動条件を整える（同一災害同一支援制度を実現する）
□申請主義から職権主義によるアウトリーチ支援への転換を基本とする

［発災直後の応急対応］―はじめの一歩―
□新しい罹災証明書制度の構築
　□住宅被害程度のみに依拠しない被災程度の認定と証明制度の構築
　□罹災証明書に対する不服申立制度の整備
　□罹災証明書は必須の制度ではなくあくまで手続の利便性のための制度であること

［被災後の生活環境の整備と災害関連死ゼロ］
□被災者への即効性のある災害救助メニューの提示
　□これまでの災害救助法の特別基準の一般基準化と明確な予算措置
　□一般基準を想定した自治体や企業による事前準備への予算措置
　□災害関連死ゼロを目的としたあらゆる健康支援スキームに関する予算措置
□災害関連死防止対策の専門部署と専門家チームの国への常設
　□災害関連死事例の集積と分析を国の義務として位置付ける
　□災害関連死事例から得た教訓の法制度化と各省庁への対応の指示調整の法制度化

[自己関係書類の紛失に関する対応指針]
□重要書類や生活必需品の喪失に関する手続支援の基本的スキームの提示（以下例示）
　□書類紛失等による不利益取扱いや権利制限がないことを明示
　□本人確認ルールの簡素化を徹底
　□各種証明書や金融機関等のカード類紛失時の金融機関等の対応スキーム
　□健康保険等の保険証紛失時の医療機関・介護期間等の対応スキーム
　□権利証等の不動産関係書類の紛失時の対応スキーム
　□保険証券等保険関係等の書類の紛失時の対応スキーム
□紙媒体の書類に依拠しないマイナポータルの活用推進の基本方針の提示

[各種支払や義務履行に対する免除等に関する基本的考え]
□特定非常災害特別措置法が定める各種支援メニューの適用条件を緩和し、かつすべての災害でも政令等によって適用可能にする
□災害救助法適用時に電気・ガス・水道・通信等の事業者が行う支払猶予・免除の支援についての方針を国において定める

[被災ローン減免制度]
□被災ローンの一括減免スキームの法制度化
　□自然災害債務整理ガイドラインの法制度化・金融機関等の告知義務と説明義務の明記
　□金融機関に限らない全ての債権者が対象となる債務免除制度であることの明記
□被災ローンの個別債務整理のための被災ローン ADR システムの法制度化
　□一括免除できなかった債務者のために金融機関との合意形成を目指す ADR を整備

[発災直後からの給付支援]
□住まいの再建に関する給付制度の拡充
　□現在の被災者生活再建支援法の対象の一部損壊、準半壊、半壊への更なる拡大
　□住宅の修理制度について建設型応急仮設住宅建設・維持費と同額以上に拡大
　□仮住まい支援としての広域避難や二拠点居住先への避難の公費負担
□生業支援の給付制度を拡充
　□死文化している災害救助法による生業支援給付メニューを主要な支援策として再構築
□災害援護資金貸付や生活福祉資金貸付制度の利用について見直し
　□新たな官製困窮者を生みかねない個人融資型支援は少なくし、給付型をより拡充し、その所得要件については相当緩和したラインを設定する。
□災害弔慰金・災害障害見舞金
　□災害関連死認定に関する市町村体制の整備と専門家派遣制度を明確にする
　□より「見舞金」としての性格を色濃くする趣旨の明確化を行う

[雇用の維持]
□雇用保険の特例スキームの一般条項化による無用な解雇・雇い止めを防止する
□中小零細企業への資金供給スキームをより簡素かつ拡充
□災害救助法発動時の中小企業庁の「中小企業支援の５点セット」を統合して法制化する

[本格的な生活復興に向けた支援体制の構築]
□あらゆる紛争に対応できる「災害 ADR」への一定の予算支援と独立性の担保
□あらゆる専門家派遣制度に対する公的支援の拡充（専門士業連携による D－SAWT の実践）
□リバース・モーゲージ等の個人資産を最大限活用した新しい金融支援スキームの推進

[災害前から整えるべきこと]
□専門職への実務的・実践的な防災法学・危機管理法学・災害復興法学教育の義務化
□支援策を逃さず活用することを支援する災害ソーシャルワーク・災害ケースマネジメント
　による支援の法制度化と人材育成研修の更なる拡充を行うこと
□自然災害に対する保険及び共済の一部強制加入を含む、リスクヘッジの強化を推進すること
□生活復興基本法に関する知識を国民一人ひとりが学習できるように大学教育を含む社会教
　育・生涯教育を充実させること
□支援を実行するための政策法務に関する被災者支援訓練をすること
□支援の担い手たる専門家や団体の登録をすること
□過去の災害における知見のアーカイブ化と検索システムを構築すること
□国に危機管理・防災・復興・生活再建を統括し人材をプールできる権限・予算・責任のあ
　る省庁をつくること
□自治体の負担のない・少ないかたちでの防災・危機管理・復興等のための法務人材・専門
　人材（任期付職員等）を登用すること
□リーガル・アクセスを含む専門家支援への無償アクセス、災害 ADR 等の紛争解決システム
　への公的負担の強化を推進すること
□すべての災害において国や自治体が行った特別な措置をレビューする（AAR）ことで将来
　の法改正や支援の拡充のための教訓化を行うこと

3　先人が遺したもの、私たちが遺すもの

　今より少しでもよりよい世界を創ろうと願い、祖先がかつて危機を克服した術を子孫へ伝え遺すために作り上げたものが「法」である。故に法は、遵守されなければならず、同時に新しい教訓を反映させるべく改正を繰り返し、変化し続ける宿命を背負っている。リーガル・レジリエンスともいうべきこの作用は、特に災害法制で顕著になる。積極的に現行の法律の正当性を疑い解決にあたることが優れた実務家に求められているといえる。筆者がこれまで綴ってきたのは東日本大震災から 10 年余りの間に、弁護士であり災害復興法学を興したいち研究者としての極めて偏った側面での法制度の在り方にすぎない。法学としても政策学としても本当にわずかな知見しか本書でも紹介できていない。しかし、法律は常に私たちの幸せのためにあり、それを追求し続けた結果、少しずつ変化をしながら今に辿り着いたものであることを表現できていたらと願う。室﨑益輝先生が述べるような人を中心とした社会と寄り添う制度の構築にはまだ程とおく、河田惠昭先生が目指す防災社会の醸成にはまだまだ法制度が貢献できることも多いはずだ。災害復興法学はこれからも常に社会のニーズを汲み取りまた社会への還元を行うプラグマティックな学問（丹波 2023）であり続けたい。
　アメリカ合衆国連邦最高裁判事だったルース・ベイダー・ギンズバーグをモ

デルとした映画『ビリーブ』では女性の権利を勝ち取るために「でも社会が変化したら法律も変化しなければ」と議論する場面がある。漫画『キングダム』では李斯が昌文君に対して「そもそも"法"とは何だ?」と問いかけつつ「"法"とは願い! 国家がその国民に望む人間の在り方の理想を形にしたものだ! ……愚かな法は国民に不幸を巻き散らす……」と説く。中国帝国時代が舞台のため国家が主語になっているが、主語を私たちに置き換えればよいだろう。このことは 碧海純一先生が、法が人為的によりよい社会を創る機能があると説く点に合致し、さらには「法というのものは、まず何よりもわれわれ自身のものでなければならないのであり、そうでないとすれば、われわれの努力によって自分自身のものにしてゆかなければならない。そのためには、日進月歩してゆく社会の実情と、そこから生ずる新しい諸問題に対してわれわれ市民がつねに敏感でなければならず、また、現行の法制度の不備や、必要な法改革の方向についても、一般民衆の側から世論を盛上げ、緊急の社会問題を「票にしてゆく」ための努力がどうしても必要である」(碧海 1967)と我々を叱咤することに重なる。法は、特に災害法制は、社会情勢に応じて変化する宿命にあり、「ドゥオーキンが指摘するように、現実に対面する困難な法律問題の解決のためには、積極的に現行の法律の正当性を疑い、道徳的理論も参照しながら解決に当たることが、優れた実務家には必要なこと」(杉本 2019)なのかもしれない。

　筆者はこれまで実施した講演や研修を通じて、あらゆる層に対し「法律」から連想する別の単語は何か?という問いをしてきた。「罰則」「規律」「情報」「支援」のキーワードから選ぶとすれば、9割が「規律」となり、1割弱が「罰則」となる。法律に対してそれが情報源であるとか、支援のための根拠であるという認識を、規制的な側面を押しのけて最初にイメージすることは難しい。しかし、それは仕方のないことであり、その認識が改められなければならないとまでは思わない。ただ、法律は規律をつかさどるルールであるのと同時に、あなたを助ける支援の根拠であり情報源であるという側面を「災害復興法学」を通じて知ってもらうことが出来たのなら災害復興法学はその目的の一つを達成したといえる。法律は私たちを助けてくれる便利な道具の一つなのである。これからも災害復興法学は、被災者のリーガル・ニーズを分析し、そこから生まれた復興政策の軌跡を記録し続けたい。いつかはあらゆる危機を乗り越えて生活再建を達成するためのオールハザード・アプローチも可能となるはずでありその実現を訴え続けたい。「災害復興法学」がこの国の未来を担うあなたへ遺すメッセージである。

エピローグ

14歳のための災害復興法学

　きょうは、被災者の声に応える、新たな法律や制度をつくることを目指す「災害復興法学」の必要性を考えたいと思います。「災害復興法学」とはいったいどんなものでしょうか。その役割は、4つに整理できます。

　1つめは、法律相談の事例から、被災者のニーズをあつめ、傾向や課題を分析することです。

　2つめは、既存の制度や法律の課題を見つけて、法改正などの政策提言を実施することです。

　3つめは、将来の災害に備えて、新たな制度が生まれる過程を記録し、政策の手法を伝承することです。これらを実行することで、これまでの課題を将来に引き継ぐことができます。

　4つめは、災害時にそなえて、「生活再建制度の知識」を習得するための防災教育を行うことです。

　こうした災害復興法学は、震災後1年間に弁護士らが実施した4万件以上の被災者の無料法律相談のとりまとめがきっかけで生まれました。

　相談内容を分析すると、支援する法律はあるのに、被災者に知られていなかったり、利用しにくい点があったりして、十分な支援ができていないことがわかりました。このため、既存の法律や制度を改善するために、被災者に寄り添う立場の弁護士らが貢献すべきと考えられるようになりました。そこで誕生したのが、被災者の声から新しい制度を生み出し、残された課題を伝えることを目指す「災害復興法学」なのです。

　では、被災者の声からどのような制度がつくられたのでしょうか。事例をいくつか見てみます。

　一つは、亡くなった方に、借金が多い場合などに、相続をしないようにする手続である、「相続放棄」の申請期限の問題です。期限は、相続開始から3か月ですが、被災者からは「亡くなった家族の正確な財産がわからず、短い期間では放棄をすべきかどうか判断できない」という声が多くありました。これを受けて、相続放棄の期限を延長する法律が新たに作られました。

　また原子力発電所事故による、複雑な損害賠償問題を解決するには時間と負担が

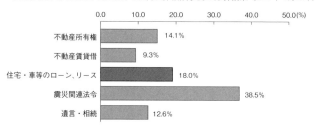

図表 E-1　宮城県沿岸部 95 か所の避難所の無料法律相談事例の分析結果（2011 年 4 月 29 日〜5 月 1 日）

不動産所有権　14.1%
不動産賃貸借　9.3%
住宅・車等のローン、リース　18.0%
震災関連法令　38.5%
遺言・相続　12.6%

かかりすぎる、ということが弁護士への相談に寄せられていました。

　解決のためには、裁判よりも、簡素で、迅速な、手続が必要でした。これを受けて、「原子力損害賠償紛争解決センター」という、裁判によらず、和解をめざす紛争解決機関が、政府につくられました。

　そして、被災者の抱える課題のなかでも一番重要なのが、住宅ローンが支払えなくなった被災者の問題です。

　図表 E-1 は、津波被害のあった宮城県沿岸部の 95 か所の避難所で、災害直後に実施された、約 1,000 件の無料法律相談事例の分析結果です。

　住宅ローンなどの支払が困難になった被災者が、全体の約 2 割にも及んでいたことが明らかになりました。

　ところが、東日本大震災がおきたときには、効果的な支援制度はありませんでした。法的に破産手続をとることはできても、その結果、新たな借り入れができなくなるなど、生活再建へのデメリットが大きく、利用できない、という声が多くありました。

　このような被災者の声と、それをまとめたデータをもとに、新しい解決の仕組みが提言されました。そして、2011 年 7 月に、「個人債務者の私的整理に関するガイドライン」、通称「被災ローン減免制度」ができたのです。

　この制度は、被災した債務者が金融機関と合意をすることで、公的な支援金や相当程度の現預金のほか、一定の資産を残したうえで、それを超える金額のローンを免除できる制度です。新たな借り入れができなくなるというデメリットもありません。

　また、このガイドラインは、東日本大震災でのみ使える制度でしたが、その後も議論が重ねられ、2015 年 12 月には、災害救助法が適用された自然災害に共通して利用できる「自然災害債務整理ガイドライン」ができあがりました。いわばバージョンアップした被災ローン減免制度の誕生です。ただ、被災ローン減免制度には、まだ課題も残っています。

　せっかくできた「自然災害債務整理ガイドライン」ですが、法的な拘束力がありません。ですから、金融機関によっては、返済期限などの条件がおりあわずに、被

災者との合意に至らないケースもあります。

　また、内閣府中央防災会議では、首都直下地震では最大60万棟以上、南海トラフ地震では、最大200万棟以上の住宅が、全壊などの被害を受けると試算されました。このような大規模災害が発生すると、住宅ローンの支払ができなくなる被災者も大変多くなると見込まれます。現在のガイドラインは、金融機関と個人との交渉による対応しかできませんので、解決できる件数にも限界があります。

　これらの課題をふまえると、金融機関の違いで不利益がでないよう、どこで災害が起きても、一定の要件で被災者の債務を減免できるように、法律上の拘束力があるしくみを、つくっておく必要があります。

　そうした課題や提言を記録し、将来へ伝えることも、「災害復興法学」の役割なのです。

　ここまでは、「災害復興法学」の柱の一つである、被災者のニーズの分析とそれを踏まえた制度改正の役割をみてきました。ここからは、もう一つの重要な役割、防災教育について考えていきたいと思います。

　通常、防災教育といえば、災害直後に命を守るための訓練が連想されますし、それは最も重要なことです。

　一方で、命を繋いだのちに、生活再建への希望を持てることも必要です。せっかくの支援の制度が、使われないまま、ということは避けるべきです。そこで、「生活再建の知識の備え」の習得を防災教育の段階から実施することが重要です。

　例えば、被災して何から手を付ければよいかわからない、という場合であればこそ、住宅の被害認定が記載された「り災証明書」が発行される、ということを、知っておくことが重要です。被害の程度に応じて、支援金等を受け取ったり、公共料金等の「減額」や「免除」を受けたりすることができます。「り災証明書」を知っておくことは、再建への希望の第一歩となるのです。

　住宅ローンを減免するための被災ローン減免制度、具体名は「自然災害債務整理ガイドライン」、こちらも速やかな相談のためには事前の知識が不可欠です。

　自宅が、全壊した場合などに支給される「被災者生活再建支援金」や、災害で亡くなった方のご遺族に支払われる「災害弔慰金」など、生活再建に役立つ給付金があることを知れば、生活再建のプランも変わってくるはずです。

　最後に、現在の被災地で見逃してはならない課題をお話しします。法律上の支援である「被災者生活再建支援金」は、住宅が全壊や大規模半壊になった世帯への支援です。住宅が半壊や一部損壊の場合には、支援金は支払われません。被害認定の「線引き」で、いまなお自宅が修繕に至らない方々もいます。これも支援方法をより柔

軟にするよう改善すべき分野といえます。「災害復興法学」の考え方を活かしながら、いまだからこそ出てくる、被災地の声に耳を傾け、必要な法律の見直しをすすめていく必要があるのではないでしょうか。

　以上は、2018年3月8日に放送されたNHK「視点・論点　東日本大震災から7年　被災者の声を活かした災害復興法学」で解説した内容をそのまま書き起こしたものである。これが災害復興法学が目指す「被災したあなたを助けるお金とくらしの話」の防災教育の普及について私が広く語ることができた最初の機会となった。

　2021年5月9日、「南海トラフ地震が『自分ごと』になる　被災したあなたを助けるお金とくらしの話」と題したワークショップを実施した。高知新聞社が中学生から記者を毎年募集して実施している研修や取材活動『防災いのぐ記者』プロジェクトの1つである。「いのぐ」とは、中学生たちと地元土佐弁で「生き延びる」という意味である。『被災したあなたを助けるお金とくらしの話』では、災害がおきて被災者の生活再建に役立つ「4つの支援制度」を中心に「はじめの一歩」「貴重品がなくなった」「支払いができない」「お金の支援」「トラブルの解決」「生活を取り戻す」「被災地の声を見る」といった項目を解説し、公共料金に関する支援、紛争解決手法としての災害ADR等についても紹介した。受講した中学生記者たちからは「カードがなくなっても、権利は失われない。そのことを多くの人が知っていれば、取りに戻って津波に巻き込まれる人を減らすことが出来そう（田野中3年）」「地震が来ても、被災者生活再建支援金のようなものがあれちょっとでも楽になりそう（三里中3年）」「罹災証明書があると伝えれば、みんなが助かるし、使うことで復興も早くなるかな（潮江中2年）」「家族が亡くなられて、生活が苦しくなっても、法律で支えてくれたり、災害弔慰金などのお金をくれたりするということを広めたい（伊野中2年）」との具体的感想が紙面に記述されていた。災害復興法学の「防災教育」としての確かな手ごたえだった（高知新聞2021年5月19日「高知新聞防災プロジェクトいのぐ：『被災』を自分事に　悩みを想像　支援策"予習"　防災いのぐ記者2021年度始動」）。

　法律を学ぶと思えばハードルは高いかもしれないが、「お金とくらしの話」であれば、誰もが興味を持って聞いてくれる余地があると実感できた。2019年以降に委員として参画し、防災啓発イベントや防災啓発動画・番組作成を行っているみんなの防災プロジェクト実行委員会「みんなの防災＋ソナエ」プロジェクトでは、ガチャピンやムックと一緒になって、「罹災証明書」制度があることや、「被災者生活再建支援金」というお金の支援があることを事前に「知識の備え」にする必要があることを、動画コンテンツやテレビ番組の制作を通して訴えてきた。次第に各所の勉強会でも、子どもたちにとって罹災証明書が少なくとも名前くらいは「聞いたことが

ある」制度であると言われる場面が増えてきたように思う。災害復興法学は決して専門知識の習得を目的としていない、より広く開かれたコンテンツを提供するプラットフォームとして機能すべきものだと再認識することができたのは、学生たちとの授業を通じた交流や、イベントでの子どもたちの反響のおかげである。

　2023年4月から7月まで、兵庫県の公益財団法人ひょうご震災記念21世紀研究機構「人と防災未来センター」にて企画展「防災・減災オピニオンリーダーからのメッセージ2023」が開催された。畏れ多くも15人のオピニオンリーダーの一人として私も紹介展示され、本書でこめた防災教育の活動やメッセージとインタビュー動画を掲示いただくとともに、期間中に現地でのトークセッション企画も実現した。展示初日にも現地訪問したが、小学生から高校生の社会見学でにぎわっていたのが印象的だった。「災害復興法学」が決して事後の対応学ではなく、防災や危機管理の分野の学問や活動としても認知されたことは、災害復興法学の一つの転機となった。

人と防災未来センター「防災・減災オピニオンリーダーからのメッセージ2023」（2023年4月撮影）

謝　辞

　『災害復興法学Ⅲ』は、新型コロナウイルス感染症のまん延という人類存亡かとも思えるほどの未曾有の危機を経験した私たちが、将来子どもたちに遺せる知見が少しでもあるならそれを絞り出してでも書き記しておこうと思い執筆を開始した。これは同時に誕生から12年以上の間に災害復興法学のフィールドを広げてくれた師や仲間たちとの教育研究活動の成果報告にもなった。『災害復興法学』、『災害復興法学Ⅱ』より関わってきた全ての皆様に心から感謝を申し上げたい。慶應義塾大学法科大学院に2012年に創設した「災害復興法学」。2013年には慶應義塾大学法学部「災害復興と法1」「災害復興と法2」の開始や、中央大学大学院公共政策研究科客員教授となっての「災害復興法学」も誕生した。2018年には青山学院大学大学院法学研究科ビジネス法務専攻で「ビジネス民事法務Ⅰ（不法行為）」を担当し、原子力損害賠償紛争解決センター総括主任調査官としてのキャリアや東日本大震災の津波犠牲者訴訟に関する研究経験を踏まえたオリジナルのビジネス法務講座を始めることが出来た。2019年に岩手大学地域防災研究センター客員教授に就任すると、2021年からは夏季集中の特講として「災害復興法学」講座を展開できるようになった。同じく2019年には長岡技術科学大学大学院工学研究科システム安全工学専攻にて「法工学」という新しい分野を担当することになる。2021年には日本福祉大学福祉経営学部の通信講座に「災害復興のための制度と法」が作られソーシャルワーカー養成にも関われるようになった。2023年度以降は神戸市看護大学大学院の災害看護学講座で「災害関連法制度と情報」を担当する。このほか分担講義として担当してきた講座は数えきれず毎年担当するものも出てきた。医学、看護学、福祉、工学、人文、国際、情報やリベラルアーツなどあらゆる分野に「災害復興法学」を紹介してきたつもりだが、正直あまりに展開が不足し、遅々として浸透していないことを痛感する。より広くあたりまえに『災害復興法学』や『被災したあなたを助けるお金とくらしの話』を学ぶ世の中にならなければ、被災後の絶望から子供たちを救えないのである。2022年から人と防災未来センター特別研究調査員となり、将来もリサーチフェローとして関わり続けられる立場になったことも生かしつつ、災害復興法学の知見を最大限社会に還元して防災教育の普及に努めたい。北海道大学公共政策大学院公共政策学研究センターの上席研究員という立場も、社会人向けリカレント教育のさらなる足がかりにしなければならないと考えている。ここに掲げた大学や研究機関の先生方をはじめ、これまで講演や研修で関わった皆様に、そしてのべ数万人以上に及ぶ講座や講演に参加された皆様に心から感謝を申し上げたい。

　東日本大震災が起きた時に私の資格らしい資格は弁護士（と司法修習生のときに取得した簿記2級）のみだった。災害直後に被災地の復興とまちづくりの分野に触れたことをきっかけに宅地建物取引主任者（現宅地建物取引士）を取得し、都市のマンション防災の課題に直面してマンション管理士を取得し、被災後のお金とくらしについて防災教育に落とし込むヒントを得るために2級FP技能検討を受けてAFP（アフィリエイテッド ファイナンシャル プランナー）資格を取得した。民間資格としては、医療業界の課題をより体系的に理解すべく医療経営士2級を取得し、防災教育を手掛ける以上はと、防災士や防災介助士の資格も持つに至った。2023年には近年多発する風水害について理解しより広く防災教育を展開できるよう気象予報士にもなった。東日本大震災から12年のうちに多くの分野で、師と仰ぐべき先生方に出会いその影響をうけたことがこれらの資格取得に繋がっている。それらは全て『災害復興法学』や『被災したあなたを助けるお金とくらしの話』の質を向上させることに直結しており、資格に触れる機会をいただいた皆様に心からの感謝を申し上げたい。

　慶應義塾大学出版会の岡田智武氏は『災害復興法学』『災害復興法学II』に続き本書をご担当いただいた。シリーズ執筆に費やしてきたこれまでの10年間、筆の遅い私を常に励まし適切な方向性を見出してアドバイスをくださった。お詫びの何倍もの感謝の気持ちをお伝えしたい。最後に、東日本大震災のときには保育園だったのがいつの間にか高校生になった長男、東日本大震災ののちに誕生し小学校高学年となった次男、結婚して20年目となる妻に感謝の言葉を捧げて本書を締めくくりたい。

2023年9月吉日

岡　本　　正

参考文献一覧

全体を通じた参考文献

岡本正（2014）『災害復興法学』（慶應義塾大学出版会）

岡本正（2018）『災害復興法学Ⅱ』（慶應義塾大学出版会）

岡本正（2018）『災害復興法学の体系――リーガル・ニーズと復興政策の軌跡』（勁草書房）

岡本正（2019）『図書館のための災害復興法学入門――新しい防災教育と生活再建への知識』（樹村房）

岡本正（2020）『被災したあなたを助けるお金とくらしの話』（弘文堂）

岡本正（2021）『被災したあなたを助けるお金とくらしの話 増補版』（弘文堂）

岡本正（2020-2021）「新型コロナウイルス感染症に立ち向かうあなたを助けるお金とくらしの話〈災害復興法学〉から見た感染症対策」弘文堂スクエア連載

「第1回：新型コロナウイルス感染症とリーガル・ニーズ」（2020年7月21日）

「第2回：一律10万円の特別定額給付金と差し押さえ禁止法案」（2020年7月31日）

「第3回：新型コロナウイルス感染症のまん延は「災害」なのか」（2020年8月24日）

「第4回：生活支援情報を検索する」（2020年9月11日）

「第5回：避難所TKBで感染症対策（前編）」（2020年11月12日）

「第6回：避難所TKBで感染症対策（後編）」（2020年11月20日）

「第7回：コロナ版ローン減免制度～自然災害債務整理ガイドライン新型コロナ特則～（前編）」（2020年12月3日）

「第8回：コロナ版ローン減免制度～自然災害債務整理ガイドライン新型コロナ特則～（後編）」（2020年12月21日）

「第9回：新型コロナADRでトラブル解決を目指せ」（2021年1月20日）

第1部第1章

塩崎賢明（2014）『復興〈災害〉―阪神・淡路大震災と東日本大震災』（岩波書店）

新里宏二（2020）「新型コロナウイルス感染症対策等に「災害対策」を求める」消費者法ニュース124号88-90頁

津久井進（2020）「コロナ禍に災害法制の活用を」消費者法ニュース124号90-99頁

第1号（通巻146号）43頁／新型コロナウイルスに関する会員提言（39-45頁）

大曽根暢彦（2020）「新型インフルエンザ等対策特別措置法の課題――特措法の概要と国会論議」立法と調査427号3-13頁

榎本尚行（2020）「「緊急事態宣言」をめぐる経緯と課題――特措法に基づく新型コロナウイルス感染症対策を中心に」立法と調査427号14-31頁

金井利之（2021）『コロナ対策禍の国と自治体――災害行政の迷走と閉塞』（筑摩書房）

日本自然災害学会編（2022）『自然災害科学・防災の百科事典』（丸善出版）

岡本正（2018a）「【平成30年7月豪雨】特定非常災害の政令指定 相続放棄等の熟慮期間延長や調停申立手数料無償化」Yahoo! ニュース個人（2018年7月16日配信）

岡本正（2020a）「【Covid-19】新型コロナウイルス感染症を「災害」としてとらえた政策を―弁護士が緊急提言」Yahoo! ニュース個人（2020年4月19日配信）

岡本正（2020b）「令和2年7月豪雨が特定非常災害に　行政手続や相続放棄の熟慮期間の一括延長」Yahoo! ニュース個人（2020年7月15日配信）

岡本正（2020c）「新型コロナウイルス感染症と事業継続計画（BCP）～感染症対策における災害復興法学の視点～」『日本BCP白書2020』通算第3号36-47頁

岡本正（2021a）「災害法制による新型コロナウイルス感染症対策を」計画行政第44巻

第1部第2章

神田友輔（2020）「災害対策本部（新型コロナウイルス感染症）の設置と電話相談の実施状況」第一東京弁護士会会報 ICHIBEN Bulletin No.569（2020年10月1日発行）3-5頁

後藤広史（2021）「新型コロナウイルスによる生活困窮の諸相―「コロナ災害を乗り越えるいのちとくらしを守るなんでも電話相談会」の分析結果からみえるもの」自由と正義 Vol.72 No.13 8-16 頁

毎日新聞（2021 年 6 月 9 日朝刊）「新型コロナ深まる困窮、実態知って「女性による女性のための相談会」の報告会」

毎日新聞（2021 年 7 月 8 日朝刊）「コロナ禍、困窮者支援　女性による女性のための「なんでも相談会」」

毎日新聞（2021 年 12 月 29 日朝刊）「新型コロナ　困窮女性、切実な声　新宿で相談会」

毎日新聞（2021 年 1 月 15 日朝刊）「年末年始困窮者支援ルポ　新型コロナ　相談村、前年超える行列　食事、寝場所など切迫　新宿」

毎日新聞（2022 年 3 月 4 日夕刊）「声をつないで：国際女性デー 2022　悩む女性、女性が支える　ボランティア100 人、手弁当の相談会」

毎日新聞（2022 年 4 月 23 日朝刊）「女性による女性のための相談会　「政策にジェンダー視点を」　千代田で集会　孤立しない体制訴え」

岡本正（2020）「新型コロナウイルス感染症とリーガル・ニーズ　感染症に立ち向かうあなたを助けるお金とくらしの話」月刊フェスク 2020 年 7 月号 465 号（2020 年 6 月 25 日発行）32-37 頁

第 1 部第 3 章

石津聡（2016）「行政通知の読み方・使い方①制度融資損失補償条例の整備に関する協力依頼について」『自治体法務研究』2016 年春号 87-91 頁

桶谷和人・小向俊和・森智幸・渡辺裕介（2021）「自然災害債務整理ガイドライン・コロナ特則の現状と展望―コロナ特則適用開始から 1 年を振り返って―」金融法務事情 2175 号 6-18 頁

第 1 部第 4 章

差押禁止債権の範囲変更（差押命令取消）申立事件（令和 2 年 11 月 19 日神戸地裁伊丹支部決定）Westlaw Japan

岡本正（2020）「10 万円の特別定額給付金などの差押禁止法成立―持続化給付金なども追加すべき」Yahoo! ニュース個人（2020 年 5 月 1 日配信）

岡本正（2023）「災害復興法学が伝承するリーガル・レジリエンス　臨時法から恒久法への昇華と災害法制の新型コロナウイルス感染症への応用」復興 第 29 号 Vol.11 No.2 15-22 頁

第 1 部第 5 章

斉藤睦男・豊田耕史（2021）「震災・災害 ADR の躍進とリモート ADR の展望」自由と正義　vol.72 №4 25-30 頁

日本弁護士連合会 ADR（裁判外紛争解決機関）センター「仲裁 ADR 統計年報（全国版）」2018 年度版から 2021年度版（毎年 9 月発刊）

読売新聞 2020 年 6 月 30 日朝刊「コロナ ADR 受付開催 広島弁護士会　家賃未払い、契約キャンセル―」

朝日新聞 2020 年 7 月 31 日「紛争解決へ災害 ADR　早く安い裁判外手続き 18 弁護士会で」

日本経済新聞　2021 年 10 月 15 日夕刊「挙式中止、トラブル頻発、コロナ影響、裁判も、夫婦側「不可抗力に該当」、式場側「解約料が生じる」」

読売新聞 2022 年 2 月 18 日朝刊「挙式キャンセル料返還棄却　東京高裁　コロナ禍でも「開催できた」」

読売新聞 2022 年 4 月 13 日朝刊「挙式解約料トラブル多発　訴訟も　感染状況　割れる判断」

東京地方裁判所判決令和 3 年 9 月 27 日（判例時報 2534 号 70 頁）

名古屋地方裁判所判決令和 4 年 2 月 25 日（裁判所ウェブサイト）

和田正平（弁護士）・坂芳市（弁護士）・馬場恩治（前大審院部長）（1923）『自身は法律をも動かせり（震災後の借地借家問題其他一切解決方法）』（東京法曹協會）

第 1 部第 6 章

中野明安（2010）『もう一つの新型インフルエンザ対策』（第一法規）

木下冨雄（2016）『リスク・コミュニケーションの思想と技術 共考と信頼の技法』（ナカニシヤ出版）

辻本良太（2020）「新型コロナウイルス感染症の影響下における雇用維持の取組」立法と調査 427 号　47-59 頁

中野明安（2020）「緊急事態措置と企業の事業継続」NBL No.169 8-12 頁

大浦啓輔（2020）「サプライチェーン：営業スタイルの変化に対応して顧客との信頼を構築する」企業会計 vol.72No.12 32-38 頁

中野明安・津久井進編著（2021）『防災・減災の法務』（有斐閣）

塩谷幸太・小野﨑彩子（2021）「日本における情報サービス業の変遷と今後の展望——時系列整理と DX への取り組みを中心に」情報総合通信研究所 InfoCom Economic Study Discussion Paper Series No. 17

へるすあっぷ 21「特集　災害時における企業の安全配慮義務／岡本正インタビュー記事『従業員の命と生活を守るために　3.11 の教訓から学ぶ企業に求められる対策』」No.443 8-14 頁（2021 年 9 月 1 日）

CALL4 ウェブサイト「「セックスワークにも給付金を」訴訟」

岡本正（2018a）「津波訴訟判決から学ぶ組織の事業継続計画（BCP）の見直し」MS&AD インターリスク総研 InterRisk Repor No.18-028（2018 年 9 月 1 日）

岡本正（2018b）「自然災害と会社法務〜安全配慮義務を考慮した事業継続計画と人材育成〜」会社法務 A2Z 2018 年 12 月号 通巻 139 号 8-13 頁

岡本正（2020a）「安全配慮義務の視点でみる BCP チェックポイント」ビジネスガイド No.887 第 57 巻第 8 号 2020 年 6 月号 43-48 頁

岡本正（2020b）「知っておきたい 大規模災害時の事業継続と国の支援活動」ビジネスガイド』2020 年 10 月号 第 57 巻第 13 号 55-58 頁

岡本正（2020c）「新型コロナウイルス感染症と事業継続計画（BCP）〜感染症対策における災害復興法学の視点〜」『日本 BCP 白書 2020』通算第 3 号 36-47 頁

岡本正（2022）「病院 BCP のリーガルリスクと被災したあなたを助けるお金とくらしの話」岡崎医報第 383 号（2022 年 5 月 15 日）7-10 頁

第 1 部第 7 章

佐賀雅宏（2023）「災害ケースマネジメントの実際—平成 30 年 7 月豪雨災害における菱者支援の取り組み—」社会福祉研究 第 146 号 65-75 頁

室崎益輝・幸田雅治・佐々木晶二・岡本 正（2019）『自治体の機動力を挙げる　先例・通知に学ぶ　大規模災害への自主的対応術』（第一法規）

岡本正（2020a）「新型コロナウイルス感染症災害と公的支援〜国のポータルサイトと情報検索〜」第一東京弁護士会会報 ICHIBEN Bulletin No.569（2020 年 10 月 1 日発行）17 頁

岡本正（2020b）「新型コロナウイルス感染症とリーガル・ニーズ　感染症に立ち向かうあなたを助けるお金とくらしの話」月刊フェスク 2020 年 7 月号 465 号 32-37 頁

第 2 部第 1 章

坂町土砂災害対策有識者委員会「平成 30 年 7 月豪雨災害時の坂町における避難対応等の検証と今後の適切な避難行動の支援に向けた提言（平成 31 年 3 月）」

広島県「平成 30 年 7 月豪雨による土砂災害の発生状況について（平成 30 年 9 月 7 日最終報）」

岡山県「平成 30 年 7 月豪雨災害記録誌（令和 2 年 3 月）」

総社市「平成 30 年 7 月豪雨災害対応記憶誌—災害発生から 9 か月間の記憶—（令和元年 7 月）」

大洲市「平成 30 年 7 月豪雨災害の被害と復旧・復興の状況（大洲市）（令和 4 年 12 月 1 日現在）」

岐阜県ウェブサイト「平成 30 年 7 月豪雨」（2022 年 10 月更新）

京都市ウェブサイト「平成 30 年 7 月豪雨に係る情報について」

山口県「平成 30 年 7 月豪雨における課題の検証についての結果報告（平成 31 年 3 月）」

岡本正・小山治（2012）「東日本大震災におけるリーガル・ニーズと法律家の役割」『別冊法学セミナー 3・11 大震災暮らしの再生と法律家の仕事』（日本評論社）175 頁

岡本正（2018a）「【平成 30 年 7 月豪雨】弁護士会ニュースや各種窓口で生活再建の知恵の備えを」Yahoo! ニュース個人（2018 年 7 月 10 日配信）

岡本正（2018b）「【平成 30 年 7 月豪雨】特定非常災害の政令指定 相続放棄等の熟慮期間延長や調停申立手数料無償化」Yahoo! ニュース個人（2018 年 7 月 16 日配信）

岡本正（2018c）「被災者生活再建支援法及び災害救助法の適用実態に見る法改正の提言——平成 30 年 7 月豪雨の暫定的な分析と災害ケースマネジメントの提言」（日本災害復興学会 2018 東京大会予稿集 68-71 頁）

岡本正（2019a）「西日本豪雨のリーガル・ニーズと復興政策の課題（上）〜 3,230 件（2018 年 7 月〜 10 月）の無料法律相談データ分析を踏まえて〜」自治実務セミナー 2019 年 6 月号 38-41 頁

岡本正（2019b）「西日本豪雨のリーガル・ニーズと復興政策の課題（下）〜 3,230 件（2018 年 7 月〜 10 月）の無料法律相談データ分析を踏まえて〜」自治実務セミナー 2019 年 7 月号 40-45 頁

第2部第2章

内閣府「令和元年8月の前線に伴う大雨に係る被害状況等について（令和元年12月5日15時00分現在）」
内閣府「令和元年台風第15号に係る被害状況等について（令和元年12月5日17時00分現在）」
内閣府「令和元年台風第19号等に係る被害状況等について」（令和2年4月10日9時00分現在）
日本弁護士連合会「令和元年台風無料法律相談 相談データ集計及び分析結果（2021年（令和3年）2月）」
千葉県「千葉県災害復旧・復興に関する指針（令和元年房総半島台風・東日本台風及び10月25日の大雨）（令和4年3月改訂《最終》）」
千葉県『令和元年房総半島台風等への対応に関する検証報告書』（2020年3月24日）
長野県「令和元年東日本台風（台風第19号）人的被害・住家被害の状況（令和3年9月6日）」
長野県弁護士会「台風19号被害に関する会長談話」（2019年10月15日）
長野県弁護士会「令和元年東日本台風災害から2年を迎えるにあたっての会長談話」（2021年10月11日）
宮城県「令和元年東日本台風 宮城県の災害対応の記録とその検証（令和3年3月）」
丸森町『丸森町 令和元年東日本台風災害記録誌』（2022年3月）
静岡県「台風第19号による被害状況について【第23報】（12月2日現在）」福島県「令和元年台風第19号等による被害状況即報（第115報・最終報）（2022年10月11日（火）13時00分現在）」
福島県台風第19号等に関する災害対応検証委員会「令和元年台風第19号等に関する災害対応検証報告書（令和2年9月）」
東京都「令和元年台風第19号による被害状況（11月1日14時時点）」
茨城県「令和元年東日本台風（台風第19号）県内市町村の被害状況（令和2年4月1日現在）」
東松山市ウェブサイト「令和元年東日本台風による被害及び復旧の状況」
栃木県「令和元年東日本台風による被害について（令和2年10月1日現在）」
那須烏山市『令和元年東日本台風（台風第19号）検証報告書』（令和4年3月）
栃木市『令和元年東日本台風（台風第19号）災害対応検証報告書』（令和3年3月26日）
佐野市『令和元年東日本台風記録誌最終報告』（令和4年3月）内閣府「令和元年台風第15号の影響に伴う災害救助法の適用について【第1報】」（2019年9月12日）
内閣府「令和元年台風第15号に係る被害状況等について（令和元年12月5日17時00分現在）」
内閣府「山形県沖を震源とする地震に係る被害状況等について（令和元年7月31日12時00分現在）」
大山知康(2021)「平成30年7月豪雨災害から見えてくる被災地における法律相談ニーズと課題解決のための提言」自由と正義 vol.72 №1 41-45頁
岡本正(2019a)「【令和元年8月九州北部豪雨】佐賀県全域に災害救助法 生活再建に役立つ制度の情報を得よう」（Yahoo!ニュース個人 2019年8月31日配信）
岡本正(2019b)「【令和元年 佐賀豪雨】被災者生活再建支援法が適用 「佐賀県弁護士会便り」活用を」（Yahoo!ニュース個人 2019年9月8日配信）
岡本正(2019c)「【令和元年台風15号・19号】生活再建を目指して～弁護士会ニュースで希望の情報を～」（Yahoo!ニュース個人 2019年10月16日配信）
岡本正(2021)「令和元年台風・豪雨災害のリーガル・ニーズと政策課題～約2500件（2019年9月~2020年1月）の無料法律相談分析から振り返る～」自治実務セミナー 2021年7月 44-48頁

第2部第3章

北原糸子(2011)『関東大震災の義捐金について』年報非文字資料研究 第7号（2011年3月）121-143頁
大島町『平成25年伊豆大島土砂災害記録誌』2017年3月
内閣府「6月30日からの梅雨前線に伴う大雨及び平成29年台風第3号による被害状況等について平成30年1月17日12時00分現在」
内閣府「大阪府北部を震源とする地震に係る被害状況等について（平成30年7月5日18時00分現在）」
内閣府「平成30年北海道胆振東部地震に係る被害状況等について（平成31年1月28日15時00分現在）」
新見市「令和元年9月集中豪雨災害による被災状況等（令和元年11月20日15時現在）」
宇敷崇広(2021)「自然災害義援金に係る差押禁止等に関する法律の概要」金融法務事情2170号（2021年9月25日）38-42頁
日本弁護士連合会「災害を対象とした義援金の差押えを禁止する一般法の制定を求める意見書」（2020年1月17日）
日本弁護士連合会「自然災害義援金に係る差押禁止等に関する法律の成立に当たっての会長談話」（2021年6月4

日）

岡本正（2018）「7月豪雨と大阪府北部地震で義援金の差押禁止〜被災ローン減免にも効果・恒久化をめざせ」（Yahoo! ニュース個人 2018 年 7 月 21 日配信）

岡本正（2019）「義援金を保護する（差押禁止）臨時法成立〜急がれる全ての災害義援金を対象にした恒久法〜」（Yahoo! ニュース個人 2019 年 12 月 6 日配信）

岡本正（2020）「令和 2 年 7 月豪雨義援金の差押禁止法成立─全ての義援金差し押さえ禁止恒久法を目指せ」（Yahoo! ニュース個人 2020 年 12 月 4 日配信）

岡本正（2021a）「すべての自然災害の義援金を保護する法律が成立〜自然災害義援金差押禁止法「恒久化」までの 10 年の軌跡」（Yahoo! 個人ニュース 2021 年 6 月 5 日配信）

岡本正（2021a）「自然災害義援金の差押禁止恒久法／法制度と現場 10」日本災害復興学会 News letter Vol.40（2021 年 8 月 25 日）7 頁

岡本正（2021c）「災害対策だより：弁護士の提言で義援金保護恒久法が成立」第一東京弁護士会会報 ICHIBEN Bulletin No.759（2021 年 8.9 月合併号）34 頁

岡本正（2023）「災害復興法学が伝承するリーガル・レジリエンス 臨時法から恒久法への昇華と災害法制の新型コロナウイルス感染症への応用」復興 第 29 号 Vol.11 No.2 15-22 頁

第 2 部第 4 章

峯村光郎（1951）「法的社會主義の法思想 アントン・メンガアを中心として」法哲学四季報 1951 巻 7-8 号 315-339 頁

福田德三（1923）「経済復興の原理及若干問題 七 営生機会の復興を急げ」『報知新聞』大正 12 年 10 月自 15 日至 24 日掲載（福田德三研究会・清野幾久子編（2016）『福田德三著作集第 17 巻 復興経済の原理及若干問題』（信山社）100 頁）

ディビッド・P・マクスリー／野中猛・加瀬裕子 監訳（1994）『ケースマネジメント入門』（中央法規出版）

小林航（2020）「被災者生活再建支援法をめぐる動向と論点」立法と調査 No. 429 59-71 頁

津久井進（2020）『災害ケースマネジメント◎ガイドブック』（合同出版）

菅野拓（2021）『災害対応ガバナンス：被災者支援の混乱を止める』（ナカニシヤ出版）

内閣府「令和 4 年 8 月 3 日からの大雨等による被害状況等について（令和 4 年 11 月 1 日 13 時 00 分現在）

福井県「令和 4 年 8 月の大雨被害について（令和 4 年 8 月 30 日）」

青森県「令和 4 年 8 月 3 日からの大雨に係る被害等の状況について（第 28 報／最終報）（11 月 21 日 13：00 時点）」

内閣府特定災害対策本部「令和 4 年台風第 14 号による被害状況等について（令和 4 年 11 月 2 日 13 時 00 分現在）」

宮崎県「令和 4 年台風第 14 号による被災状況（10 月 19 日現在）令和 4 年 10 月 20 日」

山口道宏編著（2010）『「申請主義」の壁！──年金・介護・生活保護をめぐって』（現代書館）

後藤玲子（2017）「福祉における情報の壁───一自治体の事例調査に基づく考察」社会政策 2017 年 9 巻 2 号 135-146 頁

松江市「島根町加賀における大規模火災の状況（更新日：2023 年 02 月 27 日）」松江地方気象台「島根県の気象（令和 3 年 4 月）」

内閣府「令和 3 年 4 月 1 日に発生した強風による災害に係る被災者生活再建支援法の適用について（島根県）（令和 4 年 2 月 15 日）」

内閣府「令和 3 年 7 月 1 日からの大雨による被害状況等について（令和 3 年 12 月 3 日 13 時 00 分現在）」

静岡県「台風第 15 号による被害状況について【第 13 報】（9 月 27 日 8 時 00 分現在）」

内閣府「福島県沖を震源とする地震に係る被害状況等について（令和 4 年 4 月 19 日 10 時 00 分現在）」

岡本正（2020）「被災者生活再建支援法が改正─中規模半壊の新設、「半壊の涙」「境界線の明暗」の行方」Yahoo! ニュース個人（2020 年 12 月 1 日配信）

岡本正（2018）「【大阪北部地震】「生活再建」の支援情報を大阪弁護士会が発信 在宅被災者支援も必要に」Yahoo! ニュース個人（2018 年 6 月 22 日配信）

第 2 部第 5 章

中村健人・岡本正（2021）『改訂版 自治体職員のための 災害救援法務ハンドブック──備え、初動、応急から復旧、復興まで』（第一法規）

室崎益輝・幸田雅治・佐々木晶二・岡本正（2019）『自治体の機動力を上げる 先例・通知に学ぶ大規模災害への

自主的対応術』（第一法規）

内閣府「平成 30 年北海道胆振東部地震に係る被害状況等について（平成 31 年 1 月 28 日 15 時 00 分現在）

平成 30 年北海道胆振東部地震災害検証委員会「平成 30 年北海道胆振東部地震災害検証報告書（案）」(2019 年 4 月 25 日）

平成 30 年北海道胆振東部地震災害検証委員会（第 1 回）会議録（2018 年 11 月 19 日）

牧之原市ウェブサイト「令和 3 年 5 月 1 日牧之原市竜巻等災害から 1 年が経過します（令和 4 年 4 月 28 日更新）」

厚真町・安平町・むかわ町『北海道胆振東部地震記録誌』(2021 年 3 月）

内閣府「福島県沖を震源とする地震に係る被害状況等について（令和 4 年 4 月 19 日 10 時 00 分現在)」

千葉県「令和元年房総半島台風等への対応に関する検証報告書（令和 2 年 3 月 24 日)」

特定非常災害本部「令和 4 年台風第 14 号による被害状況等について（令和 4 年 11 月 2 日 13 時 00 分現在)」

岡本正（2022）「第 8 章：災害対応分野における法律的思考と法務人材」『自治体ガバンスを支える法務人材・組織の実践』148-174 頁（公益財団法人日本都市センター）

岡本正（2020）「新しい防災教育『災害復興法学』のすすめ（1）災害関連死を防ぐ避難所 TKB と災害救助法徹底活用」月刊フェスク 2464 号 2-11 頁

第 2 部第 6 章

山崎栄一・岡本正・板倉陽一郎（2023）『個別避難計画作成とチェックの 8 Step――災害対策で押さえておきたい個人情報の活用と保護のポイント』（ぎょうせい）

岡本正・山崎栄一・板倉陽一郎（2013）『自治体の個人情報保護と共有の実務――地域における災害対策・避難支援』（ぎょうせい）

鍵屋一（2015）『地域防災力強化宣言 進化する自治体の震災対策（増補）』（ぎょうせい）

法制執務・法令用語研究会（2021）『条文の読み方（第 2 版）』（有斐閣）

日本災害復興学会 編（2023）『災害復興学事典』（朝倉書店）

板倉陽一郎（2015）「平成 27 年個人情報保護法改正のスケジュール」ひかり総合法律事務所ウェブサイト

伊藤新・上原哲太郎（2014）「各都道府県および政令指定都市の個人情報保護条例の比較」情報処理学会研究報告 Vol.2014-CSEC-66

藤田修平・川島宏一・有田智一・岡本正（2021）「避難行動要支援者名簿活用に向けた制度設計・運用プロセスにおける課題に関する研究」地域安全学会論文集 No.39

長野県「長野県神城断層地震災害記録集 記憶をつなぐ 未来につなぐ（平成 30 年 3 月発行）」

神原咲子・太田祥子・山岸暁美・岡本正・加藤尚徳（2020）「災害保健医療に資する個人データ利活用と課題」BIO Clinica Vol.35 No.3 61-64 頁

加藤尚徳・神原咲子・岡本正（2019）「災害と名簿〜倉敷市真備地区の事例から〜」情報処理学会研究報告 Vol.2019-EIP-85 No.6 1-4 頁

石塚裕子・東俊裕（2023）「避難行動要支援者の実態と課題―2018 年西日本豪雨 倉敷市真備町の事例から―」日本福祉のまちづくり学会福祉のまちづくり研究 第 23 巻 15-24 頁

川西勝「自治体の災害広報を考える」2021 年 12 月 21 日人と防災未来センター減災報道研究会「多面的な視点で見る災害時安否不明者の氏名公表」資料

茂木克信（2018）「災害時の死者・行方不明者の氏名公表 神奈川ルール導入、発信はメディアの責任」Journalism 2018 年 11 月号 42-49 頁

牛山素行（2018）「西日本豪雨報道を客観的に見る 勧告、私事の認識や匿名化に課題」Journalism 2018 年 11 月号 58-66 頁

週刊新潮 2019 年 11 月 14 日号「特集台風 19 号 区と自治体が責任の押しつけあい 実名を公表されなかった「犠牲者 60 人」の人生」127-129 頁

朝日新聞 2020 年 5 月 31 日朝刊「災害死者氏名 自動的に出すべき 県の新ルール黒岩知事に聞く 県民への浸透が必要」

朝日新聞「人と間コロナ禍の距離(2) 名前「感染者 1」数字にされることに慣れる私たち」コロナ匿名

岡山県「平成 30 年 7 月豪雨災害記録誌（令和 2 年 3 月）」

毎日新聞 2018 年 7 月 12 日朝刊「西日本豪雨：死者・不明者 実名公表、3 県で差 情報、共有か保護か」

朝日新聞 2018 年 07 月 15 日朝刊「安否不明者名、公表で効果 西日本豪雨」

朝日新聞 2021 年 7 月 6 日朝刊「静岡・土石流 不明者 64 人公表 迅速捜査へ教訓生かす」

毎日新聞 2018 年 7 月 13 日朝刊「検証：西日本豪雨 1 年　避難なお課題　要支援者名簿に個人情報の壁」

公益財団法人社会貢献支援財団ウェブサイト「平成 24 年度東日本大震災における貢献者表彰：大槌町消防団第二
　　分団」小國峰男『東日本大震災大津波を経験して』

岡本正（2022a）「自治体の個人情報保護と利活用〜地域における危機管理対策」アカデミア vol.143 32-37 頁

岡本正（2022b）「令和 5 年個人情報保護法一元化と個人情報保護審議会を巡る条例対応〜避難行動要支援者名簿
　　の平時共有を後退させない政策法務」自治実務セミナー 2022 年 12 月号 34-39 頁

岡本正（2023）「「防災分野における個人情報の取扱いに関する指針」の実務対応〜災害と個人情報についての基
　　礎研修の重要性〜」自治実務セミナー 2023 年 6 月号 46-51 頁

岡本正（2021a）「災害・感染症対策と個人情報を巡る最新論点（前編）〜内閣府指針を活かして氏名公表タイム
　　ライン策定を〜」一般社団法人次世代基盤政策研究所 NOTE

岡本正（2021b）「災害・感染症対策と個人情報を巡る最新論点（後編）〜新型コロナウイルス感染症自宅療養者
　　の支援と個人情報〜」一般社団法人次世代基盤政策研究所 NOTE

第 2 部第 7 章

小口幸人（2022）「「災害関連死には 500 万円を支給」遺族に手篤い災害弔慰金が、むしろ遺族を傷つけてしまう
　　理由──本来の趣旨とはかけ離れた運用」PRESIDENT Online（2022 年 3 月 9 日）

毎日新聞 2021 年 3 月 29 日「検証：東日本大震災　災害関連死審査　議事録、にじむ苦悩／災害関連死審査、後
　　世に　議事録、永年保存 5 自治体　廃棄 6　未定 18　毎日調査」

共同通信 2023 年 3 月 5 日「「災害関連死」文書保存広がる　「永久」3 割、検討中も」

熊本日日新聞 2023 年 3 月 6 日「「救えた命」文書に教訓　災害関連死　問われる国の検証　「生き延びたのに」「対
　　策につなげて」」

中國新聞デジタル 2023 年 3 月 6 日「災害関連死の関連文書を「永久保存」　西日本豪雨で広島県東広島市、呉市、
　　竹原市」

河北新報「震災関連死に迫る・第 1 部(1)-(5)」（2022 年 3 月 1 日〜 3 月 5 日）、「震災関連死に迫る・第 2 部(1)上下 -(5)」
　　（2022 年 3 月 6 日〜 3 月 10 日）、「震災関連死に迫る・第 3 部上・下」（2022 年 3 月 30 日・3 月 31 日）、「震災
　　関連死に迫る・第 4 部(1)-(5)」（2022 年 5 月 26 日〜 5 月 30 日）。特に、2022 年 5 月 28 日「避難所ＱＯＬの向
　　上を・第 4 部(3)」、2022 年 5 月 30 日「事例分析に遺訓活かす・第 4 部(4)」及び同日「遺族による申請、今・第
　　4 部(5 完)」

神原咲子（2021）「健康・生活支援の変化と災害看護の広がり」法律のひろば vol.74 No.3 12-18 頁

奥山俊宏（2015）「震災関連死「行政の判断を尊重せず、司法の判断を」と元最高裁判事」（朝日新聞デジタル論座）

読売新聞 2022 年 10 月 2 日「[サイエンス Human] 被曝医療　被災者支え 11 年　坪倉正治さん」

毎日新聞 2022 年 5 月 17 日「終わらぬ震災関連死　原発事故で突出、福島県 2333 人　長引く避難／重なる転居／
　　喪失感」

福島県立医科大学放射線健康管理学講座『2022 年シンポジウム記録集 災害関連死の本質─現場で感じるこれから
　　の課題─』（2023 年 3 月 1 日発行）

坪井基浩（帝京大学大学院公衆衛生学研究科専門職学位課程）「東日本大震災における震災関連死調査に関する調
　　査報告〜石巻市〜」（2021 年 3 月 18 日）

山川徹（2022）『最期の声 ドキュメント災害関連死』KADOKAWA

稲垣真梨奈（2020）「災害関連死に影響を及ぼす要因の探索」兵庫県立大学大学院看護学研究科博士論文

兵庫県「阪神・淡路大震災の死者にかかる調査について（平成 17 年 12 月 22 日記者発表）」

内閣府「島根県西部を震源とする地震による被害状況等について（平成 30 年 5 月 28 日）」

島根県「平成 20 年 7 月豪雨（7 月 5 日から大雨）に係る被害状況等について（最終報）」

島根県「7 月 13 日からの大雨に係る被害状況等について【第 20 報】（令和 2 年 8 月 17 日）」

自見英子（2021）「効果的な子どもの死亡検証制度を 悲劇を繰り返さないために」毎日新聞政治プレミア

読売新聞 2020 年 7 月 22 日「語る聞く「吉川慎之介記念基金」代表理事吉川優子さん」

Nomura, Tsubokura et al. (2013). 'Mortality Risk amongst Nursing Home Residents Evacuated after the Fukushima Nuclear
　　Accident: A Retrospective Cohort Study,' PLoS One. 2013;8 (3): e60192.

第 2 部第 8 章

佐藤慶一（2017）「想定首都直下地震後の応急居住広域化の可能性と政策的検討──住宅喪失世帯・賃貸空家の地

震被害・仮設用地データの算定比較を基に」地域安全学会論文集 31 巻 155-165 頁

佐藤慶一・市古太郎・中林一樹（2018）「想定首都直下地震後の中長期的な広域避難の需要予測モデル」地域安全学会論文集 年 33 巻 137-145 頁

佐藤慶一（2022）「想定首都直下地震後の仮住まい状況ミクロシミュレーションの拡張開発——住民ワークショップでの利用に向けた市区町村単位の結果集計や可視化の試み」日本建築学会計画系論文集 87 巻 795 号 854-864 頁

吉牟田真之・佐藤慶一・牧紀男（2022）「想定南海トラフ巨大地震後の仮住まい状況の予測——借上仮設住宅に伴う住居移動と対策可能量の制約がもたらす状況」自然災害科学 40 巻 4 号 497-507 頁

佐藤慶一（2017）「想定首都直下地震の危機対応学——被害想定、帰宅困難、仮住まい」（東京大学社会科学研究所）

第 3 部第 1 章

米山光儀（2021）「福沢諭吉と社会教育」三田評論 No.1253 52-60 頁

山崎栄一（2020）「資料紹介：岡本正著『図書館のための災害復興法学入門』」専門図書館第 300 号 60-61 頁

ダニエル・カーネマン／村井章子 訳（2014）『ファスト & スロー（上）（下）』（早川書房）

Yahoo! ニュースオリジナル 2022 年 9 月 1 日防災の日特集「水害とお金　どう備える？」（アドバイス：弁護士・岡本正）

朝日新聞デジタル 2022 年 1 月 31 日「災害は忘れる前にやってくる…いま、活用したい災害の予言書「ハザードマップ」」

岡本正（2012）「『災害復興法学』の創設と展開——東日本大震災の教訓を未来の担い手へ」法学セミナー 第 694 号 26-29 頁

岡本正（2021）「災害復興に関する法制度知識の普及実態——慶應義塾大学 2021 年度「災害復興法学」受講生アンケートの紹介」（日本災害復興学会 2021 年岩手大会口頭発表・予稿集）

岡本正（2022）「被災後の生活再建に関する法制度や手続の認知度調査と防災教育～学校教育・社会教育における「被災したあなたを助けるお金とくらしの話」の重要性～」（防災教育学会第 3 回大会口頭発表・予稿集）

岡本正（2020）「防災と生活再建のワークショップ「ちしきのソナエ」：公民館のための災害復興法学のすすめ」月刊公民館 753 4-9 頁

岡本正（2023）「新しい防災教育「被災したあなたを助けるお金とくらしの話」のすすめ」生活協同組合研究 2023 年 7 月号 54-60 頁

第 3 部第 2 章

上野谷加代子（2013）『災害ソーシャルワーク入門——被災地の実践知から学ぶ』（中央法規出版）

山本克彦編著（2018）『災害ボランティア入門　実践から学ぶ災害ソーシャルワーク』（ミネルヴァ書房）

立木茂雄（2013）「災害も視野に入れた全天候型のソーシャルワークの課題と展望——雨天のソーシャルワーク、晴天のソーシャルワークではなく、1 つのソーシャルワーク過程が存在する」社会福祉研究第 146 号 24-26 頁

立木茂雄（2014）「災害ソーシャルワークとは何か」月刊福祉 2014 年 3 月号 33-38 頁

立木茂雄（2021）「誰一人取り残さない防災に向けて、インクルージョン・マネージャーが身につけるべきこと——越境、連結、参画・協働—消防防災の科学 No.144 40-47 頁

第 3 部第 3 章

関谷直也（2021）『災害情報—東日本大震災からの教訓』（東京大学出版会）

磯辺康子（2014）「長期の復興プロセスにおける報道の意義と課題 阪神・淡路大震災を中心に」復興　第 11 号 Vol.6 No.2 23-28 頁

林春男（2014）「東日本大震災と災害報道」NHK 放送文化研究所編 放送メディア研究（11）13-41 頁

川西勝（2022）「災害報道のメディア・フレーム分析によるジャーナリズム活動の検証——2-21 年 7 月静岡県熱海市土石流災害の新聞記事を題材に」自然災害科学 41 特別号 151-171 頁

全国地方新聞社連合会「地方新聞が考える防災意識社会実現への鍵～より分かりやすい情報提供のあり方とは～」（国土交通省 住民自らの行動に結びつく水害・土砂災害ハザード・リスク情報共有プロジェクト第 2 回 WG 2018 年 10 月 24 日配付資料）

中丸憲一（2023）「「災害復興法学」が教えてくれたこと 研究員の気づき #473」NHK 放送文化研究所文研ブログ（2023 年 4 月 13 日）

福本晋悟（2022）「東日本大震災以降の津波避難アナウンスメントに関する考察──津波避難経験者のデプスインタビュー調査から」災害情報 20 巻 1 号 197-207 頁

岡本正（2023）「被災者支援報道の意義と課題～災害復興法学と被災したあなたを助けるお金とくらしの話」マスコミ倫理 No.760 2-7 頁

第 3 部第 4 章

Flolence Nightingale（1860）"Notes on Nursing: What It Is, and What It Is Not" 湯槇ます・薄井坦子・小玉香津子・田村眞・小南吉彦（2023）『看護護覚え書──看護であること、看護でないこと』（改訂第 8 版）（現代社）

小林章夫・竹内喜（1998）『対訳 看護覚え書』（Flolence Nightingale（1860）"Notes on Nursing: What It Is, and What It Is Not" 原文掲載）

金井一薫（2019）『新版ナイチンゲール看護論・入門──『看護覚え書』を現代の視点で読む』（現代社白鳳選書）

柳田邦男・酒井明子（2018）『災害看護の本質 語り継ぐ黒田裕子の実践と思想』（日本看護協会出版）

デビット・ロモ／水澤都加佐 監訳（1995）『ハンドブック 災害と心のケア（第 2 版）』（アスク・ヒューマン・ケア）

小井土雄一・石井美恵子編著（2020）『災害看護：新体系看護学全書 看護の統合と実践［2］（第 3 版）』（メヂカルフレンド社）

Kanbara, S., Miyagawa, S., Miyazaki, H.（2022）. Care for Disaster Risk Reduction and Communication: Lessons Learned and Way to Forward, in: Kanbara, S., Miyagawa, S., Miyazaki, H.（eds）, *Disaster Nursing, Primary Health Care and Communication in Uncertainty*, Sustainable Development Goals Series, Springer, Cham.（神原咲子・大田祥子・加藤尚徳・岡本正 "Personal Life Records（PLR）for Health Decision-Making in Disaster Situations" 所収）

槻木恵一・中久木康一編著（2020）『災害歯科医学』（医歯薬出版）

第 3 部第 5 章

山﨑達枝（2022）「東日本大震災を体験した看護管理職の震災後の苦労と退職意向に関する探索的検討」日本災害医学会雑誌 27 巻 1 号 80-88 頁

山﨑達枝監修（2011）『3.11 東日本大震災看護管理職の判断と行動』（日総研出版）

九州大学（2019・2020・2021）「放射線対策委託費放射線安全規制研究戦略的推進事業費放射線安全規制推進事業 原子力災害拠点病院のモデル BCP 及び外部評価等に関する調査及び開発成果報告書」平成 30 年度・令和元年度・令和 2 年度

厚生労働科学研究費補助金 健康安全確保総合研究分野 地域医療基盤開発推進研究「大規模災害発生の事前予測を踏まえた医療機関における事前避難の方策の検討及び災害医療訓練の質の向上に資する研究」総括報告書（2023）

宮城県学校防災体制在り方検討会議「子供たちの命を守る新たな学校防災体制の構築に向けて（令和 2 年 12 月）」

福田充（2022）「リスクコミュニケーション 多様化する危機を乗り越える」（平凡社新書）

服部桂ほか（2022）『人工知能はナイチンゲールの夢を見るか？』（日本看護協会出版会）

佐々木秀美（2015）「ナイチンゲールの組織管理論──他者をコントロールするにはまず、己をコントロールせよ」看護学統合研究 16（2）1-21 頁

山﨑登（2023）『災害情報はなぜヒットしないのか 住民の避難を進めるために』（近大消防社）

岡本正（2022）「病院 BCP のリーガルリスクと被災したあなたを助けるお金とくらしの話」岡崎医報第 383 号（5 月 15 日発行）7-10 頁

岡本正（2019a）「東日本大震災における津波被災訴訟判決の検証的活用──事故調査と裁判手続の簡易な整理を踏まえて」日本災害情報学会誌 災害情報 No.17-2（Jul. 2019）69-76 頁

岡本正（2019b）「津波被災訴訟を教訓とした組織のリスクマネジメント──組織安全文化の視点を事業継続計画へ反映する」論究ジュリスト 第 30 号（2019 年夏号）（2019 年 8 月 7 日発行）100-105 頁（「特集：震災・原発事故と不法行為法」）

第 3 部第 6 章

末弘厳太郎（1937）「新たに法学部に入学された諸君へ」法律時報 9 巻 4 号（末弘厳太郎著／佐高信編『役人学三則』（岩波書店 2012）149-162 頁）

中村健人（2022）『問題解決力があがる 自治体職員のための法的思考の身につけ方──課長、ウシガエルを薬殺したいという住民の方からお電話です！』（第一法規）

日本組織内弁護士協会・岡本正代表編著（2018）『公務員弁護士のすべて』（第一法規）

岡本正（2021a）「これからの「災害復興法学」の話をしよう——この国の未来を担う君たちへ」法学セミナー No.797 56-61 頁

岡本正（2021b）「災害復興法学と東日本大震災 10 年の軌跡——地域・学校・企業における新しい防災人材育成」法律時報 93 巻 2 号 通巻 1160 号 36-42 頁（特集 東日本大震災後の 10 年と法律学（上）——災害対策・災害復興の課題と展望）

岡本正（2020）「災害復興法学のすすめ～被災したあなたを助けるお金とくらしの防災教育～」三重県地方自治研究センター 機関紙 月刊 地方自治みえ 第 341 号

岡本正（2022a）「法曹有資格者等の採用」『自治体のガバナンスを支える法務人材・組織の実践』（公益財団法人日本都市センター）第 3 章 45-63 頁

岡本正（2022b）「災害対応分野における法律的思考と法務人材」『自治体のガバナンスを支える法務人材・組織の実践』（公益財団法人日本都市センター）第 8 章 147-174 頁

岡本正（2022c）「法を学ぶ者こそ防災教育を担え～災害復興法学への誘（いざな）い」日本災害復興学会連載「復興の問い直し」

第 3 部第 7 章

岩田宙造 述／東京朝日新聞社 編（1923）『罹災者必携 震災に関する一切の法令手引』（東京朝日新聞社）

大日本雄弁会講談社編（1923）『大正大震災火災』（大日本雄弁会講談社）

通俗教育普及會編（1923）『大震災と其教訓』（軍事教育会・通俗教育普及会）

野呂雅之（2020）「災害復興制度研究所が策定した二つの法案」災害復興研究 Vol.11 3-8 頁

山﨑栄一（2020）「被災者総合支援法・要綱案—解説ならびに論点」同 9-58 頁

山中茂樹（2020）「災害復興基本法・試案　報告　災害復興基本法の策定にあたって」同 59-62 頁

福田充（2022）「リスクコミュニケーション：多様化する危機を乗り越える」（平凡社新書）

福田充（2020）「危機管理のオールハザード・アプローチ」（総務省消防庁第 26 回地方公共団体の危機管理に関する懇談会資料）

福田充（2017）「オールハザードに対応する『危機管理学』」総合危機管理 1 巻 25-44 頁

永田尚三（2022）「欧州におけるオールハザード型危機管理体制の最新動向」社会安全学研究 第 12 巻 3-20 頁

吉江暢洋（2023）「被災者支援と基本的人権——災害ケースマネジメントの制度化を目指して」社会福祉研究 第 146 号 37-45 頁

佐々木晶二（2022）「東日本大震災以降に発出された生命・財産に関係する法律及び超法規的通知の実態及び今後の改善のあり方に関する研究」筑波大学理工情報生命学術院博士論文

宮島次郎（弁護士）（1923）「罹災者の権利義務（震災前後の法律問題）」小谷保太郎編（1923）『バラック罹災者の爲めに』（政教社）

河田惠昭（2022）「災害文化を育てよ、そして大災害に打ち克て：河田惠昭自叙伝」（ミネルヴァ書房）

室崎益輝（2022）『災害に向き合い、人間に寄り添う』（神戸新聞総合出版センター）

丹波史紀（2023）『原子力災害からの複線型復興——被災者の生活再建への道』（明石書店）

宇佐美誠・濱真一郎（2011）『ドゥオーキン 法哲学と政治哲学』（勁草書房）

杉本隼与（2019）「人はなぜ法に従うか」JILA No.8 pp.36-37

Mimi Leder 監督『ビリーブ 未来への大逆転』On the Basis of Sex. 2018 ギャガ（DVD）

ジュリー・コーエン他監督ルース・ベイダー・ギンズバーグ他出演『RBG 最強の 85 才』（ファインフィルムズ 2019）（DVD）

原泰久（2017）「第 494 話 地下牢の賢人」『キングダム 46』（集英社）

碧海純一（1967）『法と社会　新しい法学入門』（中公新書）（第 48 版 1998）

蛭間芳樹（2021）「復興とは何か——あらためて問われる創造的復興」（日本政策投資銀行）

千葉実（2019）『自治体災害対策の基礎　現場の知見をふまえた、災害への備え』（有斐閣）

岡本正（2021）「災害対策基本法の課題～災害ケースマネジメントと生活復興基本法の視点を～特集：災害対策基本法制定 60 周年」東京大学情報学環総合防災情報研究センター CIDIR NEWSLETTER　第 53 号

岡本正（2023）「《HOT/COOL Player》災害を乗り越えるリーガル・レジリエンス」エヌ・ビー・エル NO.1249 1 頁

索 引

岡本　正（おかもと ただし）

弁護士・博士（法学）・気象予報士・マンション管理士・ファイナンシャルプランナー（AFP）・医療経営士・防災士。銀座パートナーズ法律事務所。

1979年生まれ。神奈川県鎌倉市出身。慶應義塾大学法学部法律学科卒業。2003年弁護士登録。

内閣府行政刷新会議事務局上席政策調査員として出向中に東日本大震災が発生。日弁連災害対策本部室長を兼任し復興政策に関与。経験をもとに「災害復興法学」を創設。岩手大学地域防災研究センター客員教授。北海道大学公共政策学研究センター上席研究員。人と防災未来センター特別研究調査員。慶應義塾大学・青山学院大学・日本福祉大学・長岡技術科学大学・神戸市看護大学等で災害復興法学の関連講座を開設。中央大学大学院公共政策研究科客員教授や文部科学省原子力損害賠償紛争解決センター総括主任調査官も務めた。内閣府をはじめ国や地方公共団体等の公職多数。若者力大賞ユースリーダー支援賞。日本公共政策学会奨励賞。2017年に新潟大学大学院現代社会文化研究科にて「災害復興法学」に関する論文で博士（法学）を取得。

災害復興法学 Ⅲ

2023年10月13日　初版第1刷発行

著　者―――岡本　正
発行者―――大野友寛
発行所―――慶應義塾大学出版会株式会社
　　　　　　〒108-8346　東京都港区三田2-19-30
　　　　　　ＴＥＬ〔編集部〕03-3451-0931
　　　　　　　　　〔営業部〕03-3451-3584〈ご注文〉
　　　　　　　　　〔　〃　〕03-3451-6926
　　　　　　ＦＡＸ〔営業部〕03-3451-3122
　　　　　　振替 00190-8-155497
　　　　　　https://www.keio-up.co.jp/
装　丁―――鈴木　衛
組　版―――株式会社キャップス
印刷・製本――中央精版印刷株式会社
カバー印刷――株式会社太平印刷社

慶應義塾大学出版会

災害復興法学 I・II

An Encouragement of Disaster Recovery and Revitalization Law

岡本 正 著

4万人の声が導く復興への軌跡

公共政策×災害復興

4万人を超える被災者の「声」から、浮き彫りになった巨大災害時の法的課題と政策提言の軌跡。災害を乗り越え、未来を切り拓くために「リーガル・ビッグデータ」の分析から防災教育のデザインを提示する第I巻。

A5判／並製／320頁
ISBN978-4-7664-2163-7
◎定価3,080円(本体2,800円)

復興の智慧を次なる復興に

公共政策×復興×防災・減災

東日本大震災4万件、広島土砂災害250件、そして熊本地震1万2千件の被災者無料法律相談を徹底解析。9つの「復興政策の軌跡」と「新たな課題」を描き出す。「リーガル・レジリエンス」の獲得を目指し新たな防災教育を提言する第II巻。

A5判／並製／352頁
ISBN978-4-7664-2536-9
◎定価3,080円(本体2,800円)